ECOLOGIA UMANA
E
VALORI ETICO-RELIGIOSI

STUDIA SOCIALIA

Pubblicazioni e Documenti della Facoltà di Scienze Sociali
della Pontificia Università Gregoriana

Nuova Serie

1. Pedro C. Beltrão, S. J., (a cura di), Ecologia umana e valori etico-religiosi, 1985.
2. Hervé Carrier, S. J., Cultures: notre avenir, 1985.

ECOLOGIA UMANA
E
VALORI ETICO-RELIGIOSI

a cura di

PEDRO C. BELTRÃO, S. J.

ROMA 1985

ALLA MEMORIA DEL DOTT. AURELIO PECCEI,
fondatore-animatore del Club di Roma,
improvvisamente scomparso il 14 marzo 1984.

A lui si era voluto chiedere di stendere la prefazione al presente volume. In compenso ci rallegra leggere il suo «testamento intellettuale» — le dieci cartelle dattiloscritte, dettate alla sua segretaria dall'8 al 13 marzo — meno di dodici ore prima del suo decesso — «*The Club of Rome: Agenda for the End of the Century*», tutte pervase di considerazioni che rientrano nel nostro concetto di «ecologia umana». Pur rimanendo incompiute, ci rimane la sua ultima frase scritta: «And peace is to be understood in its universal depth and breadth of nonviolence not only at all levels and sectors of human society, but also in the relationship between human society and Nature.»

RICONOSCENZE

A lavoro compiuto — *«acti labores iucundi»* — dopo aver programmato e coordinato sia il Corso Interdisciplinare di Ecologia Umana (nell'anno accademico 1978-79), sia la preparazione per la stampa del libro che ne è scaturito, mi è doveroso ringraziare gli autorevoli Colleghi che hanno generosamente collaborato all'iniziativa.

Un ricordo speciale va al P. Joseph Goetz, S.I., esperto ed originale etnologo dei popoli africani, che frattanto ci è mancato.

La mia riconoscenza va anche ai Decani della Facoltà di Scienze Sociali P. John Carroll e P. Johannes N. Schasching, che mi hanno sempre incoraggiato a portare in porto l'intrapresa, anche quando le mie condizioni di salute erano precarie, nonché all'Assistente della stessa Facoltà dott.ssa Alba Dini Martino, che ha accuratamente corretto il testo italiano di Autori i quali — tranne una — non sono italiani.

Non potrei dimenticare di ringraziare anche il Prof. Giorgio Nebbia — nel frattempo diventato Onorevole/Deputato al Parlamento Italiano —, il quale ha magistralmente rimpiazzato nelle prelezioni il P. Paul Erbrich, S.I., biologo-ecologo dell'Università di Monaco, che a causa di un incidente stradale occorsogli qualche settimana prima di venire a Roma, non ha potuto tenerle personalmente, anche se ci ha inviato il suo testo che ora pubblichiamo.

Pedro C. BELTRÃO, S.I.
Roma, 8 ottobre 1984.

PROLOGO

di Pedro C. Beltrão, S.I.

«Lo sviluppo della tecnica e lo sviluppo della civiltà
del nostro tempo, che è contrassegnato dal dominio
della tecnica stessa, esigono un proprorzionale sviluppo della vita morale e dell'etica.»
Enciclica *Redemptor Hominis*, 1979, n. 15.

Il titolo stesso del secondo rapporto al Club di Roma (MESAROVIC/PESTEL, 1974), sottolineava come l'umanità si trova «ad una svolta» della sua storia — Teilhard de Chardin (1955, p. 236-39) direbbe «ad un cambiamento di età» — paragonabile forse soltanto a quell'intreccio di «rivoluzioni», scatenatesi negli ultimi decenni del settecento (DEANE, 1965), che indusse lo storico Cipolla (1974, p. 335) a sentenziare che «nel 1850 il passato non è solo passato: è morto».

«Che la nostra società conosca una crisi profonda, che alcuni daterebbero dagli anni 60 mentre altri farebbero risalire all'immediato dopo-guerra, è un'evidenza così palese che praticamente non riscontra contraddittori. Ciò è diventato addirittura un luogo comune del discorso quotidiano. Ma al di fuori di questo, tutto è dissenso: sull'ampiezza della crisi, sulle sue cause, sul suo significato o sul suo sbocco, l'unanimità non esiste e le divisioni che si fanno strada su codesti diversi punti fanno parte integrante della crisi stessa» — così René Rémond iniziava, nel 1978, il suo rapporto sul tema «crisi di una società?» al colloquio di «ricerche e dibattiti», nel corso della «Settimana degli

Intellettuali Cattolici Francesi», pubblicati poi sotto il titolo di «La sociétée désorientée» (1978).

Il fatto che oggi ci troviamo, per così dire, nell'occhio del ciclone impedisce di vederci chiaro; una cosa, però, sembra ormai certa: da più di una decina d'anni aumenta sempre più il consenso attorno all'affermazione che la crisi odierna annovera, tra le sue componenti sostanziali, il fattore *ecologico* — l'acuirsi cioé della degradazione dell'ambiente e della natura. «La natura — problema politico» fu, già nel 1971, il tema del colloquio dello stesso Centro Cattolico degli Intellettuali Francesi, in seguito ad un lucido articolo del gesuita François Russo su «natura ed ambiente» nella rivista *Études* (1970). Jean Dorst, professore al «Museum» e vice-presidente dell'Unione Internazionale per la Conservazione della Natura, nonché autore di un libro famoso, tradotto in diverse lingue, *Avant que nature meure* (1965) — «notevole veduta d'insieme della questione», nella valutazione dello stesso P. Russo — ha presentato il primo rapporto sotto il titolo «Minacciati da un'eco-catastrofe», seguito da quello del domenicano Dominique Dubarle, a carattere filosofico, rispondente all'interrogativo «Padroni e possidenti della natura?», e da quello del — anch'esso — domenicano Philippe Roqueplo, il quale commentava la frase paolina «la creazione geme come in doglie di parto» (Rom. 8, 22) — riflessione teologica quindi, riassunta in due interrogativi: «In che cosa la 'crisi della natura' concerne la nostra fede? Non solleva essa una nuova problematica dei rapporti fra la scienza e la fede?»

È innegabile che, anche per ciò che riguarda la «crisi ecologica» esiste una vasta gamma di autorevoli opinioni, ma non si può non scorgere una crescente consapevolezza che la soluzione del problema non può essere semplicemente tecnologica e/o economica, ma coinvolge profondamente i valori etico-sociali e quelli etico-religiosi. C'è chi addirittura non intravede altra soluzione e della crisi generale in cui ci troviamo, e di quella ecologica in particolare, se non nel ripensare a fondo i valori etico-religiosi della nostra civiltà (occidentale) — vedi p. es. il libro di Roger Garaudy, *Appel aux vivants* (1979) o, in particolare, i valori soggiacenti alle nostre istituzioni economiche e sociali improntate alla crescita quantitativa piuttosto che allo sviluppo qualitativo — vedi p.es. il libro dell'economista americano Herman E. Daly (1977) con il sotto-titolo suggestivo «l'economia dell'equilibrio biofisico e della crescita morale». In questo stesso senso si muove il recente (settimo) rapporto al Club di Roma col titolo originale *No Limits to Learning — Bridging the Human Gap*(1979): bisogna colmare cioè, al più presto possibile, la crescente sfasatura che c'è fra il nostro «progredire» nel campo materiale e la nostra capacità mentale di «apprendere» ciò che sta succedendo o sta per succedere; bisogna riuscire a superare «la fase di declino culturale, spirituale ed etico, se non anche esistenziale» che l'umanità sta attraversando (Aurelio Peccei, nella prefazione, p. XIV).

Per una ironia della Storia, i «naturalisti» che sembravano propensi all'agnosticismo ed all'ateismo, richiamano oggi l'attenzione sul fatto religioso: quale è, secondo il disegno di Dio, interpretato attraverso le grandi religioni storiche, il rapporto che deve intercorrere fra esseri umani* e natura?

Non è la prima volta che qualcosa di simile avviene. Basti pensare all'interminabile controversia attorno alla vasta ricerca di Max Weber, dagli inizi di questo secolo fino alla sua morte prematura al principio degli anni 20, sui rapporti tra religione e società economica, raccolta nei tre volumi dei suoi *Aufsaetze zur Religionssoziologie* (Contributi alla sociologia della religione): vol. I (1920) «L'etica protestante e lo spirio del capitalismo» (già pubblicato negli anni 1904-05); «Le sette protestanti e lo spirito del capitalismo»; «L'etica economica delle grandi religioni mondiali: Confucianesimo e Taoismo»; «Teoria dei gradi e direzioni del rifiuto religioso del mondo»; vol. II (1921): «Induismo e Buddhismo» (tradotto recentemente in italiano: Max WEBER 1975); vol. III (1922, postumo): «L'antico ebraismo». (cfr Raphael, 1981; Marshall 1982).

Non interessa, in questa sede, entrare nel merito della polemica sollevata da codesta gigantesca opera di Max Weber — più esattamente, forse, dalla sociologia marxista che egli contestava — molto meno fare una rassegna della vasta ed importante controversia che ne seguì fino agli anni 30 almeno — rassegna, del resto, già fatta, una decina d'anni fa, ad opera di Luciano Cavalli nel libro *Max Weber: religione e società* (CAVALLI 1968, vedi in particolare p. 143; FANFANI 1944). Ciò che vorremmo sottolineare è che, in tutto questo dibattito, si ricercavano gli elementi religiosi, *favorevoli* al sorgere dei primi modelli storici — «capitalistici» — di sviluppo economico. Oggi, l'interessamento per i valori etico-religiosi va in senso contrario. Già nel 1949, nel tenere la IX^a «Holland Memorial Lecture» — la I^a, nel 1922, era stata tenuta da Tawney, il primo contestatore della tesi maxweberiana (TAWNEY 1926) — Demant, quasi preludendo alla polemica odierna, condusse il discorso su «la religione ed il *declino* del capitalismo» (DEMANT 1952), mentre quello attorno all'opera di Max Weber riguardava «la religione ed il *sorgere* del capitalismo». Dal libro di Demant stralciamo una frase pregnante che ben dimostra il rovescio d'impostazione: «*Christianity is the religion of which Socialism is the practice*» (Il cristianesimo è la religione la cui pratica è il socialismo) (p. 110).

La polemica attorno ai rapporti tra religione ed ecologia è cominciata negli Stati Uniti d'America quando, il 26 dicembre 1966, in occasione del raduno annuale dell'*American Association for the Advancement of Science*» (Associazione Americana per il progresso della scienza) tenutosi a Washington, l'autorevole storico Lynn White Jr., dell'Univ. della California (Los Angeles), tenne una conferenza su «le radici storiche della nostra crisi ecologica» (pubblicata poi, con lo stesso titolo, nel prestigioso organo della stessa Associazione *Science*, nel marzo del 1967, WHITE Jr. 1967).

Secondo lo White, «l'ecologia umana è profondamente condizionata dalle credenze sulla nostra natura ed il nostro destino, cioè dalla religione» (p. 1205). Anche in questa nostra epoca «post-cristiana» — continuava — restiamo tutti quanti, anche i marxisti, radicati nella *teleologia (sic!) giudaico-cristiana* (l'islamismo ed il marxismo, in fondo, non essendo altro, secondo lui, che «eresie» giudaico-cristiane). Il trionfo del cristianesimo sul paganesimo — che era «animista» — fu la più grande rivoluzione psicologica nella storia della nostra cultura: tutto è creato per servire l'essere umano, il quale non è parte del creato, ma «fatto ad immagine di Dio». Il cristianesimo è quindi la religione più antropomorfica che sia mai esistita, specialmente nel suo versante occidentale. Essa avrebbe introdotto un profondo, incolmabile dualismo fra essere umano e natura.

Per le loro singole differenziazioni, le due «cristianità», quella orientale — più intellettualistica, più contemplativa — e quella occidentale — più volontaristica, più attiva — non avrebbero potuto avere le stesse implicazioni sul rapporto fra esse umano e natura. «Le implicazioni del cristianesimo riguardo alla conquista della natura sarebbe emersa più facilmente nel clima occidentale.» (p. 1206) Nella Chiesa primitiva, e tuttora nella cristianità greco-ortodossa, la natura era ed è concepita come un sistema simbolico attraverso il quale Dio parla all'essere umano; nell'Occidente latino, invece, sin dall'inizio del 13° secolo, la «teologia naturale» compiva lo sforzo di capire la mente divina tramite la scoperta di come la Sua creazione funziona. Ad esempio, l'arcobaleno non era più soltanto un segno di speranza, ma un fenomeno «naturale» da spiegare in termini ottici. Fino a Leibnitz e Newton inclusi, gli «scienziati» presentavano le loro teorie con motivazioni religiose. «Infatti, se Galileo non fosse stato tanto esperto come teologo dilettante — scrive ancora lo White Jr. — non si sarebbe cacciato in tanti guai: i professionisti (della teologia) erano risentiti della sua intrusione.» Lo stesso Newton sembrava considerarsi un teologo piuttosto che uno scienziato. «Fu soltanto verso la fine del 18° secolo che l'ipotesi di Dio è diventata superflua per molti scienziati.»

Ma il Prof. White Jr. intravede «una visione cristiana alternativa». Certo, secondo lui, nella misura in cui la scienza e la tecnologia — sviluppatesi in una matrice cristiana occidentale — accordarono all'umanità dei poteri sulla natura che oggi sfuggono al suo controllo, non si potrebbe non riconoscere l'enorme colpa di una tale cristianità riguardo alla crisi ecologica. D'altra parte, però, lo White Jr. non crede ad una soluzione semplicemente scientifica e tecnica del problema che si è creato. Si dovrebbe trovare una nuova religione, oppure ripensare la nostra vecchia religione.

Ed in questo, «il più radicale dei cristiani» — San Francesco d'Assisi — forse ci potrebbe aiutare, conclude il Prof. White Jr: il suo carisma era *l'umiltà*, non solo degli individui, ma anche della specie umana. C'è chi afferma che il Santo d'Assisi credeva nella *anima* degli animali, forse anche in una specie di reincarnazione (cf. l'eresia dei Catari in Italia e nel meridione della Francia, la «cabbala» provenzale). Certo, la fede del francescanesimo primitivo (fino a San Buonaventura) non sarebbe stato il panteismo, bensì una specie di panpsichismo. (p. 1207)

Ad ogni modo, «continueremo a veder peggiorare la crisi ecologica — è la prognosi dello White Jr. — fintanto che non rigettiamo l'assioma cristiano che la natura non ha altra ragion d'essere che servire l'essere umano. «Francesco proponeva una visione alternativa. Non vi riuscì. Comunque, poiché le radici dei nostri guai sono in gran parte religiose, il rimedio deve anche essere sostanzialmente religioso... Il senso profondamente religioso, seppur eretico, che i primitivi Francescani avevano dell'autonomia spirituale di tutte le parti della natura ci potrebbe indicare la direzione giusta. Io (White Jr.) propongo Francesco come il Santo patrono degli ecologi.»

Questa requisitoria del noto storico statunitense contro la tradizione giudaico-cristiana in nome di un cambiamento di rotta della scienza e della tecnologia nei confronti della natura, ha sollevato un'enorme eco negli ambienti scientifici e religiosi. Qualche anno dopo, nel maggio del 1970, l'*ITEST* — *Institute of Theological Encounter with Science and Technology* (Istituto d'Incontro Teologico tra Scienza e Tecnologia), della *Saint-Louis University* (Missouri, Università San Luigi, dei Gesuiti), ha tenuto una sessione sulla «Teologia dell'Ambiente», ma senza raggiungere conclusioni etiche concrete, secondo il parere del P. Russo (RUSSO 1970, p. 397, n. 31).

Molto importante, a nostro avviso, è stata la contestazione della tesi dello White Jr. fatta dal geografo-ecologo d'origine cinese Yi-fu Tuan, dell'Università del Minnesota: nel suo articolo su «la nostra maniera di trattare l'ambiente nell'ideale e nei fatti», apparso in *American Scientist* (TUAN 1970, maggio-giugno), egli richiama l'attenzione, contro lo White Jr. e, in generale, contro «l'etnocentrismo» europeo ed occidentale, su due idee che stavano affiorando nella polemica di quegli anni: la prima è che squilibri ecologici seri sono stati provocati da popoli primitivi che non disponevano ancora di attrezzature tecniche se non molto rudimentari; la seconda è che esiste uno scarto fra i valori ideali di una determinata cultura e la loro espressione nel mondo reale.

Per collaudare la prima idea, il Tuan fa riferimento all'ipotesi largamente accettata dagli studiosi — e dallo stesso White Jr. — sull'estinzione avvenuta, ad opera di popoli cacciatori, d'innumerevoli specie di grossi mammiferi sin dal pleistocene; sulle osservazioni di scrittori dell'antichità, come Sofocle, Platone, Aristotele, relative a dissesti ecologici, quali il diboscamento, l'erosione, ecc., provocati da popolazioni umane; sui danni causati dalle famose «vie» ed acquedotti romani che collegavano direttamente una città ad un'altra senza curarsi minimamente della natura né della proprietà privata (p. 247); oppure a quelli causati dalle «centurie quadrate» che tagliavano la campagna, p.es. nella valle padana o addirittura in territori già semidesertici come quello di Cartagine (oggi Tunisi).

D'altra parte, gli occidentali amano contrapporre l'atteggiamento «mite» nei confronti della natura da parte del buddismo e del taoismo in Cina e in Giappone (prima della «restaurazione Meiji», 1868) all'aggressività ecologica ispirata alla tradizione giudaico-cristiana in Occidente. Infatti, il concetto di «fengshui» o «geomanzia», l'arte cioé di adeguarsi alle «curve naturali», ha radici profonde in Cina: già nel periodo che va dall'8° al 3° secolo a.C. furono nominati degli ispettori delle montagne e delle foreste per arginare il diboscamento risultante dall'espansione agricola e dalla costruzione di case e di templi di legno nelle città. Malgrado tutto, però, il disboscamento e l'erosione accompagnarono la crescita demografica cinese. Si conosce una antica abitudine, che risale almeno al 4° secolo a.C., di bruciare delle foreste per sterminare gli animali feroci e scoprire i covi dei banditi. Già nel periodo 960-1279 d.C. la domanda di legno e di carbone vegetale aveva superato le disponibilità naturali, portando allo sfruttamento del carbone fossile, analogamente a quanto si sa essere accaduto in Europa in un periodo non di molto più recente.

Alcuni rituali buddisti, p.es. quelli della cremazione delle salme, costituivano un altro fattore di aumento del consumo di legname. A dispetto del vegetarianismo buddista, il superpascolo da parte di pecore e di capre ha lasciato tracce indelebili, soprattutto nella Mongolia settentrionale.

In Giappone si è potuto accertare, già nel settecento, che i 7/10 del consumo del legno doveva essere imputato allo stile di vita e d'architettura del buddismo. La fabbricazione del famoso «inchiostro cinese» (nankin) richiedeva come materia prima la fuliggine dei pini bruciati.

Quando i comunisti arrivarono al potere nel 1949 hanno dovuto fare un grande sforzo per controllare l'erosione e per rimboschire il territorio cinese.

Nello stesso anno 1970, sulle pagine della rivista *Science*, l'ecologo Lewis W. Moncrief attaccava frontalmente la tesi dello White Jr. riguardante «la base culturale della nostra crisi ambientale» (MONCRIEF 1970, 30 ottobre): la tradizione giudaico-cristina sarebbe soltanto uno dei fattori culturali che hanno contribuito ad innescare la crisi ecologica. All'inizio del suo articolo, il Moncrief allude alla controversia attorno alla tesi di Max Weber e riconosce che quella dello White Jr. è riuscita a guadagnarsi «una vasta circolazione ed accettazione in sede accademica», e perfino presso parecchi eminenti teologi e circoli teologici. Ma, secondo lui, si tratta di una «spiegazione semplicistica», la cui risonanza è basata sulla moda piuttosto che sui fatti. Egli non nega che la religione possa avere un certo influsso, ma non costituisce «il fattore primordiale che condiziona il comportamento umano nei confronti dell'ambiente.» Del resto, lo stesso White Jr. si contraddice quando, all'inizio del suo saggio, ammette come plausibile l'ipotesi che, già da molti millenni, i metodi di caccia che facevano ricorso al fuoco, avrebbero creato le grandi praterie, contribuendo così allo sterminio dei mastodontici mammiferi del pleistocene (p. 509).

Bisogna considerare, prosegue il Moncrief, che l'Occidente ha conosciuto, sin dalla fine del settecento, due grandi Rivoluzioni: quella Industriale, che ha recato il fenomeno dell'urbanizzazione, e quella Francese, che ha scatenato un vasto movimento di democratizzazione; le due Rivoluzioni si sono coniugate nel senso di maggiore produzione e di maggiore distribuzione, e quindi di maggiore consumo. Ciò ha evidentemente provocato un maggiore deterioramento dell'ambiente, già del resto, sin da molto tempo percepito, tanto è vero che, nel 1890, si creava negli Stati Uniti d'America il primo «movimento conservazionista» (p. 510).

D'altra parte, anche in altre aree culturali-religiose è avvenuto, da secoli e millenni, e deterioramento ambientale e spreco, ecc. Insomma, l'influsso anti-ecologico della tradizione giudaico-cristiana è stato semmai molto indiretto e tenue, analogamente a quanto dimostrato a proposito della tesi maxweberiana.

Alla concatenazione «semplicistica» dello White Jr., che sarebbe:

A. tradizione giudaico-cristiana
B. sviluppo della scienza e della tecnologia
C. degradazione ecologica

il Moncrief contrappone un'altra concatenazione di «momenti» del problema:

A. tradizione giudaico-cristiana
B. capitalismo con sviluppo della scienza e della tecnologia e democratizzazione
C. urbanizzazione; aumento dei beni; aumento demografico; proprietà privata
D. degradazione ecologica

I momenti B e C sono comuni a tutte le parti del mondo, il momento A no.

Frattanto, nel 1972 appariva negli Stati Uniti d'America il famoso, primo rapporto al Club di Roma (fondato nel 1968 dall'industriale italiano Aurelio Peccei) su «i limiti della crescita» (non dello «sviluppo», come erroneamente fu tradotto in Italia!) e, insieme con la valutazione, positiva o negativa, del «modello globale» costruito dai Meadows con i loro collaboratori del *MIT* — *Massachussets Institute of Technology*, scoppiava anche in Europa, specialmente in Germania occidentale, la stessa polemica attorno alla responsabilità del filone religioso giudaico-cristiano riguardo alla problematica ecologica.

L'attacco è partito dal libro del filosofo-ecologo Carl Amery (pseudonimo di Christian Mayer), stampato nel settembre 1972, con il titolo provocatorio di *Das Ende der Vorsehung — Die gnadenlosen Folgen des Christentums* («La fine della Provvidenza — Le funeste (letteralmente: «disgraziate») conseguenze del cristianesimo, AMERY 1972). L'Amery prendeva come spunto iniziale una frase di Aurelio Peccei stralciata dalla prefazione al suddetto I. Rapporto al Club di Roma. La frase del Peccei non faceva alcuna allusione a qualsiasi origine etico-religiosa della crisi, ecologica o altra, della «crescita». Non così Dennis Meadows, l'autore principale del Rapporto; in una conferenza che egli ha tenuto a Francoforte il 15 ottobre 1973 su «Crescita fino alla catastrofe?», contrapponeva esplicitamente «l'immagine dell'essere umano onnipotente» che, secondo lui, sarebbe stata diffusa in Occidente dalla religione guidaico-cristiana, a quella delle religioni orientali per cui «la specie umana è una tra tutte le altre specie, immerse nella trama dei processi naturali.»

Il libro dell'Amery è apparso anteriormente a questa conferenza del Meadows; comunque, anche lui se l'ha preso speficiamente col cristianesimo: egli riconosce che il cristianesimo ha avuto delle conseguenze benefiche («segensreichen»), ma in questo libro intendeva sottolineare le sue «conseguenze funeste», capaci di tramutare la «storia della salvezza» in «storia del terrore finale»; la tradizione giudaica è coinvolta, poiché l'Amery parte dal versetto dell'Antico Testamento «Soggiogate la Terra» (Gen. 1,28).

La frase del Meadows l'abbiamo colta da un articolo di Norbert Lohfink, S.I., autorevole esegeta vetero-testamentario, il quale, sulle pagine di *Stimmen der Zeit* — rivista mensile di cultura dei Gesuiti tedeschi — (LOHFINK, luglio de 1974), si è assunto il compito di mettere i puntini sulle ii per ciò che riguarda la corretta interpretazione della pericope biblica. Veramente, il Lohfink l'aveva già fatto in un articolo anteriore dal titolo «Was deckt Gen. 1,28?» («Cosa c'è dietro Gen. 1,28?»), scritto su domanda della redazione del quindicinale dei Gesuiti svizzeri *Orientierung* (LOHFINK, 30 giugno/15 luglio 1974), dove fa riferimento a due articoli precedenti, apparsi sullo stesso quindicinale, ad opera del biologo Paul Erbrich, S.I. (ERBRICH 1972), su «i limiti della crescita» e su «il collasso del sistema mondiale».

Sui due articoli del P. Erbrich non ci soffermiamo, sia perché costituiscono una valutazione sostanzialmente favorevole del 1° Rapporto al Club di Roma, sia perché di questo Autore sono due capitoli del presente libro, i quali trattano della struttura e del funzionamento degli ecosistemi naturali. Ma non possiamo non rilevare come egli, all'inizio del primo articolo (p. 219), abbia sottolineato il cambiamento d'impostazione «futurologica» tra lo studio di Herman Kahn e dei suoi collaboratori dello «Hudson Institute» su «L'Anno 2000», pubblicato nel 1967, dove non appare alcun sospetto sui limiti ecologici della Terra, ed il libro del Club di Roma, stampato cinque anni dopo (1972), il qule sin dal titolo mette in evidenza «i limiti della crescita». D'altra parte, alla fine del secondo articolo, il biologo-ecologo svizzero raccoglie l'esplicita affermazione del 1° rapporto al Club di Roma, secondo cui «misure meramente tecniche, per quanto siano necessarie, non sono sufficienti» per risolvere il problema sollevato e sottolinea la necessità di trovare o ritrovare «nuovi valori» (p. 236).

Dell'approfondito studio esegetico del P. Lohfink (luglio del 1974) su «la versione sacerdotale della Sacra Scrittura ed i limiti della crescita», destinato espressamente a contestare le suddette obiezioni ecologiche dell'Amery e del Meadows contro la tradizione religiosa giudaico-cristiana, basti in questa sede riportarne i risultati per ciò che riguarda la giusta interpretazione del testo biblico della Gen. 1,28, il quale, secondo il contesto, è una *benedizione* piuttosto che un *comandamento*:

> «1. La benedizione della molteplicazione ('Siate fecondi, molteplicatevi e riempite la Terra') significa la crescita dell'umanità e la sua diversificazione in etnie e popoli, finché ogni popolo abbia raggiunto il suo numero adeguato di esseri umani. Allora la benedizione è compiuta.

2. Dallo spargersi del genere umano su tutta la Terra (fine della benedizione 'riempite la Terra') risulta immediatamente lo stadio successivo: i singoli popoli debbono prendere possesso dei loro territori ('Soggiogate' la Terra; meglio: 'Prendete possesso' della Terra).

3. Nelle loro regioni i popoli devono vivere in pace ed addomesticare gli animali ('Imperate su', meglio: 'Gestite i pesci del mare, gli uccelli del cielo e tutti gli animali che si muovono sulla Terra').

4. Dilapidazione delle risorse naturali, trasformazione dell'ambiente, della tecnica e dell'arte sono al di fuori dell'orizzonte di codesta benedizione. La versione sacerdotale della Bibbia, alla quale appartiene il versetto della Gen. 1,28, parla infatti più tardi di alcuni di questi argomenti, nella narrazione dell'esodo dall'Egitto e della edificazione del santuario sulla base di quanto è stato rivelato nel Sinai. La tecnica e l'arte sono viste allora come continuazione dell'opera creativa di Dio. Esse rendono il mondo capace di offrire a Dio una dimora tra gli esseri umani. Il cosmos non deve quindi essere distrutto da esse, ma perfezionato.» (p. 437).

Secondo il P. Lohfink, la versione sacerdotale della Bibbia, che probabilmente è stata stesa durante l'esilio del popolo giudaico in Babilonia nel 7° secolo avanti Cristo, ha subito l'influsso diretto del poema epico mesopotamico «Atrahasīs» (PRITCHARD 1969) che risale al 17° secolo avanti Cristo; questo vetusto poema è stato ritrovato in scavi compiuti nel 1853 d.C., ma decifrato solo recentemente; esso ha come tema centrale «la stabilità del mondo mediante la limitazione delle nascite» degli esseri umani che erano gli schiavi delle divinità (p. 438). Si trattava, già in quelle prische ere, di una «cosmogonia» (mitologica)... «maltusiana»..., di origine niente affatto occidentale — sottolinea il P. Lohfink - bensì prettamente orientale!

La conclusione generale dello studio dell'autorevole esegeta gesuita è davvero sorprendente:

«Il Club di Roma è ottimista assai. In fondo, esso crede di poter portare l'umanità a pensarla diversamente mediante l'informazione sui pericoli incombenti. Ma forse l'obiettivo a cui si mira, non sarà raggiungibile se non nella linea indicata dalla versione sacerdotale del racconto bibblico. Il timore della catastrofe non ci farà arrivare ad un mondo stabilizzato. Si dovrebbe, anzi, riuscire a far vedere alla gente il valore di vivere in un mondo stabile, in cui regni la pace, la giustizia, il significato del tempo disponibile, insomma un genere di vita che punti alla trascendenza.» (p. 450).

In verità si deve constatare che, dopo quel primo rapporto del 1972, il Club di Roma è venuto consacrandosi sempre più alla ricerca, non più esclusivamente dei limiti «esterni», ma dei limiti «interni» della crescita e dello sviluppo, degli «obiettivi dell'umanità» (5° Rapporto al Club di Roma, LASZLO 1978), dello sviluppo delle sue capacità d'apprendimento innovativo ed anticipativo (7° Rapporto al Club di Roma: *No Limits to Learning — Bridging the Human Gap*, BOTKIN, ELMANDJRA and MALITZA 1979; tradotto in italiano col titolo di «Imparare il futuro»).

Frattanto, neanche il P. Lohfink non è rimasto inoperante: nel 1977, infatti, è venuto alla luce un suo libro quanto mai originale, dal titolo *Unsere grossen Woerter — Das Alte Testament zu Themen dieser Jahren* («Le nostre parole grosse — l'Antico Testamento di fronte ad argomenti di questi ultimi anni», LOHFINK 1979^2, 1977), dove l'esegeta vetero-testamentario tenta di «acchiappare nelle reti dell'Antico Testamento» — per usare la sua stessa espressione (p. 3) — le «brillanti bestie» del nostro tempo, appunto «le parole grosse» che esprimono i temi scottanti di questi ultimi anni, quali «unità», «pluralismo», «dominio», «partecipazione dei poteri», «storia della salvezza», «liberazione», «popolo di Dio», «limiti della crescita», «sistema mondiale stabile», ecc. Così, nel capitolo sulla «Crescita» (pp. 156-71) il P. Lohfink riprende l'ermeneutica del mito (giudaico) della crescita, sviluppatosi attorno al versetto della Gen. 1,28, press'a poco quale già la conosciamo dal suo articolo su *Orientierung* del 1974, a cui aggiunge un altro suo studio: «*Seid fruchtbar und fuellt die Erde an! — Zwingt die priesterschriftliche Schoepfungsdarstellung die Christen zum Wachstumsmythos?*» (Siate fecondi e riempite la Terra! — La versione sacerdotale della presentazione biblica della creazione costringe i cristiani ad accettare il mito della crescita?) pubblicato nella rivista *Bibel und Kirche* (La Bibbia e la Chiesa, LOHFINK 1975).

Ed il capitolo sul «Futuro» offre al grande pubblico un'altra esposizione circa l'influsso del mesopotamico poema epico «Atrahasts» sul racconto «sacerdotale» dell'Antico Testamento.

Ma questi nuovi testi del P. Lohfink risultanti da conferenze occasionali, non aggiungono nulla di sostanziale a ciò che già abbiamo ricavato dalla sua ricerca del 1974. Vogliamo soltanto rilevare la frase con cui egli conclude il suo saggio sul «futuro» quando, avendo fatto allusione al carattere «apocalittico» del Nuovo Testamento, il quale avrebbe ripreso la dinamica futurologica del profetismo, il Lohfink si domanda «perché i cristiani non s'impegnano più a fondo nell'evoluzionismo profetico che oggi sta all'ordine del giorno?» (p. 189)

Con questa rassegna dell'odierna polemica attorno alla presunta matrice etico-religiosa della crisi ecologica crediamo avere spiegato la ragion d'essere del presente libro che contiene le prelezioni del Corso Interdisciplinare di Ecologia Umana, tenutosi alla Pontificia Università Gregoriana nel 1° semestre dell'anno accademico 1978-79.

Si tratta quindi di esposizioni didattiche piuttosto che di saggi di ricerca scientifica.

Un problema sembra però rimanere aperto: quello cioè della «sacralità» della natura. Il termine viene adoperato oggi anche negli ambienti cattolici: in una recente intervista all'*Osservatore Romano della Domenica*, del 23 dicembre 1979, il Prof. Carlo Savini, membro corrispondente dell'Accademia delle Scienze e studioso tra i più impegnati in campo nazionale ed internazionale nelle iniziative di carattere ecologico, ebbe a dire che «sono convinto che solo quando l'uomo contemporaneo saprà riscoprire la 'sacralità della natura'... i problemi ecologici saranno avviati verso una soluzione». Le virgolette adoperate dall'ecosociologo cattolico, il quale da parecchi anni «sta cercando i termini di una 'esegesi ecologica' dei testi biblici, della Patristica, della Scolastica e dei documenti ecclesiali», starebbero ad indicare che il termine non va preso in senso proprio, ma analogo.

D'altra parte, sin dal noto testo di Paolo agli areopagiti, scorgiamo nella tradizione cristiana la fede in una certa «immanenza» del «Dio ignoto»... «in cui viviamo e ci moviamo e ci siamo» (Act. 17, 23-28).

Questa fede ha nutrito la spiritualità e mistica cristiana. «Iddio abita nelle creature» — ha scritto Ignazio di Loyola nella sua Autobiografia ed ha fatto di una tale visione mistica il tessuto connettivo della *Contemplatio ad amorem obtinendum* (Contemplazione per raggiungere l'amore) con cui chiude i suoi *Esercizi Spirituali*. Commentando questa pagina ignaziana, che probabilmente è stata stesa, come il *Principium et Fundamentum*, dopo che il ritirato di Manresa si era sottoposto alla disciplina intellettuale «scolastica» della Sorbona di Parigi, il P. Fessard (1956, p. 156) la ricollega ad un articolo della *Summa Theologiae* di Tommaso d'Aquino: «*Deus est in omnibus per potentiam, in quantum omnia eius potestati subduntur. Est in omnibus per praesentiam, in quantum omnia nuda et aperta sunt oculis eius. Est in omnibus per essentiam, in quantum adest omnibus ut causa essendi*» (I, q.8, a.3).

Spetta quindi al teologo ripensare i rapporti, non solo dell'essere umano con la natura, ma della natura stessa con Dio, onde evitare che l'odierno «ecologismo» non degeneri in panteismo. Non pretendiamo che i nostri contributi abbiano risolto la questione e, pertanto, li offriamo con un punto interrogativo.

NOTA

(*) In questo libro abbiano adottato il termine «essere umano», invece di «uomo», per assecondare l'evoluzione del linguaggio in virtù della promozione sociale della *donna*. Vedi Jean-Marie AUBERT, *La Femme* — Antifémminisme et christianisme, Paris: Cerf/Desclée, 1975, 226pp.

La verità è che, in italiano, come per altro nelle altre lingue neo-latine non c'è un termine simile p.es. a quello tedesco *Mensch* per designare «l'essere umano» (maschio e femmina) in contrapposizione a *Mann* (maschio) e *Frau* (femmina); — malgrado nel latino ci sia *Homo* (maschio e femmina) in contrapposizione a *vir* (maschio) e *mulier* (femmina). Cf. nel russo: *čelovek* (maschio e femmina) in contrapposizione a *mužčina* (maschio) e *ženščina* (femmina).

In francese è oggi corrente il termine «*les humains*» (maschi e femmine), in contrapposizione agli «animali» come nell'inglese odierno il termine «human beings», «humans».

NOTA

A proposito degli squilibri ecologici preistorici a cui si riferiscono diversi studiosi citati in questo prologo (White Jr., Tuan, Moncrief, Lohfink), sembra opportuno richiamare l'attenzione sulla ricerca di Mark N. Cohen (COHEN 1977) riguardante «la crisi alimentare nella preistoria — sovrappopolazione e le origini dell'agricoltura.»

Già la prima frase del Cohen è tale da provocare brividi:

«L'uomo culturale esiste sulla Terra ormai da ca. 2 milioni d'anni; durante più del 99% di codesto periodo, egli viveva di caccia e raccolta. Soltanto negli ultimi 10.000 anni l'essere umano ha cominciato ad addomesticare le piante e gli animali... L'*Homo Sapiens* ha assunto una forma sostanzialmente moderna almeno 50.000 anni prima di riuscire a fare qualcosa atta a migliorare i suoi mezzi di produzione. Finora lo stile di vita del 'cacciatore' è stato l'adeguamento più riuscito e persistente che l'essere umano ha mai realizzato.» (p.1)

La tesi del Cohen è «che la popolazione umana è venuta crescendo lungo la sua storia, e che questa crescita è la causa, piuttosto che meramente il risultato, di gran parte del 'progresso' umano o del mutamento tecnologico, in particolare per ciò che riguarda la sua sussistenza. La caccia e la raccolta costituiscono una maniera estremamente ben riuscita di adattamento per i piccoli gruppi umani, ma non sono atte al sostentamento di popolazioni umane numerose o dense. Ipotizzo quindi che lo sviluppo dell'agricoltura è stato un adeguamento che le popolazioni umane furono costrette a fare in risposta all'accrescersi del loro volume. Ca. 11 o 12 mila anni fa, popoli che vivevano di caccia e raccolta nella varianza dei loro cibi preferiti, avevano ormai occupato pienamente, in virtù del loro incremento naturale e la concomitante espansione territoriale, quelle parti del globo che erano capaci di sopportare il loro stile di vita in modo ragionevolmente agiato. In quell'epoca, infatti, essi già avevano creduto necessario, in molte aree, allargare la varianza di risorse selvatiche che usavano come nutrimento delle loro popolazioni crescenti. Suggerisco che, sin d'allora quando l'espansione territoriale diventava vieppiù difficile e niente affatto attraente come metodo di risolvere i problemi (alimentari) sollevati dall'incremento demografico, i popoli si son trovati nella contingenza di rendersi ancora più selettivi nella raccolta di alimenti, di mangiare cibo sempre meno appetibile, ed in particolare di concentrarsi nella cultura di alimenti di basso livello trofico e di alta densità. Nell'epoca tra ca. 9 e 2 mila anni prima del pleistocene, le popolazioni sparse in tutto il mondo, che già consumavano press'a poco la totalità della varianza disponibile di cibo appetibile, sono state costrette ad affrontare ulteriori incrementi demografici aumentando artificialmente, non quelle risorse che preferivano, ma quelle che rispondevano bene alle cure umane e quindi potrebbero portare a produrre il massimo di calorie commestibili per unità di terreno.» (p. 14-15).

Dunque, l'agricoltura che non è più facile né fornisce cibo di qualità superiore, di maggiore appetibilità e sicurezza di quello offerto da caccia e raccolta, è stata praticata solo quando imposta dalla pressione demografica. Non è vero quindi che sia esistita una tendenza all'equilibrio al di sotto della disponibilità di risorse; al contrario, le società umane hanno oltrepassato progressivamente le loro risorse in virtù di un continuo sviluppo di nuove strategie di adeguamento ed una continua ridefinizione dei rapporti ecologici. Ne risulta che c'è stata una sincronia nel sorgere di pressioni demografiche in vaste parti del globo e quindi l'agricoltura sarebbe stata «inventata» dalla maggioranza delle popolazioni in uno stesso arco di tempo relativamente breve. Un tale parallelismo che balza agli occhi quando considerato in una prospettiva cronologica e geografica ragionevolmente ampia, c'induce a supporre l'esistenza di un fattore comune a tutte quelle regioni.

L'essere umano paleolitco e mesolitico, nonché quello preagricola del «nuovo mondo» americano, avrebbe subito un continuo, seppure precario, incremento demografico ed, in ogni singolo caso, l'adozione dell'agricoltura appare come solo uno di una serie di adeguamenti ecologici all'accrescersi della popolazione. Cf. «Summary and Conclusions» (Sommario e Conclusioni), pp. 279-86.

Una simile tesi viene presentata da Ester BOSERUP, *The Conditions of Agricultural Growth* — The Economics of Agrarian Change Under Population Pressure, London: Allen & Unwin, 1972² (1965), 124 pp., che l'applica ai popoli «primitivi» d'oggi, ma come nota il Kaldor nella prefazione, «As she herself emphasizes..., this thesis is suject to qualification: it may not be true of communities with a very high rate of population which are already densely peopled...» Cf. Colin CLARK, *Population Growth and Land Use*, London: Macmillan, 1967, 406 pp., dove l'emerito economista di Oxford difende la stessa tesi, ma in modo più generale, meno sfumato, della Boserup. Nella stessa linea della Boserup, cf. WILKINSON Richard G., *Poverty and Progress*: An Ecological Perspective on Economic Development, New York: Praeger, 1973.

BIBLIOGRAFIA

AMERY, Carl (Christian Mayer), *Das Ende der Vorsehung* - Die gnadenlosen Folgen des Christentums, Rowohlt, 1972, 275 pp.

BOTKIN James W. et al., *No Limits to Learning* - Bridging the Human Gap, A Report to the Club of Rome, Oxford: Pergamon Press, 1979, 159 pp. vers.: *Imparare il Futuro*, Milano: Mondadori, (coll.EST), 1979.

CAVALLI Luciano, Max Weber: religione e società, Bologna: Il Mulino, 1968, 505 pp., specie p. 143.

CENTRE CATHOLIQUE DES INTELLECTUELS FRANÇAIS, *La société désorientée*, Paris: Desclée de Brouwer (coll. Recherches et Débats), 1978, 198 pp.

Id., *La nature - problème politique*, ib., 1971, 211 pp.

CIPOLLA Carlo M., *Storia economica dell'Europa pre-industriale*, Bologna: Il Mulino (coll. Universale Paperbacks), 1974, 383 pp.

COHEN Mark Nathan, *The Food Crisis in Prehistory*: Overpopulation and the Origins of Agriculture, New Haven/London: Yale Univ. Press, 1977, 341 pp.

DALY Herman E., *Steady-state Economics*: The Economics of Biophysical Equilibrium and Moral Growth, San Francisco: Freeman, 1977, 185 pp.

DEANE Phyllis, *The First Industrial Revolution*, Cambridge Univ. Press, 1965, 7 + 295 pp.

DEMANT V.A., *Religion and the Decline of Capitalism*, London: Faber & Faber, 1952, 204 pp.

ELIADE Mircea, *Storia delle credenze e delle idee religiose*, Milano: Sansoni, 1983, 3 vol.: I. Dall'età della pietra ai Misteri Eleusini, 492 pp.
II. Da Gautema Buddha al trionfo del Cristianesimo;
III. Da Mahometto all'età delle Riforme.
ERBRICH Paul, «Grenzen des Wachstums», *Orientierung* 36(15/X/'72)19, pp. 219-22. Id., «Der Kollaps des Weltsystems», ib.36(31/X/'72)20, pp. 233-36.
FANFANI Amintore, *Cattolicesimo e protestantesimo nella formazione storica del capitalismo*, Milano: Vita e Pensiero (Biblioteca dell'Unione Cattolica per le Scienze Sociali), 1944, 8 + 203 pp.
FESSARD Gaston, *La dialectique des Exercices Sprituels*, Paris: Aubier, 1956—66, 2 vol.: I. 367 pp.; II. 283 pp.
FINANCE Joseph de, *Citoyen de deux mondes*: La place de l'homme dans la création, Roma: PUG/Paris: Téqui, 1980, 318 pp.
GARAUDY Roger, *Appel aux vivants*, Paris: Ed. du Seuil, 1979, 403 pp.
GATTA Jr., John, «The uses of Wilderness: A Christian Perspective», *Anglican Theological Rev.*, 62(July '80)3, 256-65.
JENSEN O., *Condannati allo sviluppo*: Le religioni di fronte al problema ecologico, Torino: Claudina, 1981.
LASZLO Erwin, *Obiettivi per l'umanità* - Quinto Rapporto al Club di Roma, Milano: Mondadori (coll.EST), 1978, 316 pp. (orig.: *Goals for Mankind*, The Research Foundation of the State Univ. of New York, 1977).
LOHFINK Norbert, S.J., «Was deckt Gen 1,28?», *Orientierung* 38(30/VI/'74) (15/VII/'74)12/13/, 137-42.
Id., «Die Priesterschrift und die Grenzen des Wachstums», *Stimmen der Zeit* 192(Juli '74)2, 435-50.
Id., *Unsere grossen Wörter* - Das Alte Testament zu Themen dieser Jahren, Freiburg i. Breisgau: Herder, 1979² (1977), 253 pp.
Id., «Seid fruchbar und füllt die Erde an! - Zwingt die priesterschriftliche Schöpfungsdarstellung die Christen zum Wachstumythos?», *Bibel und Kirche* (1975), 77-82.
MARSHALL Gordon, *In Search of the Spirit of Capitalism* - An essay on Max Weber's Protestant ethic thesis, New York: Columbia Univ. Press, 1982,236 pp.
MESAROVICH Mihaylo e PESTEL Eduard, *Strategie per sopravvivere* - Secondo rapporto al Club di Roma, Milano: Mondadori (EST), 1974, 171 pp.; orig.: *Mankind at the Turning Point* New York: New Americ. Library, 1976, 13-210 pp.
MONCRIEF Lewis W., «The Cultural Basis of our Environmental Crisis», *Science* 170 (Oct.30, '70), 508-12.
NISBET Robert, *History of the Idea of Progress* New York: Basic Books, 1980, 370 pp.
PRITCHARD James Benneth, ed., *The Ancient Near East* - Supplementary texts and pictures to the Old Testament consisting of supplementary materials for the ancient Near East in pictures and ancient Near East texts, Princeton, N.J.: Princeton Univ. Press, 1969, 710 pp.

RAPHAEL Freddy, *Judaisme et capitalisme* - Essai sur la controverse entre Max Weber et Werner Sombart, Paris: PUF, 1981, 385 pp.
RUSSO François, «Nature et milieu», *Etudes (oct. '70), 382-98.*
TEILHARD de CHARDIN Pierre, *Il fenomeno umano*, Milano: Mondadori (Opere di), 1968, 431 pp. (orig.: *Le phénomène humain*, Paris: Ed. du Seuil (Oeuvres de), 1965 (1955), 438 pp.
TUAN Yi-fu, «Our Treatment of the Environment in Ideal and Actuality», *American Scientist* 58(May-June '70), 244-49.
TAWNEY R.H., *Religion and the Rise of Capitalism*, London: Murray, 1962, 339 pp.
WEBER Max, *Sociologia della Religione: Confucianismo e Taoismo*, Roma: Newton Compton, 1975, 326 pp. (orig.: 1921, citato nel testo).
WHITE Jr. Lynn, «Historical Roots of our Ecological Crisis», *Science* 155 (march 10, '67)3767, 1203-07.
WINTER Gibson, *Liberating Creation*: Foundations of Religious Social Ethics, New York: Crossroad, 1981, 14 + 145 pp.

SCHEDA BIO-BIBLIOGRAFICA DEI COLLABORATORI

BELTRÃO, Pedro Calderan, S.I.: nato nel 1923 a S. Maria (Rio Grande do Sul, Brasile); dottore in scienze politiche e sociali e licenziato in scienze economiche a Lovanio (Belgio); professore ordinario di sociologia e di demografia all'Univ. Gregoriana (Roma) ed all'Univ. Valle del Sinos (UNISINOS, São leopoldo RS, Brasile); direttore-fondatore del Centro di Documentazione e Ricerche (CEDOPE) a quest'ultima Università. Tra le sue pubblicazioni segnaliamo: *Vers une politique de bien-être familial* (Lovanio/Roma, 1957); *Analisi della popolazione mondiale* (Roma, 1967); *Sociologia do Desenvolvimento* (Porto Alegre RS, Brasile, 1965, 1971^2); *Sociologia della famiglia contemporanea* (Roma, 1968, 1977^2); «Problemi attuali della pianificazione familiare», «*La Civiltà Cattolica*» (Roma, febbraio 1970, q. 2871, pp. 224-38); *Demografia - ciência da popula*ção (Porto Alegre RS, Brasile); «Evoluzione del pensiero marxista sulla popolazione», in «*La Civiltà Cattolica*» (Roma, aprile 1973, q. 2947, pp. 24-43); «Sotto l'incubo dell'esplosione demografica?» in *L'uomo del futuro* (Roma, Ed. Paoline, 1975); «Uomo e donna nella famiglia di domani» in *La Famiglia* (Brescia, 51(1975), 213-36); *Pensare il futuro* (a cura di), Roma, Ed. Paoline, 1977; «La popolazione mondiale ad una svolta storica» in *Lateranum* N.S.-Anno XLIV(1978)1, numero speciale per il decennale della «Humanae Vitae», pp. 256-75; *Carta dei diritti della Famiglia* - Commento di P.C. BELTRÃO, Roma: Ed. paoline, 1984.

DHAVAMONY, Mariasusai, S.I.; nato nel 1926 a Kutnalur (India); dottore in Filosofia all'Univ. Gregoriana (Roma); dottore in Storia delle religioni orientali all'Univ. di Oxford; già decano della Facoltà di Missiologia all'Univ. Gregoriana (Roma); professore ordinario di Storia e Femonelogia della religione, di Filosofia della religione, d'induismo all'Univ. Gregoriana (Roma); membro dell'Associazione Italiana degli Studi Sanskriti; consultore del Segretariato per i Non-Cristiani (Vaticano); direttore di *Studia Missionalia* e di *Documenta Missionalia*. Tra le sue pubblicazioni segnaliamo: *Subjectivity and Knowledge in the Philosophy of St. Thomas Aquinas* (Roma, PUG, 1965); *Love of God according to Saiva* Siddhanta (Oxford, OUP, 1972); *Phenomenology of Religion* (Roma, PUG, 1974); *Classical Hinduism*, (Roma, PUG, 1982); e numerosi articoli sulla Storia delle religioni, sull'induismo, sullo studio comparato fra il cristianesimo e l'induismo.

ERBRICH, Paul, S.I.: nato nel 1928 a Rorschach (Svizzera); dottore in scienze naturali; docente di biologia; autore di diversi articoli su riviste svizzere e tedesche (sui problemi dei limiti alla crescita, sulla teoria moderna dell'evoluzione, Monod, ecc.), p.es. «Die Grenzen des Wachstums» (I limiti della crescita), in *Orientierung* (Zurigo) 1972, «Der Kollaps des Weltsystems» (Il collasso del sistema mondiale), ib.; «I limiti dello sviluppo» in GIACHI, Gualberto (a cura di), *L'uomo del futuro* (Roma, Ed. Paoline, 1975, pp.15-31); «Zukunft und Verantuvortung» (Futuro e Responsabilità), *Stimmen der Zeit* (okt. '83) 10,664-76.

FARICY, Robert, S.I.: nato nel 1926 a Saint Paul (USA); dottore in Teologia; professore ordinario di Teologia Spirituale all'Univ. Gregoriana (Roma). Tra le sue pubblicazioni segnaliamo: *Teilhard de Chardin's Theology of the Christian in the Wolrd* (New York: Sheed & Ward, 1967, con varie traduzioni); *Building God's World* (Denville N.J. Dimension, 1976); *Praying* (Dublin: Villa, 1979; ital.: *Colui che prega*, Roma: Ancora, 1979); *All things in Christ*: Teilhard de Chardin's Spirituality, London: Collins, 1981; *Wind and Sea Obey Him*: Approaches to a Theology of Nature, London: SCM, 1982; ed inoltre numerosi articoli in inglese ed in italiano sull'etica sociale, sulla spiritualità, sull'impegno cristiano nel mondo, sulla preghiera, ecc.

GOETZ, Joseph, S.I.: nato nel 1909 ad Avolsheim (Alsacia); licenziato in Filosofia ed in Teologia; licenziato in Lettere alla Sorbona (Parigi); professore ordinario di Etnologia alla Facoltà di Missiologia dell'Univ. Gregoriana (Roma); autore di una serie di articoli sull'etnologia religiosa in *Studia Missionalia* (Roma, PUG) dal 1966 in poi. Deceduto al Alba (Piemonte) il 21 maggio 1983.

HENRICI, Peter, S.I.: nato nel 1928 a Zurigo (Svizzera); dottore in Filosofia; professore ordinario della Facoltà di Filosofia all'Univ. Gregoriana (Roma); membro del comitato direttivo della Federazione Internazionale delle Società di Filosofia (FISP). Oltre a numerosi articoli, traduzioni e contributi ad enciclopedie e pubblicazioni collettive, segnaliamo: *Hegel und Blondel* (Berchmansverlag, Monaco, 1958); «Dal progresso allo sviluppo: per una storia delle idee» in LAND, Philip (a cura di), *La teologia di fronte al progresso* (Roma: AVE, 1972); «Lebensqualität - vom Theologen aus gesehen» in *Jahrbuch der neuen Helvetischen Gesellschaft* 46(1975), pp. 176-83; «La futurologia: perché e come?» in BELTRÃO, Pedro C. (a cura di), *Pensare il Futuro* (Roma: Ed. Paoline, 1977, pp. 15-33); *Aufbrüche christlichen Denkens* (Einsiedeln: Johannesverlag, 1978).

MACHA, Josef, S.I.: nato nel 1929 ad Oderfest (Silesia); dottore in sociologia alla Columbia Univ. (New York); professore straordinario di sociologia teorica all'Univ. Gregoriana (Roma); membro del Centro di Studi Marxisti della medesima Università; Rettore del Pontificio Collegio Russo. Oltre a diversi articoli, segnaliamo: *Ecclesiastical Unification* (Roma: Pontificio Istituto Orientale, 1974); «Storia e prospettiva» in BELTRÃO, Pedro C. (a cura di), *Pensare il Futuro* (Roma: Ed. Paoline, 1977, pp. 53-73).

MASINI, Eleonora Barbieri: nata nel 1928 in Guatemala; laureata in giurisprudenza e specializzata in diritto comparato; docente in vari corsi di studi sul futuro all'*Inter University Center* di Dubrovnik (Jugoslavia); incaricata del corso su «Previsione sociale» all'Univ. Gregoriana (Roma); Presidente della *World Future Studies Federation* (WFST), membro del Club di Roma. Tra le diverse pubblicazioni segnaliamo: *Spazio per l'uomo* (Roma: Ed.

Previsionali, 1972); *Previsione umana e sociale* - Utilità e modi del prevedere (ivi, 1973); «Gli studi previsionali nei paesi occidentali» in *Futuribili* 66(1974); «Studi sul futuro - Educazione alla creatività» in FINETTI, B. de (a cura di), *Crisi dell'energia, crisi di miopia* (Milano: Franco Angeli, 1975); «The Quest for Absolute Values» in *Futures*, 1976; «Indicatori sociali e previsione» e «Metodi previsionali» in BELTRÃO, Pedro C. (a cura di), *Pensare il Futuro* (Roma: Ed. Paoline, 1977, pp. 75-135). «Fondamenti filosofici et etici della metodologia previsionale» in MARBACH S. ed., *Previsioni di lungo periodo*, Milano: Franco Angeli, 1980, pp. 265ss; BARBIERI MASINI Eleonora ed., *Visions of Desirable Societies,* Oxford: Pergamon Press, 1983, 272pp.

ROEST-CROLLIUS, Ary, S.I.: nato nel 1933 a Tilburg (Olanda); M.A. all'Univ. del Cairo; dottore in Teologia; professore ordinario di Islamologia e decano della Facoltà di missiologia all'Univ. Gregoriana (Roma); consultore del Segretariato per i Non-Cristiani (Vaticano). Tra le diverse pubblicazioni segnaliamo: *The Word in the Experience of Revelation in Quadr'ân and Hindu Scriptures* (Roma: PUG, 1974).

SCHASCHING, Johannes N., S.I.: nato nel 1917 a St. Roman (Austria); dottore in Scienze Politiche e Sociali all'Univ. di Innsbruck; professore ordinario di sociologia e decano della Facoltà di Scienze Sociali all'Univ. Gregoriana (Roma). Tra le diverse pubblicazioni segnaliamo: *La Chiesa e la società industriale* (Roma: Ed. Paoline); «Il futuro della religione» in BELTRÃO, Pedro C. (a cura di), *Pensare il Futuro* (Roma: Ed. Paoline, 1977, pp. 215-25).

STEIDL-MEIER, Paul, S.I.: nato nel 1942 a Colusa (California, USA); B.A. alla Gonzaga Univ. (Spokane, USA); ThM in etica sociale alla Harvard Univ. (USA); PhD in Scienza Economica alla Stanford Univ., California (USA) con tesi sulle communi popolari cinesi. Professore alla Facoltà di Scienze Sociali, Univ. Gregoriana (Roma). Tra le sue pubblicazioni segnaliamo: «La politique agricole en Chine: une esquisse de son evolution» in ECONOMIE RURALE n°112 (1976); «What is to be learned from Da Zhai?» in ASIAN PROFILE, IV, 6 (1976). «Impresa privata, etica ed efficienza socio-economica», *Civiltà Cattolica* 131(1980)II, 529-46; «Les désillusions de la lutte contre la faim», *Études* 353(1980), 583-95; «Population, Environment, Energy and Food», *Concilium* 160(1980), 29-44; «Implementation Problems of Chinese Rural Eco-economic Policy» (con B. GLAESER) in GLAESER et al. eds., *Umweltpolitik in China und technologische Entwicklung*, Berlin: Wissenschaftszentrum, 1981, 87-190; «Planning and Management Conflicts in China's Agricultural Modernization», ib., 143-90; «Sviluppo e giustizia: riflessioni sul contributo potenziale della Chiesa cattolica» in GRITTI/MASINI (a cura di), *Società e Futuro*, Roma: Città Nuova, 1981, 145-61; «La politica demografica cinese ed i problemi dello sviluppo», *Mondo cinese* 38(1982), 27-44; «Ecosviluppo ed economia rurale», *Civiltà Cattolica* 133(1982)III, 355-69. *Social Justice Ministry* - Foundations and Concerns, New York: Human Development Books, 1983, 344 pp.

Introduzione

CONCETTO E PROBLEMATICA DELL'ECOLOGIA UMANA

di Pedro C. Beltrão, S.I.

Nel corso degli ultimi vent'anni, l'ecologia è uscita dalla torre d'avorio dei cultori delle scienze naturali («naturalisti»: biologi, botanici, zoologi, geologi, geografi, ecc.) ed ha cominciato ad interessare i cultori delle «scienze dello spirito», umane e sociali (sociologi, demografi, economisti, politologi, filosofi, teologi, ecc.). Anzi, ha guadagnato le piazze ed i comizi. Di essa, i «futurologi» si occupano e si preoccupano in maniera del tutto particolare.

In una parola, l'ecologia è all'ordine del giorno e costituisce uno dei nodi della «crisi» attuale e dell'avvenire dell'umanità, e addirittura della vita sul pianeta Terra. Proprio perciò le Nazioni Unite ne hanno fatto il tema di una Conferenza Mondiale tenutasi a Stoccolma nel 1972, su «Ambiente e Risorse», dalla quale prese il via il «Programma Speciale delle NU per i problemi ambientali», con sede a Nairobi (Kenya).

Nel lontano 1866 il biologo tedesco Haeckel coniò il termine «ecologia» per significare «la scienza dell'*habitat*» (*oîkos*, nel greco casa, dimora), ossia dell'ambiente in cui vivono ed agiscono gli organismi. L'ecologia è quindi nata e si è sviluppata da più di un secolo a questa parte, come lo studio biologico dei cosiddetti «ecosistemi naturali», sebbene già nel 1863, il capostipite di una famosa dinastia di scienziati, Thomas Huxley, avesse scritto un saggio che si potrebbe chiamare di ecologia «umana», sul «posto dell'uomo nella natura» (HUXLEY Thomas 1863), opera divenuta classica, tanto è vero che è stata ristampata.

Ma, in questi scritti, l'ecologia rimaneva ancora una scienza naturale. Un simile concetto di ecologia *sensu stricto* è tuttora quello dei grandi ecologi contemporanei, come p.es. ODUM (1973), DAJOZ (1975), RAMADE (1974), MARGALEF (1974), ecc. Ciò nonostante, nei loro classici trattati, specie in quello del Ramade - il cui sotto-titolo è «Azione dell'uomo sulla biosfera» -, già comincia a farsi strada un concetto più ampio di ecologia «umana». Si veda p.es. in quello dell'Odum (1973, anno della versione italiana che abbiamo utilizzato) le pp. 269-77: «Ecologia umana e teoria dello sviluppo degli ecosistemi», nonché tutto il 21° ed ultimo capitolo: «Verso un'ecologia umana applicata» (pp. 516-23); in quello del Dajoz tutto il 18° ed ultimo capitolo: «La protezione della natura» (pp. 505-34); in quello del Ramade, tutto il capitolo II (pp 91-133): «I fattori di degradazione della biosfera - La loro natura, la loro importanza - Impatto della tecnologia, L'esplosione demografica umana, Prospettiva demografica: catastrofe o stabilizzazione?»; in quello del Margalef, il capitolo 24° (dell'edizione del 1977, pp. 789-819): «Sfruttamento umano, regressione o conservazione.»

Almeno dal punto di vista didattico, non abbiamo incontrato sinora un concetto di «ecologia umana», tanto operazionale e globale quanto quello che viene proposto da Otis Dudley Duncan, dell'Univ. di Chicago, nel capitolo che egli stese, col titolo «Ecologia Umana e studi sulla popolazione», per l'antologia edita da HAUSER/DUNCAN (1959) su «Lo studio della popolazione.» Potremmo riassumere tale concetto come *lo studio dell'interazione fra le popolazioni umane e gli ambienti naturali tramite la tecnologia regolata dall'organizzazione sociale.*[1]

Sarebbero, così, quattro le *variabili* fondamentali e cruciali che formano il «complesso ecologico» e quindi interessano l'ecologia umana (cf. schema):

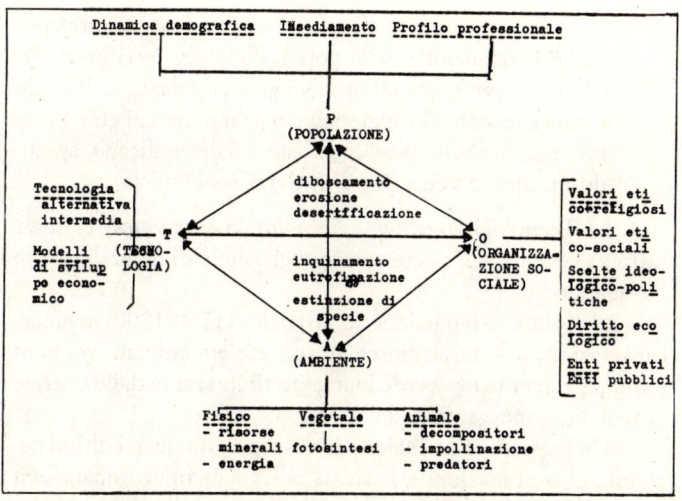

1. L'Ambiente naturale o *variabile ecologica in senso stretto*, il quale comprende:
   — l'ambiente *fisico*: risorse minerali (non rinnovabili, almeno naturalmente ed a corto periodo geologico), energia terra, acqua, aria, ecc.);
   — l'ambiente *vegetale*, con la sua insostituibile attività fotosintetica (vegetazione terrestre, alghe marine);
   — l'ambiente *animale*, il quale, insieme con quello vegetale, fornisce le risorse naturali rinnovabili (alimenti, fibre, lana), ed espleta anch'esso alcune attività ecologicamente rilevanti e addirittura insostituibili (impollinazione dei fiori fatta dagli insetti, permeabilizzazione dei suoli mediante il «lavoro» p.es. dei lombrichi, decomposizione del materiale organico ad opera dei vermi, predazione dei flagelli, come p.es. delle cavallette, dei bruchi, ecc.).

2. La Popolazione umana o *variabile demografica*, i cui aspetti ecologicamente più rilevanti sarebbero:
   — *la dinamica demografia*, ossia i fatti ed i fattori dell'incremento della popolazione nel tempo;

- *l'insediamento* umano, ossia i fattori e le configurazioni della distribuzione della popolazione nel territorio;
- il *profilo professionale* delle singole popolazioni, il quale traduce le attività funzionali dei gruppi umani che, in un processo di «Sviluppo», cambiano e si diversificano, aprendo un ampio ventaglio di attività economiche.

3. La Tecnologia o *variabile tecnologico-economica*, la quale rafforza l'azione dell'essere umano sugli ambienti naturali, specie da quando:

con la prima «Rivoluzione Industriale» (1750-1800), o «meccanizzazione», le forze muscolari, umane e/o animali, vennero sistematicamente e progressivamente rimpiazzate dalle energie organiche e inorganiche della natura;

con la seconda «Rivoluzione Industriale» (in questi ultimi decenni), o «automazione», la stessa energia mentale (umana evidentemente) viene sostituita da quella naturale: l'elettronica, i computers, i robots, la cibernetica, la telematica (TOFFLER 1980).

4. L'Organizzazione sociale o *variabile etico-sociale*, la quale deve regolare e regolamentare l'impatto dell'agire umano in generale, e della tecnologia in particolare, sugli ecosistemi naturali; essa comprende:
- *associazioni private* improntate a destare la presa di coscienza dei problemi ed influire sull'opinione pubblica, come p.es. «Italia Nostra» (CROCE 1979).
- *istituzioni politico-amministrative* (Ministero dell'Ambiente, ecc.) atte a contenere l'aggressione alla natura: devastazione dell'ecumene, diboschimento, erosione, desertificazione; inquinamento dell'aria, delle acque; diffusione di prodotti chimici nocivi a breve o a lunga scadenza; inquinamento sonoro, ecc.
- *scelte ideologico-politiche*, sul rapporto cioè tra persona e società, sulla preservazione e della libertà personale e del bene comune;
- *valori* etico-sociali ed etico-religiosi, che riguardano il posto dell'essere umano nella natura e nel cosmos.

Il nostro è quindi un concetto di «ecologia umana» eminentemente interdisciplinare, magari trans-disciplinare (MASINI 1973, pp. 139-44); in particolare, esso tenta abbinare le scienze naturali con le scienze umane e sociali. Si tratta senz'altro di un «matrimonio» difficile, «di ragione», più che «di cuore», ma niente affatto impossibile; ad ogni modo, assolutamente necessario, se è vero che la radice di tanti guai che incombono sull'umanità e addirittura sulla vita nel pianeta, è da rintracciare nel «divorzio» che si è creato tra le scienze naturali e le scienze umane e sociali[2]. Fortunatamente, una simile impostazione si sta facendo strada, come attestano, da una decina d'anni a questa parte, parecchie pubblicazioni, quali p.es. quelle di Aurelio Peccei, i sette rapporti già esistenti al Club di Roma (animato dal Peccei stesso), i recenti libri di Lester Brown, di Robert Jungk, di Joseph Klatzmann, del Duvigneaud, ecc.

Importa soprattutto rendersi conto che la produttività ecologica è soggiacente a quella economica, e quindi si può raggiungere una formidabile produttività economica, specie alimentare, ma forse a scapito della produttività ecologica, la quale può scemare o addirittura esaurirsi. È necessario, inoltre, considerare che il complesso equilibrio di un ecosistema, di un bosco p. es., si forma nel corso di migliaia e migliaia di anni, ma viene distrutto in un paio di minuti dall'intervento irresponsabile dell'essere umano. In fondo, la problematica dell'ecologia umana cominciò quando l'*homo faber* scoprì il fuoco. Non sarebbe stato questo il significato del mito di Prometeo? «La civiltà cominciò infatti - scrisse l'Odum (1973, p.3) - quando l'uomo imparò a modificare l'ambiente usando il fuoco e i primi strumenti.» Vedi, in questo senso, il capitolo del Prof. Peter Henrici su «Uomo e natura nell'era tecnologica.»

La variabile ecologica (in senso stretto).

La conoscenza dell'equilibrio naturale, omeostatico, della biosfera e degli ecosistemi che la compongono, si rende necessaria per poter valutare l'impatto, particolarmente quello tecnologico-economico, della specie umana sulla natura ambiente. «Non possiamo più permetterci - avverte severamente lo stesso Odum (1973, p.22) - di studiare la natura per pura curiosità; la stessa esistenza dell'uomo è minacciata dalla sua spaventosa ignoranza in fatto di ecologia.» Perciò, in qualche nazione negli ultimi anni (nel Brasile p.es. sin dal 1977), è diventato obbligatorio l'insegnamento dell'ecologia a tutti i livelli d'istruzione, a cominciare da quello elementare sino all'incentivo, da parte del Ministero della Pubblica Istruzione, alle Università, di creare appositi corsi di «graduazione» e di «post-graduazione» in questa scienza. Vedi per l'Italia MELODIA/ROLANDO (1978); per la Francia GIOLITTI (1982).

L'inquinamento urbano[3] è un fenomeno più appariscente e quindi attira maggiormente l'attenzione pubblica. Ma, il deterioramento ecologico delle aree rurali è di gran lunga più antico e più nefasto: incendi[4], diboscamento, erosione, desertificazione, prosciugamento di paludi, eutrofizzazione dei corsi d'acqua, piantagioni omogenee che favoriscono la proliferazione delle malattie o epidemie, ecc. Si aggiunga, oggi, l'uso indiscriminato di fertilizzanti e di pesticidi chimici, i quali possono scatenare una vera e popria razzia nella flora e nella fauna; *last not least*, lo sfruttamento eccessivo, predatorio, delle risorse, nonché lo spreco delle medesime, sia di quelle rinnovabili (legname, caccia, pesca), sia di quelle non rinnovabili (minerali esistenti in quantità non infinita).

Il problema *energetico* viene considerato da molti come il «nodo» dell'avvenire per l'umanità, giacché la nostra civiltà, specialmente sin dalla Rivoluzione Industriale, si fonda sempre più sull'impiego dell'energia naturale. Il brusco rialzo del prezzo del petrolio (1973) ha messo in risalto che l'energia naturale è effettivamente, *la* infra-struttura di tutta quanta la vita moderna. Il fatto è sembrato, almeno in un primo momento, mettere a repentaglio tutte le conquiste tecnologiche. Per di più, essa incide su altrettanti settori fondamentali, come p.es. quello del rifornimento alimentare d'intere masse di popolazione, specie nei paesi più poveri di risorse, materiali ed umane (nel senso di mano d'opera qualificata).

Tanto l'eccessiva crescita demografica nei paesi meno sviluppati, quanto l'insaziabile tendenza all'aumento del benessere in quelli più sviluppati, sono responsabili della crescente domanda di risorse naturali, rinnovabili o meno, che raggiunge, oggi, punte critiche, da cui sembra non esserci ritorno (BROWN 1974 *a* e *b*; 1978 *a* e *b*).

In particolare, la stessa domanda crescente di alimenti solleva non tanto problemi tecnici ed economici, quanto una gravissima problematica ecologica: infatti, cominciano a scarseggiare le stesse risorse fondamentali per l'agricoltura, quali la terra, l'acqua, l'energia, il fertilizzante, necessario per «nutrire i 10 miliardi di uomini» (KLATZMANN 1975) nel prossimo secolo.

Oggi, i 4/5 dell'incremento della produzione agricola non sono dovuti all'espansione delle colture, bensì alla loro intensificazione, mentre fino al 1950 più della metà di codesto incremento derivava dallo sfruttamento di terre nuove. Ciò mette a repentaglio, in certe zone, la produttività ecologica, come sta succedendo nel Sahel al sud del Sahara, dove il deserto va estendosi verso sud, in talune regioni ad un ritmo di 50 km l'anno.

Partendo dal pressupposto, assai realista, che le risorse petrolifere, carbonifere, idrauliche ed altre simili, stanno per esaurirsi ad una scadenza più o meno breve, già si sta andando affannosamente alla ricerca di fonti alternative di energia (FREEMAN 1974).

Nel settore energetico principalmente si assiste ad un vero e proprio scontro mondiale tra i fautori dello sfruttamento «pacifico» dell'energia nucleare e coloro i quali pensano che questo sia un vicolo, non si direbbe cieco, ma davvero esplosivo e per l'umanità e per tutta quanta la vita sul pianeta. Questi ultimi puntano piuttosto sullo sfruttamento intensivo di altre fonti «pulite» di energia, come quella geotermica, le maree, e soprattutto la fonte primordiale di ogni energia che è il Sole. La stessa «fusione» nucleare - in contrapposizione alla «fissione» - comporta rischi non indifferenti (ODUM 1973, p. 471). Per il 2° Rapporto al Club di Roma (MESAROVIC/PESTEL 1974) l'alternativa nucleare costituisce un «patto faustiano.» Per il furologo tedesco Robert Jungk, la disseminazione delle centrali nucleari porterebbe senz'altro a regimi polizieschi e militari (JUNGK 1977; ital.: 1978): sarebbe uno «Stato atomico».

Una sortita di qualche anno fa del dissidente sovietico Sacharov in favore della moltiplicazione delle centrali nucleari poco mancò non desse un contenuto politico internazionale a codesta polemica: in un articolo pubblicato simultaneamente su *Der Spiegel* in Germania Ovest, su *Le Monde* in Francia e su *Il Panorama* in Italia (10.01.1978), il ben noto fisico nucleare, considerato il padre delle bombe atomiche sovietiche, si allineava con il «premio Nobel» Hans Bethe rispetto alle riflessioni di costui nell'articolo «Perché è indispensabile l'energia nucleare?» (*Scientific American* 1976, ripreso in *Le Scienze* 93, marzo 1976), e avanzava il sospetto che la campagna anti-nucleare nell'Occidente avrebbe potuto essere soffiata dall'Unione Sovietica o da qualche altro paese dell'Est europeo: «L'Europa - concludeva il Sacharov - ha un solo mezzo per sfuggire al ricatto energetico del Cremlino, che sarebbe quello di costruire subito le sue centrali atomiche.» Frattanto, secondo l'articolo «Liberi con l'atomo», apparso su *IL Panorama* (10.01.1978, pp. 44-46), il noto marxista Karol, dalle pagine di *Le Nouvel Observateur* (ripreso in Italia da *Il Manifesto*), contesta un tale pressupposto, affermando che l'URSS, lungi dal poter condizionare i rifornimenti all'Occidente del petrolio medio-orientale, si vede essa stessa nell'emergenza di doversi rifornire alle stesse fonti. Sembra, però, da un lato, che il Bethe abbia frattanto, rivisto la propria posizione nei confronti del problema nucleare, e dall'altro, che i recentissimi avvenimenti nell'Iran e nell'Afganistan possano alterare i termini del problema petrolifero.

Comunque sia, soprattutto sin dalla pubblicazione del libro ormai classico della scienzata-scrittrice nord-americana Rachel Carson sulla «primavera silenziosa» (CARSON 1962; ital. 1963), l'ecologia balzò alla ribalta del mondo come uno di quei punti nevralgici della nostra civiltà e cultura attorno ai quali si formano e si cristallizzano le ideologie. L'ecologia, in altre parole, facilmente diventa *ecologismo*, ed un numero crescente di cittadini nostri contemporanei, innanzitutto i giovani, ecologi o meno che siano, sono infatti divenuti ecologisti. Non sarebbe questo un segno che l'ecologia (umana) potrebbe colmare quel certo vuoto ideologico che sembra caratterizzare, da una decina o ventina di anni a questa parte, il malcontento giovanile e, d'altra parte, ricaricare di un ideale, degno di essere vissuto, questa svolta storica sensazionale che è la nuova era elettronica, atomica, spaziale, cosmica? (vedi TOFFLER 1980).

Certo, la «democratizzazione» o «socializzazione» dell'idea ecologica non dovrebbe giustificare, un neo-esoterismo scientifico, bensì dovrebbe significare un nuovo, potente sprone alla seria, obiettiva ricerca scientifica interdisciplinare di tutta quanta la problematica ambientale; con un particolare accento, da una parte, sui rapporti che intercorrono tra l'umanità con le sue attività produttive ed altre, e dall'altra, sugli ecosistemi naturali con la loro meravigliosa, ma oggi quanto mai fragile, minacciata, interdipendenza di produttori, consumatori, decompositori. La posta messa in gioco è nientemeno che quel ciclo energetico ammirabile che, proveniente dalle radiazioni solari, alimenta tutta quanta la vita, cioè la biosfera che avvolge e le terre emerse del pianeta, e le piattaforme marittime e i fondali dei mari e degli oceani (BONNEFOUS 1982).

La variabile demografica.

Chi abbia una certa dimestichezza con la bibliografia sia demografica che ecologica, non può non rendersi conto del fatto che, fino a poco tempo fa, gli ecologi si preoccupavano della variabile demografica più di quel che non facevano i demografi con quella ecologica. Questi ultimi rimandavano volentieri il problema ecologico ai trattati di «geografia umana». Ma, in questi ultimi anni, una tale situazione va cambiando rapidamente: cresce cioè il numero dei demografi che rivolgono una particolare attenzione agli aspetti ecologi della stessa problematica demografica, nonché alla rilevanza degli aspetti demografici per la problematica ecologica (BROWN 1976 annovera «ventidue dimensioni del problema demografico», tra cui quattordici di natura ecologica: pesca oceanica, aree naturali di svago, inquinamento, malattie ambientali, fame, cambiamenti climatici, superpascolo, ammucchiamento, diboscamento, minerali, acqua, specie in pericolo di estinzione, energia, inurbamento).

La citata antologia di Hauser/Duncan (1959) su «il problema della popolazione» p. es. riserva ai rapporti tra demografia ed ecologia ben due capitoli. Più recentemente vedi S. Fred Singer ed. (1971), Cox/Peel eds. (1971), Benjamin/Coz/Peel eds. (1973).

Il sistema delle Nazioni Unite sta contribuendo validamente in questo senso: p.es. con la nuova edizione di *The Determinants and Consequences of Population Trends* (Cause e conseguenze delle tendenze demografiche, 1973), cap. VI.: «Distribuzione della popolazione, migrazione interna ed urbanizzazione»; cap. XI: «Popolazione e risorse naturali»; cap. XII: «Popolazione e alimenti.» Gli Atti della grande Conferenza Mondiale sulla Popolazione tenutasi a Bucarest nell'agosto del 1974 (UNO 1974) contiene eccellenti rapporti su «popolazione, risorse ed ambiente», che, del resto, già era stato il tema della già riferita Conferenza di Stoccolma (1972). Al congresso specializzato promosso ad Helsinki (28.08 - 01.09.1978) dalla «*International Union for the Scientific Study of Population* (IUSSP 1978), su «cambiamenti economici e demografici - prospettive per gli anni 80», la questione ecologica era presente in parecchi rapporti o comunicazioni di demografi, anche italiani (p.es. CASELLI/EGIDI, 1978).

Forse chi insiste di più sulla importanza ecologica della variabile demografia, fino al punto di considerarla la principale responsabile della degradazione dell'ambiente, è il biologo della Stanford Univ. (California), Paul R. Ehrlich e collaboratori: vedi il suo «pamphlet» dal titolo allarmante «La bomba demografica» (1968), nonché altre sue pubblicazioni più recenti e più impegnative (EHRLICH et al. 1970, 1973, 1977).

Proprio perciò sembra interessante l'osservazione dell'autorevole ecologo Odum (1973, p.174), secondo cui «molti ecologi ritengono che l'attuale esplosione demografica non sia una minaccia per la *sopravvivenza dell'uomo*, quanto piuttosto per la vita dell'individuo.»

Gli aspetti della variabile demografica ecologicamente più rilevanti sono i tre seguenti: la dinamica demografica, la distribuzione territoriale della popolazione o «insediamento», e lo sviluppo e, quindi la ridistribuzione delle attività funzionali o professionali all'interno delle singole popolazioni.

1. *La dinamica popolazionale*, i fatti cioè ed i fattori concernenti la crescita naturale (o «vegetativa») della popolazione, costituisce, oggi come oggi, di per se stessa una componente fondamentale della problematica ecologica. (ROSS ed. 1982).

Infatti, dai primordi dell'umanità (ca. 3 milioni d'anni fa), la crescita demografica è stata, durante molti millenni, molto lenta e precaria, oscillando attorno allo 0% l'anno (BIRABEN 1979), tanto che, fino al neolitico ed all'inizio dell'agricoltura e, quindi della vita «sedentaria» (insediamenti rurali e, conseguentemente, anche urbani), il volume della popolazione mondiale non aveva mai superato la cifra di 5 milioni di esseri umani vivendo sparsi su tutta la superficie del pianeta. Verso l'anno 1000 avanti Cristo questa cifra s'aggirava attorno ai 30 milioni (SAUVY 1973). Nell'anno 0 dell'era cristiana, i contemporanei di Gesù Cristo sommavano ca. 250 milioni. Verso il 1650 d.C. raddoppiava a ca. 500 milioni - un raddoppio, quindi, che ha richiesto un periodo pari ad 1 millennio e mezzo d'anni.

All'inizio dell'era tecnologica contemporanea (verso il 1750 d.C., «rivoluzione industriale» e, quindi, all'inizio dei primi modelli storici di «sviluppo» in termini moderni), la popolazione mondiale raggiungeva ca. 750 milioni di persone. D'allora in poi l'incremento demografico è divenuto «esponenziale», o addirittura «super-esponenziale», aumentando cioè a tassi, non solo costanti, ma crescenti da ca. 0,2% l'anno nel periodo 1750-1800 a ca. 2,0% l'anno nel periodo 1950-65, con una velocità, quindi, di 10 volte tanto; un'accelerazione pari a quella che si è avuta nei trasporti terrestri, e cioè da una media oraria di 17 km delle diligenze postali a quella di 170 km all'ora degli spericolati delle nostre autostrade.

Dal punto di vista ecologico, le cifre assolute (e quindi la densità e concentrazione demografica) sono ancora più importanti dei tassi (o cifre relative): infatti, sono stati necessari ben 2 milioni d'anni per raggiungere il primo miliardo di esseri umani sulla faccia del pianeta (verso il 1830 d.C.), ma per raggiungere i 2 miliardi è bastato il periodo di cent'anni che va dal 1830 al 1930; per i 3 miliardi è bastata una generazione, dal 1930 al 1960; per i 4 miliardi, 15 anni (1960-75); a metà 1983 siamo a 4,277 miliardi (PRB 1983) e, in prospettiva, per i 5 miliardi basteranno soltanto ca. 15 anni (4,826 nel 1985, 5,242 nel 1990); per i 6 miliardi, 10 anni (6,119 nel 2000), sicché l'umanità entrerà nel XXI secolo (anno 2000) contando più di 6 miliardi di esseri umani, secondo la proiezione (variante media) dell'ONU (UNO 1981).

Finora, la causa sostanziale di codesta crescita vertiginosa, che in un grafico a scala millenaria traccia una linea press'a poco verticale dal 1750 in poi, è da individuare nel *tracollo della mortalità*, specialmente - negli ultimi decenni - di quella infantile ed in tenera età; d'ora in poi, il fattore decisivo della prospettiva demografica sarà *ciò che starà accadendo alla fecondità nelle regioni oggi «meno sviluppate»*, che contengono il 70% ca. della popolazione mondiale (FREJKA 1973, pp. 71ss; 1978). Il fatto è però che, oggi, il 77% della popolazione di queste ultime regioni vive in paesi che conducono una politica ufficiale di controllo della natalità - specie in Asia (94% in quella orientale, 99,9% in quella meridionale), ed inoltre, il 14% in paesi con politica ufficiale di *family planning* (pianificazione familiare), specie nell'Africa Nera (58%) e nell'America Latina (56%) (NORTMAN/HOFSTATTER 1980). Per di più, il 77% della popolazione *mondiale* vive in paesi dove l'aborto è ormai praticamente libero, specie nei primi tre mesi di gravidanza (*Population Reports* 1976; BELTRÃO 1978; TIETZE 1981).

Già sembra abbastanza collaudata l'ipotesi che il decennio 1970-80 segni il climax e quindi il punto di flesso della crescita demografica in media mondiale: secondo le proiezioni delle NU preparate per Bucarest (1974), il tasso d'incremento medio del 2,0% l'anno calerebbe all'1,9% nel prossimo decennio 1980-90 ed all'1,8% nell'ultimo decennio del secolo, 1990-2000 (UNO 1975, I. tav.1,p.4). Il «Quadro demografico mondiale», del *Population Reference Bureau* (PRB 1979) ritiene come plausibile il tasso d'incremento medio dell'1,7% l'anno per la popolazione mondiale a metà 1979. Abbiamo di recente trattato particolareggiatamente questa congiuntura attuale della popolazione mondiale, su richiesta della redazione della rivista *Lateranum* (della Pontificia Università Lateranense, Roma) per il numero speciale commemorativo del decennale della «Humanae Vitae», in un saggio dal titolo «La popolazione mondiale ad una (nuova) svolta storica» (BELTRÃO 1978).

L'ammontare della popolazione mondiale secondo le proiezioni (variante media) delle NU (1981), raggiungerebbe la cifra di 6,119 miliardi nel 2000, di 8,145 nel 2025, e di 12,257 nel 2100 (UNO 1979), mentre la stabilizzazione o «crescita O» della stessa popolazione mondiale avverrebbe soltanto verso il 2140, con un volume pari a ca. 12,500 miliardi di esseri umani (ivi p.206). Studi più recenti portano a credere che, già nel 2000, ma senz'altro nella lontanissima scadenza del 2140, il volume della popolazione mondiale potrebbe trovarsi al di sotto di codeste cifre prospettate dalle NU nel 1974, a livello magari delle proiezioni minime o forse anche meno (TSUI/BOGUE 1978; US BUREAU of the CENSUS 1979, p.12).

I paesi dell'Europa, sia occidentale che orientale, p.es., da qualche anno sono ormai arrivati alla «crescita O» o per lo meno stanno per raggiungerla nel corso della presente generazione. «Crescita O» o punto di non-crescita è un modo di dire, poiché per l'inerzia dei fenomeni demografici - e sociali in generale -, nessuna popolazione riesce a mantenersi allo 0% l'anno, ma passa ad avere tassi *negativi* di crescita relativa, ossia a calare in cifre assolute (escluso il flusso migratorio internazionale), a diminuire di volume demografico (BOURGEOIS-PICHAT 1976; BELTRÃO 1978; DAY 1978; PRB 1983).

Ciò significa certo un sollievo dal punto di vista ecologico, ma il problema è se la Terra potrà sostenere un volume popolazionale che sarebbe forse il triplo di quello attuale (KLATZMANN 1975).

2. *La distribuzione della popolazione nel territorio* è quanto mai disuguale. A metà del 1983, più di 1/3 (37,3%) degli esseri umani vivevano in due soli paesi, la Cina (più di 1/5 ossia 22%) e l'India (15,6%); più della metà (52%), nei 5 paesi più popolosi del mondo (Cina, India, URSS, USA, Indonesia); 2/3, (66%) nei 12 paesi più popolosi (oltre ai 5 già menzionati, Brasile, Giappone, Bangladesh, Pakistan, Nigeria, Messico, Repubblica Federale Tedesca); se ne aggiungiamo ancora i paesi con più di 50 milioni di abitanti (Vietnam, Italia, Regno Unito, Francia, Filippine e Tailandia), constatiamo che il 72,9% della popolazione mondiale abitava, a metà del 1983, in soli 18 paesi, in un decimo cioé dei paesi sovrani esistenti oggi. Ecco perché il Sauvy da molto tempo insiste nel dire che «il problema della popolazione mondiale» è un falso problema: responsabili di quello che avviene in seno a più del 70% della popolazione mondiale sono, direttamente, soltanto 16 nazioni sovrane, sviluppate o meno che siano (BELTRÃO/HEREDIA, 1983).

La densità e/o il concentramento all'interno dei singoli paesi appare altrettanto disuguale. Non esiste correlazione tra densità demografica e sviluppo economico; tuttavia, è da mettere in evidenza il significato diverso che le alte densità hanno nei paesi sviluppati e in quelli meno sviluppati: nei primi le alte densità risultano principalmente dal grande concentramento urbano, mentre nei secondi - preponderantemente agricoli - esse, invece, esprimono soprattutto la pressione popolazionale sulla terra. Si confronti p.es. il caso dei Paesi Bassi o del Giappone con quello del Bangladesh. Le terre alluvionali dell'Asia meridionale e sud-orientale figurano tra le più dense di popolazione sulla Terra.

Si possono individuare alcune *matrici* o tipi d'insediamento umano, come p.es. il fatto che i 9/10 della popolazione mondiale abitano a meno di 400m di altezza, i 2/3 sono insediati in un raggio di meno di 500km dal mare, ecc. Queste regolarità, osservabili, trovano la loro spiegazione in un complesso di *fattori*: geografici (clima, precipitazioni pluviali, topografia, suolo, energia, risorse naturali), socio-economici (opportunità economiche, rapporti commerciali, altri fattori d'attrazione o di repulsione); demografici (natalità, mortalità, migrazione). Spiccano in codesto complesso i fattori socio-economici inerenti allo stesso processo dello sviluppo — non solo economico — che hanno messo in moto il fenomeno più intenso di ridistribuzione territoriale della popolazione, il passaggio cioè di grandi contingenti popolazionali dalla campagna alla città (migrazione rurale-urbana): l'urbanizzazione nel secolo 19°, la metropolizzazione nel secolo 20°, la megalopolizzazione che è la prospettiva d'insediamento umano per il secolo 21° (UNO 1973, ch. VI, ONU 1980).

Maggiori dettagli su questo argomento della distribuzione territoriale della popolazione si trovano quaggiù, nel capitolo su «Configurazioni e fattori dell'insediamento umano.»

3. *Lo sviluppo delle attività funzionali* all'interno delle singole popolazioni.

Intendiamo per «sviluppo» quel cambiamento sociale globale per cui, da due secoli a questa parte, un numero crescente di bisogni ed aspirazioni umane - pre-esistenti o create dallo stesso cambiamento - vengono soddisfatte mediante la *diversificazione* del sistema produttivo indotta dall'introduzione d'innovazioni tecnologiche (FURTADO 1964, p.27; BELTRÃO 1973; PREBISCH 1983).

Codesta diversificazione postula ed effettua una *ridistribuzione professionale* delle forze-di-lavoro, per cui esse passano dalle attività primarie (che raccolgono ciò che la natura offre) a quelle secondarie (che trasformano la materia prima in artefatti d'ogni sorta), nonché a quelle terziarie (che agevolano il movimento dei beni e prodotti - e della gente - nello spazio e nel tempo: trasporti e comunicazioni, commercio, credito, assicurazioni) e a quelle quaternarie (servizi pubblici) e quinarie (servizi privati). (BELTRÃO 1973; BAIROCH 1968).

Orbene, le uniche attività che richiedono l'insediamento rurale, disperso o concentrato che sia, sono quelle primarie, specie quelle agro-pastorizie, mentre tutte le altre attività spingono la gente all'insediamento urbano, in città minori o maggiori. Si deve quindi considerare che l'inurbamento costituisce una delle componenti fondamentali, inerenti ad ogni processo di sviluppo e, perciò, incoercibile ed irreversibile. Infatti, anche in un modello socialista che controlla la mobilità geografica, come quello sovietico p.es., la popolazione urbana supera ormai il 60% (62% a metà 1983).

Qualche studioso ha già richiamato l'attenzione sul fatto che, malgrado tutto, il concentramento urbano, metropolitano e megalopolitano, contribuisce non indifferentemente a risparmiare un elemento fondamentale della produzione agricola che scarseggia sempre più, e cioè la terra coltivabile.

Chiudiamo queste considerazioni sulla variabile demografica nel complesso ecologico con le parole di uno studioso, recentemente scomparso, che ha messo in tutta evidenza la rilevanza dell'altra variabile, quella tecnologico-economica (SCHUMACHER 1974, p.60): «Un problema quanto mai importante in questo ultimo quarto di secolo è la distribuzione geografica della popolazione, la questione cioè del «regionalismo». Regionalismo, però, non nel senso di combinare una serie di Stati in sistemi di libero scambio, bensì nel senso opposto, di sviluppare cioè tutte le regioni all'interno di ciascun paese. Questo infatti è attualmente, l'item più importante dell'agenda di tutti i paesi più vasti. E molta parte del nazionalismo delle piccole nazioni d'oggi, nonché il desiderio di auto-governo e cosiddetta indipendenza, sono semplicemente una risposta logica e razionale al bisogno di sviluppo regionale. Nei paesi di grave povertà, in particolare, non c'è speranza per i poveri se non riesce lo sviluppo regionale. Uno sforzo di sviluppo al di fuori della capitale che ricopra tutte le aree rurali dove alla gente capita di vivere.»

La variabile tecnologico-economica.

Il decollo dei primi processi moderni di sviluppo, 200 anni orsono, è risultato non solo da una «rivoluzione economica» (agricola, commerciale, produttiva), ma molto più incisivamente da una «rivoluzione industriale» nel senso tecnologico dell'espressione: da un cambiamento *qualitativo* cioè della tecnologa umana, fondato sullo sfruttamento dell'energia fossile (del carbone minerale) tramite la macchina a vapore. Il rafforzamento e l'espansione del processo di modernizzazione non ha cessato mai di far ricorso ad altrettante fonti di energia (elettricità, petrolio, gas naturale, forza idraulica, ecc.). Già abbiamo sottolineato l'importanza cruciale del problema energetico, così riconosciuto da molti studiosi, p.es. da coloro i quali prepararono il 4° Rapporto al Club di Roma: «L'energia è evidentemente la questione di base.» (GABOR/COLOMBO 1976, p.214) ed il 5° Rapporto: «Il problema più serio per l'avvenire è quello energetico» (LASZLO 1977, p.283). Vedi in particolare, tutto il 6° Rapporto (DE MONTBRIAL 1978).

Ma proprio questo problema energetico ha spinto a far ripensare più a fondo tutta quanta la problematica tecnologica. Già prima, da un punto di vista prettamente ecologico, il problema tecnologico veniva sollevato con enfasi da alcuni studiosi: il Commoner p.es. (1972), al contrario dello Ehrlich, vede nell'uso indiscriminato ed abusivo della tecnologia, e meno nella crescita demografica contemporanea, il fattore prevalente della degradazione ambientale. Anche per il citato Schumacher (1974, p.23) il limite della crescita economica è ecologico e la crisi attuale proviene proprio dal successo tecnologico; il punto nevralgico è la tecnologia, che non conosce auto-limitazione (p.122); si deve quindi puntare sulle tecnologie intermedie, in particolare sull'agro-industria (p.143ss).

Così, la motivazione ecologica per orientare i modelli di sviluppo verso obiettivi più immediatamente umani, subentra alla motivazione sociale che già aveva sollevato il problema del trasferimento della tecnologia avanzata, sempre più *«labour saving»* - tendente cioè a risparmiare la mano d'opera -, ai paesi meno sviluppati, poveri di capitale (ad eccezione di quelli che possiedono petrolio od altre risorse scarseggianti), ma ricchi di popolazione, purtroppo per lo più non qualificata. Non che si debba rinunciare al progresso tecnologico, tanto meno nei paesi in via di sviluppo, perché altrimenti si allargherebbe il divario tecnologico; ma la soluzione sarebbe da ricercare nel saper dosare le tecniche più avanzate con quelle piuttosto rudimentali, che sono *«capital saving»*, tendenti cioè a risparmiare capitale e quindi a richiedere una mano d'opera maggiore, oltre al fatto che più facilmente rispettano gli equilibri omeostatici della natura. È questo un compito tutt'altro che facile, dinnanzi al quale si trovano particolarmente i pianificatori del mondo meno sviluppato, benché deva riguardare anche quelli del mondo più sviluppato. I paradigmi dello sviluppo dei popoli orientali in generale, ed in particolare di quello giapponese e cinese, possono costituire, a questo proposito, dei punti di riferimento assai apprezzabili. Lo Schumacher ha proposto addirittura un modello di «scienza economica buddista» (op.cit.1974, p. 44ss; cf. DALY 1973, 231-39).

Il fatto è che oggi esiste una pluralità di modelli di sviluppo, sia nelle economie di libera iniziativa, sia pure in quelle a pianificazione totalitariamente centralizzata, ai quali i paesi in via di sviluppo possono riferirsi per trovare ciascuno a suo modo, la strada più appropriata verso il benessere delle singole popolazioni e assicurare la preservazione della propria ecumene. I blocchi monolitici non esistono nella realtà sociale odierna. Il marxista francese Martinet (1971) ha scritto addirittura sui «cinque comunismi» (russo, yugoslavo, cinese, ceco, cubano).

Tuttavia, non si può non riconoscere che talune nazioni di recente emancipazione politica, hanno imboccato la strada sbagliata, trascurando p.es. l'agricoltura per lanciarsi in vistosi, quanto prematuri, programmi d'industrializzazione. Ciò è stato messo in evidenza particolarmente dal Bairoch (1967a, 1969, 1970, 1971), dal Dumont e da altri studiosi del «sottosviluppo.»

Strano a dirsi: due scienze dalla stessa etimologia, economia ed ecologia (ODUM 1973, p.39), stentano a mettersi d'accordo. Negli anni 60 - ci informano Barde e Gerelli (1977,p.9) - sono stati pochi gli economisti a rispondere all'appello degli ecologi; oggi, la situazione già è differente, nondimeno «le politiche ambientali poggiano su fondamenti economici non ben sistemati» (ivi). Ai giorni nostri, due economisti nord-americani, Nicholas Georgescu-Roegen e Kenneth Boulding, sono stati forse i primi a richiamare l'attenzione degli economisti sulla problematica ecologia (DAILY 1977); quest'ultimo particolarmente nel suo famoso saggio sull'economia della «navicella spaziale Terra» (1964).

Ma, in fondo, già gli economisti classici (1750-1850 ca.) avevano previsto a lúngo andare uno stato economico stazionario, specialmente l'ultimo dei classici, John Stuart Mill, il quale addirittura sottolinea gli aspetti *positivi* di tale stato, che oggi si direbbe di «crescita zero» («*steady state*», nell'espressione del DALY 1973 e 1977). Tuttavia, erano gli aspetti *quantitativi* che avevano interessato quegli economisti, mentre gli aspetti *qualitativi*, p.es. dell'inquinamento, erano rimasti completamente al di là del loro orizzonte (BARDE/GERELLI 1977, pp. 15-19, cf. 53). È degno di nota però che prima dei classici, il «fisiocrata» Quesnay sembra che avesse, a suo tempo, intuito l'interdipendenza dell'economico e dell'ecologico: secondo uno schema lungimirante di codesta interdipendenza, per Quesnay le risorse si trovavano a monte, e i detriti a valle del ciclo economico (p.20). Insomma, tutto il libro di Barde/Gerelli si occupa della paradossale antinomia tra economia ed ecologia (vedi pp. 127, 207), ma anche per loro la soluzine, in ultima analisi, non può essere unicamente tecnologico-economica, bensì morale (pp. 127s; cf. nello stesso senso DORFMAN/DORFMAN 1972, e DALY 1977). Il Lester Brown (1974, ital., p.21) insiste nel dire che l'ecologia non va considerata una sotto-disciplina dell'economia, ma esattamente il contrario.

Infine, vogliamo osservare che, nel complesso ecologico, la variabile teconologico-economica va presa in senso ampio: non si tratta soltanto di mezzi tecnici «duri», i quali visibilmente aggrediscono la natura con prepotenza, p.es. un bulldozer o una sega elettrica, ma vanno considerati anche le tecniche «soffici», la cui aggressione ambientali è molto sottile, addirittura impercettibile ai «non addetti ai lavori» e, qualche volta, perfino a questi. La disattenzione agli effetti diretti o indiretti di alcuni interventi, ha già causato disastri ecologici di proporzioni gigantesche, come p.es. la costruzione del famoso lago Nasser a monte del Nilo, oppure l'applicazione a largo raggio del DDT per debellare epidemie trasmesse da insetti. Illustriamo l'argomento con una pagina dell'Odum (1973, p.74) proprio sulla nocività ecologica del DDT:

«Per combattere le zanzare a Long Island (nella zona metropolitana di New York), gli acquitrini sono stati trattati per molti anni con DDT. Gli specialisti del controllo degli insetti sono stati molto attenti a non usare concentrazioni letali per pesci e per altre forme di vita, ma non altrettanto nel considerare i processi ecologici e il fatto che i residui del DDT rimangono tossici per periodi di tempo molto lunghi. Invece di riversarsi in mare e di disperdersi, come da molti previsto, i residui tossici assorbiti dalle particelle di detrito si concentrano nei tessuti dei detritivori e dei piccoli pesci, e ancora di più nei predatori, come gli uccelli che si nutrono di pesci. Il fattore di concentrazione (rapporto tra ppm - parti per milione di residui tossici totali nel peso totale di ogni singolo individuo - presenti nell'organismo e ppm presenti nell'acqua), è di circa 500.000 per gli organismi che si nutrono di pesci ... Ogni sostanza assorbita dalle particelle di detrito e di terreno e ingerita dagli organismi viene concentrata dal processo di ingestione re-ingestione che si verifica lungo la catena di detrito. ... L'accumulo di DDT nei pesci e negli uccelli avviene nei tessuti adiposi. Il risultato finale dell'uso del DDT è che tutta la popolazione di ucelli predatori come procellarie, e dei detritivori come per esempio i granchi, è stata completamente distrutta. È stato dimostrato che gli uccelli sono particolarmente colpiti dal DDT (e da altri insetticidi a base di idrocarburi contenenti cloro), perché esso interferisce con la formazione del guscio dell'uovo inducendo la rottura enzimatica degli ormoni steroidi; le uova sono fragili e si rompono prima della schiusa. Quindi quantità molto basse di DDT, innocue per il singolo individuo, sono invece letali per la popolazione. È stata la documentazione scientifica dell'accumulo preoccupante (preoccupante perché l'uomo è anch'esso carnivoro...) degli effetti fisiologici non previsti in anticipo che ha finalmente convinto l'opinione pubblica a ridurre l'uso del DDT e di pesticidi analoghi. ... Ci sono altri metodi di controllo degli insetti che non comportano l'avvelenamento di un'intera catena alimentare per controllare una singola specie nociva.»

Altri esempi di un tale accumulo nocivo di sostanze sono: le particelle di piombo in sospensione nell'aria, quelle di mercurio nell'acqua (come nel tristemente celebre caso di Minamata, Giappone).

Attraverso le applicazioni tecniche della sua scienza, l'uomo - scrive lo stesso Odum (ivi p.35s) - è diventato il più «potente agente ecologico»:

> «Durante l'evoluzione del sistema nervoso centrale, la mente umana è diventata gradualmente il meccanismo più potente per quanto riguarda la capacità di modificare gli ecosistemi. Il ruolo dell'uomo sta diventando così importante come 'agente ecologico' che Vernadsky (1945) ha suggerito che si parli di 'noosfera' (dal greco *nóos*, mente), per indicare il mondo dominato dalla mente umana, che gradualmente sostituirà la biosfera, cioè il mondo in naturale evoluzione che è esistito per miliardi di anni.[6] Questa filosofia è pericolosa perché presuppone non solo che l'uomo sia abbastanza saggio da comprendere le conseguenze delle sue azioni, ma che sia capace di sopravvivere in un ambiente completamente artificiale. Quando il lettore avrà finito questo libro, sono sicuro che anch'egli sarà d'accordo nel ritenere che l'uomo non può assumersi il compito di amministrare saggiamente tutto.»

La scarsa conoscenza del complesso ecologico induce l'uomo a giudicare nocivi con troppa faciloneria certi fenomeni, organismi o processi naturali. L'Odum fa riferimento p.es. all'attività vulcanica che rifornisce d'azoto l'atmosfera e la terra, elemento senza il quale sarebbe incompleto il ciclo biogeochimico della vita e ciò «significherebbe far morire gli uomini di fame» (ODUM ivi p.90s). Inoltre, in tutte le applicazioni tecniche della scienza, bisogna pure tenere nel dovuto conto le implicazioni ecologiche dirette o indirette, immediate o mediate che siano. L'economista deve abituarsi a contabilizzare anche i costi ecologici. L'ingegnere, l'agricoltore, il boscaiuolo ecc. debbono intendersi di ecologia. L'Odum dà qualche avvertimento:

> «Chi ritiene che tutti i nostri problemi 'acquatici' (stralipamenti, dilavamenti ed erosioni) possono essere risolti costruendo grandi dighe o con qualche altro mezzo tecnico, dimostra di avere una grande fiducia nell'ingegneria, ma di aver bisogno di schiarirsi le idee in fatto di ecologia» ... «Le strade di accesso ai boschi da cui ricavare legname producono spesso più danni del taglio stesso degli alberi.» (p. 123) «Le ricerche degli ul-

timi 40 anni rendono necessaria una drastica revisione dei concetti relativi al fuoco come fattore ecologico. In base a questi risultati è evidente che il fuoco non è un fattore anormale di importanza secondaria, ma un fattore primario che è, ed è stato per secoli, parte integrante del clima 'normale' nella maggior parte degli ambienti terrestri. Di conseguenza le comunità biotiche si adattano a questo fattore, come fanno con la temperatura e l'acqua. L'uomo ha modificato notevolmente l'effetto del fuoco come nel caso di molti altri fattori ambientali, aumentandoli in alcuni casi, e diminuendoli in altri. *Il non aver riconosciuto gli ecosistemi capaci di adattarsi al fuoco ha dato luogo a notevoli errori nello sfruttamento delle risorse naturali da parte dell'uomo*. Se se ne fa un uso appropriato, il fuoco ha una straordinaria importanza ecologica. Il fuoco può essere quindi un fattore limitante molto importante, se non altro perché l'uomo è in grado di controllarlo come nessun altro fattore.» (p. 135).

La variabile «organizzazione sociale»

Un numero crescente di ecologi — per non parlare poi degli «ecologisti» — sostiene che la soluzione della problematica ambientale non è né demografica né tecnologica, bensì etica, morale. Lo statunitense Garret Hardin è molto esplicito in questo senso, specie nel suo famoso, classico apologo «*The Tragedy of the Commons*», ossia «la tragedia dei pascoli demaniali» (1968, 1972; ripreso in DALY 1973, pp. 133-48). Lester Brown (1978, p. 15) ci informa che «la tragedia inerente all'uso comune delle risorse comuni è stata formulata per la prima volta dall'economista inglese William Forster Lloyd, nel 1883, in un «*pamphlet*» dal titolo «*Two Lectures on the Checks to Population*» (Due lezioni sui freni alla popolazione), e che, dopo lo Hardin, il politologo William Ophuls portò avanti il concetto nel libro *Ecology and Politics of Science* (Ecologia e politica della scienza, San Francisco: Freeman, 1977). L'Odum (1973, p. 246) ci fornisce un breve riassunto dell'apologo dello Hardin (7):

«Fintanto che un pascolo (o una qualunque altra risorsa) viene considerato illimitato e a disposizione dell'uso di chiunque, senza costrizioni di alcun genere, allora, come Hardin mette in evidenza, il superuso diventa inevitabile poiché l'individuo ne trae un temporaneo vantaggio per sovrabbondanza (o superuso) e solo più tardi egli, come individuo, comincia a soffrire le conseguenze collettive del superuso. Se l'uomo non elabora le leggi che regolino le potenti combinazioni uomo-animali domestici, uomo — piante domestiche, e uomo — macchine, verrà il giorno in cui egli dovrà far fronte alle conseguenze della selezione naturale che troppo frequentemente risultano nello sterminio delle 'specie non moderate'».

Si moltiplicano, infatti, le associazioni e iniziative private, regionali o nazionali, come p.es. «Italia Nostra», che si occupano e preoccupano della «protezione della natura». Anzi, sono stati fondati dei nuovi partiti politici cosiddetti «ecologisti» (in Francia, Germania, Svizzera), segno che i problemi connessi con la preservazione dell'ambiente naturale, sono usciti dal cerchio ristretto dei «conservazionisti» e stanno formando una vera e propria «ideologia». Oggi come oggi, è ormai di rigore distinguere l'«ecologo», che studia tali problemi a mente fredda, oggettivamente, scientificamente, dagli «ecologisti» che, in maniera più o meno clamorosa, richiamano l'attenzione pubblica su codesta problematica (SIMONNET 1979).

Ma, a questo punto, sembra opportuno fare qualche considerazione d'ordine storico. All'inizio dell'urbanizzazione, nell'800, la mortalità accusava una tendenza ascendente proprio nelle zone urbane ed un acuirsi di altissime punte di sovramortalità per epidemie (colera, vaiuolo, ecc.) che si potrebbe, con un'analisi superficiale, attribuire al fatto stesso del concentramento urbano. In seguito, durante la seconda metà del secolo, quando si è cominciato cioè a prendere misure igienico-sanitarie adatte alla nuova situazione, si è visto, in modo sempre più evidente, che il problema dipendeva dalla impreparazione (incompetenza e indecisione) delle istanze politico-amministrative ad affrontare una realtà nuova. Analogamente, l'acuirsi, negli ultimi decenni, della problematica ecologica ha destato una presa di coscienza a tutti i livelli — locale, regionale, nazionale ed internazionale — che è sfociata in moltiplicarsi di enti (privati o pubblici), di iniziative anche a vasto raggio (quale la Conferenza Mondiale delle NU su Ambiente e Risorse, a Stoccolma nel 1972, ed il conseguente Programma delle NU per l'Ambiente), di istanze anche ufficiali (comitati, ministeri) destinate a preservare la natura, di programmi concreti di rigenerazione di alcuni ecosistemi (fiumi, laghi, boschi), di misure anti-inquinamento ecc. Tutto ciò sta a dimostrare sempre più chiaramente che si può rimediare e, se ancora viabile, prevenire almeno una buona parte dei mali ecologici, senza per altro rinunciare né alla tecnologia né al progresso.

Per quanto riguarda la popolazione, oggi si constata ormai, da una parte, un processo di decelerazione già in atto (BELTRÃO 1978), e dall'altra, un consenso generale a condurre politiche ufficiali, se non di controllo demografico vero e proprio, almeno di «*family planning*», volte cioè ad offrire alle coppie mezzi, per quanto sia possibile, efficaci ed innocui per la regolazione delle nascite, ossia per l'esercizio effettivo della paternità/maternità responsabile (UNO 1975, I. pp. 155-67: «World Population Plan of Action» - (Piano mondiale d'azione demografica). In altre parole, il principio normativo di un'etica demografica adeguata ai tempi nostri non è la «quantità di vita» bensì la «qualità di vita». Leggiamo ancora una volta l'ecologo Odum (1973, p. 23):

> «Il proverbio 'più siamo meglio è' andava bene per una società che non fosse sovrappopolata come l'attuale. Per la qualità dell'individuo, sia esso l'uomo della città, la vacca al pascolo o l'albero nella foresta il proverbio non vale di certo. ... Lo studio della natura fornisce molte indicazioni su come stabilire i controlli di qualità. I principi ecologici... forniscono realistici suggerimenti per porre su una base qualitativa, piuttosto che quantitativa, la 'ricerca della felicità'.»

Si aggiunga che, per tener nel dovuto conto il loro significato ecologico, le cifre demografiche vanno moltiplicate per un certo coefficiente di consumo di risorse naturali: così, ad es., nell'ipotesi che il consumo di un americano medio sia di 10 volte maggiore rispetto a quello di un indiano o di un cinese o di un indonesiano, il volume ecologico (la «biomassa umana») degli USA potrebbe essere pari a più di due miliardi (vedi ODUM 1973, p. 420: «quoziente demografico della qualità della vita» di Preston CLOUD, 1969; cf. SINGER FRED 1971, pp. 8-31: «Resources, Population and Quality of Life»). Inoltre, nel mondo per ogni essere umano ci sono ca. 5 «equivalenti ecologici» di animali addomesticati (ODUM 1973, p. 442, cf.p. 55).

Il problema alimentare è quello che, particolarmente, incide sullo «stress» ambientale. «L'eutrofizzazione e l'inquinamento degli oceani nell'estremo tentativo di nutrire la terra sovrappopolata provocherà inevitabili e disastrose alterazioni nella composizione dell'atmosfera e nel clima del mondo intero» (ODUM 1973, p. 24). Come durante millenni l'umanità, per poter sopravvivere, ha dovuto tendere al massimo di fecondità, così oggi, per la stessa ragione di sopravvivenza, essa deve tendere, ed infatti sta ormai tendendo, ad un minimo di fecondità. Siamo ad una vera e propria «rivoluzione demografica», per dirla con lo stesso titolo di un libro classico di Adolphe Landry, che risale agli anni 30.

Frattanto, questa viene rafforzata da una «rivoluzione ambientale», a dire, anche nel titolo di un libro, del noto ornitologo e conservazionista britannico Nicholson (1974: vedi specialmente Appendice I. «La rivoluzione ambientale in Italia» (Virginio BETTINI, dell'Istituto di Geografia Umana dell'Univ. di Stato di Milano, pp. 263-7), cf. CROCE 1979; Appendice II. «Carta delle interferenze dell'uomo nell'ambiente naturale» — si riferisce soltanto alla Gran Bretagna (pp. 268-282): da un cambiamento cioè profondo e irreversibile, magari radicale, dei valori etico-sociali nei confronti della natura. Ritroviamo anche qui un'analogia storica: se nell'arco dei 2-3 secoli scorsi, il cambiamento dei rapporti sia politici che economici, si è tradotto nel porre l'enfasi, in modo crescente, su una etica *sociale*, riguardante cioè i rapporti, non solo tra uomo ed uomo (e magari tra l'uomo e Dio), ma tra uomo e società; così, oggi, si tende a mettere in risalto i rapporti tra uomo e natura.

Così si fa strada una branca specializzata delle scienze giuridiche, chiamata appunto il «diritto ecologico» (MOREIRA NE-

TO 1975). Ma per non ricadere in una nuova specie di feticcismo, animismo e panteismo, bisogna sottolineare che si tratta, in fondo, sempre di diritti *umani*: secondo un'impostazione corretta dal punto di vista della filosofia del diritto, soltanto un essere razionale può essere soggetto di diritto. Il Klatzmann (1975, p. 103) l'ha espresso in una formula felice: «Il conflitto non è tra i diritti dell'uomo e quelli della natura, bensì tra l'uomo d'oggi e quello di domani». (Cf. ODUM 1973, p. 447: necessità di leggi adeguate).

Più profondamente, la problematica ecologica investe oggi gli stessi valori etico-religiosi. Già abbiamo scritto, nel Prologo, sul famoso articolo dello storico statunitense White Jr. (1967) circa «le radici storiche della nostra crisi ecologica», nel quale egli rinfacciava, più di 10 anni orsono, al filone religioso ebraico-cristiano l'accusa di essere anti-ecologico, come tutte le religioni «rivelate», p.es. quella musulmana, in confronto ad altre grandi religioni «naturali», non-rivelate cioè, quali quelle africane ed asiatiche. Queste ultime avrebbero una percezione più giusta del posto relativo, immanente, dell'essere umano nella natura e nel cosmo. Abbiamo altresì scritto su quella simile controversia che si è scatenata in Germania, tra l'Amery ed il Lohfink. Ne è risultata una fioritura di saggi, specie negli Stati Uniti ed in Europa, tra cui quelli del Moncrief (1970) su «la base culturale della nostra crisi ambientale», del Cauthen (1971) su una «biopolitica cristiana», del Cobb Jr. (1972) su «una teologia dell'ecologia», del Devine ed. (1972) su «riflessioni teologiche sulla qualità di vita», del Forrester (1973) su «le Chiese di fronte alla transizione dallo sviluppo all'equilibrio globale», del Torchio (1974) su «la bioetica: un ponte per la sopravvivenza», del Passmore (1974), del Carmody (1983) ecc. ecc.

È risaputo, d'altronde, che le ideologie si formano e si cristallizzano attorno ai punti più nevralgici, e quindi politicamente più strategici, di una determinata situazione o dinamica sociale. Ebbene, oggi come oggi, l'ecologia umana sta diventando sempre più «ecologismo», già l'abbiamo ribadito, e l'ecologo viene purtroppo spesso sopraffatto dall'ecologista. Anzi, in diversi paesi l'ecologismo fornisce la piattaforma politica ad alcuni «partiti ecologisti» o «verdi», p.es. in Francia, in Germania, nella Svizzera. Recentemente (1978), l'ex-comunista francese André Gorz — o Michel Bosquet, suo pseudonimo per «*Le Nouvel Observateur*» — ha pubblicato un libro dal titolo «Ecologia e politica».

NOTE

[1] Il Prof. Cresta, all'Istituto di Biologia dell'Univ. di Roma, usa il seguente concetto: «L'Ecologia umana intende... esaminare le relazioni che esistono fra l'ambiente e l'uomo nel quadro dele sue molteplici attività legate... a... due suoi particolari attributi: cervello e massa. Il cervello, per quanto riguarda lo sviluppo e l'evoluzione delle sue condizioni di vita; la massa, per quanto riguarda gli spazi che egli deve occupare e l'energia e gli altri elementi che egli deve procurarsi.» (Ciclostilato, 1979, p. 2)

[2] «The only lasting hope... lies in an union of the natural and social sciences. Then the one may no longer defer to the other when solutions in the first one area of competence are not forthcoming» — Beryll CROWE in *Science*, 166 (Nov. 28, 1969) «The Tragedy of the Commons Revisited» — Major problems have neither technical nor political solutions; extensions in morality are not likely», citato anche da CAUTHEN 1972, p. 39.

[3] ODUM 1973, p. 449: la maggiore fonte d'inquinamento atmosferico proviene dai trasporti.

[4] ODUM 1973, p. 270: non tutti gli incendi sono dannosi, anzi possono essere molto utili. Cf. ivi p. 135. Vedi Louise Fresco (expert de la FAO) «Les feux de brousse: une pratique traditionnelle ou un fléau?», Zaire-Afrique 23 (jan. '83) 171 43-48.

[5] Ma, perciò è importante constatare che, nella ricerca attuale di fonti alternative di energia, si tende a passare dallo sfruttamento di combustibili provenienti da risorse naturali non rinnovabili all'utilizzazione di quelli derivati da risorse naturali rinnovabili, specie vegetali, comunque organici: biomassa, alcol, ecc. Vedi p.es. William S. SAINT, *Farming for Energy: Social Options under Brazil's National Alcohol Program*, Rio: The Ford Foundation, March, 1980, 35pp. + 4pp. di bibliografia, copia dattiloscritta gentilmente inviata dall'Autore; Giancarlo FALLETTI, «Come viene affrontata la crisi energetica in Sud America — Dal 1985 il Brasile usando l'alcool risparmierà 4000 miliardi all'anno», *Corriere della Sera*, 6 febbraio 1980; Michele TOPA, «In Germania si sperimenta un carburante per sostituire la benzina — Methanol per l'auto del

futuro», *Il Giornale*, 2 dicembre 1979; Maurice BAZIN, «Brazil: running on alcohol — Brazil leads the world in the development of alcohol as a fuel for transport», *Nature* 282 (6 December 1979), pp. 550s; Reinaldo Ignácio ADAMS, *Agricultural Adjustments of Brazil's Alcohol Program*, Ph.D.Thesis, Ohio State Univ., 1978; Allen L. HAMMOND, «Alcohol: A Brazilian Answer to the Energy Crisis», *Science* 195 (11 February 1977), pp. 564-66; Id., «Energy: Brazil Seeks a Strategy Among Many Options», ivi pp. 566s; «Energy from Biomass», specie YANG Victor and TRINDADE Sérgio, «The Brazilian Gazohol Program», pp. 12-24, in *Development Digest* 17 (July '79) 3, 3-52; ROSNAY Joël de, *Biotechnologies et bio-industry* — Document complémentaire au rapport «Science de la vie et société» présenté par F. Gros, F. Jacob et P. Royer à monsieur le Président de la République, Paris: Ed. du Seuil/La Documentation Française, 1979, 344 pp. Robert J. HENLE, «The Potential of Alcohol Fuels», *Social Survey* 29 (May '80) 4, 101-06; Philippe CHARTIER et Suzanne MERIAUX, «L'énergie de la biomasse», *La Recherche* 113 (juil.-août '80), 766-76. Maurice BAZIN, «Brazilian biology: Humus from Wood», *Nature* 288 (Nov.30, '80), 5786, 7, 15-44; Michael BARZELAY, *The Political Economy of Alcohol in Brazil,* Stanford, Ca.: Institute for Energy Studies, Stanford Univ., 1980; Emilio la ROVERE, «Le plan alcool brésilien: impacts sociaux et écologiques». *Economie et Humanisme*, juillet-août 1981; Michael BARZELAY (Yale Univ. and Scott R. PEARSON (Stanford Univ.), «The Efficiency of Producing Alcohol for Energy in Brazil», *Economic Development and Cultural Change* 31 (Oct. '83) 1, 131-44, vedi p. 144 (Conclusion) «it costs rather than saves foreign exchange for the country»; Michael BARZELAY, *O álcool na estratégia energética brasileira*, São Paulo: Editora HUCITEC, in press (oct. '83).

[6] Il termine «noosfera» è stato lanciato da Pierre Teilhard de Chardin nel 1925, cf. il suo scritto (inedito) «L'Hominisation — Introduction à une étude scientifique du phénomène humain» (Parigi, 6 maggio 1925), pubblicato postumamente in *La Vision du Passé*, Paris: Ed. du Seuil, 1957 — Oeuvres de Teilhard de Chardin, vol. 3, 75-111. Eccone il brano principale nelle parole testuali di Teilhard:

«Sans doute, cette nouvelle manière de comprendre la position et la valeur systématique de l'Homme serait plus objective, elle respecterait mieux la grandeur du fait humain que celle qui consiste à immerger notre groupe, à titre de sous-ordre ou de famille, au milieu des singes. Mais elle aurait, par contre, un gros inconvénient: celui de déformer l'harmonie de nos divisions zoologiques, sans dégager pour cela la valeur et la nouveauté spécifique de l'espèce humaine. Elever à la dignité d'ordre ou de classe l'Humanité, ce serait impliquer qu'elle rentre sans mutilation ni déformation dans un système de classification construit expressément pour une zone de la vie où chaque changement d'activité se transcrit dans un changement d'organe. Or, non seulement l'Homme échappe à cette loi, mais il y échappe par le jeu même des propriétés psychiques qui sont à la source de son importance biologique expérimentale.

«Ici achève de se découvrir la gravité du problème posé aux sciences naturelles par l'existence de l'Homme. Qu'on veuille bien le noter: quand nous parlons d'augmenter la valeur systématique du groupe humain, il n'est pas question de magnifier tendancieusement celui-ci en vue de quelque thèse spiritualiste. Il s'agit *uniquement de sauver la Science*. Est il possible de sauvegarder à la fois: et la valeur des caractères somatiques adoptés par la systématisation pour hiérarchiser les êtres; et la suprême originalité (en même temps que le profond enracinement dans le monde expérimental) du phénomène? Telle est, au fond, la question.

«À cette difficulté, nous ne voyons qu'un moyen d'échapper. C'est d'exprimer, par la considération de catégories hors pair, que l'Homme, si lié soit-il au développement général de la Vie, représente, au terme de ce développement, une phase absolument nouvelle; c'est d'assimiler son apparition, non point seulement à l'isolement au sein de la Vie d'une classe ou même d'un règne, mais à quelque chose comme l'éclosion, au sein de la Matière, de la Vie elle-même. Nous commençons à comprendre que la division la plus naturelle qui soit des éléments de la Terre doit se faire par zones, par cercles, *par sphères*; et que, parmi ces unités concentriques, la matière organisée elle-même doit trouver sa place. Plus clairement que d'autres, le géologue Suess a défini la valeur tellurique de la mystérieuse enveloppe vivante qui a pris naissance à l'aurore des temps géologiques autour de notre unité stellaire. Eh bien, ce que nous proposons ici, malgré ce que cette vue peut avoir, au premier abord, de démesuré et de fantastique, c'est de regarder l'enveloppe pensante de la Biosphère comme étant de même ordre de grandur zoologique (ou si l'on veut tellurique) que la Biosphère elle-même. Plus on la considère, plus cette solution extrême paraît la seule sincère. Si nous ne renonçons pas à faire rentrer l'Homme dans l'histoire générale de l'unité terrestre sans la mutiler, lui, — sans la désorganser, elle, — il faut le placer au-dessus d'elle, sans pourtant l'en déraciner. Et ceci revient, d'une façon ou d'une autre, à imaginer, au-dessus de la Biosphère animale, une sphère humaine, la sphère de la réflexion, de l'invention consciente, de l'union sentie des âmes (la *Noosphère*, si l'on veut — NB la sottolineatura è nostra) et à concevoir, à l'origine, de cette entité nouvelle, un phénomène de transformation spéciale affectant la vie préexistante: *l'Hominisation*. L'Humanité ne peut pas être moins que cela sans perdre ce qui consitue ses caractères physiques les mieux assurés, ou (ce qui serait aussi dommageable) sans devenir, parmi les autres objets terrestres, une Réalité impossible à localiser scientifiquement. Ou bien elle est un fait sans précédent et sans mesure: et alors elle ne rentre pas dans nos cadres naturels, c'est-à-dire: notre Science est vaine. Ou bien elle représente un tour nouveau dans la spirale montante des choses; et dans ce cas nous ne voyons pas d'autre tour qui lui corresponde au-dessous, sinon la toute première organisation de la Matière. A pouvoir être comparée à l'avènement de la conscience réfléchie, il n'y a que l'apparition de la conscience elle-même.

«Nous voici arrivés au point culminant de la présente étude. Beaucoup se refuseront à nous suivre plus loin et déclareront que nous leur proposons un rêve. C'est qu'ils n'auront pas encore ouvert les yeux sur l'exstraordinaire singularité de l'événement humain. Mais admettons qu'il s'agisse effectivement d'un rêve: il nous plaît, à nous, de le suivre jusqu'au bout, ce rêve, et de voir combien l'immensité et la profondeur du Monde s'harmonisent mieux dans notre songe que dans la réalité étroite où l'on voudrait nous retenir. Placer dans notre représentation scientifique du monde terrestre une coupure naturelle de premier ordre à la base de la couche humaine, c'est d'abord expliquer sans violence les principales propriétés de cette couche; et c'est ensuite éclairer d'une lumière vraisemblable les démarches les plus intimes de l'Evolution biologique.» (pp. 90-93)

Evidentemente, Teilhard ha ripreso il concetto e la problematica della «noosfera», particolareggiatamente, nel suo celebre libro, del 1947, *Le Phénomène humain*: vedi III. LA PENSEE, ch.I. *La Naissance de la Pensée*, 1. Le Pas de la Réflexion, A) Le Pas élementaire: L'Hominisation de l'individu, B) Le Pas phylétique: L'Hominisation de l'Espèce, C) Le Pas terrestre planétaire. La Noosphère. (pp. 179-203, *Oeuvres*, I. 1955). Ch.II. *Le Déploiement de la Noosphère*, ib. 211-36.

Un po' prima, nel gennaio 1947, sulle pagine della *Revue des Questions Scientifiques* (Louvain), pp.7-35, era apparso l'articolo di Teilhard: «Une interprétation biologique plausible de l'histoire humaine — LA FORMATION DE LA «NOOSPHERE» (*Oeuvres* V. *L'Avenir de l'Homme*, 1959, 199-231. Cf. «DU PRE-HUMAIN A L'ULTRA-HUMAIN ou 'Les phases d'une planète vivante'», scritto a Parigi, 27 aprile 1950, e pubblicato in *Almanach des Sciences*, 1951 — *Oeuvres* ib. 375-85; «La fin de l'Espèce», scritto a New York, 9 dic. 1952 e pubblicato in *Psyché*, février 1953, (*Oeuvres*, ib. 389-95)

Con un titolo identico a quello di Thomas Huxley apparso nel 1863, *La Place de l'Homme dans la Nature* (Il posto dell'uomo nella natura), Teilhard ha pubblicato a Parigi nel 1950 un saggio su — come scrisse nel sotto-titolo — «le groupe zoologique humain», dove riprende, ancora una volta, il concetto e la problematica della «noosfera» (vedi *Oeuvres*, VIII, 1956, 173 pp.): dopo una brevissima introduzione su «Le phénomène humain» (pp. 19-21), e i primi due capitoli — I. Place et signification de la Vie dans l'Univers. Un Monde qui s'enroule, pp. 23-50; II. Le Déploiement de la Biosphère et la ségrégation des anthropoides, pp. 51-85, arriva alle tre tappe o fasi (cf. p. 21) specifiche dell'antropogenesi: III. L'apparition de l'Homme: ou le pas de la réflexion — Le Diptyque: 1. L'Hominisation: une mutation pareille à toutes les autres dans ses apparences; 2) L'Hominisation: une mutation différente de toutes les autres dans ses développements, pp. 87-112.

IV. La formation de la Noosphère: 1. La socialisation d'expansion: peuplement, civilisation et individuation, pp. 113-36 (nb. «Remarques préliminaires sur les notions de noosphère et de planétisation», pp. 115-19).

V. La formation de la Noosphère: 2) La socialisation de compression: totalisation et personnalisation - Directions d'avenir, pp. 137-73.

Come si vede, perseguendo la «freccia» dell'ominizzazione attraverso la «noosfera», Teilhard diventa, un po', «futurologo», o forse meglio come scrive Jean Piveteau nella prefazione all'edizione postuma — «filosofo piuttosto che scienziato»: «Certes, dans cette dernière partie de l'ouvrage, le P. Teilhard de Chardin paraîtra faire oeuvre de philosophe plus que d'homme de science, et beaucoup qui ont admiré le paléontologiste dans son interprétation de l'évolution du monde vivant, auront quelque peine à suivre l'auteur dans ses *anticipations* (nb. la sottolineatura è nostra). Mais tous seront frappés de la pensée lucide et ferme, da la maîtrise intellectuelle, d'un des plus grands esprits qui fut jamais.» (p. 14).

Cf. L*Avenir de l'Homme*, *Oeuvres*, V, 1959, 405 pp., raccoglie, postumamente, degli scritti sparsi, inediti o già pubblicati, di Teilhard sul futuro dell'essere umano, dal 1920 sino alla «ultima pagina del giornale», tre giorni prima della sua morte nella Pasqua del 1955. Il volume postumo riporta, nel frontispicio, la frase di Teilhard in una lettera a Mme Georges-Marie Haardt: «Tout l'avenir de la Terre, comme de la Religion, me paraît suspendu à l'éveil de notre foi en l'avenir.» (p.19). Il teologo Wildiers, nel prologo, scrive che «le probléme de l'avenir de l'homme occupe une place très importante dans l'oeuvre du Père Teilhard de Chardin» (p.11).

Infine, il concetto di «noosfera» si tramuta in «noogénèse» in «La dernière page du journal — *Journal IX*, p. 35, 7 avril 1955 (tre giorni prima della sua morte della domenica di Pasqua del 1955, a New York): vedi *Oeuvres* ib. 404s:

«Jeudi-Saint *Ce que jes crois*
1) Saint-Paul les trois versets (1Cor 15, 26-28): *En pâsi pànta Theôs.*
2) Kosmos = Kosmogénèse — Biogénèse — Noogénèse — Christogénèse
3) Les 2 articles de mon Credo: *L'Univers est centré Evolutivement en Haut Avant Le Christ en est le Centre* Phénomène chrétien. Noogénèse = Christogénèse; (= Paul).

Cf. Robert FARICY, S.J., *Teilhard de Chardin's Theology of the Christian in the World*, New York: Sheed and Ward, 1967, 235 pp. (Eccellente «tesi di laurea» sulla «spiritualità dei laici», oppure del cristiano in genere, impegnato nella costruzione di questo mondo).

[7] Berly L. CROWE, «The Tragedy ot the Commons Revisited — Major problems have neither technical nor political solutions; extensions in morality are not likely», *Science* 166 (Nov. 28, '69) 3909, 1103-07, si dimostra assai scettico nei confronti dell'apologo dello Hardin; esso si baserebbe su tre presupposizioni: 1) l'esistenza di un sistema di valori comuni; 2) il monopolio della forza coercitiva da parte dei pubblici poteri; 3) l'efficiacia dell'amministrazione dei «commons»; orbene, secondo il Crowe, queste tre presupposizioni non reggono, per lo meno nel caso degli Stati Uniti d'America, dove si assiste ad una «erosione» di tutte e tre questi «miti».

BIBLIOGRAFIA

ANDERSON Russel E., *La conversione biologica dell'energia solare*, Milano: Mondadori (EST), 1980, 199pp. (orig.: *Biological Paths to Self-Reliance — A Guide to solar energy conversion*, Van Nostrand: 1979, Part I.: *Potential Role of biological solar conversion in development*).

ARAB–OGLY Edvard Arturovič, *Identikit del 2000*, Roma: Editori Riuniti, 1980, 287pp. (orig.: *Demografičeskie i ekologičeskie prognosy*, Moskva: VAAP, 1980).

AUDIBERT Pierre e ROUARD Danielle, *L'energia solare* — Dall'antica alchimia alle forme alternative, Roma: Newton Crompton (Paperbacks ricerca — scienza, 25). 1982.

BAIROCH Paul, *Révolution industrielle et sous-développement*, Paris: S.E.D.E.S.; ital.: Roma, Einaudi, 1967, 1969^3 (1963), 369 p.

Id., *Diagnostic de l'évolution économique du Tiers Monde, 1900-1968*, Paris: Gauthier-Villards, 1970^4, (1967), 260 p.

Id., *La population active et sa structure* — Statistiques internationales retrospectives, vol.I, Bruxelles: Institut de Sociologie, 1968, 236 pp.

Id., et LIMBOR J.M., «L'évolution 1880-1960 de la population active dans le monde par branches d'activités et par régions», *Revue Internationale du Travail* 98 (1968)4.

Id., *Agriculture and the Industrial Revolution*, London: Collins (The Fontana Economic History of Europe), 1969, 72 p.

Id., *Le Tiers Monde dans l'impasse* — Le démarrage économique du XVIIIe. au XXe. siècle, Paris: Gallimard, 1971, 372pp: ital.: *Lo sviluppo bloccato*, Torino: Einaudi, 1976.

BARDE Jean Philippe et GERELLI Emilio, *Economie et politique de l'environnement*, Paris: Presses Universitaires de France, 1977, 210pp.

BARRAS Robert, *Biologia: Cibo e Popolazione* — L'importanza economica della biologia, Milano: Mondadori (EST), 1976, 303pp. (orig.: *Biology: Food and People* — The Economic Importance of Biology. The English Univ. Press. 1974).

BELTRÃO Pedro C., *Sociologia dello sviluppo*, Roma: PUG, ciclostilato, 1973, 130pp.

Id., «La popolazione mondiale ad una svolta storica», *LATERANUM*, N.S.-XLIV (1978)1, pp. 256-75.

BELTRÃO P.C. e HEREDIA Olga Collinet. «População mundial-conjuntura e prospectiva, in *Boletim de CEDOPE* (UNISINOS). 12(1983) n. 23.

BENJAMIN Bernard, COX Peter R., PEEL John, eds., *Resources and Population* — proceedings of the Ninth Symposium of the Eugenics Society, London/New York: Academic Press, 1973, 181 pp.

BIRNBACHER v. D., hrsg., *Ökologie und Ethik*, Stuttgart: coll. Reklam-Bändchen 9983, 1980 (cf. Paul ERBRICH, in *Stimmen der Zeit* (Oct. '83), p. 676, n. 1).

BONNEFOUS Edouard, *Dossier completo sull'ecologia nel mondo*. Roma: Città

Nuova Editrice, 1972, 339pp.; orig.: *L'homme ou la nature?*, Paris: Hachette, 1970.

BOULDING Kenneth, «The Economics of the Coming Spaceship Earth» in *Environmental Quality in a Growing Economy* — Resources for the Future, Baltimore: Johns Hopkins Press, 1964, pp. 3-14; ripreso in DALY 1973, pp. 121-32.

BOURGEOIS-PICHAT Jean, «The Economic and Social Implications of Demographic Trends up to and beyond 2000», *Population Bulletin of the UN 8 (1976)*.

BROWN Lester R., *Nell'interesse dell'umanità: I limiti della popolazione mondiale* — Una strategia per contenere la crescita demografica, Milano: Mondadori (coll. EST), 1974, 219pp.; orig.: *In the Interest of Mankind* — A Strategy to stabilize world population, New York: Norton, 1974, 199pp.

Id. with ECKHOLM Erick, *Di Solo Pane* — Un piano d'azione contro la fame nel mondo, Milano: Mondadori (coll. EST), 1974, 268 pp.; orig.: *By Bread Alone*, New York: Praeger, (for the Overseas Developement Council), 1974, 272 pp.

Id., *The Twenty-Ninth Day*: Accomodating Human Need and Numbers to the Earth's Resources, New York: Norton, 1978, 363 pp.; riassunto in *Population Reports* (The George Washington Univ. Medical Center) Series E, n. 5 (Jan. 1978), 72 pp.: ital.: *Il 29° Giorno* — Dimensioni e bisogni della popolazione umana e risorse della Terra, Milano: Sansoni (coll. Il Pianeta) 1980 308pp.

Id, et al., *Twenty-two Dimensions of the Population Problem*, Washinton: Worldwatch Paper n° 5 (March 1976), 83pp.

CARLSTEIN Tommy, *Time Resources, Society and Ecology*, London: Allen & Unwin, 1982, vol.I.: Preindustrial Societies, 444 pp. (cf *Futuribles* 70 (Oct.'83), p. 135 (Ignacy SACHS).

CARMODY John, *Ecology and Religion* — Toward a New Christian Theology of Nature, New York/Ramsey: Paulist Press, 1983, 185 pp.

CARSON Rachel, *Silent Spring*, Boston: Houghton Mifflin (Penguin Books), 1962,317 pp.; ital.: *Primavera silenziosa*, Milano: Feltrinelli, 1976^3 (1966^2, 1963), 317 pp.

CASELLI Graziella e EGIDI Viviana, *La géographie de la mortalité italienne*: différences territoriales et milieu, Comunicazione al Congresso di demografia economica, promosso dalla Unione Internazionale per lo studio scientifico della popolazione, Helsinki, 29.09.1978, Genus XXXV (1979)1-2 pp. 101-53.

CAUTHEN K., *Christian Biopolitics* — A Credo and a Strategy for the Future, New York: Abbingdon Press, 1971 159 pp.

COBB Jr. J.B., *Is It Too Late? A Theology of Ecology*, Beverly Hills: Bruce, 1972, 147 pp.

COMEL M. *L'uomo nel suo ambiente* — Fisiologia ambientale: ecofisiologia e fisiecologia, Milano: Editoriale Domus, 1981, 510pp.

COMMONER Barry, *Il cerchio da chiudere* — La natura, l'uomo e la tecnologia,

Milano: Garzanti, 306 pp.; orig.: *The Closing Circle*, New York: Knopf, 1971.
COX Peter and PEEL John, eds., *Population and Pollution* — Proceedings of the Eigth Annual Symposium of the Eugenics Society, London/New York: Academic Press, 1972, 163 pp.
CROCE Elena, *La lunga guerra per l'ambiente*, Milano: Mondadori, 1979, 140 pp.
CROWE Beryl L., «The tragedy of the Commons Revisited», *Science* 166 (Nov. 28'69) 3909, 1103-07.
DAJOZ Roger, *Précis d'écologie* — Écologie fondamentale et appliquée, Paris: Bordas, 1975 (3e. éd. revue et augmentée: 1974), 549 pp.; ital.: *Manuale di ecologia*, Milano: Istituto Editoriale Internazionale (ISEDI), 1977^3, 567 pp.
DALY Herman E., ed., *Toward a Steady-State Economy*, San Francisco: Freeman, 1973, 332 pp.
Id., *Steady-State Economics* — The Economics of Biophysical Equilibrium and Moral Growth, San Francisco: Freeman, 1977, 185 pp.
DAY Lincoln, «What Will a ZPG Society Be Like?», *Population Bulletin* (Population Reference Bureau) 33 (June 1978)3, 42 pp.
DEVINE, G., ed., *That They May Live* — Theological Reflections on the Quality of Life, Staten Island, N.Y.: Alba House, 1972, 8 + 306 pp. specie FARICY Robert, S.I., «Faith and Ecology», pp. 47-68 (proceedings of the College Theology Society).
DORFMAN Robert and DORFMAN Nancy S., eds., *Economics of the Environment* — Selected Readings, New York: Norton, 426 pp.
DUNCAN Otis Dudley, «Human Ecology and population Studies» in HAUSER/DUNCAN, eds., *The Study of Population* — An Inventory and Appraisal, The Univ. of Chicago Press, 1959; cf. ivi FRANK Peter W., «Ecology and Demography», pp. 652-77.
DUVIGNEAUD Paul, *La synthèse écologique:* populations, communautés, ecosystèmes, biosphère, noosphère, Paris: Doin, 1974, 296pp.
ECKHOLM Erick P., *Down to Earth*: Environment and Human Needs — Preface by Barbara Ward, London: Pluto Press, 1982, XV + 238pp (cf. *Third World Planning Rev.* 5 (May '83)2, pp. 19ls, resoconto da Allen V. KNEESE, Washington, D.C.: Resources for the Future: «It is the best discussion of this topic I have ever seen.» Cf. *Population and Development Rev.* 9(June '83)2, 380-82 (Geoffrey McNICOLL).
EHRLICH Paul R., *The Population Bomb*, San Francisco: Ballantine, 1968, 223 pp.
Id., EHRLICH Anne and HOLDREN John P., *Ecoscience*: Population, Resources, Environment — Reading, UK: Freeman, 1977, 1051 pp. (3rd.ed.; lst. 1970: San Francisco: Freeman, 383 pp.)
FAO, *Rapporto della FAO sull'alimentazione nel mondo*, Roma: FAO, 1983
FEDOROV Eugeni K., *Man and Nature* — The Ecological Crisis and Social Progress Moscow: Progress Publishers, 1980, 176 pp.
FEDOSEYEV P. and TIMOFEYEV, eds., *Social Problems of Man's Environment*: Where We Live and Work, Moscow: 1981, 334 pp.

FORRESTER J.W., «Le Chiese di fronte alla transizione dallo sviluppo all'equilibrio globale» in Id., *Verso un equilibrio globale*, Milano: Mondadori (coll. EST), 1973, pp. 409-29 (orig.: *Toward a Global Equilibrium*, Cambridge, Ma.: Wright-Allan, 1973).

FREEMAN David S. (Fondazione Ford), *Tempo di scelte* — Progetto per una politica dell'energia, Milano: Mondadori (coll. EST), 1975, 328 pp. (orig.: *A Time to Choose*: America's Energy Future, Cambridge Ma.: Ballinger, 1974, 511 pp. — A Report for the Ford Foundation).

FREJKA Thomas, *The Future of Population Growth* — Alternative Paths to Equilibrium, New York: Wiley & Sons, 1973, 19 + 268 pp.

FRIEDRICHS Günter e SCHAFF Adam (a cura di), *Per il meglio e per il peggio: Rivoluzione micro-elettronica* — (9°) Rapporto al Club di Roma, Milano: Mondadori (EST), 1982, 335 pp. (orig.: *Microelectronics and Society* —

FURTADO Celso, *Dialética do desenvolvimento*, Rio: Fundo de Cultura, 1964, 173 pp.

GABOR Dennis, COLOMBO Umberto et al., *Ricerca scientifica e politica delle risorse — Oltre l'età dello spreco* — Quarto Rapporto al Club di Roma, Milano: Mondadori (coll. EST). 1976. 238 pp.

GILLON Luc (Louvain-la Neuve), *Le nucleaire en question (Document)*, 1979, 240 pp.

GIOLITTO Pierre, *Pédagogie de l'environnement*, Paris: PUF (L'éducateur), 1982, 162 pp.

GORZ André / BOSQUET Michel, *Ecologie et Politique*, Paris: *Ed. du Seuil, (coll. Points), 1978*, 249 pp.; ital.: *Ecologia e politica*, Bologna: Cappelli, 1978; portoghese: Lisbona: Editorial Noticias, 1976.

GREGG Alan, «Is Man a Biological Cancer?», *Population Bulletin* (PRB) (Aug. '55), 74-78.

HARDESTY Donald L., *Ecological Anthropology*, New York: Wiley, 1977.

HARDIN Garrett, «The Tragedy of the Commons», *Science* 162 (Dec. 1968), pp. 1243-48; ripreso in DALY 1973, pp. 133-48, nonché in:

Id., *Exploring New Ethics for Survival* — The Voyage of the Spaceship Beagle, Maryland: The Viking Press, 1972, 288 pp.

HUXLEY Thomas, *Evidence as to Man's Place in Nature*, reprinted with an introduction by Ashley Montagne, Ann Arbor Papebacks, Univ. of Michigan Press, 1959, 184 pp. (1863^1); ital.: *Il posto dell'uomo nella natura*, Milano: Feltrinelli, 1961.

JONAS Hans, *Das Prinzip Verantwortung* — Eine Ethik für die technologische Zivilisation, Frankfurt, 1982^2 (1979), cf. articolo di Paul ERBRICH in *Stimmen der Zeit*, Okt. '83, 664-76.

JUNGK Robert, *Der Atom-Staat*: von Fortschritt in die Humanlosigkeit, Muenchen: Kindler 1977, 242 pp.; ital.: *Lo Stato atomico*, Torino: Einaudi, (coll. Saggi n° 603).

KLATZMANN Joseph, *Nourrir dix milliards d'hommes?* Paris: Presses Universitaires de France (coll. SUP - Section de géographie), 1975, 268 pp.; ital.: *Nutrire dieci miliardi di uomini?* Roma: Ed. Paoline, 1976, 279 pp.

LALONDE Brice (interview de Lalonde, candidat aux élections présidentielles 1981), «L'écologie: une morale et une politique», CHOISIR n°288 (Déc. '83), 14-17; cf. «Ökologie und Politik in Frankreich — Interwiew mit Brice LALONDE», *Orientierung* 47 (30/VI/83)12, 145-48.

LASZLO Erwin et al., *Goals for Mankind* — A Report to the Club of Rome on the New Horizons of Global Community, New York: Dutton, 1977, 21 + 474 pp.; ital.: *Gli obiettivi dell'umanità*, Quinto rapporto al Club di Roma, Milano: Mondadori (coll. EST), 1977, 316 pp.

LONGWOOD Merle, «Toward an Environmental Ethic» in DEVINE ed. 1972, pp 47-68.

MARGALEF Ramón, *Ecologia*, Barcellona: Omega, 1974, 951 pp.; 2ª ed 1977, 951 pp.

MARTINET Giles, *Les cinq communismes*, Paris: Ed. du Seuil, 1971, 251 pp.

MASINI Eleonora Barbieri, *Previsione umana e sociale*, Roma: Edizioni Previsionali, 1973, 265 pp.

MELODIA Piero e ROLANDO Stefano, *Ecologia e ambiente nella scuola italiana* — Ricerche promosse dalla Federico Motta Editore e realizzate nell'ambito del LABS-Laboratorio di Scienza Sociale, Milano: Federico Motta Editore, 1978, 337.

MONCRIEF L.W., «The Cultural Basis for Our Environmental Crisis», *Science* 170 (oct. 1970), pp. 58-12, ripreso in DORFMAN/DORFMAN 1972, pp 284-93.

MOREIRA NETO Diego de Figueiredo, *Introdução ao Direito Ecológico e ao Direito Urbanístico*, São Paulo: Ed. Forense, 1975, 190 pp.

NICHOLSON Max, *La rivoluzione ambientale*, Milano: Garzanti, 1974, 429 pp.; orig.: *The Environmental Revolution*, 1970.

NORTMAN Dorothy and HOFSTATTER Ellen, *Population and Family Planning Programs*, A compendium of Data through 1978. New York: The Population Council (order from Key Book Service, 425 Asylum Street, Bridgeport, Connecticut 06610, USA), 1980 (10th ed.), 94 pp.

NOVIK Ilya, *Society and Nature* — Socio-ecological Problems, Moscow: Progress Publishers, 1979, 301 pp.

ODUM Eugene, *Foundamentals of Ecology*, Philadelphia/London/Toronto: W.B. Saunders, 1971³ (1959², 1953); ital.: *Principi di ecologia*, Padova: Piccin Editore, 1973, 584 pp. (tradotto dalla 3ª ed. orig.).

OLIVIER Georges, *L'écologie humaine*, Paris: PUF (Que sais-je), 1980² (1975), 128 pp. (Si tratta piuttosto di «antropologia umana», e cioé dell'influsso dell'ambiente naturale ed umano dal punto di vista biologico umano).

ONU, *La population et l'avenir des villes*, Conférence Internationale, Rome, 1-4 sept. 1980, New York: Fonds des NU pour les Activités en matière de population, 1980, 273pp.

OPHULS William, *Ecology and the Politics of Scarcity*, San Francisco: Freeman, 1977.

PASSMORE John, *Man's Responsibility for Nature* — Ecological Problems and Western Traditions, New York: Charles Scribbner's Sons: 1974, 213 pp.

PECCEI Aurelio, *Cento pagine per l'avvenire*, Milano: Mondadori, 1981, 165 pp.
PEYTURAUX Roger, *L'énergie solaire* Paris: PUF (Que sais-je, 1294), 168 pp.
RAMADE François, *Élements d'écologie appliquée* — Action de l'homme sur la biosphère, Paris: Ediscience/McGraw-Hill, 1974, 522 pp.; spagn.: *Elementos de ecología aplicada*, Ediciones Mundi-Prensa, 1977, 581 pp.
REMMERT Hermann, *Ecologia*, São Paulo: EPU/Springer/EDUSP, 1982, XII + 336 pp. Cf. *Brotéria* 117 (agosto-set. '83)2-3, p. 238.
RIDKER Ronald G. and CECELSKI Elizabeth W., «Resources, Environment, and Population: The Nature of Future Limits», *Population Bulletin* (PRB) 34 (Aug.'79)3, 42 pp.
RIDKER Ronald and WATSON William D., *To choose a Future*: Resource and Environmental Consequences of alternative growth paths, London: The John Hopkins Univ. Press, 1980.
ROSS John A., ed., *International Encyclopedia of Population*, New York: Macmillan, 1982, 2 vol. 750 pp.
SCHUMACHER Ernest Friedrich, *Small is Beautiful* — A Study of Economics as if People Mattered, London: Abacus, 1973, 255 pp.; ital.: *Piccolo è bello* — Uno studio di economia come se la gente contasse, Milano; Mondadori, 1978.
SIMONNET Dominique, *L'écologisme*, Paris: PUF (Que sais-je, 1784), 1979, 128 pp.
SINGER S. Fred, ed., *Is There an Optimum Level of Population?*, New York: McGraw-Hill, 1971, 426 pp. (A Population Council Book).
SITTE P., «Unterwegs zu einem Weltbild der Naturwissenschaften» (Verso una visione scientifica del mondo), *Die Naturwissenschaften* 66 (Juni '79)6, 273-78.
STAHEL Walter R. and REDAY-MULVEY Geneviève, *Jobs for Tomorrow* — The Potential for Substituting Manpower for Energy, New York: Vantage Press, 1981,
SYNDICAT CFDT DE L'ENERGIE ATOMIQUE, *Le dossier électronucléaire*, Paris: Ed. du Seuil (coll. Points-Science), 1980, 538 pp.
TABAH Léon, «Quelques réflexions en vrac sur les interrelations entre la population, les ressources, l'environnement et le développement», *Revue Tiers-Monde* 24(avril-juin '83)94, 421-50.
THOMPSON Edward D., *Opzione Zero* — Una proposta per il disarmo nucleare, Torino: Einaudi (coll. Nuovo Politecnico 135), 1983.
TIETZE Christopher, *Induced Abortion: A World Review*, New York: A Population Council Book, 1981, 111 pp.
TOFFLER Alvin, *The Third Wave*, New York: Morrow, 1980, 544 pp.
Id., *Les cartes du futur*, Paris: Denoël, 270 pp.
TORCHIO N., «La bioetica: un ponte per la sopravvivenza», *Natura* 65 (1974) III-IV, pp. 97-116.
TSUI Amy Ong and BOUGE Donald J., «Declining World Fertility», *Population Bulletin* (PRB) 33 (1978)4, 56 pp.
UNO, *World Population Projection Prospects as Assessed in 1980*, New York, 1981, 101 pp.

UNO, *The Population Debate*: — Dimensions and Perspectives — Papers of the World Population Conference, Bucharest 1974 — New York, 1975, vol.I: «Population, resources and the environment» — Report of the Secretary General, pp. 77-123.

UNO, *The Determinants and Consequences of Population Trends* — New Summary of Findings on Interaction of Demographic, Economic and Social Factors — New York, 1973, ch. VI. «Population Distribution, Internal Migration and Urbanization»; ch. XI: «Population and Natural Resources»; ch. XII: «Population and Food».

US BUREAU of the CENSUS, *Illustrative Projections of World Populations to the 21st Century*, New York, 1979, 116 pp.

VILLERMAUX Jacques et LÉDÉ Jacques, «Chimie et énergie solaire» — Savoir capter, stocker et restituer à volonté l'énergie solaire serait un progrès considérable — les chimistes offrent leurs solutions pour une 'politique solaire' à moyen et long terme, *La Recherche* 14 (Nov. '83)149, 1346-57.

WHITE Jr Lynn, «The Historical Roots of Our Ecologic Crisis», *Science* 155(March 1967) 3767, pp. 1203-07.

1983 World Population Data Sheet of The Population Reference Bureau, Washington, D.C.: April 1983.

PARTE PRIMA

SPUNTI FILOSOFICI

Capitolo I

ESSERE UMANO E NATURA NELL'ERA TECNOLOGICA

di Peter Henrici, S.I.

Che cosa ha da fare il filosofo in apertura di un libro sull'ecologia umana? Sembrerebbe più opportuno che venisse alla fine, per tirare le conclusioni del triplice discorso — biologico, sociologico, tecnologico — che si dovrà fare; per interpretarlo, per farne vedere, eventualmente, un significato ulteriore; per indicare magari qualche possibile alternativa, una possibilità di «pensarla diversamente».

Ma anche ciò sembra essere presuntuoso per il filosofo che, in materia di ecologia — come di qualsiasi altra scienza — rimane irrimediabilmente dilettante. «La filosofia — dice Hegel — arriva sempre troppo tardi per dire ancora una parola sul come dev'essere il mondo» (*Filosofia del Diritto*, Introduzione). Può riflettere sulle realtà già costituite, ma non può costituire una nuova realtà.

Il luogo naturale del discorso filosofico sarebbe dunque alla fine del libro. Senonché, nell'economia di questa ricerca interdisciplinare, tale parola conclusiva è stata lasciata alle religioni, nonché ai «modelli globali prospettivi». Meglio della filosofia, le religioni saranno in grado di svelare il significato profondo della situazione ecologica umana e di proporre, alle scelte che l'umanità deve fare oggi, autentiche alternative per un futuro migliore, o almeno non peggiore — appunto quello che la «futurologia» tenta di prospettare.

Al filosofo spetta allora, soltanto, il compito di *inquadrare* codesto discorso che si fa in termini scientifici: cioè di situarlo nell'ambito di una problematica più ampia, universalmente umana, persino metafisica, affinché, a discorso ultimo, le religioni possano riprendere tale problematica soggiacente, per interpretare, situare e prolungare il ragionamento scientifico.

Ciò che il presente capitolo intende offrire è dunque una specie di quadro della problematica: qualche indicazione cioè sui problemi più profondi, o almeno più generali, che stanno a monte delle questioni scientifico-tecniche dell'ecologia umana. Si fornirà, così, quasi un indicatore stradale che punti sulla direzione in cui dovrà andare la ricerca, formulando forse qualche ipotesi di lavoro, da verificare poi in sede scientifica.

Il nostro discorso si articolerà secondo quanto indicato nel titolo del capitolo stesso:

— in una prima parte parleremo su «essere umano e natura»;

— in una seconda parte cercheremo di definire «l'era tecnologica»;

— per poter, infine, in una terza parte, purtroppo molto schematica, discutere sul rapporto essere umano/natura nell'era tecnologica: tale rapporto è sempre lo stesso? Ovvero è stato cambiato radicalmente dall'avvento dell'era tecnologica?

1. *Essere umano e natura*

1.1 Un discorso filosofico sull'ecologia deve prendere l'avvio dalle ricerche di un biologo tedesco dell'inizio di questo secolo, Jakob Johann von UEXKULL. Egli, nella sua opera *Umwelt und Innenwelt der Tiere* (Ambiente e mondo interno degli animali), del 1909, ha messo in risalto il legame intimo che esiste tra ogni animale ed il suo specifico «ambiente». Poiché ogni organismo forma, con l'ambiente circostante, un'unità chiusa, tendente alla conservazione della vita, nessun vivente può essere considerato in sé da solo, staccato da quel suo ambiente, ma va compreso secondo le sue strutture di adattamento a determinati fattori ambientali. Tale adattamento strutturale si esprime in un adattamento funzionale: per l'animale la «Merkwelt» (l'ambiente delle cose percepite) e la «Wirkwelt» (l'ambiente di possibile re-azione) combaciano, e perciò il suo comportamento passivo e quello attivo si trovano in perfetta continuità. In altre parole, le cose della natura vengono osservate (e persino notate) dall'animale in quanto, e solo in quanto, abbiano un'importanza vitale per lui. Anche la «selezione naturale» darwiniana si sarebbe compiuta secondo tale adattamento o disadattamento ambientale. Le specie meno adatte (o meno adattabili) al loro ambiente furono sopraffatte da quelle più adatte (o più adattabili), e le migrazioni a cui furono costrette, con il conseguente nuovo adattamento ad un nuovo ambiente, spiegherebbero, secondo alcuni, le mutazioni avvenute. D'altra parte, le specie iperspecializzate, con scarsissime possibilità di nuovi adattamenti, per ciò stesso, sarebbero condannate allo sterminio, quando il loro ambiente cambia, oppure quando si fa insufficiente. Ciò sarebbe avvenuto p.es. di una specie di sauri che, per l'enorme mole del loro corpo, non potevano più vivere se non in paludi.

La biologia animale, però, interessa qui soltanto per contrasto. Infatti, ciò che distingue l'essere umano dall'animale è precisamente il suo *non-adattamento ad un determinato ambiente*. Biologicamente, l'essere umano appare come l'unica specie animale che vive su tutto il globo, in qualsiasi zona climatica e, quasi, ad ogni altezza. Tale universalità della specie umana risulta, paradossalmente, da una imperfezione biologica: gli manca l'adattamento ambientale. In tal senso, l'essere umano fu definito dall'antropologo tedesco Arnold Gehlen come «Mängelwesen» (essere difettoso) per la sua mancanza di istinti sicuri, conservatori della vita. Biologogicamente, prosegue il biologo svizzero Adolf Portmann, l'essere umano è da considerarsi un «prematuro», perché mentre ogni animale dispone alla sua nascita di tutte le capacità che gli permettono di sopravvivere, il neonato umano sicuramente perirebbe se non ci fosse la famiglia a prendersi cura di lui. Ciò significa che il mancato adattamento ad un ambiente naturale viene compensato, per l'essere umano dalla creazione di un ambiente artificiale: l'ambiente famigliare dapprima, e poi, più universalmente, quello che potremmo chiamare il mondo della «cultura» (in senso lato), il mondo specificamente umano.

1.2 La creazione della «cultura» come ambiente artificiale è legata all'emergenza della *coscienza*. Nell'essere umano vi è un difetto di automatismo istintivo perché, il più delle volte, esiste una specie di inibizione tra stimolo e reazione, ed è proprio tale inibizione che caratterizza l'essere-cosciente. «Essere cosciente» vuol dire distanziare sé stesso (la coscienza) da ciò che è percepito (gli stimoli). Pertanto l'ambiente di osservazione e l'ambiente di reazione non coincidono più; il primo si estende molto più in là del secondo; non si tratta più, propriamente, di un «ambiente» (di una «Umwelt»), ma semplicemente della «Welt», del mondo. Trovandosi in tale maniera privo di ambiente proprio, l'essere umano deve crearsi, in seno al «mondo» universale e lavorando su di esso, *un suo proprio ambiente*, cioè il mondo culturale, che gli permetta la sopravvivenza[1]. Grazie a tale ambiente che, essendo liberamente creato, è quasi illimitatamente trasformabile ed adattabile, la specie umana è diventata quasi indefinitamente malleabile: basti pensare agli astronauti che riescono a sopravvivere in luoghi non solo inabitabili, ma addirittura impossibili per la vita, oppure agli «acquanauti» (del Col. Cousteau e altri) che vivono a lungo in un ambiente, per il quale l'essere umano senz'altro non è fatto.

Tra i tratti caratteristici del mondo culturale ve n'è uno che merita un'attenzione particolare: tale mondo è fondato sull'*astrazione*. È grazie alla sua capacità di astrazione che l'essere umano può crearsi un nuovo ambiente, il quale pertanto rimane, esso stesso, alquanto «astratto». Già i primissimi artefatti umani che conosciamo sono contrassegnati da tale capacità astrattiva: gli strumenti paleolitici presentano una simmetria geometrica, per lo più triangolare, quale non si trova nella natura e che non può essere stata dettata da ragioni di utilità. È interessante notare, a questo proposito, che lo sviluppo della pittura paleolitica va, cronologicamente, dalle rappresentazioni più naturalistiche a quelle più astratte, più simili ai disegni infantili odierni. Quanto più l'essere umano si sviluppa, si direbbe, tanto più diventa astraente.

Ora, tale astratezza dell'ambiente culturale pone un nuovo problema. Se l'essere umano sembra inserirvisi senza troppa difficoltà - poiché vi s'inserisce per il fatto stesso che lo crea - rimane aperta la questione: in quale modo il mondo culturale possa inserirsi nella natura. Se tale inserimento 'per lo più' non riesce, senza tensioni, l'essere umano stesso vive in una costante tensione. Egli crea la cultura per ambientarsi con essa nella natura; e invece sembra che tale mezzo contribuisca a tenerlo lontano dall'ambiente naturale. Intervengono allora il mito, il rito, la funzione simbolica, che sono altrettante *mediazioni* inventate dall'essere umano per ambientarsi, facendo appello ad un'armonia trascendente, oltrenaturale. Forse lo stesso anelito alla bellezza, che caratterizza già i primi artefatti, adempie una simile funzione mediatrice tra essere umano e natura.

1.3 Tale mediazione è peraltro complicata da un terzo e ultimo aspetto del nostro problema: il concetto stesso di «*natura*» deriva, per riflesso, dal distanziarsi dell'essere umano dal suo ambiente per mezzo della coscienza. La natura esiste, formalmente, soltanto per l'essere umano; essa non è semplicemente il dato - il dato, per l'animale, è i suo ambiente -, ma designa il «mondo», cioè il non-ambiente dell'essere umano, in modo oggettivato, come qualcosa d'indipendente, di a-sé-stante, anzi di normativo. Può sembrare paradossale che la nozione di natura possa nascere dalla struttura della coscienza umana, ma è proprio questo uno dei risultati più sicuri della storia del pensiero moderno. Infatti, solo col distanziarsi dell'essere umano da essa, la «natura» acquista quelle caratterstiche che ne fanno l'oggetto tanto della speculazione filosofica che indaga sulla «physis», quanto delle scienze che ne ricercano le «leggi.»

Ora, se la nozione di natura trae origine dal distanziarsi dell'essere umano dal suo non-ambiente, ciò significa, vice versa, che il rapporto dell'essere umano con la natura sarà sempre un *rapporto distante*. Questa è la verità non solo per la natura esterna, circostante, ma anche per la propria «natura umana.» Alla «natura» esterna l'essere umano non *reagisce* con risposte immediate, ma la *riconosce* secondo schemi astratti, che si esprimono nel linguaggio. Solo sulla base di tale distanza linguistica dalla natura, diventa possibile la teoresi tanto filosofica che scientifica. La natura, linguisticamente riconosciuta, è allora disposta a diventare «*materiale*» per la creazione tecnica umana.

In modo analogo l'essere umano si trova distante anche della sua propria natura. Infatti, l'essere umano, in quanto vivente, è anch'egli parte della natura e, per conseguenza, ha una sua «natura» propria. Anche questa sua natura, egli non la vive immediatamente, ma ci frammette la distanza della *disciplina* - l'inibizione che la sua parte razionale impone alla parte sensitiva. L'essere umano definito dal Gehlen un «essere difettoso» (Mängelwesen), è per ciò stesso, secondo il citato antropologo, l'essere della disciplina (*Zucht*). È dalla disciplina che nasce la cultura. Dalla disciplina dell'istinto di procreazione con la proibizione dell'incesto, e dalla disciplina dell'alimentazione con l'arte della cucina - che sono a detta dell'antropologia culturale, i due dati basilari di ogni cultura umana.

In questo senso, infine, la «natura» diventa norma morale: non come dato immediato, ma in quanto *oggetto della visione razionale distanziata* che l'essere umano riesce ad avere di se stesso e del mondo. Altrimenti sarebbero gli istinti e i desideri immediati a regolare il nostro comportamento umano - l'assunto di base della teoria economica classica col suo meccanismo regolatore, in ultima analisi, disumano.

1.4 Da quanto abbiamo sinora visto si possono desumere tre conclusioni:

1) L'ambiente «naturale» dell'essere umano non è la natura, bensì la cultura, e pertanto un puro e semplice «ritorno alla natura» è inconcepibile, anche come traguardo ideale di un ecologismo romantico.
2) Il vero problema ecologico umano consiste, al contrario, nell'inserimento dell'ambiente culturale (artificiale) nella natura, con tutte le interazioni, reali e ideali, tra questi due «ambienti», che tale inserimento comporta.
3) Le religioni sembrano aver giocato un ruolo importante riguardo all'inserimento ideale, simbolico, della cultura nella natura.

2. L'era tecnologica

Per determinare ulteriormente non il rapporto, ma il problema del rapporto tra cultura e natura, quale si presenta specificamente ai nostri giorni, dobbiamo considerare, in un secondo passo del nostro discorso, i tratti caratteristici dell'attuale cultura tecnologica. Lo faremo cercando di precisare dapprima l'essenza fenomenologica della tecnica e poi l'essenza (ugualmente fenomenologica) di quella fase particolare dello sviluppo della tecnica costituita dall'attuale sistema tecnologico.

Il nostro discorso si snoderà secondo i seguenti quattro punti:

— dapprima cercheremo di definire la tecnica in genere;
— poi vedremo le tre tappe principali dello sviluppo della tecnica;
— il che ci consentirà di analizzare più dettagliatamente la civiltà delle macchine, che è la nostra;
— per poter definire, infine, nei suoi tratti caratteristici, l'attuale sistema tecnologico.

2.1 *La tecnica* esiste sin dagli albori del genere umano. Come criteri distintivi dell'avvenuta ominizzazione, due sono gli indizi che, correntemente, vengono considerati: la fabbricazione di strumenti e l'uso del fuoco - il quale implica, per la sua conservazione, tutta una organizzazione sociale. Già questi due esempi suggeriscono un duplice significato della parola «tecnica». La «techné» (nel greco) è, etimologicamente, «un modo di fare», che può configurarsi sia come un modo di *produrre un oggetto*, sia come un modo di *usare un procedimento* per ottenere l'effetto voluto. La tecnica-produzione ha così prodotto gli strumenti, la tecnica-procedimento ha insegnato come conservare il fuoco.

Gli strumenti che la tecnica produce, hanno il compito di sostituire gli organi che all'essere umano o mancano totalmente (non ha le unghie del leone ne i denti del lupo) o non reggono all'uso richiesto. In tale *sostituzione* di organi sembra risiedere la differenza fondamentale tra gli strumenti umani e l'uso che certi animali fanno di quel che noi chiameremmo «strumenti»

- p.es. i famosi bastoni di cui una scimmia può servirsi per raggiungere un frutto troppo distante. Infatti, in tale uso animalesco lo strumento serve unicamente come *prolungamento* dell'organo naturale, non come suo sostitutivo: quando le suddette scimmie vanno a battersi, lasciano i bastoni e usano i denti e le unghie. Le sostituzioni, invece, che caratterizzano l'essere umano, non si limitano agli strumenti: le vesti sostituiscono la pelliccia e un'uguale funzione svolge l'abitazione, eventualmente riscaldata dal fuoco. Col progredire della cultura poi, si sostituirà il raccolto di vegetali selvatici con piante coltivate, la caccia con animali addomesticati, ecc. Grazie a codeste sostituzioni l'essere umano acquista la capacità di risolvere tutti i suoi problemi di ambientamento senza adattamenti somatici, senza dover sacrificare cioé la sua quasi illimitata malleabilità.

Ora, la nozione stessa di sostituzione ci offre lo spunto per un'analisi, un po' approfondita, dei tratti caratterizzanti il processo tecnologico. Ogni sostituzione, infatti, presuppone e implica un ragionamento analogico: si cerca un'*altra* cosa che abbia un effetto *simile*. L'essenza della tecnica sembra pertanto doversi cercare non tanto in un processo materiale di fabbricazione, quanto in codesta *idea* di una possibile sostituzione, che *progetta* un rapporto tra mezzo e fine analogo a quello che si ha nell'uso degli organi naturali. Tale idea si concretizza, nel processo tecnologico, attraverso tre passi.

1) In primo luogo ci vuole la *concezione di un fine* da realizzare: cioé, che non soltanto si prenda coscienza di un bisogno, ma che si intraveda anche, idealmente, una sua soddisfazione fattibile. Il fine così concepito, dovendosi ancora realizzare, non esiste dapprima che nella mente umana, e da lì influisce tutto il processo tecnologico. È quanto viene sottolineato nel famoso testo di Marx sulla differenza tra il lavoro umano e quello degli animali: «Un ragno compie delle operazioni che assomigliano a quelle di un tessitore, e l'ape colla costruzione dei suoi alveoli per la cera può fare arrossire più d'un architetto. Ma ciò che subito distingue il peggiore degli architetti dalla più abile ape è che quegli ha costruito la sua cella, prima che nell'alveare,

nella sua testa. Il processo di lavoro approda ad un risultato che già preesiste idealmente nel cervello del lavoratore.»[2]

2) Lo stesso brano insinua peraltro che non solo il fine da realizzare preesiste idealmente, ma anche tutto il progetto di azione. Il fine preconcetto, infati, va mediato con le possibilità di realizzazione offerte dalla natura, ossia con le leggi naturali. Tale mediazione avviene nell'*invenzione tecnica*. Essa fa esistere idealmente qualcosa di assolutamente nuovo, non dato dalla natura - p.es. il carro o la lampada elettrica. Queste invenzioni sono nuove in quanto, pur applicando le leggi della natura, vanno contro di esse: un corpo non rotondo che abbia un attrito per sola rotazione, una incadescenza senza combustione, ecc. Eppure, nell'inventare, l'essere umano *non è creatore*, perché non può combinare liberamente le leggi naturali; egli deve «trovare» una soluzione al suo problema, che sia possibile nell'ambito della natura e che spesso sarà l'unica viabile o almeno l'unica ottimale. Serva d'esempio il problema del volo umano, irrisolvibile tanto che si cercava di «imitare la natura» con ali mobili; occorreva trovare l'unica soluzione possibile nella combinazione tra ali fisse e forza motrice (che può essere, nel volo a vela, la stessa gravitazione). L'oggetto tecnico pertanto ha una preesistenza ideale come possibilità della natura, non data, ma trovata dall'essere umano sulla spinta dei suoi bisogni o aspirazioni.

3) Infine, l'oggetto tecnico così ideato deve ancora realizzarsi, «fabbricarsi». Trattandosi di un impiego di possibilità naturali contro la natura, la fabbricazione pone una serie di problemi sul suo «come», che vanno dalla scelta (o fabbricazione) di materiali e fonti di energia appropriate al disegno del (forse unico possibile) processo di fabbricazione ed all'eventuale preparazione di strumenti adatti. Tutto ciò, prima di essere mandato ad esecuzione, richiede un lavoro mentale di *costruzione tecnica* ove si gioca un dialogo simile a quello che si ha nell'invenzione tra disegno umano e possibilità (e necessità) naturali.

Mentre però, nella fase d'invenzione, si ha un dialogo, per così dire, «amoroso» che cerca una mutua intesa tra natura ed essere umano inventore (perché soltanto da tale intesa potrà uscire l'invenzione tecnica), nella fase di fabbricazione il dialogo si trasforma facilmente in *una specie di lotta*. I materiali naturali da utilizzare nel processo di fabbricazione oppongono resistenza, imponendo le loro proprie leggi. Perciò il prodotto spesso si presenterà come un'autentica vittoria dell'essere umano sulla natura, conquistata a forza di astuzia e di ripieghi. Al limite, ciò che vale per la natura animale si verifica anche nella natura inanimata: l'essere umano, per utilizzarla, la uccide.

Nelle nostre tecnologie elaborate, i tre passi - concezione, invenzione, fabbricazione - che insieme costituiscono il processo tecnico, sono a tal punto distinti che vengono normalmente affidati a specialisti diversi. Ma già nelle tecnologie le più primitive, almeno il terzo passo appare chiaramente definito negli «schemi di fabbricazione» adoperati per la scheggiatura delle pietre.

2.2 Lo *sviluppo storico della tecnica*, pertanto, si definisce essenzialmente in rapporto alle *diverse «tecniche» di fabbricazione* susseguitesi nella storia ed alla conseguente sofisticazione crescente dei prodotti tecnici. Qui ancora, possono distinguersi tre tappe principali.

1) In una prima lunghissima tappa si conoscevano, essenzialmente, soltanto tecniche *per eliminazione*: i prodotti tecnici si fabbricavano togliendo qualcosa al materiale fornito dalla natura. Questo è il caso della tecnologia paleolitica, che si è mantenuta quasi invariata per decine di millenni e, cosa più curiosa ancora, in tutte le popolazioni paleolitiche attraverso tutti i continenti. L'uniformità e la fissità di questa «cultura mondiale» paleolitica è tale che qualche autore è arrivato a chiedersi se essa non sia dovuta all'assenza del linguaggio nell'uomo paleolitico - ipotesi che ci sembra però poco attendibile di fronte alle altre testimonianze di una vera vita intellettuale. Forse converrebbe piuttosto parlare di uno stadio «pre-babelico» dell'umanità.

2) L'uniformità culturale si rompe, invece, col passare alla seconda tappa, quella delle tecniche *per trasformazione*, che iniziano nel neolitico e rimangono dominanti fino agli inizi dei tem-

pi moderni. Consistono nel trasformare ciò che dalla natura è dato per farne un materiale adatto alla produzione di oggetti nuovi. Nascono così le industrie della ceramica, nonché quella tessile e quella dell'edilizia e della metallurgia. Simili trasformazioni, benché molto più lente, si operano peraltro nell'addomesticamento degli animali e nel miglioramento delle piante coltivabili. Tutte queste tecniche di trasformazione presuppongono una lunga e accurata osservazione della natura, al fine di scoprire le qualità profonde delle materie naturali con le loro virtualità. Perciò, a questo stadio della tecnica corrisponde una *fisica qualitativa*, sviluppata in modo scientifico dai presocratici fino agli alchimisti rinascimentali ed allo stesso Francesco Bacone.

D'altra parte, l'essere umano osservatore aveva tendenza a costruire i suoi oggetti ad imitazione (*mímesis*, nel greco) della natura, così che il nuovo ambiente che per mezzo della tecnica andava poco a poco formandosi, può a buon diritto essere chiamato una «seconda natura»[3]. Essa andava man mano differenziandosi da un luogo all'altro e da una epoca all'altra. Già nel neolitico si possono distinguere i diversi giacimenti secondo la diversa fattura delle stoviglie. Insieme col diversificarsi degli artefatti vanno diversificandosi anche le forme economiche, le strutture sociali, le concezioni religiose, ecc.: nascono e si sviluppano le culture in tutta quella diversità che conosciamo e che sembra costituire la ricchezza dell'umanità.

3) Ora, paradossalmente, tale tendenza alla diversificazione culturale sembra invertirsi nella terza ed ultima tappa dello sviluppo tecnico, quelle dell'età moderna in cui viviamo. Le tecniche moderne *per costruzione* si richiamano infatti ad una *fisica quantitativa*, basata sull'astrazione matematica[4], per sua natura uniformante. Man mano che cresce l'influsso di tale scienza e tecnica, anche le altre componenti delle culture tendono ad uniformarsi fino a costituire una nuova civiltà mondiale. Un sintomo di tale svolta può vedersi nell'emergere una lingua di comunicazione universale, i cui elementi s'insinuano anche nelle altre lingue, e ancora di più nella sostituzione della comunicazione linguistica con sistemi di simboli internazionalmente uni-

formi, che vanno dai simboli matematici e chimici fino alla segnaletica stradale e aeroportuale.

La novità di questa terza tappa dello sviluppo tecnico sta nella costruzione di *macchine*. La macchina potrebbe definirsi: un sistema materiale, dotato di strumenti, che si sostituisce all'essere umano come tale (non solo a singoli suoi organi) per eseguire funzioni e operazioni, per le quali a lui mancano le forze, l'abilità o persino la memoria e l'intelligenza. La macchina così descritta costituisce dunque una specie di «soggetto» *a-sé-stante*, possiede una sua autonomia, per cui un autore la definisce «individualità tecnica». In essa si realizza quello che Hegel chiama, parlando proprio delle macchine, «l'astuzia della ragione», cioé l'organizzazone di processi e finalità naturali in modo tale che dall'insieme risulta un fine per nulla previsto e inteso dalle forze naturali impiegate. Mentre, dice Hegel, nella macchina la natura «si consuma per l'attrito» (*sich abreibt*), la ragione non fa che «stare a guardare» (*sieht ruhig zu*) come si produce l'effetto che a lei fa commodo[5]. È in virtù di tale organizzazione razionale «astuta» che dalla combinazione di qualità e forze naturali nasce un effetto che non è un semplice risultato degli elementi combinati, ma qualcosa di radicalmente nuovo. In tale novità sta l'individualità specifica della macchina.

2.3 L'attuale «era tecnologica», con le sue peculiarità, risulta dalla «natura» particolare della macchina; bisogna quindi analizzare ancora più a fondo tale natura, domandandoci su quali basi e attraverso quali processi sia possibile la costruzione di «macchine».

2.3.1 Come abbiamo già accennato, la tecnica moderna si fonda sulla *scienza di tipo matematico*, cioè su una specie particolare di astrazione che si concentra sull'aspetto quantitativo, misurabile, del dato, rinunciando alla conoscenza «qualitativa» dell'essenza delle cose. Infatti, mentre questa non si lascia dividere, il quantitativo, per sua natura, è scomponibile indefinitamente, dando adito a quelle decomposizioni e ricomposizioni del dato naturale che permettono alla tecnica moderna di far sorgere nella costruzione della macchina, nuove qualità. Lo scienziato moderno, osserva giustamente Kant, non sta più a guardare ed osservare passivamente la natura, ma la «costringe a rispondere alle sue domande»[6], decomponendola mentalmente fino alle sue strutture elementari, matematicamente formulabili. Questo primo aspetto della tecnologia moderna porta già una serie di conseguenze:

1) Mentre l'artigiano tradizionale doveva adattarsi alle qualità naturali del suo materiale ed era tanto migliore artigiano quanto più sapeva sfruttare quelle qualità, il tecnico moderno non si sente affatto vincolato da queste; anzi, *si fa «costruire», eventualmente, un nuovo materiale* (leghe di metalli, materie sintetiche...) con le qualità richieste per la realizzazione delle sue costruzioni astrattamente mentali.

2) Dato che le possibilità di costruzione matematiche sono di per se indefinite (come lo è tutto il quantitativo), la tecnica delle macchine è suscettibile di *un progresso di per se indefinito* o almeno nel senso dell'avvicinamento indefinito al punto asintotico della costruzione «ideale» di una qualsiasi macchina. Non a caso l'idea di progresso entra nella coscienza europea nel momento stesso della nascita della civiltà delle macchine.[7]

3) Nello stesso momento, particolarmente con la «Nuova Atlantide» di Bacone, entra anche l'idea della *divisione del lavoro*, persino (anzi, in primo luogo) nel campo della ricerca intellettuale scientifico-tecnica, con il conseguente «*team-work*» (lavoro in gruppo). Infatti, mentre ogni ricercatore antico-medievale doveva compiere la contemplazione ed intellezione delle essenze qualitative per suo proprio conto, la considerazione astratta-matematica della natura è talmente impersonale da poter essere trasmessa oggettivamente da scienziato a scienziato e persino frazionata. È sintomatico, dato il carattere di transizione dell'opera di Bacone, che egli, pur non avendo ancora percepito l'importanza metodologica della matematica, già ne propone il modello tecnologico di decomposizione e ricomposizione.

Questo modello, egli lo aveva, peraltro, ripreso dalla scienza politica di Machiavelli e di fatto, la concezione moderna di scienza analitica e di tecnica costruttiva può applicarsi anche, analogamente, al campo politico, sociale e psicologico, con le rispettive scienze e «tecniche.»

2.3.2 Agli occhi del profano però, ciò che caratterizza la macchina, più della costruzione matematica che le sta a monte, è il fatto che essa *dispone di energia propria*, che esonera l'essere umano dallo sforzo muscolare e talvolta (nel caso delle macchine programmabili) anche da quello intellettuale. Ora, se tale energia, in alcuni casi, sfrutta le energie liberamente disponibili e costantemente rinnovatesi nella natura (come nel mulino a vento o ad acqua, o nella turbina ad acqua e nei collettori solari), per lo più, le macchine moderne utilizzano energie *accumulate* nella natura e da essa estratte. In parole povere: si bruciano, in un modo o in un altro, materie organiche. Ogni organismo, crescendo, aveva accumulato energie che gli venivano, direttamente o indirettamente, dal sole. Queste energie solari, ancora conservate nell'organismo morto ed anche decomposto (carbone, idrocarburo), vengono sprigionate nella combustione.

È qui che appaiono anche più chiaramente i *limiti* della nostra tecnologia. La combustione è un modo ben poco economico di estrarre energia, una soluzione tecnicamente poco «elegante», sicché, si potrebbe dire, con tale uso del fuoco siamo ancora al paleolitico, mentre d'altra parte le scorte terrestri di energia accumulata sono limitate e vanno esaurendosi. Ciò che dovremmo aspettarci dalla tecnologia futura sarebbe anzitutto un salto di qualità nel campo energetico, che permettesse p.es. di sfruttare direttamente le energie elettriche ed elettromagnetiche della materia. Forse è dovuto al «primitivismo» di una scienza quantificante, condannata a trascurare le infinite sfumature qualitative del reale, che si ha una tecnologia energetica così rozza e «primitiva», cioè violenta ed univoca.

2.3.3 Questi limiti però non impediscono che la macchina, disponendo di energia propria, acquisti per questo stesso fatto una specie di *indipendenza ed autonomia*, che ne fa quasi un partner o un antagonista dell'uomo. La civiltà delle macchine è caratterizzata - in terzo luogo - dall'esistenza di tale mondo di oggetti autonomi e largamente autosufficienti.

Tale autonomia sembra risultare non solo dall'autosufficienza energetica dell'oggetto tecnico, ma più profondamente ancora dalla legge stessa della sua costruzione (cf. sopra 2.1, 2°). La sintesi di elementi astratti per farne un concreto oggetto tecnico è normalmente una sola possibile o almeno una sola ottima, che non si può escogitare liberamente, ma che bisogna «inventare», cioé «trovare». Per ciò stesso, l'oggetto tecnico, una volta inventato, dispone di una sua *logica*, una sua *«perfezione» propria* ed intrinseca, che impone le sue leggi alle invenzioni ulteriori, rese da essa possibili o addirittura necessarie, e che condiziona a sua volta lo stesso suo inventore o utilizzatore. Il Dessauer ha una bella pagina che può illustrare questo punto:

> «Vi sono bensì talvolta problemi costruttivi alla cui soluzione si può arrivare attraverso un procedimento schematico prestabilito, ossia con una determinata successione di pensieri. Ma simili problemi s'incontrano con minor frequenza che non si creda. Il nocciolo, l'essenza dell'opera del tecnico, sta in qualche cosa di diverso e di nuovo che ha il carattere sorprendente dell'invenzione, della conquista di una nuova qualità.
>
> «Oggettivamente e soggettivamente considerato, il progresso operato dal tecnico è contraddistinto dal fatto che la combinazione degli elementi costruttivi (ossia delle leggi naturali che si realizzano nei materiali stessi) non conduce soltanto alla somma delle loro proprietà, ma, più e meglio, alla conquista di una nuova, meravigliosa qualità.
>
> «Qualche esempio chiarirà il concetto. Se il problema proposto si riduce alla costruzione di una trave di tipo prestabilito, basterà calcolarla in base al carico e alle caratteristiche resistenti del materiale; le dimensioni risulteranno semplici funzioni di questi elementi.
>
> «Ma se si tratta di trasmettere l'energia del motore alle ruote posteriori di un automobile, in modo però che nelle curve la ruota esterna giri automaticamente più veloce dell'interna, allora non basta quella semplice correlazione di pensieri a risolvere il problema. La risoluzione fu ottenuta colla geniale invenzione del rotismo differenziale in cui, dall'unione di elementi dotati di proprietà meccaniche note, è scaturito un nuovo e sor-

prendente risultato qualitativo. Si può dire che l'attuazione pratica dell'automobile è divenuta possibile in virtù di questa scoperta. L'automobile a sua volta sostituendo il motore animale, trasformò il traffico, fino ad introdurre tra i mezzi bellici il carro d'assalto, il quale discende innanzi tutto dall'automobile. Ed ecco che alla scoperta del differenziale può riconnettersi l'apparizione di questa arma nella guerra mondiale, anche se particolarmente non vi sia stato impiegato.»[8]

Come conseguenze a lungo termine, questa autonomia dell'oggetto tecnico porta:

1) l'oggettività e per così dire *l'impersonalità della ricerca tecnica*, che deve conformarsi esclusivamente alle leggi dell'«*inveniendum*», non a mire o gusti personali. Mentre il buon artigiano, come l'artista, è quello che sa mettere qualcosa di personale nell'oggetto da lui prodotto, ed anzi sarà «inventore» a misura stessa di tale sua originalità personale, il tecnico ha da essere il più impersonale possibile al fine di scoprire la perfezione oggettiva propria dell'oggetto da costruire. Così, la costruzione tecnica perfetta sarà quella che ogni altro tecnico, dinanzi allo stesso problema, avrebbe fatto in maniera identica. Si pensi p.es. alle carrozzerie delle auto o alla sagoma degli aerei, che tendono a divenire sempre più uniformi, benché, per ragioni commerciali, sarebbe auspicabile la più grande diversità possibile tra le diverse marche ed «annate.»

2) L'essere umano stesso, pertanto, appare sempre più *condizionato dalla macchina*. L'essere umano non è più tanto ad inventare la macchina a suo servizio, quanto piuttosto deve mettersi egli stesso al servizio della macchina da lui inventata. Chi guida una macchina deve conformarsi al suo modo di funzionare - più ancora di chi regge un cavallo -; altrimenti la macchina non funziona. L'ambiente tecnico, creato dall'essere umano, lo trasforma a sua volta ed esige un adattamento non dissimile a quello dell'animale al suo ambiente.

3) In ciò appare, infine, la tendenza del mondo tecnico ad *autoregolarsi*. In tale prospettiva, appare del tutto logico che alla *prima* rivoluzione tecnica, che dotava gli artefatti umani di

energie proprie, trasformandoli in macchine, abbia dovuto seguirne una *seconda*, che conferiva ad esse la capacità di autoregolarsi: la rivoluzione cibernetica. Parallelamente a questa, e pertanto poco avvertita, avvenne, peraltro, una *terza* rivoluzione: quella che fa produrre, sotto la pressione delle macchine da costruire, nuove materie sintetiche; così il mondo delle macchine si crea persino il suo sostrato «naturale» appropriato, con cui realizzarsi.

2.4 Tutte queste osservazioni e riflessioni, anche se rapide, convergono su una conclusione comune: la tecnica moderna delle macchine porta in se il proprio «logos», essa tende a costituire un *sistema tecnologico*[9].

2.4.1. Vi è da notare, prima di tutto, *l'interconnessione delle tecniche* tra loro in un universo politecnico. Tale interconnessione vige, in primo luogo, tra le varie tecniche produttive: alcune tecnologie sviluppate sono possibili solo perché si producono, con tecnologie altrettanto sviluppate, tali materie, tali forme di energia, tali sistemi d'informazione. I sistemi d'informazione ci portano, peraltro, ad un secondo livello d'interconnessione: con le tecniche produttive interferiscono determinate tecniche di amministrazione e di informazione. Tutto questo universo politecnico porta in se la tendenza all'autoregolazione per un continuo *«feed-back»* tra le diverse parti del sistema, senza però che questa autoregolazione possa dirsi autosufficiente.

2.4.2 L'universo politecnico, infatti, interferisce *con altri sistemi* (alcuni dei quali sono a loro volta parzialmente «tecnicizzati»), e ciò non a senso unico.

1) L'interferenza con il *sistema economico* è talmente ovvia che si può facilmente dimenticare che i due sistemi vanno distinti. Vi è una costante pressione di un sistema sull'altro. Sul sistema economico si esercita la pressione del tecnicamente possibile. Come può un'economia dinamica rifiutarsi di produrre ciò che la tecnica permette di produrre? La costruzione del «Con-

corde» ci propone un esempio particolarmente vistoso, ma anche il problema della velocità delle auto costituisce un caso simile. Economicamente (consumo di carburante, costi sociali degli incidenti) una limitazione della velocità sembra imporsi; ma sappiamo quanto difficilmente essa sia proponibile dal momento che velocità superiori sono tecnicamente possibili. La costruzione di macchine appositamente lente sembra dover rimanere una utopia.

Vice-versa, l'economia esercita sulle tecnologie la pressione del costo e del reddito. Le soluzioni tecnicamente più perfette spesso non possono realizzarsi, perché sono poco economiche. Ciò vale anche e soprattutto per i prodotti particolarmente durevoli, che sarebbero quelli tecnicamente migliori. L'economia industriale, invece, ha bisogno di prodotti di massa, per di più deperibili, che possano immettersi sempre di nuovo nel mercato. Un esempio classico sono le calze di nailon, che non furono messe in vendita fin tanto che non fu possibile una filatura tanto sottile che il filo potesse rompersi. Sta qui forse una differenza di fondo tra la prospettiva tecnica e quella economica: per il tecnico è importante l'oggetto singolo con la sua perfezione tecnica; mentre per l'economista i singoli oggetti sono indifferenti: ciò che interessa è soltanto la loro quantità di produzione. Si potrebbe persino congetturare che le tecniche moderne si siano sviluppate in modo così lineare ed unilaterale da darci oggi il rompicapo dei «limiti della crescita», solo perché esse erano sotto la costante pressione dell'economia moderna che non conosce altro ideale di crescita che quella cumulativa lineare. Anche qui l'automobile potrebbe servire di esempio emblematico: soluzione economicamente redditizia, ma tecnicamente poco elegante se si mettono in bilancio fine (trasporto individuale) e mezzi.

2) Un secondo tipo di interferenze si ha con i *vari sistemi della società umana*: con il sistema demografico, per l'influsso delle tecniche mediche, igieniche, alimentari...; con il sistema sociale, inquanto la tecnica sembra portare verso l'egualitarismo, cioé verso un nuovo sistema di proprietà per cui questa non consiste più tanto nell'avere dei beni, bensì nel saper fare; con il

sistema militare per le nuove tecniche di guerra; con il sistema politico per le tecniche dell'informazione, ecc.

3) Tuttavia ciò che, in questo contesto, ci interessa particolarmente è l'interferenza del sistema tecnologico con l'ambiente naturale, cioè con l'*ecosistema globale*. L'interferenza è, in questo caso, la più radicale possibile, in quanto il sistema tecnologico tende a costituire l'ambiente umano in senso totale, facendo sparire la natura. Tale sparizione si avverte da una parte nel fenomeno dell'urbanizzazione, in quanto nella città, specie nelle megalopoli, l'essere umano si trova confrontato quasi esclusivamente con un ambiente tecnicizzato, e dall'altra nel mondo del lavoro, ove l'operaio, per lo più, non viene più a contatto con materiale naturale, ma solo col «già tecnicamente elaborato.» Tale distanza dalla natura si accentua maggiormente nella produzione automatizzata, ove ogni contatto diretto col materiale è sostituito dalla pura sorveglianza di macchine autoregolantesi. L'uomo pertanto non si adatta più alla natura, ma alle esigenze dell'ambiente tecnico, tanto che persino la prima conoscenza della natura sarà mediata da mezzi tecnici (libri, TV, cinema o magari uno zoo che presenta ai bambini di città mucche mai incontrate).

Così a poco a poco l'ambiente tecnologico sta fagocitando (l'espressione è dell'Ellul) l'ambiente naturale, frammentandolo per riorganizzarlo secondo schemi totalizzanti. Tuttavia resta il fatto che il sistema tecnologico dovrà attingere - e per sempre - dall'ecosistema almeno l'aria, l'acqua, alcune altre materie e tutte le risorse energetiche. E qui sta *un primo limite* invalicabile della tecnicizzazione. Vi è poi *un altro limite*, meno avvertito e pertanto più insidioso: il nuovo «ecosistema» tecnologico è molto più semplice di quello naturale, essendo la tecnica per sua natura (cioè per la limitatezza dell'«uomo tecnico») continuamente semplificatrice. Ora, tale semplicità, lungi dall'essere un pregio, rende l'ecosistema artificiale molto più instabile e precario di quello naturale: basta che una sua componente funzioni male per mettere in crisi tutto il sistema, mentre l'ecosistema naturale, con la sua indefinita complessità, possiede anche dei meccanismi compensatori quasi infiniti e perciò si rivela di un'ammirevole e quasi incrollabile stabilità.

2.4.3 Ciò ci conduce, infine, a definire più accuratamente le caratteristiche del *«logos» tecnico*. Esso si rivela in primo luogo neutrale assiologicamente, anzi del tutto estraneo ai valori; infatti segue soltanto le sue proprie leggi di perfezione tecnologica. In campo tecnico non vi è né bene né male, ma soltanto corretto o non corretto, fattibile o non fattibile. Per tale neutralità assiologica mancano, al mondo tecnologico, le *istanze di «feed-back» dall'esterno* («trascendente», se si vuole), che sarebbero capaci di correggere disfunzioni, anche gravi, del sistema globale. Al limite, il sistema tecnologico sarebbe capace di autodistruggersi senza accorgersene - e le anti-utopie (o «distopie») futuristiche, di tanto in tanto, si prendono il piacere d'immaginare tale macabra possibilità. Questa mancanza di «*feed-back*» trascendente, o l'incapacità di percepirlo (una specie di «sordità intellettuale» del mondo tecnico), fa sì che al sistema tecnologico manchino i *modelli e i meccanismi di rapporto* con il *suo* ambiente.

Scrive l'Ellul:

> «*Tout* le drame technologique actuel tient à ce que la technique ayant conquis son autonomie et fonctionnant par autoaccroissement ne pourrait au contraire avoir le *feed-back* que par une pression externe: le *feed-back* est rendu *possible* par le complexe informatique, mais la relation doit être médiatisée par un élément non technique (l'homme), ce qui va à l'encontre de l'autonomie, et est parfaitement inacceptable. Mais non seulement c'est la relation qui dépend de l'homme, c'est aussi la réception de ces informations et leur transformation en programme: ainsi la rétroaction du système technicien passe nécessairement par la prise de conscience des effets majeurs de la technique, prise de conscience par l'homme inclus dans le système... Nous sommes passés à un stade d'organisation technique où l'homme ne devrait pas intervenir, mais il ne peut pas ne pas intervenir par suite de cette absence de régulations internes, qui tient non pas à une déficience du système technicien lui-même, mais au fait qu'il ne fonctionne que par intro-information (information sur soi-même) et non pas par extro-information; or, les vrais problèmes sont posés à l'extérieur du système. Tel est le blocage de notre situation... Il s'agit d'être apte à réinsérer dans le sys-

tème technicien des informations qualitatives externes susceptibles de modifier le processus à son origine.»[10]

Tutto ciò porta a formulare, infine, le nostre conclusioni sull'impatto della tecnica moderna delle macchine sul rapporto tra essere umano e natura. Esse, in maniera brevissima, proporranno l'ultima parte del nostro discorso in forma interrogativa.

3. *È cambiato il rapporto tra essere umano e natura nell'era tecnologica?*

A questo interrogativo intende rispondere tutto il presente libro. Perciò, a questo punto, non può essere data una risposta esauriente o anche soltanto attendibile a tutte le questioni che risultano dal nostro inventario problematico del mondo tecnologico. Diamone soltanto due spunti per un'ulteriore e più approfondita riflessione.

3.1 L'ecosistema tecnologico, abbiamo detto, tende a fagocitare l'ambiente naturale, senza essere arrestato, in ciò, da un *feed-back* che dovrebbe arrivargli dall'esterno. Il rapporto di condizionante-condizionato lega l'essere umano, in modo sempre più esclusivo, non più al mondo naturale, ma a quello tecnologico. Il rapporto essere umano-natura, pertanto, è cambiato, si può dire, nel modo più radicale: esso *tende semplicemente a sparire*. Ma in seguito a questa constatazione si leva subito una prima domanda: è possibile tale totale sparizione? non esiste forse un rapporto essere umano-natura oltre e a monte del rapporto essere umano-tecnosistema?

Per trovare una risposta a questa domanda, facciamo una brevissima considerazione: il rapporto tra essere umano e tecnosistema si presenta largamente come un rapporto di autocondizionamento umano, essendo la tecnica (almeno nella sua esistenza, se non nella sua essenza) un prodotto umano. Ciò significa che a monte di codesto rapporto sta sicuramente l'altro, tra l'essere umano e la *sua propria natura interna*, caratterizzata da una congenita tensione tra razionalità e desideri. La questione allora sarà se, nelle interferenze inevitabili del sistema tecnologico con gli altri sistemi, avranno il sopravvento i cosidetti imperativi del «sistema dei bisogni» (Hegel) economici, ovvero i valori del «regno dei fini» (Kant) etici e umani.

3.2 La *natura esterna*, d'altra parte, sta tornando ad essere un limite in senso totalmente diverso rispetto a quello dei millenni passati. Fino a poco tempo fa, era la natura ad imporre, in ultima analisi, le sue condizioni tanto all'esistenza quanto all'attività umana: occorreva adattare le proprie produzioni tecniche ai materiali con le loro proprietà fornite dalla natura - che inoltre offriva alla «mímesis» tecnica il modello da imitare. Tutte queste limitazioni, che potremmo chiamare «qualitative», non esistono più per l'uomo tecnologico. Vi è però un altro limite, quello «quantitativo», che comincia ad incombere sul mondo tecnologico. Sin dagli inizi l'essere umano *sfruttava* la natura, non foss'altro che per mezzo del fuoco e dei raccolti che sottraevano ai campi non solo ciò che serviva immediatamente per alimento (come fanno tutti gli animali), ma quasi tutta la sua copertura vegetale. Rispetto alle ricchezze globali della natura, però, queste asportazioni erano insignificanti. Ora, da qualche decennio lo sfruttamento delle risorse naturali è talmente aumentata (e sta tuttora aumentando) che *i limiti di esaurimento* sono già prevedibili. L'accumulo quantitativo di prodotti tecnici umani, e soltanto difficilmente riciclabili (ecco un altro aspetto della «linearità» tecnica) è tale che il quantitativo, questa volta, minaccia veramente di commutarsi in qualitativo: in una distruzione irrimediabile degli equilibri e delle compensazioni dell'ecosistema naturale. Ecco il vero problema «ecologico.» Ed è a questo punto che si pone una seconda domanda: un *modello alternativo del rapporto essere umano-natura per il futuro sviluppo dell'umanità è almeno pensabile?*

3.3 Sinora abbiamo visto due modelli opposti di tale rapporto: il modello originario dell'essere umano *condizionato* dalla natura, la quale era per lui un limite o un modello da imitare, ed il modello moderno dell'essere umano *dominatore* che per mezzo della tecnica riesce a condizionare, a sua volta, la natura, ma che per ciò stesso rimane soggiogato alle nuove esigenze, del sistema tecnologico.

Ora, un *terzo modello* ci sembra almeno concepibile: quello dell'essere umano *responsabile* nei confronti della natura - né condizionato né dominatore, ma responsabile. Tale responsabilità significherebbe che, invece di dipendere unilateralmente dalla natura (una certa dipendenza ci sarà sempre, inevitabilmente!), l'essere umano farebbe dipendere la natura, non certo nel suo essere ma nella *conservazione dei suoi equilibri e delle sue risorse*, dall'oculatezza degli interventi umani tecnici.

Si renderebbe necessaria, così, una «mímesis» della natura di un tipo nuovo, una «mímesis alla seconda potenza», per così dire, che cercherebbe di imitare non tanto i singoli essere della natura, quanto i suoi stessi cicli regolatori - mímesis che oggi la cibernetica sembra rendere possibile. Il primo e fondamentale ciclo regolatore dovrebbe peraltro concernere l'essere umano stesso: egli, sentendosi responsabile della natura, regoli i suoi obiettivi, le sue tecnologie e le sue brame su ciò che è compatibile con la conservazione del patrimonio naturale. E poiché, come abbiamo visto, la minaccia tecnologica che incombe sulla natura, sembra essere dovuta soprattutto alla prevalenza del quantitativo, l'essere umano responsabile dovrà riportare la sua preferenza al *qualitativo*: non solo per la tanto citata (e così poco realizzata) «qualità di vita», ma anche per una tecnologia ove l'aspetto qualitativo di perfezione avrebbe il sopravvento su quello quantitativo economico di pura e semplice crescita.

Tale modello è forse utopico. Esso però sembra corrispondere al compito che fu assegnato all'essere umano già nel Paradiso - ed è forse proprio perciò che rimane utopico. Adamo infatti fu messo nel Paradiso «affinché lo coltivasse e lo custodisse» (Gen.2,15): non dunque in una natura tutta da sfruttare, ma da coltivare con una responsabilità tecnica da giardiniere, che avrebbe migliorato persino il Paradiso.

NOTE

[1] È notevole, a questo riguardo, che i fenomenologi, per definire l'essere-al-mondo, spontaneamente analizzano il rapporto dell'uomo con alcuni prodotti dell'attività culturale umana: vedi M.HEIDEGGER, *Sein und Zeit*, §§ 12, 15ss; M. MERLEAU-PONTY, *Phénoménologie de la perception*, Paris: Gallimard, 1967[4], pp.10, 115ss, 123, 346ss, 476, etc.

[2] K. MARX, *Das Kapital*, vol.I., cap. 5,1.

[3] Su questo concetto vedi le nostre spiegazioni in AA.VV., *Pensare il futuro*, Roma: Ed. Paoline, 1977, 21-26.

[4] A dire il vero, come per la fisica quantitativa, così, anche qui, l'invenzione tecnica sembra aver preceduto di molto la spiegazione scientifica - si pensi p.es. all'invenzione della ruota -, ma sarà poi questa spiegazione che farà moltiplicare le invenzioni analoghe.

[5] G.W.F. HEGEL, *Jenenser Systementwürfe III* (Gesammelte Werke, 8), p. 207.

[6] I. KANT, *Kritik der reinen Vernunft*, B XIV.

[7] Vedi, su questo punto, la nostra «Storia dell'idea di progresso» in Ph. LAND (a cura di), *La teologia di fronte al progresso*, Roma: AVE, 1972, 58ss.

[8] F. DESSAUER, *Filosofia della tecnica*, Brescia: Morcelliana, 1945[2],24-25. Infatti, il carro armato, come gli altri veicoli a cingoli, non ha il differenziale.

[9] Per quanto segue cf. soprattutto J. ELLUL, *Le système technicien*, Paris: Calmann-Lévy, 1977.

[10] Op.cit., 133s.

BIBLIOGRAFIA

DESSAUER Friedrich, *Filosofia della tecnica*, Brescia: Morcelliana, 1945[2], 16 + 259pp.

ELLUL Jacques, *La Technique ou l'enjeu du siècle*, Paris: Colin, 1954,401 pp.

Id., *Le système technicien*, Paris: Calmann-Lèvy, 1977, 371 pp.

GEHLEN Arnold, *Der Mensch, seine Natur und seine Stellung in der Welt*, Frankfurt: Athenäum, 1966, 410 pp.

PORTMANN Adolf, *Biologische Fragmente zu einer Lehre vom Menschen*, Basel: Reinhardt, 1951[2].

SCHILLING Kurt, *Philosphie der Technik* - Die geistige Entwicklung der Menschheit von den Anfägen bis zur Gegenwart, Herford: Maximilian, 1968, 244 pp.

SIMONDON Gilbert, *Du mode d'existence des objets techniques*, Paris: Aubier, 1958, 265 pp.

Capitolo II

ESSERE UMANO E NATURA NELLA TEORIA E PRASSI MARXISTE.
di Josef Macha S.I.

Il nostro argomento trova posto in questo libro per l'ovvia importanza del marxismo nel mondo moderno. Il marxismo pretende, sul piano ideologico, di sostituirsi a tutte le religioni ed ideologie; sul piano pratico, di costruire la società mondiale dell'avvenire, cioé il comunismo.

Il «fatto» della costruzione del comunismo ci dà l'opportunità di controllare l'influsso delle idee sul comportamento pratico nei confronti dell'ambiente naturale.

1. *Essere umano e natura della filosofia di Marx*

È largamente accettato di contrapporre il pensiero del giovane Marx a quello del Marx ormai maturo. Prevalgono, infatti, nel giovane Marx le preoccupazioni filosofiche, mentre il Marx maturo si autodefinisce uno scienziato. Rimane pur sempre vero che Marx non abbandonò mai le convinzioni fondamentali a cui era arrivato in gioventù, le quali l'avevano appunto portato ad occuparsi di studi economici. Queste sue convinzioni hanno retto anche all'impatto notevole, su di lui, del positivismo e dell'evoluzionismo darwiniano.

Nella nostra presentazione del pensiero di Marx sulla natura dell'essere umano, sul rapporto essere umano/natura, nonché sullo sviluppo storico di tale rapporto, ci basiamo sui suoi scritti e giovanili e maturi.

1.1 *L'essere umano — essere generico*

La designazione dell'essere umano come essere generico, abbastanza ricorrente nel giovane Marx, significa non solo comunanza di caratteristiche essenziali, ma anche, ed anzitutto, essere umano come essere cosciente. Viene così indicata la posizione unica dell'essere umano nel regno animale, che consiste nel suo non essere determinato specificamente ad un ambiente di attività *chiuso*. L'essere umano è l'unico per cui tutta la realtà può diventare oggetto della sua attività. L'essere umano può rendere la sua stessa attività vitale *oggetto della sua volontà e della sua coscienza*. «La libera attività consapevole è il carattere specifico dell'uomo.»[1]

> «L'animale forma cose solo secondo la misura e il bisogno della specie a cui appartiene; mentre l'uomo sa produrre secondo la misura di ogni specie e dappertutto sa conferire all'oggetto la misura inerente, quindi l'uomo forma anche secondo le leggi della bellezza.»[2]

Ne consegue che l'essere umano *lavora*, trasforma cioé la natura secondo idee propostesi dall'inizio dell'attività, produce i mezzi della sua vita e così riproduce la sua propria vita. Questo è peculiare all'essere umano, è esclusivamente suo, costituisce la sua essenza, la sua dignità.[3]

L'essere umano — essere generico — significa che la sua natura è cosciente in quanto è anche natura *sociale*. Il lavoro, la produzione, l'appropriazione della natura da parte dell'individuo avviene sempre all'interno di una determinata forma di società e mediante essa.[4] La società stessa viene vista come un gigantesco congegno di produzione.[5]

1.2 *Processo di produzione o lavoro*

Il lavoro considerato in modo paradigmatico, ha tre momenti astratti: l'oggetto del lavoro, i mezzi di lavoro ed il lavoro stesso. Oggetto e mezzi di lavoro sono ovviamente materiali;

il lavoro è l'elemento umano. Ontologicamente, però, l'essere umano viene definito come parte della natura.

1.2.1 *La natura*

Nel linguaggio di Marx, natura e materia sono sinonimi. La caratteristica primaria della natura è essere realtà oggettiva, fuori della nostra coscienza, come era già per Hegel[6].

Ma la natura, in quanto tale, non interessa, perché la natura è presente per l'essere umano solo in quanto oggetto della sua prassi[7]. Sin dall'inizio i rapporti degli esseri umani con la natura sono stati rapporti pratici, non teorici[8]. E per l'umanità odierna, la natura è ormai sempre qualcosa di trasformato dall'essere umano, tranne forse «qualche sperduta isola di coralli»[9].

1.2.2 *L'essere umano — parte della natura*

Nei *Manoscritti* parigini del 1844, Marx, seguendo la linea di Feuerbach, concepisce l'essere umano come cosa naturale, proprio perché l'essere umano ha la sua natura, cioè i suoi oggetti, fuori di sé. L'essere umano non potrebbe influire sulla natura, trasformandola, appropriarsela, se no fosse anche lui della stessa natura.

> «Che l'uomo sia un essere *corporeo*, dotato di forze naturali, vivente, reale, sensibile, oggettivo (per Marx, tutti questi sono sinonimi di 'materiale') significa che ha come oggetto della sua esistenza, della sua manifestazione vitale, degli *oggetti reali, sensibili*, o che può *esprimere* la sua vita soltanto in oggetti reali, sensibili.»[10]

Da questo brano si vede come, per Marx, l'essere umano sia ridotto ad essere sensibile.

In *Il Capitale* ritorna la stessa concezione del lavoro come processo tra cose:

> «L'uomo stesso, considerato come mera esistenza di forza lavorativa, è un oggetto naturale, una cosa, anche se cosa viven-

te e autocosciente, e il lavoro stesso è espressione in *cose* di quella forza.»[11]

Della forza lavorativa, dice, che essa è «prima di tutto materia naturale trasformata in organismo umano»[12].

Si noti che, secondo Marx, quel che vale per l'essere umano, vale pure per la società come tale.

1.2.3 *La totalità essere-umano/natura*

Nei *Manoscritti* parigini la totalità essere-umano / natura viene espressa in termini di:
1) progressiva *umanizzazione* della natura, che coincide con la naturalizzazione dell'essere umano:

> «Dunque, la *società* è la compiuta consustanziazione dell'uomo con la natura, la vera resurrezione della natura, il realizzato naturalismo dell'uomo e il realizzato umanismo della natura.»[13]

2) natura come *corpo inorganico* dell'essere umano:
> «La natura è il *corpo inorganico* dell'uomo: cioè la natura che non è essa stessa corpo umano. Che l'uomo *vive* della natura significa che la natura è il suo *corpo*, rispetto a cui deve rimanere in continuo progresso, per non morire.»[14]

L'essere umano, se assimila la natura, la rende sempre più organica, componente organica di se stesso. Il che è possibile soltanto perché lui stesso appartiene immediatamente alla natura:
> «Che la vita fisica e spirituale dell'uomo è congiunta con la natura, non ha altro significato se non che la natura si congiunge con se stessa, che l'uomo è una parte della natura.»[15]

In *Il Capitale*, la totalità essere-umano / natura viene espressa in termini di *ricambio organico* tra essere umano e natura. Il capitolo V del primo volume è pertinente al riguardo: in esso Marx sembra dipendere dagli scritti del materialista meccanicista Jacob Moleschott, pubblicati proprio negli anni in cui egli scriveva *Il Capitale*. L'idea del ricambio organico assume lo status di legge quasi cosmica, universale, se non addirittura ontologica.[16]

Si tratta dunque di un concetto che forse si potrebbe chiamare di *«pan-en-naturalismo»*. Nell'essere umano, la natura perviene all'autocoscienza e, in virtù della sua attività teorico-pratica, essa si ricongiunge con se stessa. L'agire dell'essere umano è automovimento della materia. La coscienza di questa indissolubilità dei due momenti costituisce il nocciolo del *materialismo* marxiano[17]. D'altra parte, questo intreccio reciproco, questo nesso organico di natura ed essere umano, nel contesto generale della natura, che è il tutto e fuori della quale non c'è nulla, ci ricorda il modello del «pan-en-teismo», per cui spirito e mondo vengono concepiti come realmente distinti nell'unità comprensiva dello spirito (cf. cap. 9: «Essere umano e natura nell'induismo e nel buddismo»). Nel nostro caso, essere umano e natura sono distinti, ma all'interno dell'insieme della natura.

D'altronde, la natura umanizzata sta di fronte agli esseri umani come qualcosa di oggettivo. Per Marx la produzione è sociale, ma non ridotta a processi o rapporti sociali. Si ristabilisce sempre l'oggettività dei «materiali naturali», dopo che gli esseri umani li hanno penetrati teoricamente o praticamente.[18]

Non vige, quindi, fra essere umano e natura un rapporto di identità, e il modello «pan-en-naturalista» ci sembra valido.

1.3 *La dimensione storica*

1.3.1 Prolungamento della storia naturale

L'essere umano trasforma il morto-in-sé in vivente per-noi, dando sempre forme nuove alla materia formata. L'essere umano cambia la flora e il clima[19]. Viene prolungata, così, la serie degli oggetti prodotti nella storia naturale, la quale continua ad uno stadio qualitativamente più alto. Attraverso il lavoro umano, la natura porta avanti il suo processo creativo. Nella produzione, il comportamento dell'essere umano non può differire da quello della natura.

> «L'uomo socialmente attivo contrappone se stesso, in quanto una fra le potenze della natura, alla materialità della natura. Egli mette in moto le forze naturali appartenenti alla sua corporeità, braccia e gambe, mani e testa, per appropriarsi dei materiali della natura in forma usabile per la propria vita. Operando, mediante tale movimento, sulla natura fuori di sé e cambiandola, egli cambia allo stesso tempo la sua propria natura.»[20]

Il lavoro crea l'essere umano[21]. La natura dell'essere umano è quindi storica. La storia umana è parte reale della storia della natura per mezzo dell'essere umano; la storia umana è un processo «storico-naturale»[22].

Infine, la totalità natura/essere-umano sarà studiata da una unica scienza:

> «La scienza naturale sussumerà sotto di sé, un giorno, la scienza dell'uomo, come la scienza dell'uomo sussumerà sotto di sé, un giorno, la scienza naturale.» (Cf. qui sopra, Introduzione: «Concetto e problematica dell'ecologia umana»).[23]

1.3.2. Compimento della storia naturale: il comunismo.

Nonostante il fatto che l'essere umano sia la parte attiva della natura per la quale essa porta avanti il suo autosviluppo, la totalità essere-umano / natura non è in perfetta armonia. Disboscamento, erosione, desertificazione sono fenomeni osservati sin dall'antichità (cf. qui sopra, Prologo). Fu proprio in occasione della lettura di un libro su questo argomento che Marx scrisse a Engels, il 25 marzo 1868, le seguenti parole, spesso citate in URSS:

> «Le culture che si sviluppano a casaccio e non sono dirette con coscienza, lasciano il deserto dietro di sé.»[24]

Altrettanto frequente è la citazione di un detto di Engels:

> Non dovremmo compiacerci troppo, tuttavia, delle nostre vittorie sulla natura. Per ogni vittoria, questa si riprende una rivincita su di noi.»[25]

Ciò non significa che Marx e Engels siano stati contrari alla continua crescita della produzione; anzi, considerano tale crescita il presupposto della possibilità dell'emancipazione dell'essere umano. Marx elogia i meriti della borghesia nello sviluppo delle forze produttive, e prevede ulteriori sviluppi che cambierebbero il ruolo dell'operaio da agente principale di lavoro in controllore di processi naturali trasformati in processi industriali[26]. Engels, almeno, non sembra aver anticipato salti qualitativi in tecnologia. Riguardo alla guerra franco-prussiana osserva che «le armi hanno raggiunto un tal punto di perfezione che non è più pensabile un nuovo progresso che abbia influsso rivoluzionario»[27].

Per i tempi moderni, Marx accusa la borghesia d'aver, allo stesso tempo, distrutto e suolo e lavoratore[28]. Concretamente, Marx si riferisce al rumore, alla polvere ed ai gas nocivi nel posto di lavoro dell'industria moderna ed all'inquinamento dell'aria e dell'acqua nei quartieri popolari delle grandi città, che, di continuo, aggrediscono i sensi dei lavoratori, esseri naturali. Inoltre, il concentramento di masse umane nelle città altera «il ricambio organico fra uomo e terra, ossia il ritorno alla terra degli elementi costitutivi della terra consumati dall'uomo sotto forma di mezzi alimentari e di vestiario, altera dunque l'eterna condizione naturale di una durevole fertilità del suolo»[29].

Le città sono, quindi, viste come causa dell'esaurimento del suolo. Marx prevede, però, una «sintesi superiore di agricoltura e industria», possibile, secondo lui, solamente in un nuovo tipo di società.

Il lavoro stesso separa l'essere umano dalla natura, in modo progressivo. La separazione raggiunge la sua forma più radicale nella società borghese, nella separazione del lavoro dal capitale, del lavoratore dai mezzi di produzione, che sono proprietà privata del capitalista. In tali circostanze, la distruzione dell'ambiente da parte dell'essere umano raggiunge dimensioni finora sconosciute. Il proprietario, motivato esclusivamente di massimizzare il profitto, saccheggia la natura, opprime e sfrutta l'essere umano — parte più avanzata della natura — riducendolo ad estrema miseria.

L'unica via per togliere il «male» dello sfruttamento sia dell'essere umano, sia della natura, consiste nel rimuovere la causa, cioè la proprietà privata dei mezzi di produzione. Così si leva l'egoismo dell'essere umano e il rapporto essere-umano / natura, che include quello degli esseri umani tra di loro, potrà venir salvato, regolato in modo razionale. Nella sua perfezione, questo sarà il comunismo, prodotto dello sviluppo storico-naturale. «L'intero movimento della storia è... il *reale* atto di generazione del comunismo.»[30] L'essere umano dovrà ancora lavorare, perché deve sempre lavorare anche quando dominerà la natura in modo perfetto e quando il dominio della natura sarà da lui dominato. Marx e Engels parlano chiaro della ritrovata unità del comunismo:

> «Esso è la *verace* soluzione del contrasto dell'uomo con la natura e con l'uomo;... È risolto l'enigma della storia e si sa come tale soluzione.»[31]
> «L'uomo socializzato, cioé i produttori associati, regolano razionalmente questo loro ricambio organico con la natura, lo portano sotto il loro comune controllo, invece di essere dominati come da una forza cieca;... essi seguono il loro compito con il minore possibile impiego di energia e nelle condizioni più adeguate alla loro natura umana e più degne di essa.»[32]
> «Ma quanto più ciò accade, tanto più gli uomini non solo sentiranno, ma anche sapranno, di formare un'unità con la natura, e tanto più insostenibile si farà il concetto, assurdo e innaturale, di una contrapposizione tra spirito e materia, tra uomo e natura, tra anima e corpo, che è penetrato in Europa dopo il crollo dell'antichità classica.»[33]
> «Se un giorno la società comunista sarà costretta a regolare la produzione degli uomini così come già oggi regola la produzione delle cose, essa, e soltanto essa, potrà farlo senza difficoltà.»[34]

Riassumendo, possiamo dire che nel pensiero di Marx riscontriamo una filosofia compiutamente ecologica: l'essere umano è pienamente inserito nel grembo della natura, fa parte della natura, è strumento creato dalla natura per l'ulteriore sviluppo della natura stessa, per la finale ominizzazione della natura. Prima di raggiungere questa sua perfezione finale, l'insieme «natura» passa per una fase di contraddizione interna: è la contraddizione tra essere umano e natura, fase necessaria quanto il processo storico-naturale stesso. Alla fine ci sarà compenetrazione amorosa delle due componenti. Per Marx, non c'è nulla nell'essere umano che punti al di là della natura, perché non esiste niente che non sia natura.

Un autore nord-americano, marxista ortodosso di quello stampo che accetta sia il materialismo dialettico, sia il materialismo storico nella forma sistematicamente coltivata nei paesi del Socialismo reale, chiama il pensiero di Marx «materialismo ecologico»[35]. Per quanto riguarda la prassi ecologica delle economie socialiste marxiste, però, lo stesso autore si vede costretto a riconoscere che «il quadro dei dati risulta misto»[36].

2. Essere umano e natura nel Socialismo reale

2.1 La situazione

L'Unione Sovietica sta, da più di 60 anni, costruendo il socialismo e il comunismo. Ne fa parte integrante la *industrializzazione* a tempi forzati che sferra, verso un uso ed abuso della natura, le stesse spinte osservabili in altri paesi sviluppatisi in economie di mercato, con risultati ecologici non troppo differenti.

I danni causati dai grandi progetti di estrazione, produzione industriale e migliorie agricole sono ingenti. Per ogni caso di scandaloso dissesto ambientale avveratosi in Occidente, si potrebbe trovare la controparte in URSS. Così, uno dei primi articoli apparsi in Nord-America sull'argomento, poté essere intitolato «*The convergence of environmental disruption*» (La convergenza del dissesto ambientale)[37].

È vero, d'altronde, che la degradazione mesologica proveniente dalle masse consumatrici rimane a livelli inferiori. Ma ciò si spiega facilmente dal fatto che si trova pure a livelli più bassi il consumo in un sistema economico-sociale dove il tasso del prodotto interno lordo pro capite si situa da metà a due terzi rispetto a quello dei paesi più industrializzati. I problemi scaturiti dai gas di scappamento, dai detersivi, dall'imballaggio non riutilizzato, non sono ancora tanto avvertiti, sebbene stiano aumentando. Se è vero che i livelli d'inquinamento constatati nei grandi centri industriali e urbani dell'Occidente, non sono ancora stati raggiunti nell'URSS, è pur vero che essi salgono continuamente, mentre in Occidente vengono vieppiù ridotti.

Come mai si è potuto arrivare a tale situazione in una società ufficialmente improntata ad una ideologia al centro della quale sta una visione filosofica dell'unità più stretta dell'essere umano e della natura, in una società con il monopolio dei mezzi di comunicazione trasformati in una potente ed esperta agenzia di persuasione, in una società senza proprietà privata dei mezzi di produzione — la reputata origine di tutti gli egoismi — in una società con pianificazione centrale dell'economia considerata da molti il mezzo più adatto per integrare interessi individuali e collettivi, con un regime totalitario capace d'imporre le sue scelte?

Un simile assetto socio-politico presenta indubbiamente vantaggi per l'impostazione di una politica ambientale in ciò che concerne sia le grandi agglomerazioni e costruzioni, sia la regolamentazione del consumo. Si può senz'altro non produrre certe cose perché considerate superflue ed inquinanti, organizzare il riciclaggio d'imballaggio standardizzato, introdurre il teleriscaldamento; insomma, pianificare delle città, delle autostrade, delle stazioni idroelettriche, ecc., nonché riservare vaste terre a parchi nazionali, e così via. Non c'è quindi alcuna difficoltà a mettersi d'accordo con McIntyre e Thornton, secondo i quali l'Unione Sovietica ha «vantaggio istituzionale rilevante per la *scoperta* di un programma efficiente di riduzione dell'inquinamento».[38]

Trovare ed attuare un tale programma presuppone, però, una volontà politica, e questa sembra mancare per ora, a dispetto di tutte le dichiarazioni pubbliche in favore di una politica ecologica[39]. Anche la più recente deliberazione del Comitato Centrale del PCUS e del Consiglio dei Ministri dell'URSS «su misure supplimentarie per il rafforzamento della difesa della natura ed il migliore sfruttamento delle risorse naturali»[40] lascia l'impressione che si tratti di un ennesimo caso di quelle solite «campagne», per cui gli appelli all'idealismo dei singoli vengono sostituiti alla presa di misure efficaci.

La spiegazione della mancanza di una politica ambientale più incisiva è da ricercare tanto nell'ideologia sovietica stessa, quanto in elementi strutturali dell'assetto politico-economico dell'URSS, anch'essi derivati da posizioni ideologiche.

2.2 Spiegazione ideologica

Prima di tutto è da notare la presenza di una forte componente prometeica nel marxismo stesso. Il socialismo quale trasformazione radicale della società significa, tra l'altro, il dominio dell'essere umano sulla natura per mezzo della tecnica. Il suo materialismo, inoltre, rende il marxismo suscettibile di una accezione positivistica, che inizia con Engels, si afferma nel marxismo della socialdemocrazia tedesca di Kautsky ed è molto forte nella Russia degli anni 20, quando nelle file del partito giunsero gli intellettuali scientifici e tecnici. Stalin decretò il ritorno alla dialettica, in coincidenza con l'inizio delle grandi trasformazioni del paese. La tendenza positivistica, però, rimane pur sempre forte; e nell'indottrinamento delle masse, il marxismo riprende continuamente la veste positivistica, l'unica accessibile alla comprensione dei non-filosofi.

Sul piano pratico, si sta costruendo una società nuova, più ricca, più produttiva di quella vecchia. I mezzi d'informazione e di propaganda hanno per decenni cercato di suscitare entusiasmo per la causa della costruzione socialista, celebrando le conquiste produttive, le vittorie sulla natura, con un linguaggio addirittura marziale, per cui l'avversario non può essere altro che schiacciato. Ancora oggi, due delle sei pagine della *Pravda* sono dedicate ad incentivare la produzione, sia rispetto all'aumento della produttività nelle imprese già impiantate, sia per ciò che riguarda la conquista di nuove regioni, di nuove risorse; e tutto quanto sempre in tono eroico, d'assalto.

Codesta ideologia della crescita è imposta ai dirigenti politici, i quali non vedono come possano stanziare il 15% e più dei nuovi investimenti industriali ad impianti anti-inquinamento, il 2% del prodotto interno lordo ad una politica ambientale efficace, e nel contempo superare il mondo capitalistico e soddisfare le esigenze crescenti del consumatore, obiettivi considerati come prove della propria superiorità e giustezza.

Gli ideologi sovietici spiegano una così tardiva scoperta della problematica ecologica in URSS con la necessità di accentuare, in un primo tempo, il carattere specifico della società e delle sue leggi di sviluppo, trascurando così il fatto che essa costituisce *parte* della natura; la società viene quindi considerata come un insieme particolare, dimenticandosi che fa parte di una totalità e che è sottomesso alle leggi di questa totalità[41]. Spiegano, inoltre che, persino nella specializzazione delle scienze particolari, è stata trascurata quell'unica scienza dell'essere umano e della natura sulla quale Marx aveva tanto insistito[42].

2.3 *Ostacoli strutturali*

Un buon numero delle difficoltà in cui il movimento ecologista s'imbatte, sono *comuni* a tutte le società industrializzate: gli interessi delle imprese e dei consumatori; l'incomprensione da parte dei dirigenti e delle masse, condizionati come sono dall'ideologia della crescita; il problema della contabilità, del come computare cioé i costi sociali delle attività produttive e del come smaltirli tra i partecipanti; il problema dell'istituzionalizzazione di questo nuovo campo di ricerche, legislazione e controllo, nel quale rimangono tuttora insufficientemente definite le responsabilità e l'autorità per l'attuazione delle misure decretate.

In aggiunta a tali difficoltà comuni a tutti i sistemi, nelle strutture socio-economiche dei paesi socialisti s'incontrano elementi *peculiari*, che riducono l'efficacia di una politica mesologica seppure ben intenzionata.

In esse si trovano elementi che tendono ad incoraggiare il dissesto della natura:

a) La crescita economica in termini lordi funge come criterio primario della riuscita non solo di tutto il sistema, ma anche dei singoli amministratori a qualsiasi livello. I premi che interessano pure le maestranze, dipendono dal sovra-adempimento del piano.

b) La fede posta in impianti giganteschi, congiunta con la rapidità delle decisioni (e dei cambiamenti delle decisioni) ad espandere gli impianti, spesso non lasciano tempo per considerare le eventuali conseguenze ecologiche[43].

c) La mancanza della rendita fondiaria conduce a notevoli sprechi dei beni naturali. Così, si verificano sprechi nei sistemi d'irrigazione con canali che lasciano l'acqua penetrare nel sottosuolo, con effetti, per di più, deleteri sul terreno. I giacimenti di materie prime vengono sfruttati in modo superficiale e si passa troppo presto allo sfruttamento di nuovi. Tra i minerali, soltanto i più ricchi vengono lavorati. Gli economisti inculcano da tempo l'abolizione della gratuità dei beni della natura, ma la resistenza ideologica ha avuto finora il sopravvento[44].

Altre particolarità del sistema intralciano una politica ambientale efficace ed il suo controllo:

aa) La settorializzazione della gestione economica insieme con la segretezza tradizionalmente praticata dei singoli dicasteri, rende difficile una programmazione ambientale coordinata ed unitaria[45].

bb) L'assenza della divisione dei poteri costituzionali fa sì che le stesse persone, la cui riuscita viene valutata secondo criteri di crescita quantitativa, siano incaricate di provvedere e di attuare misure di controllo ecologico. A tutti i livelli, dal Ministero alla circoscrizione, «il bracconiere vien fatto guardacaccia». Anche la perizia non è indipendente.

cc) In mancanza di controllo politico, i responsabili di scempi mesologici non si presentano al voto popolare e le proteste da parte dei conservazionisti non possono tradursi in un voto dal quale dipenda l'avvenire dei politici; e perciò fanno poca impressione.

dd) Le stesse organizzazioni dei conservazionisti, come tutte le organizzazioni riconosciute, sono sotto tutela politica. Così, un anziano funzionario del Ministero per la Bonifica e le Acque, dell'URSS, venne nominato Presidente della Società Nazionale per la Difesa della Natura, nella Repubblica Federale Russa[46].

ee) L'assenza della proprietà privata gioca anch'essa contro l'ecologia. L'esperienza occidentale dimostra che i proprietari interessati sono i più portati a protestare contro i proggetti mal concepiti. Alle volte si rifiutano di vendere la loro proprietà per utilizzazioni ritenute più dannose di quanto il vantaggio privato possa giustificare. Molto sentita è la mancanza di conoscenza del terreno e la stretta supervisione da parte di proprietari nei lavori di bonifica, che nell'URSS si fanno su scala di milioni di ettari all'anno da parte di operatori spesso venuti da lontano.

ff) La mancata autonomia locale fa sì che i piani imposti dal centro, possano essere contestati solamente in minuscola misura. Resta però vero che esiste l'incoraggiamento al controllo ecologico da parte dei comuni: le multe fluiscono nelle casse del comune per il fondo sociale.

gg) C'è poi la reticenza dell'informazione. Dei casi flagranti di dissesto dell'ambiente possono essere denunciati nella stampa, ma non è permesso parlare di *crisi* ecologica, presente o futura, nell'Unione Sovietica. Molto materiale accusatorio rimane segreto. Si sono fatti portavoce del conservazionismo alcuni periodici letterari, il giornale della gioventù comunista, nonché taluni scienziati, come p.es. dei geografi[47]. Esiste pure un «samizdat» (stampati clandestini) ecologico[48].

hh) L'ambivalente propaganda ufficiale esorta al buon comportamento ecologico ed afferma, allo stesso tempo, che tutto va bene. La propaganda riesce addirittura a fare di esempi di comportamento ecologico ideale casi di vero e proprio dissesto mesologico. Ci si vanta p.es. che il 15% dell'investimento nelle fabbriche di cellulosa del Bajkal è stato impiegato per depuratori, ecc., omettendo però ogni discussione sulla questione se ciò sia sufficiente o meno; che 200 ditte industriali della capitale sono provviste dei più moderni depuratori, sottacendo il numero di quelle che non ne sono provviste; che il livello dei gas nocivi dell'aria di Mosca è di molte volte inferiore a quello di Los Angeles, ma non si dice che è pur sempre ancora al di sopra del livello di guardia.

Da quanto abbiamo detto, sembra poco giustificata la pretesa di buon comportamento ecologico vantata dall'URSS e ripetuta dai compagni all'estero, come ad es. nella «Nota dell'editore» al libro *L'uomo e l'ambiente*, che contiene la versione italiana di una tavola rotonda di eminenti scienziati sovietici organizzata dalla rivista *Voprosy filosofii* (Questioni di filosofia) nel 1973:

> «Il quadro che questo volume offre ai lettori... è... una contrapposizione fra quanto è stato fatto ed è possibile fare con il socialismo, e quanto è stato distrutto dal capitalismo con lo sviluppo incontrollato dell'industria.»[49]

La citazione illustra bene il modo consueto di presentare le cose: degli altri solo il negativo, di se stessi solo il positivo, incluso quello velleitario.

Se, per finirla, ci poniamo la domanda perché una società la quale si vuole basata su una cosmovisione al cui centro sta l'unità essere-umano / natura, e che ha tutti i mezzi di controllo sociale a sua disposizione e discrezione, non presenti un comportamento ecologico migliore, siamo portati a rispondere che, anche qui, fa difetto, tra le premesse di una coerente politica ambientale, la perfezione morale dell'essere umano. Tutti gli argomenti che si spiattellano per dimostrare che la società socialista è l'unica capace di risolvere i problemi dell'umanità, fra cui quello ecologico, presuppongono che le strutture socialiste creino quella nuova persona di altissimo livello morale. Finora questa nuova persona non è comparsa: è sempre il vecchio Adamo imbevuto di egoismo e sogni di grandezza, invece, che agisce anche nei sistemi socialisti.

La discrepanza tra ideologia professata e comportamento effettivo, constatata nel caso sovietico, dovrebbe renderci cauti nel valutare altre visioni del mondo. Nessuna di esse esalta o giustifica lo sfruttamento rovinoso della natura. Dove ciò accade, c'è il peccato contro i valori supremi ed i fini ultimi dell'essere umano, o quanto meno pura e semplice ignoranza.

Sembra proprio che non esista alcun sistema sociale scevro di tale biasimo, eccezione fatta delle società nelle quali manca, per il basso livello di sviluppo, l'occasione stessa del misfatto ecologico d'origine tecnologica. Ma anch'esse non sono innocenti, per altri versi, nei confronti dell'ambiente naturale (cf. qui sopra, Prologo).

2.4 *Prassi ecologica nella Cina popolare*[50]

È ovvio che ciò che si è accertato per il caso sovietico, vale pure per gli altri sistemi socialisti, più o meno satelliti dell'URSS, nell'est europeo. Ma, cosa significa il marxismo per la sanità mesologica dei sistemi socialisti dell'estremo oriente? Già si è fatto cenno (qui sopra, pp. 7s) ai millenari dissesti ecologici della Cina, specie della Mongolia settentrionale, nonché al fatto che il governo marxista, sin dal 1949, fa un grande sforzo per controllare l'erosione e per rimboschire il territorio. Frattanto, anche nel caso cinese, il volontarismo governamentale (marxista? cinese?) ha causato enormi stragi alla natura: basti pensare alla parola d'ordine data alle masse contadine cinesi, ai tempi del Presidente Mao, a fare chiasso per delle intere giornate allo scopo di non permettere che gli uccelli posassero giù e mangiassero i semi; ne risultò una morìa di uccelli...

Più recentemente, un inviato speciale del quotidiano parigino *Le Monde*[51] ha scritto una serie di articoli su una certa «rivoluzione ecologica in Cina».

Anche a costui sembra che ci troviamo di fronte ad un comportamento collettivo, il quale da una parte, affonda le sue radici nel costume millenare di quel popolo immenso e, d'altra parte, scaturisce e dal volontarismo governativo e dal conformismo popolare. Infatti, secondo lo stesso osservatore, il Governo cinese attuale vuole niente di meno che costruire una nuova «Grande Muraglia Verde», dai bordi del fiume Amore, nella Manciuria, fino agli altopiani desertici del Kansou, in un arco di 3.000 km. Si tratta di un gigantesco cerchio di rimboschimento in un'area di 100 milioni di ettari. La muraglia di foresta artificiale si espanderebbe a tratti, fino a 300 km di larghezza, in maniera discontinua però allo scopo di lasciar aperte delle radure dove, sui terreni di migliore qualità, l'agricoltura rimarrebbe prioritaria. Questa nuova «Muraglia» intende proteggere la Cina, non più contro l'invasione delle orde mongoliche, bensì contro le millenarie calamità naturali, quale p.es. il «vento giallo» che, soffiando dal nord ricopre di polvere sottile i fianchi ignudi delle montagne di *loess* e si abbatte sulle pianure (a Pekino irrita occhi e polmoni, s'infiltra nei vestiti, si deposita sui mobili a dispetto delle finestre doppie, rende spiacevole la primavera a causa delle ricorrenti tempeste di polvere); la Muraglia deve altresì frenare il lisciviamento dei suoli a causa delle pioggie: il fiume Giallo porta via ogni anno 1,6 miliardi di tonnellate di *loess*; il suo alveo si è alzato, a tratti, di 3-5 metri, onde la necessità di elevare costantemente le dighe di protezione contro le innondazioni; si spera, inoltre, che codeste future massicce foreste possano riassorbire una buona parte dell'inquinamento atmosferico nei dintorni delle concentrazioni industriali e delle centrali termiche a carbone, e che ritengano l'umidità in alcune provincie che soffrono di siccità cronica. Insomma, ciò che si vuole è ristabilire i grandi equilibri naturali, in una intrapresa che si scaglionerà su decine d'anni e mobiliterà milioni di persone — lavoratori forestali e masse popolari. Tra altre, questa viene ormai considerata una delle condizioni per consolidare il decollo economico della Cina Popolare.

Nel 1949 la Cina potrebbe chiamarsi «un paese senza alberi»: i contadini non cessavano mai di abbatterli, al lungo dei passati millenni, per ricavarne legname per usarlo come combustibile e come materiale di costruzione delle loro case; i militari, cinesi o giapponesi che fossero, se ne sbarazzavano per «pulire» le loro linee di «fuoco». Ancora oggi, la penuria di legname è tale — malgrado il rimboschimento già compiuto pari a ca. 30 milioni di ettari — che si distribuisce paglia per i forni e s'importa (dal Canada, dalla Finlandia) la cellulosa per le fabbriche di carta.

Nel primo suo articolo, Ambroise-Rendu illustra con molti esempi come, in Cina, si fa a «cambiare i rifiuti in tesori»: riutilizzazione quindi, per evitare lo spreco, che è una caratteristica millenare di quel popolo «immenso e povero», ma che anch'essa viene «riutilizzata» dal Governo socialista attuale per un sistematico riciclaggio, a livello ormai industriale, seppur deconcentrato — e questa è un'altra eredità del remoto passato cinese. «Per tradizione e per obbligo, i cinesi applicano dunque uno dei principi dell'ecologia pratica: tutto valorizzare, tutto riciclare»[52]. Si tratta quindi di una politica anti-spreco, nonché di sostituzione delle risorse naturali non rinnovabili — ed anche di quelle rinnovabili, ma ormai scarseggianti, come il legname, con le risorse rinnovabili, quali il fogliame caduto dagli alberi, i rifiuti solidi industriali ed i degetti organici (avanzi di cibo, sterco, contenuto delle fosse igieniche ecc., insomma la «biomassa»).

Nel suo terzo ed ultimo articolo, dal titolo «Biciclette a milioni», l'inviato speciale di *Le Monde* c'informa che malgrado tutto, «l'inquinamento esiste in Cina; quello dell'aria e delle acque; esso è massiccio ed, inoltre, esso s'aggrava con lo sviluppo delle capacità produttive»[53]. Nel 1969 c'è stato uno scappamento di cloro che ha intossicato decine e decine d'abitanti dei dintorni, un po' come a Seveso. L'importante fabbrica di prodotti chimici di Gedian lancia ogni giorno 6 mila tonnellate d'acqua acida nel lago: tutti i pesci ne sono morti.[54]

Frattanto, nel 1979, sono state pubblicate tre leggi fondamentali un codice di protezione delle acque, un altro sulle foreste, ed una legge di protezione dell'ambiente, che si rifà all'art. 11 della Costituzione: «Lo Stato protegge l'ambiente e le risorse naturali. Esso previene ed elimina l'inquinamento, nonché gli altri dissesti pubblici.» In conseguenza, pesanti multe piombano sulle ditte inquinanti, secondo il principio: «Chiunque inquina è responsabile dell'eliminazione di codesto inquinamento.»

Ancora una volta facendo tesoro del millenare gusto dei cinesi per la nettezza, le autorità zelano per la nettezza urbana. Anzi, sulla scia dell'ormai classico esempio britannico, cercano di deconcentrare le agglomerazioni urbane mediante la creazione di città satelliti attorno ad impianti industriali, anche in piena campagna, a dispetto delle difficoltà che ciò reca al trasporto. Per finire, un dettaglio curioso: si sono recentemente create, a Shangai, delle «isole pedonali» vietate alle... biciclette, ma non alle rare vetture. Si punta sui trasporti collettivi, alla metropolitana: «en Chine aussi, le métro, c'est ce qu'il y a de plus écolo» — conclude il corrispondente di *Le Monde*.

NOTE

[1] K. MARX, *Manoscritti economico-filosofici del 1884*, in MARX/ENGELS, *Opere Complete*, Roma: Editori Riuniti, 1976, III, p. 303.
[2] Ibidem.
[3] Ib., pp. 301-04; cf. K. MARX, *Il Capitale*, Roma: Ed. Riuniti, 1964, p. 212.
[4] Vedi ad es. K. MARX, *Per la critica dell'economia politica*, Roma: Newton Compton, 1976, pp. 43ss.
[5] V.A. ANUČIN, *Osnovy prirodopol'zovanija* (Principi di utilizzazione della natura) Mosca, 1978, p. 8, parla della società come di un «organismo produttivo».
[6] SCHMIDT (1969), pp. 57-59.
[7] Cf. *Seconda tesi su Feuerbach*, in *Opere Complete*, Roma, 1972, V, p.3.
[8] Cf. K. MARX und F. ENGELS, *Werke*, Berlin, 1969, Bd.19, p. 362.
[9] MARX/ENGELS, *L'ideologia tedesca*, in *Opere Complete*, V, p. 26.
[10] *Manoscritti...*, l.c., p. 364; cf. *L'ideologia tedesca*, ib.; F. ENGELS, *Dialettica della natura*, in *Opere Complete*, Roma 1974, XXV, p. 468: «Le (scilicet, alla natura) apparteniamo con carne, sangue e cervello, e viviamo nel sul grembo.»
[11] *Il Capitale*, I, p. 236.
[12] Ib., p. 248, n. 27.
[13] *Manoscritti...*, l.c., p. 325.
[14] Ib., p. 302.
[15] Ibidem.
[16] SCHMIDT (1969), p. 81.
[17] Ib., pp. 72s.
[18] Ib., pp. 63-65.
[19] *Opere Complete*, Roma, 1975, XLIII, p. 59.
[20] *Il capitale*, I, p. 211.
[21] *Dialettica della natura*, l.c., p. 458.
[22] *Manoscritti...*, l.c., p. 366.
[23] Ib., p. 331.
[24] *Opere complete*, Roma, 1975, XLIII, p. 59.
[25] *Dialettica della natura*, l.c., p. 467.
[26] K. MARX, *Lineamenti fondamentali della critica dell'economia politica*, Firenze: La Nuova Italia, 1970, II, p. 401.

[27] F. ENGELS, *Anti-Dühring*, in *Opere Complete*, vol. XXV, p. 163.
[28] *Il Capitale*, I, p. 552.
[29] Ib. p. 551.
[30] *Manoscritti*, p. 324.
[31] Ibidem.
[32] *Il Capitale*, Roma, 1965, III, p. 933.
[33] F. ENGELS, *Dialettica della natura*, l.c., p. 468.
[34] F. Engels a K. Kautsky, 1 febbraio 1881, in MARX/ENGELS,, *Werke*, Berlin, 1967, Bd35, p. 151.
[35] PARSONS Howard L., ed., *Marx and Engels on Ecology*, Westport, Connecticut / London, Greenwood Press, 1977, p. 11. Questo libro contiene una introduzione di 118 pagine, brani scelti dalle opere di Marx ed Engels (pp. 119-223) e una bibliografia praticamente completa di scritti marxisti in materia di ecologia, nonché di scritti sulla prassi ecologica nei paesi socialisti.
[36] «The record is mixed.» Ib. p. 103.
[37] M. GOLDMAN, in *Science*, Oct. 2, 1970, pp. 37-42. Il tema viene ripreso dal medesimo autore nel libro *Spoils of Progress* (GOLDMAN 1972). Vedi anche VOLGYES 1974, SINGLETON1977. Il lettore italiano può trovare molti dati in BUSH 1972.
[38] McINTYRE/THORNTON 1978, p. 175. Rimangono però ostacoli sistematici al flusso d'informazioni necessarie per la formulazione di una politica adeguata ai problemi, come giustamente replica ZIEGLER 1980; gli Autori continuano la controversia negli anni 1981 e 1982.
[39] Per un'analisi di codeste dichiarazioni vedi LIZZARDI 1978; cf. GUSTAFSON 1978.
[40] *Pravda*, 6 gennaio 1979.
[41] V.A. ANUČIN (1978) op.cit., pp. 14-19.
[42] Ib. pp. 40ss.
[43] Istruttivi sono i casi di Jasnaja Poljana e Kislovodsk, cf. BUSH 1972, pp. 74 e 96.
[44] Secondo Marx, solo il lavoro crea valore. I doni della natura e la terra stessa non hanno valore e vengono dati gratis. Sulle conseguenze ecologiche di tale posizione ideologica vedi FÜLLENBACH 1977, pp. 90-105; vedi anche gli scritti più recenti di DEBARDELEBEN (1983) e di GUSTAFSON (1981).
[45] FÜLLENBACH 1977, p. 58.
[46] BUSH 1972, p. 86; cf. LAZAREV 1971, pp. 86-94.
[47] Gli scritti di questi ultimi sono in parte accessibili in inglese nella pubblicazione periodica *Soviet Geography*, Washington, D.C.
[48] Evidenziato da un libro di un autore sovietico pubblicato in occidente: KOMAROV 1978/1979 bis.
[49] BERG 1974, p. 10.
[50] Quanto segue sulla «prassi ecologica nella Cina popolare» è stato steso da Pedro C. Beltrão, con l'approvazione dell'Autore del presente capitolo.
[51] AMBROISE-RENDU 1980.
[52] Id., ib., I, p. 7.

[53] Id., ib., III, p. 5.

[54] «La fabbrica tessile numero 3 (le aziende hanno un numero e non sempre un nome) è una delle più moderne della Cina, con macchinari giapponesi e tedeschi. Vomita fumi pestiferi sulle case di un quartiere e innonda le strade con rigagnoli di acqua fetida. Ma in Cina le esigenze di produzione hanno il sopravvento sull'ecologia.» Gaetano SCARDOCCHIA, corrispondente di *Il Corriere della Sera*, 22/XII/1980.

BIBLIOGRAFIA

AMBROISE-RENDU Marc, «Révolution écologique en Chine», *Le Monde*:
  I. Changer les déchets en trésors, 7 oct. 1980, p. 7.
  II. La grande muraille verte, 8 oct. 1980, p. 6.
  III. Des vélos par millions, 9 oct. 1980, p. 5.
ARAB-OGLY Eduard, «Dall'ottimismo tecnologico al pessimismo ecologico», *Rassegna sovietica* (1979)2, 55-77.
BUSH Keith, «Distruzione dell'ambiente naturale: la risposta sovietica», *L'est* (1972)2, 63-106.
BERG A.I. et al., *L'uomo e l'ambiente* (Tavola rotonda da *Voprosy filosofii* — Questioni di filosofia), Roma: Ed. Riuniti, 1974.
DEBARDELEBEN Joan, «Marxism-Leninism and Economic Policy: Natural Resource Pricing in the URSS and the GDR», *Soviet Studies* 35(1983), 36-52.
FEDOROV E.K., *Risorse, ambiente, popolazione*, Roma: Ed. Riuniti, 1975.
FEDEROV E.K., «L'optimisation des rapports avec la nature», *Sciences Sociales* (Moscou), (1979)1, 222-39.
FÜLLENBACH Josef, *Umweltschutz in Ost und West*, Bonn: Europa Union Vg., 1976.
GOLDMAN Marshall, *The Spoils of Progress* — Environmental Pollution in the Soviet Union, Cambridge, Ma.: Harvard Univ. Press, 1972.
GUSTAFSON Thane, «The New Soviet Environmental Program: Do the Soviets Really Mean Business?», *Public Policy*, Summer 1978, 445-76.
Id., *Reform in Soviet Politics:* Lessons of Recent Policies on Land and Water, Cambridge, Ma.: Cambridge Univ. Press, 1981, 218 pp.
KOMAROV Boris, *Uničtošenie prirody.* — Obostrenie ekologičeskogo krizisa v SSSR, Frankfurt: Posev, 1978 tmad.: *The Destruction of Nature in the Soviet Union*, White Plains, N.Y.; M.E. Sharpe, *Das grosse Sterben am Baikalsee*, Reinbeck bei Hamburg: Rowohlt, 1979.
KRAMER John M., «The environmental crisis in Eastern Europe: The price for progress», *Slavic Review* 42 (1983), 209-2).
LAZAREV B.M., «Social'nye intersy i kompetencija organov upravlenija» (Interessi sociali e competenze degli organi amministrativi), *Soveskoe Gosudarstvo i Pravo* (Stato e Diritto Sovietico) 10(1971), 86-94. «Legge dell'Unione delle Repubbliche Socialiste Sovietiche sulla tutela dell'atmosfera». *Rassegna Sovietica*, § (1981), 187-200.

LIZZARDI Libero, «Sviluppo economico ed ecologia in URSS», *Il Ponte*, XXXIV (1978), 169-76.
Ma Lawrence J.C. and NOBLE Allen G., eds., *The Environment: Cinese and American Views*, New York: Methuen, 1981.
MCINTYRE R.J. and THORNTON J.R., «On the Environmental Efficiency of economic systems», *Soviet Studies* XXX (1978), 175; cf. ZIEGLER 1980.
MCINTYRE R.J. and THORNTON J.R., «Environmental Policy Formulation and Current Soviet Management: A Reply to Ziegler», *Soviet Studies* 33(1981), 146-49.
MANZONE Guido, «Prefazione» al libro di FEDEROV (1975), pp. 7-34.
PARSONS Howard L., ed., *Marx and Engels on Ecology*, Westport, Connecticut / London: Greenwood Press, 1977, 262 pp.
SCHMIDT Alfred, *Il concetto di natura in Marx*, Bari: Laterza, 1969.
SINGLETON F., ed., *Environmental Misuse in the Soviet Union*, New York: Praeger, 1977.
TIMOFEEV Timur, «L'uomo e l'ambiente circostante», *Rassegna sovietica* (1978)2, 51-66.
VOLGYES Ivan, ed., *Environmental Deteriorations in the Soviet Union and in Eastern Europe*, New York: Praeger, 1974.
ZIEGLER Charles E., «Soviet Environmental Policy and Soviet Central Planning: A Reply to McIntyre and Thornton», *Soviet Studies* XXXII (1980), pp. 124-34.
ZIEGLER Charles E., «Centrally Planned Economies and Environmental Information: A Rejoinder», *Soviet Studies* XXXIV (1982), 296-99.

PARTE SECONDA

TEMI ECOLOGICI

Capitolo III

LA BIOSFERA: I SUOI ECOSISTEMI ED I SUOI FATTORI LIMITANTI

di Paul Erbrich, S.I.

(testo tedesco tradotto da P.C.Beltrão e riveduto dall'Autore)

Il nostro Pianeta, la Terra, è costituito da una serie di strati o membrane concentriche come una cipolla, e cioè da «sfere».
Quella su cui stiamo, è la *litosfera*, uno strato di minerali solidi, di rocce più o meno dure, il quale, in paragone al raggio del globo terrestre, appare sottile come il guscio delle uova, o delle arance. Infatti, lo spessore della litosfera raggiunge soltanto sotto le catene montuose (le Alpi, la «cordigliera» andina, il massiccio dell'Himalaia, ecc.) più dello 0,5% del raggio terrestre, cioé più di 30 km. Sotto i fondi abissali degli oceani la crosta di terraferma non supera i 10 km.
Al di sopra di codesta litosfera si trova un «mare» d'aria: è la *atmosfera*, i cui limiti superiori restano imprecisi. L'involucro d'aria si disperde insensibilmente nel «vuoto» dello spazio cosmico. Il più delle volte il suo confine viene fissato a qualcosa come tra 100 e 200 km al di sopra del livello dei mari, il che non arriva al 3% del raggio terrestre.[1]

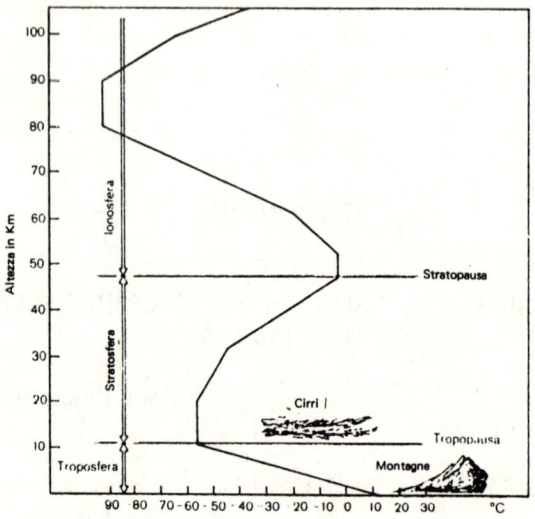

Grafico 2. Struttura verticale dell'atmosfera, con indicazione del gradiente della temperatura media (Fonte: MARGALEF 1977, p. 82).

Fra la litosfera e l'atmosfera esistono due altre sfere, ma queste sono discontinue e ricoprono la Terra in maniera irregolare: esse si chiamano l'*idrosfera* e la *biosfera*. La prima presenta uno spessore medio di 3,5 km; l'altra, la biosfera, raggiunge, sulla terraferma, lo spessore di qualche decina di metri, mentre, nell'ambito degli oceani, dei mari, delle acque «interiori», essa si confonde con l'idrosfera.[2]

Nessuna delle quattro sfere — litosfera, atmosfera, idrosfera, biosfera — è in equilibrio stabile e quindi in riposo, poiché *la Terra non è un sistema chiuso* in se stesso: riceve un *flusso continuo di energia*, la cui sorgente è il *Sole*. Codesto flusso mantiene l'aria e l'acqua in un perenne movimento che noi sperimentiamo come «il tempo». Per di più, la Terra come un tutto, come pianeta, *non è ancora in equilibrio rispetto allo spazio cosmico*. Il nucleo della Terra è tuttora rovente, e tutti gli atomi instabili non si sono ancora degradati. Per queste due ragioni avviene un'emissione di flussi termici, i quali non permettono alla crosta terrestre di arrivare ad una situazione di riposo: la terra trema, i continenti si muovono, in qualche punto più fragile si aprono crepacci, oppure s'innalzano delle montagne. Ma codesto continuo movimento ci appare infinitamente lento, quasi inesistente, a causa della nostra percezione specificamente umana del tempo (ZOFFOLI 1978).

Frattanto, l'involucro di rocce, di acqua, di aria *non cessano di cercare condizioni stabili*: montagne vengono rase al suolo, valli si riempiono, differenze di rilievo si appiattiscono, l'acqua scorre sulle vie di minore resistenza verso il mare, l'aria piomba da regioni ad alta pressione atmosferica a quelle di bassa pressione.

Tutti questi processi sono dominati da *due tendenze fondamentali*: quelle di raggiungere cioè uno stato tale che, nelle circostanze effettive, presenti *il minimo contenuto di energia*, ovvero *il più grande disordine*. Entrambe codeste tendenze possono coniugarsi ovvero agire l'una contro l'altra. Può darsi che l'ordine si faccia da sola, «spontaneamente» direbbero i chimici, quando cioè la struttura ordinata possiede un contenuto energetico particolarmente ridotto. È il caso p.es. dei cristalli che si originano dalla lava. Ma, vice-versa, può capitare che il contenuto energetico aumenti, supposto che il nuovo stato comporti un maggiore disordine. È il caso p.es. dell'acqua che evapora dal mare. Il processo si produce da solo. Lo stato risultante — il vapore acqueo nell'aria — possiede sì un maggiore contenuto energetico, ma anche un minore ordine di quanto vi fosse al punto di partenza, cioè lo stato liquido — l'acqua.

Con la *biosfera* è tutt'altro. Essa contiene più energia del suo ambiente, come chiunque può vedere quando prende fuoco una foresta. Essa contiene, per di più, un ordine di varietà press'a poco infinita, in paragone al quale l'ordine rigido dei cristalli presenta una varietà molto minore. Così, sembra che la biosfera si dibatte per liberarsi dall'equilibrio del minimo contenuto possibile di energia, ovvero del maggiore disordine possibile. Essa cerca un *equilibrio labile*, una costanza mobile, ad un *livello sempre più alto di energia e d'ordine*.

Codesta ascesa si manifesta in una diversità interna crescente, formatasi nel corso di 3 miliardi d'anni, anche nella conquista di sempre nuove regioni sulla superficie della Terra, che presentano condizioni sempre meno favorevoli alla vita. La biosfera si estende dall'acqua alla terraferma, dalle pianure umide alle altitudini più asciutte, dalle regioni calde a quelle fredde, dalla superficie trasparente alle profondità del suolo e dei mari. Nel corso di codesta evoluzione, per la biosfera i «limiti della crescita» non si restrinsero, bensì si espansero sempre di piú. Essi si trovano laddove c'è troppo calore, troppo freddo, troppa siccità, troppa salinità, oppure laddove le radiazioni diventano troppo ricche di energia — troppa radioattività o troppa radiazione ultra-violetta (UV).

La biosfera si trova quindi in un *equilibrio labile*. *L'equilibrio* si manifesta nel fatto che la biosfera, malgrado i continui disturbi, spesso presenta *lo stesso aspetto attraverso innumere generazioni*. La foresta vergine dell'*Amazzonia* si presentava presumibilmente 100.000 anni fa esattamente come oggi. *La labilità* si manifesta nel fatto che un determinato stato, quando è fortemente e costantemente disturbato, *crolla e poi non si ristabilisce mai più*. Il *bacino mediterraneo* p.es. costituiva, una volta, una regione di boschi chiusi, ad eccezione delle coste della Libia e dell'Egitto. Il disboschimento di ampie regioni ha cambiato il suolo ed il clima in maniera tale che un rimboschimento su vasta scala spesso non è più possibile tecnicamente, tanto meno spontaneamente[3].

Sorge allora una «gariga», una boscaglia cioé costituita da cespugli assai bassi, sempreverdi e discontinui su terreno per lo più roccioso, oppure, nei migliori dei casi, una «macchia» ossia una formazione vegetale densa ed impenetrabile di arbusti e piccoli alberi sempreverdi, poiché manca il microclima umido ed ombroso, come quello che si trova sotto le chiome degli alberi, dove possono venir su germogli teneri di alberi ed altra vegetazione. Manca per di più il suolo boschivo che una volta era profondo e coperto di humus, il che riusciva ad assorbire ed immagazzinare sufficientemente acqua per poter poi resistere alle siccità estive.

La biosfera si comporta in molti sensi come un gigantesco

organismo individuale. Come gli esseri viventi, *la biosfera si sviluppa resistendo al calo dell'energia*. Come gli altri esseri viventi, essa resiste alla tendenza verso il disordine. E ancora come gli esseri viventi, essa tende a raggiungere una *situazione di maturità*: attraverso parecchi stadi di cosiddetta «successione», arriva ad uno stadio durevole di cosiddetto «climax».

Tuttavia, contrariamente all'essere vivente individuale, la biosfera *non presenta alcuna forma specifica di spazio-tempo*. Un bosco p.es. non ha nessuna determinata grandezza massima, come la quercia o l'elefante. Un bosco cresce, si espande, finché non trova resistenza da parte di *limiti esterni, non interni*. E una steppa non muore dopo aver raggiunto un certo numero di anni, come p.es. capita ad un leone. L'espansione spaziale e temporale della biosfera sulla superficie della Terra viene limitata — sottolineiamolo ancora una volta — da fattori non interni, ma esterni.

La biosfera e le sue diverse unità (quali il bosco, la tundra, il prato o il «plancton» — l'insieme cioè degli organismi galleggianti nell'acqua — presentano delle strutture caratteristiche, le quali sono «funzionali» come negli organismi, sono dotate cioè di finalità riconoscibili.

Queste osservazioni introduttive ci forniscono la divisione del nostro tema:

1. Quali sono le strutture della biosfera e delle sue sottodivisioni — i cosiddetti «ecosistemi»?

2. Quali sono i fattori che limitano gli ecosistemi e quindi la biosfera?

3. Quali sono le funzioni o prestazioni degli ecosistemi?

I primi due punti vengono trattati di seguito in questo capitolo, mentre la trattazione del terzo punto — sulle funzioni — è rimandata al prossimo capitolo.

1.0 *Cos'è un ecosistema e come è costituito?*

Gli *ecosistemi* sono, per così dire, *reparti della biosfera*, relativamente *chiusi*. Uno dei più piccoli ecosistemi è lo stagno. Ecosistemi più grandi e allo stesso tempo più diversificati sono p.es. i boschi, i prati, le paludi, i corsi d'acqua, gli estuari, gli scogli di corallo, i mari, gli oceani.

Accanto agli ecosistemi naturali esistono anche quelli artificiali, p.es. il terreno coltivato, il vivaio, una nave spaziale o addirittura una coltura di batteri in un laboratorio.

Allora, *che cosa in comune hanno* tutti questi sistemi? Perché si dicono «relativamente chiusi»? Quale è, insomma, la struttura generale di un ecosistema?

Guardiamo una steppa o una prateria. Ciò che balza agli occhi sono le piante verdi, le gramigne, le erbe, radicate nel *suolo*. Questo è formato da *granelli minerali*, alcuni più fini, altri più grossolani; di detriti vegetali, di sostanze che vanno dal colore bruno a quello nero, chiamate «*humus*». A scavare più a fondo c'imbattiamo in *sassi* più o meno intensamente decomposti; ed infine, in *roccia* ferma oppure in una *pietraia porosa*, non ancora decomposta né solidificata, in *sedimenti di fiumi e di ghiacciai*.

Nel suolo troviamo innumerevoli, il più delle volte piccole, anzi *minuscole bestiole*: lombrichi e nematodi, larve e scarafaggi ed altri insetti, millepiedi e tarli. L'esame microscopico ci rivela, inoltre, amebe, nonché altri organismi unicellulari, ma soprattutto funghi e batteri[4].

Al di sopra del suolo, nel «bosco» di fusti e foglie vivono le cavallette, i grilli, gli scarafaggi, i ragni, le lumache. Nelle *zone fiorite* volano le api ed altri insetti alati. Vediamo pure animali più grossi sotto e sopra il suolo: sono i vertebrati quali gli anfibi, le lucertole, gli uccelli, i topi, i conigli, le volpi. E non possiamo non vedere le pecore, i vitelli ecc., a servizio dell'essere umano.

Perché tutti questi organismi si trovano in un unico e medesimo luogo? Perché precisamente questi? Come si comportano gli uni verso gli altri?

L'elemento predominante sono le piante verdi. Esse sono in grado di formare dalle combinazioni di elementi leggeri, come il carbonio o l'azoto, un *enorme numero di combinazioni organiche*, innanzitutto proteine e idrati di carbonio quali lo zucchero, l'amido o la cellulosa, ed inoltre lignina e lipidi (grassi, olio). La materia greggia viene assorbita dalle foglie sotto forma di diossido di carbonio gassoso (CO_2) e dalle radici sotto forma di acqua con gli ioni[5] in soluzione, ioni p.es. di nitrato, solfato e fosfato; nonché un grande numero di ioni di diversi metalli, come potassio, calcio, magnesio, ferro, ecc. Le piante verdi si chiamano *autotrofe*, si nutrono cioé da sé, giacché non ricavano il loro nutrimento da altri organismi. I loro nutrienti sono di natura *inorganica*. Le piante sono quindi i *«produttori»* propriamente detti negli ecosistemi, mentre tutti gli altri organismi vivono, in ultima analisi, del «lavoro» di questi produttori *primari*.

Un altro gruppo di organismi è formato dagli *animali* che si nutrono di vegetali, p.es. le cavallette, le pecore, certe larve che rosicchiano le radici, le api che raccolgono il polline e il nettare, gli uccelli che beccano frutta e semi[6]. Si chiamano mangiatori di vegetali o erbivori. Sono i *consumatori di primo grado*.

Certi animali si nutrono di animali, p.es. i ragni, le zanzare, i serpenti, talune specie di uccelli, i pesci, e via dicendo. Sono *carnivori* ossia *consumantori di secondo (e più alto) grado*. È evidente che il loro numero dovrà essere minore di quello degli erbivori: così si parla, nel nostro ordine di idee, della *«piramide trofica»*, per cui i produttori si trovano alla base e i consumatori di grado più elevato, al vertice. Tali consumatori del più elevato o ultimo grado sarebbero p.es. i leoni della savana oppure gli squali nel mare.

Sul suolo ed al suo interno troviamo *animali che si nutrono dei resti* delle piante, di cadaveri, addirittura di escrementi; in altre parole, dei residui della piramide trofica. A questi appartengono p.es. molte larve di scarafaggi e mosche, i lombrichi, mangiatori di carogne detti *necrofagi*. Vengono indicati, specificamente col termine di *saprofagi* — che mangiano cioè materia organica morta, in contrapposizione ai *biofagi*, i quali si nutrono di organismi viventi[7].

Finalmente, troviamo *organismi che non mangiano sostanze organiche*, ma *le decompongono chimicamente*, poiché secernono un succo digestivo che produce la soluzione della sostanza organica ed assorbono codesta soluzione come loro alimento. A questi organismi appartengono i batteri ed i funghi. Essi vengono denominati *saprofiti*.

I saprofagi (animali) ed i saprofiti (vegetali) formano il gruppo dei *decompositori* e vengono spesso chiamati genericamente i *saprotrofi*.

I consumatori e i decompositori, ecologicamente parlando, sono organismi *eterotrofi, i quali si nutrono cioè di altri* organismi, poiché il loro nutrimento è fornito o da organismi viventi, o da materia organica morta che proviene da esseri già viventi.

Produttori, consumatori e decompositori formano una comunità composta da diverse popolazioni, mentre queste constano di individui della stessa specie. Codesta comunità vitale si chiama la *biocenosi*. L'ambiente in cui tale comunità vive, si dice *biotopo*. Il biotopo di una popolazione oppure di tuta una biocenosi può essere il suolo, l'acqua, o anche un altro organismo, p.es. i peli della scimmia per le pulci ed i pidocchi, le chiome degli alberi per le scimmie e gli uccelli. Tutto può diventare un biotopo, anche una parete rocciosa, o il ghiaccio, ma non propriamente lo spazio aereo la cui densità e quindi capacità portante sono troppo ridotte. Lo spazio aereo serve soltanto come dimora passeggera per raggiungere rapidamente un altro posto permanente, oppure per incontrare un partner sessuale — vedi le api — o ancora per procacciarsi il cibo — vedi le rondini, i pipistrelli.

Contempliamo adesso un ecosistema che, a prima vista, pare completamente diverso da quello che si è descritto: la zona «neritica» — vicina alla spiaggia — sulla piattaforma continentale dei mari[8].

Lì mancano del tutto le piante macroscopiche, se prescindiamo dal Mare dei Sargassi[9] dove troviamo anche alghe galleggianti. *Il colore verdastro dell'acqua marina* indica la presenza di piccole *alghe microscopiche*, che galleggiano nella zona più superficiale del mare, la quale viene pervasa dalla luce e perciò si chiama *eufotica*. Tali alghe vengono elencate col termine generico di *plancton vegetale o fitoplancton*; questi sono i produttori autotrofi del mare. Essi hanno bisogno degli stessi nutrienti delle piante di terra emersa.

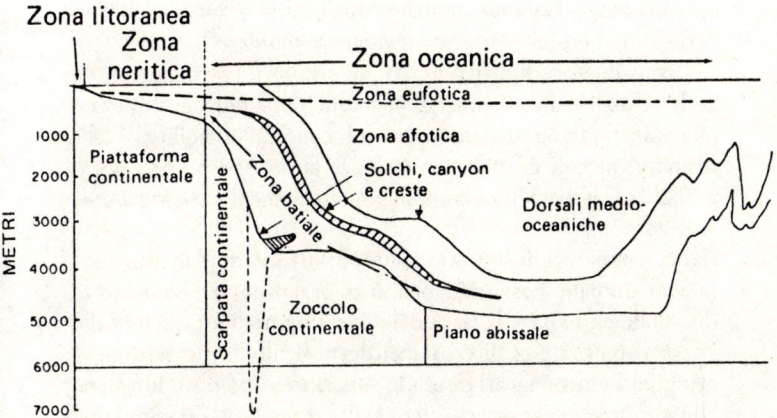

Grafico 3: Zonazione orizzontale e verticale del mare. Lo spaccato, che si riferisce all'Atlantico occidentale, mostra alcune caratteristiche geologiche dei fondali, come i solchi (che possono raggiungere i 6000 metri), i canyons, le creste, il piano abissale e le dorsali medio-oceaniche, che si sollevano a formare catene montuose. (Schema fatto in base ai dati di Heezen, Tharp e Ewing, 1959). Fonte: E.P. ODUM, *Principi di Ecologia* (1973), p. 333.

Simili nutrienti devono esistere in soluzione nell'acqua, anche il diossido di carbonio gassoso (CO_2). Con l'aiuto della luce essi producono le sostanze adatte alla loro nutrizione e, siccome sono gli unici produttori, tutta quanta la vita esistente nel mare dipende da loro. Così, esse formano la *base della piramide trofica nel mare*, come le piante che pullulano sulla terraferma. Ciò che alle *alghe* manca in grandezza, viene compensato dal loro *numero enorme*, nonché dalla rapida sequenza delle generazioni. Le alghe sono *estremamente prolifere*[10].

I consumatori di primo grado, gli erbivori, che si nutrono di codeste alghe microscopiche, sono anch'essi piccoli, microscopici animaletti: larve di vermi marini, conchiglie, molluschi, ricci di mare, piccoli crostacei, nonché le larve ed i primi stadi di granchi e gamberi. Essi compongono insieme il *plancton animale o zooplancton*.

I consumatori di secondo grado si nutrono di plancton vegetale ed animale. Essi acchiappano gli organismi del plancton individualmente, p.es. le larve dei pesci, oppure li «stacciano» dall'acqua, p.es. i piccoli crostacei detti «krill» [11], le sardine, le aringhe. I consumatori di grado superiore sono p.es. le balene, che si nutrono sopratutto dei «krill» (crostacei eufasidi simili a gamberetti), oppure i piccoli o grossi pesci predatori, i pinguini e le foche. Al vertice della piramide alimentare troviamo il delfino, il tonno e lo squalo.

La vita nelle zone più profonde del mare, *afotiche* ossia completamente buie, dipende totalmente da detriti, da una pioggia di organismi planctonici morti e di altre particelle organiche che provengono dalle zone superiori eufotiche. Un enorme esercito di organismi filtranti raccoglie questa pioggia di detriti: conchiglie, spugne ed altri. Ciò che non viene filtrato, s'immagazzina nel sedimento fondale e viene divorato da vermi e altri organismi. I cadaveri di animali piuttosto grossi scompaiono in poche ore, rosi da granchi, gamberi e pesci d'ogni sorta. Quello che sfugge ancora ai filtranti e ai mangiatori di fango, viene decomposto dai batteri, sicché in fin dei conti non avanza letteralmente più nulla. Gli ultimi residui di materiale organico vengono mineralizzati, ritrasformati cioè in materia inorganica, pronta o rinnovata per essere assorbita dai produttori, dalle piante verdi, purché la sostanza inorganica affluisca di nuovo alle zone superiori.

Troviamo pure nei *biotopi d'acqua dolce (limnici) e marini* gli stessi componenti dei biotopi terrestri. Le specie sono davvero totalmente diverse, ma il loro ruolo, la loro funzione è la stessa: produrre, consumare e decomporre.

Adesso siamo ormai in grado di formulare la *struttura fondamentale* di ogni ecosistema, terrestre o acquatico che sia: i produttori — le piante verdi — trasformano sostanze inorganiche in sostanze organiche. Queste vengono «predate» dai consumatori mentre esse sono ancora vive, e rose dai decompositori quando sono morte e putrefatte. I decompositori mineralizzano completamente le sostanze organiche, tanto da poter essere di nuovo assorbite dai produttori.

Così la materia all'interno di un ecosistema presenta un *flusso continuo secondo un ciclo chiuso*. Il fatto che il flusso materiale proceda in forma ciclica, costituisce uno dei più importanti motivi della meravigliosa *stabilità*, nonché del perdurare, della biosfera nel suo insieme, ed anche di molti ecosistemi naturali, come p.es. un banco di coralli o un'umida foresta tropicale.

L'andamento ciclico della materia viene messo in moto dall'energia, ma, *al contrario del flusso materiale, quello energetico non costituisce un ciclo chiuso, bensì una linea aperta*. Ciò viene espresso dalle leggi della *termodinamica*, che appartengono ai principi più fondamentali della fisica: quando l'energia produce lavoro, essa si trasforma parzialmente nella cosiddetta «*entropia*», in energia cioè che non è più capace di produrre lavoro. È così che tutta quanta l'energia solare assorbita dalle piante verdi finisce sotto forma di calore e, data la sua bassa temperatura, non può più essere adoperata per il lavoro. Questo è il motivo per cui il flusso energetico è inevitabilmente lineare.

Con ciò si è fatto cenno a due prestazioni fondamentali degli ecosistemi:

1. Gli ecosistemi *fanno fluire ciclicamente la materia* di cui hanno bisogno per la loro costituzione.

2. L'energia necessaria all'attivazione di codesto flusso ciclico della materia, gli ecosistemi la ricavano da un *inesauribile flusso energetico proveniente dal sole*.

Sennonché la civiltà tecnologica umana, *l'«ecosistema umano» va contro entrambi questi principi*:

1. *Nel nostro «ecosistema» tecnologico il flusso materiale non è ciclico, ma lineare*: da una parte, scaviamo la *materia prima* dalla terra e, dall'altra, la buttiamo via sotto forma di *rifiuti*.

2. Per attivare il flusso energetico noi sfruttiamo una *riserva magari enorme, ma ad ogni modo finita, di «energia»* di natura chimica sotto forma di carbone o di petrolio, di natura atomica sotto forma di uranio. Un *tale deposito un bel giorno di esaurirà*, e allora *la civiltà fondata su di esso arriverà al suo termine*.

Malgrado tutto, l'ecosistema umano «tecnologico» — cf. qui sopra HENRICI — potrà rendersi sicuro e durevole a patto di adeguare le sue strutture a quelle degli ecosistemi naturali: se riuscirà cioé a condurre il suo flusso materiale in forma ciclica con processi di *riciclaggio* sempre più estesi, e se ricaverà la necessaria energia non da qualche *scorta* limitata, ma da quello ininterrotto *flusso* energetico che proviene dal sole.

2.0 *I fattori limitanti*.

Ciò che limita la crescita e la molteplicità delle piante verdi, limita anche, in ultima analisi, la biosfera nel suo insieme, giacché *dalle piante verdi* — dai produttori — *dipende la vita di tutte le altre comunità vitali della biosfera*.

Tutti sanno che l'aspetto della *copertura vegetale* — la sua «fisionomia» — può essere molto diversa. Le piante non ricoprono completamente tutta quanta la superficie della terra — pensiamo ai deserti, alle montagne più alte, alle calotte polari artica ed antartica —, e neppure sono ovunque rigogliose allo stesso grado — paragoniamo le tundre nell'estremo nord con le foreste pluviali tropicali.

Cosa limita allora l'espansione ed il rigoglio della copertura vegetale?

Tre sono i fattori decisivi:
1. la quantità del flusso energetico proveniente dal sole;
2. la quantità e la distribuzione della pioggia, nel tempo;
3. la qualità del suolo.

I primi due fattori vengono riassunti nel concetto di «clima», il quale a sua volta determina in gran parte il terzo fattore.

2.1 *Il flusso energetico*

Se non ci fosse alcun involucro d'aria e se il sole si fermasse allo zenit, ci raggiungerebbero, ad ogni secondo, 1,4 kw di radiazione energetica per m^2. Ciò significa 1200 kcal. per ora, con le quali si potrebbero far evaporare, in un'ora, 20 t. d'acqua per ettaro. Inoltre, il cielo ci apparirebbe nero come la pece e si potrebbe contemplare le stelle anche a mezzodì.

Siccome però la Terra è una sfera in rotazione, il sole non è mai, o tutt'al più è soltanto per poco tempo perpendicolare sulle nostre teste. E giacché d'altronde noi abitiamo in fondo ad un mare d'aria, il cielo ci appare nero solo di notte, all'ombra della Terra.

Come allora l'involucro d'aria altera la quantità e la qualità delle radiazioni solari?

Una parte delle radiazioni solari, particolarmente la parte blu — di onde corte —, viene dispersa nelle molecole di aria e di acqua. Perciò la luce azzurra del sole ci raggiunge da tutte le direzioni. Non meraviglia, quindi, che il cielo appaia blu.

Un'altra parte della radiazione solare non viene dispersa, bensì riflessa, specie nelle ordinarie particelle di polvere e nelle goccioline d'acqua delle nuvole. Codesta parte dell'energia solare risulta quindi perduta per la Terra. Tale riflessione è il motivo per cui un sovraccarico dell'atmosfera causato dalla polvere industriale, oppure dalla terra fine delle colture soffiata dal vento, può provocare un abbassamento della temperatura media e quindi un raffreddamento del clima.

Ancora un'altra parte della radiazione solare è assorbita dalle molecole gassose e dalle particelle di polvere, il che riscalda

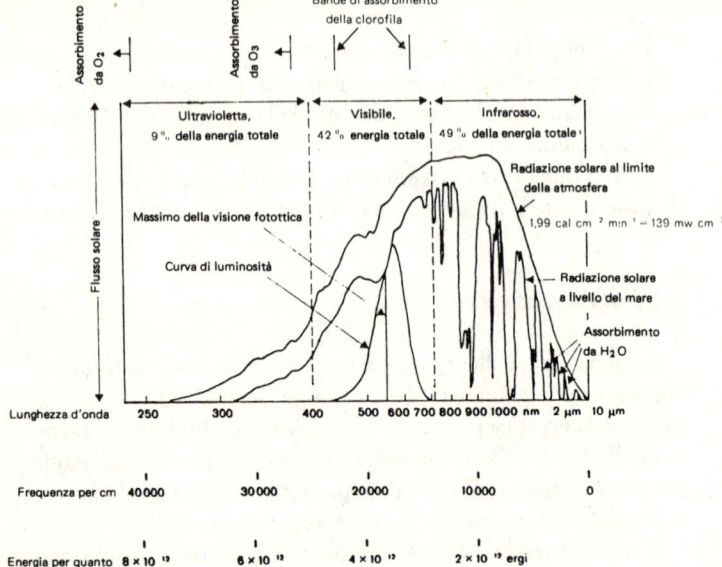

Grafico 4: Spettro della radiazione solare al limite e nei bassi strati dell'atmosfera. Si indica la distribuzione della energia nelle tre sezioni in cui si divide lo spettro, l'assorbimento dall'ossigeno, l'ozonio ed il vapore di acqua, la posizione dei massimi di assorbimento della clorofila e la curva di luminosità o sensibilità della visione (in parte, secondo D.M. GATES, *American Scientist*, sett. 1963, 327-48). Fonte: MARGALEF 1977, p. 105.

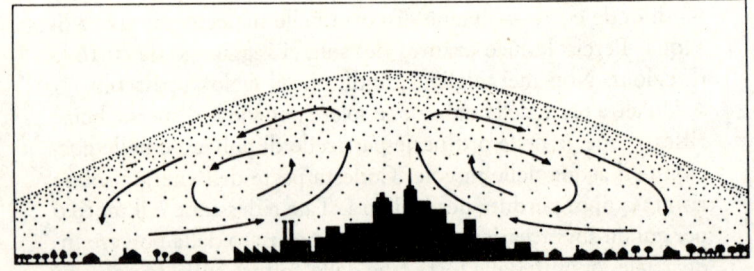

Grafico 5: Cupola di polvere su una città. L'aria tende a salire nel centro e scendere nella periferia, formandosi una convezione per cui l'aria può caricarsi progressivamente d'impurezze, il che persiste finché il vento o la pioggia non la distrugge (secondo W.P. LOWRY, *Scientific American*, agosto 1967, 15-23). Fonte: MARGALEF 1977, p. 90.

l'involucro d'aria. È di importanza vitale l'assorbimento della radiazione ultravioletta (UV) di onde corte, — la quale è cancerogena —, dalla cosiddetta zona *ozonica* che si situa a grandi altezze (30 km e più). Tale involucro d'aria si fa più sottile quando molecole reattive, — specie di gas contenente fluoro o cloro spruzzate dalle bombole «*spray*», miscelle refrigeranti fuoriuscite dai frigoriferi, gas nitroso o «esilarante» (N_2O) prodotto dalla decomposizione del concime nel suolo —, raggiungono quelle zone atmosferiche e reagiscono all'ozono. La conseguenza di tutto ciò è l'aumento, sulla superficie della Terra, delle radiazioni UV ad onde corte e quindi il deterioramento della biosfera.[12]

In media, il 20% ca. della radiazione solare viene assorbito dall'involucro d'aria, il 30% va perduto a causa della riflessione della luce (inclusa quella al suolo). In fin dei conti, soltanto il 50% ca. della radiazione originale raggiunge il suolo come luce solare diretta e dispersa e quindi può venir assorbito da esso. Questa proporzione può elevarsi al 70% nelle regioni aride, constantemente prive di nuvole, quali i deserti; e vice-versa, può calare al 40% nelle regioni densamente nuvolose, come nell'atlantico nord.

Cosa accade allora del 50% della radiazione solare che arriva agli strati inferiori del mare d'aria e viene assorbito?

La superficie della Terra in grado di assorbirla si riscalda, cosa di cui può rendersi conto chiunque, d'estate, traversi a piedi nudi una strada asfaltata. Una parte di codesta radiazione energetica trasformata in calore, si diffonde molto lentamente nel suolo (*conduzione*). Lo spostamento verso il fondo procede più rapidamente nell'acqua in virtù del moto ondoso (turbolenza). Un'altra parte viene immediatamente reirraggiata nell'aria, la quale si riscalda, si espande e s'innalza (*convezione*). Di tale fenomeno approfittano coloro i quali volano a vela, per librarsi nell'aria. Mediante codesto afflusso energetico dal basso l'involucro d'aria viene riscaldato più velocemente e più durevolmente che non mediante il mero assorbimento diretto della radiazione energetica («*effetto serra*, cf. ODUM 1973, p.33).

Se il suolo raggiungesse dappertutto temperature simili a quelle di una strada asfaltata, intere vegetazioni erbacee rimarrebbero bruciate. Se ciò non avviene è perché il suolo e, ancora più, la copertura vegetale sono umidi, contengono acqua. Quest'acqua evapora e pertanto utilizza calore, che allora non può più contribuire all'elevarsi della temperatura al suolo e di quella al di sopra di esso. Le fasce superiori del suolo si essiccano rapidamente, mentre le piante possono rimanere umide, nella misura in cui riescono ad attingere acqua dagli strati più profondi del terreno e la fanno evaporare per il raffreddamento (traspirazione).

Nelle latitudini medie, p.es. all'altezza di Monaco di Baviera, nel mese di giugno, in qualche giornata serena, senza nuvolosità, vengono assorbite ca. 500 cal. per cm^3. Da questa quantità ca. 400 cal., ossia l'80% viene assorbito dalle piante, p.es. in un campo di grano, e il resto dal suolo. Per evitare che la temperatura delle piante non diventi «febbrile», codeste 400 cal. debbono essere nuovamente eliminate. Ciò avviene tramite il raffreddamento dell'aria oppure, ancora più efficacemente, tramite l'evaporazione dell'acqua, che può consumare il 50% o più del calore assorbito. La quantità d'acqua che viene evaporata in tale processo, corrisponde a ca. 4 mm di precipitazione pluviale al giorno, ossia a 40 t. d'acqua per ha. al giorno. Se il bel tempo si mantiene per tre settimane, vengono evaporati ca. 80 mm della precipitazione pluviale, l'equivalente cioè ad un decimo della precipitazione annuale nella Germania meridionale. Raramente capita che più del 5% dell'energia solare assorbita venga ritenuta mediante la cosiddetta *fotosintesi*, ed immagazzinata come energia chimica.

La traspirazione delle piante non serve certamente soltanto per il raffreddamento. Infatti, il flusso idrico che ne deriva, sin dal suolo attraverso le radici fino alle foglie, serve ugualmente al trasporto di nutrienti tratti dal terreno. Anzi, l'acqua stessa serve da nutriente. L'effetto peculiare della luce nella fotosintesi consiste proprio nella dissociazione dell'acqua in idrogeno ed ossigeno. L'idrogeno sprigionato dall'acqua forma col diossido di carbonio tratto dall'aria, un complesso dal quale vengono sinteticamente ottenute tutte le altre sostanze organiche, con l'impiego anche dei nutrienti ricavati dal terreno. L'ossigeno è restituito all'ambiente.

Nel caso in cui *l'acqua del suolo* cominci a scarseggiare e quindi le piante non riescano ad attingerla con la sufficiente rapidità, allora esse restringono al minimo necessario l'evaporazione per il raffreddamento. L'afflusso dei nutrienti si riduce; le piante, a dispetto del bel tempo, non crescono molto. Ad un certo punto, l'evaporazione può superare l'afflusso idrico ed allora le piante languiscono e appassiscono.

Gli specchi d'acqua all'aperto raggiungono, sotto la radiazione solare, quantità di energia molto inferiori a quelle di una roccia nuda, perché la maggior parte del calore raggiunto viene disperso a causa dell'evaporazione dell'acqua.

Importante quanto segue: tutta l'energia solare, anche quella che durante il giorno è penetrata nel suolo, si ritrova di nuovo, prima o poi, nell'aria come calore attuale, sensibile, e come calore latente del vapore d'acqua il quale, in virtù del suo condensamento, si trasforma a sua volta in calore sensibile. Se tale processo si interrompesse, la Terra si surriscalderebbe. Eppure si sa che la sua temperatura media rimane costante. Ciò non sarebbe possibile se *tutta quanta* l'energia direttamente emessa dal sole non venisse di nuovo reirraggiata allo spazio.

Tra assorbimento e radiazione l'energia solare produce lavoro: fa evaporare l'acqua, muove l'aria e l'acqua, mantiene in movimento la biosfera. La stessa entità energetica appare allora degradata, è un'energia incapace di produrre lavoro, un'energia cioé sotto forma di radiazione a onde lunghe di luce infrarossa oppure di calore. La Terra non è soltanto uno specchio che riflette l'energia solare, anch'essa è una stella che irraggia luce infrarossa.

Questa radiazione che si traduce nell'abbassamento delle temperature *notturne*, è tanto più intensa quanto minore è la quantità di vapore di acqua che si trova nell'aria, p.es. nei deserti o sulle alte montagne. Il fatto è che il vapore d'acqua assorbe una parte della radiazione infrarossa terrestre e quindi la riemette, per cui forse la metà viene reirraggiata alla Terra. Questo è il motivo perché p.es. nelle zone temperate, all'inizio dell'anno, quando il cielo è coperto non ci sono da temere gelate, e perché, ad alti gradi di saturazione d'acqua nell'aria durante l'estate, le notti sono afose: non subentra cioé alcun raffreddamento.

Il *diossido di carbonio* si comporta esattamente come il vapore d'acqua. Se il contenuto di diossido di carbonio nell'aria aumenta in conseguenza della combustione di portatori di energia fossile quali il carbone ed il petrolio, oppure al seguito di incendi di vaste estensioni di bosco, allora la radiazione della Terra viene ostacolata, quindi la temperatura media della Terra tende a salire e il clima minaccia di divenire più caldo.

Sin dal 1900 il contenuto di diossido di carbonio nell'aria salì dallo 0,029 allo 0,034%, e minaccia di raggiungere, alla svolta del millennio, lo 0,05%, come conseguenza della progressiva industrializzazione del mondo. Contemporaneamente, la Terra riceverà calore aggiuntivo, che non deriva direttamente dal sole: è l'energia proveniente dai combustibili fossili — carbone, petrolio — oppure dai portatori di energia atomica — uranio, plutonio. Anche codesta energia deve essere irradiata, ma le quantità aggiuntive di energia non possono essere irradiate se non ad un livello elevato di temperatura. In altre parole, *la liberazione di calore dai depositi energetici minaccia ugualmente di far salire la temperatura media della Terra*.

Il livello di guardia viene oggi considerato l'aumento di ca. un grado Celsius (1°C). Se il processo di crescita e di sviluppo continuerà nei termini attuali, ciò potrebbe essere raggiunto nell'arco di due generazioni ca. Ci sarebbero da aspettarsi alterazioni climatiche su vasta scala, spostamento del circuito climatico verso il nord e liquefazione delle calotte polari nelle zone artiche. Ne risulterebbero delle conseguenze micidiali per tutta quanta l'agricoltura, nonché per l'abitabilità delle regioni di bassa altitudine. Il pericolo non può essere scansato a lunga scadenza se non, ancora una volta, imparando ad utilizzare, per il funzionamento della «macchina» di questa nostra civiltà, il *flusso* di energia solare invece delle *scorte* energetiche (fossili): quella energia quindi che, con la civiltà o senza di essa, comunque viene assorbita dalla Terra e poi reirraggiata allo spazio.

La *quantità dell'energia solare* che arriva al nostro pianeta, *non presenta la stessa entità per ogni punto della superficie terrestre*. Essa varia a seconda dal territorio e del tempo, poiché:

— la Terra è una *sfera*, non un disco: dunque, la sua irradiazione nei *dintorni dell'equatore* è più intensa di quella in *prossimità dei poli*;

— per di più, la Terra è una *sfera in rotazione*: da ciò proviene l'alternarsi del giorno e della notte, dall'assorbimento cioè e dall'emissione di radiazioni;

— infine, *l'asse di rotazione della Terra è obliquo* al piano che viene determinato dalla rivoluzione della Terra attorno al Sole, il che dà origine all'avvicendarsi delle *stagioni*.

Il circuito d'irradiazione piú forte si sposta, d'estate, verso il nord. Nella seconda metà di giugno, la zona temperata subpolare riceve il 25 % di energia per m² in più della zona equatoriale (misurata prima della sua entrata nell'atmosfera). Non c'è da stupirsene, giacché il sole brilla a codeste latitudini durante non 12, ma 15 ore e più. A tale eccesso d'estate corrisponde il difetto d'inverno. Ma entrambi non si comportano simmetricamente. Nella seconda metà di dicembre, il deficit a 50° di latitudine ammonta press'a poco all'80%! Tuttavia, gli inverni non sono per questo tanto freddi come sarebbe da aspettarsi, perché delle correnti d'aria e soprattutto d'acqua («correnti del golfo») trasportano energia dalle basse alle alte latitudini. Infatti, misure prese dai satelliti dimostrano che le latitudini superiori emettono allo spazio più energia di quanto non ne ricevono dal sole.

2.2 *Le precipitazioni*

Una gran parte d'energia solare viene spesa nell'*evaporazione* dell'acqua, il che costituisce il presupposto decisivo per la produzione di pioggia. Quando poi compariamo la carta climatica con quella della vegetazione, balza agli occhi che *certi tipi di vegetazione coincidono ampiamente con certi tipi climatici* (vedi ODUM 1973, p. 124, fig. 5-9; cf. p. 132s, fig. 5-14 e 5-15). Eccone qualche esempio:

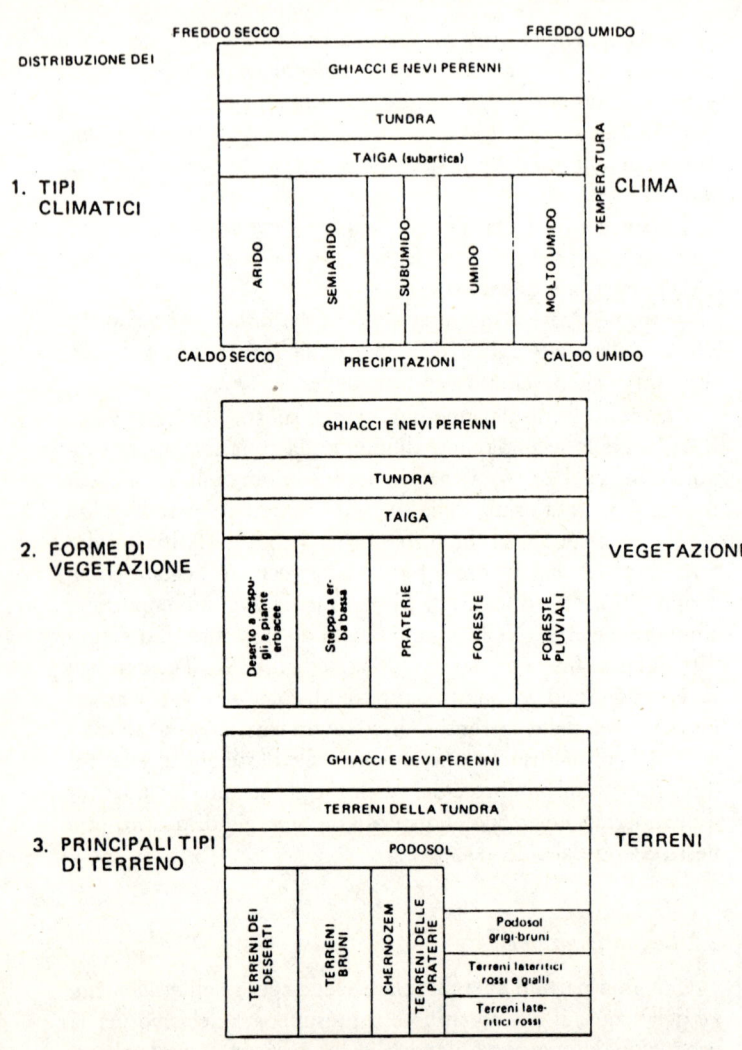

Grafico 6: Rappresentazione schematica delle relazioni fra climi, vegetazioni e tipi di terreno. (Da Oosting, 2ª edizione, 1952, secondo Blumenstock e Thornthwaite).
Fonte: E.P. ODUM (1973) p. 133.

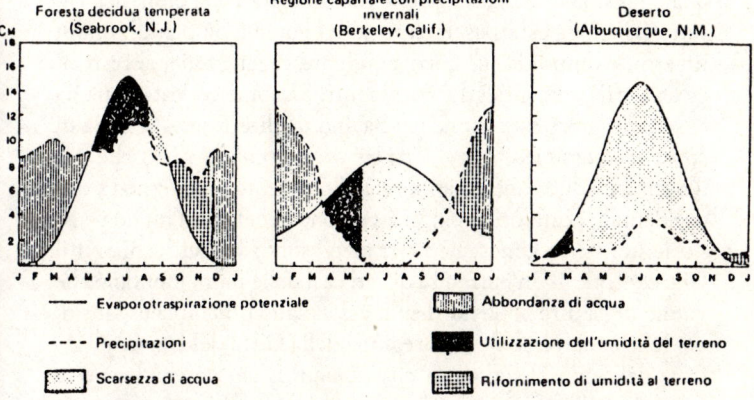

Grafico 7: Relazione fra piovosità e evapotraspirazione potenziale (evaporazione del terreno più traspirazione della vegetazione) in tre località rappresentanti tre diverse regioni ecologiche. L'area punteggiata (mancanza d'acqua) indica il periodo dell'anno in cui l'acqua diventa con molta probabilità un fattore limitante, mentre la dimensione verticale dell'aera indica l'intensità relativa della limitazione. (Secondo Thornthwaite, 1955).
Fonte: E.P. ODUM (1973) p. 124.

Il limite meridionale delle cosiddette piogge extra-tropicali, quindi delle piogge della zona subpolare di bassa pressione o di vento dall'ovest, si sposta d'inverno verso l'equatore e porta la pioggia all'orlo settentrionale della zona subtropicale di alta pressione, dove piove raramente. In simili regioni non troviamo alcun deserto o semi-deserto, come sarebbe da aspettarsi, bensì una fitta copertura vegetale perenne, di piante cioè che riescono a superare l'estate secca e calda: sono alberi robusti, quale p.es. la quercia sempre verde. Questa zona climatica caratterizzata da estati asciutte e calde, nonché da blandi, umidi inverni, e quindi la sua corrispondente vegetazione, si restringe agli orli occidentali dei continenti. Siccome codesta zona ha la sua maggiore estensione nel bacino mediterraneo, si parla di *clima mediterraneo*, di *vegetazione mediterranea*. Visto che poi il bacino mediterraneo si apre verso l'occidente, d'inverno i venti occidentali, portatori di pioggia, possono penetrare a fondo verso l'oriente. Altre zone «mediterranee» sono: la California ed il Cile centrale — in entrambi questi casi delle mura montane che vanno nella direzione nord-sud, ostacolano un'ampia espansione della zona verso l'est; la regione della Città del Capo nell'Africa del Sud e il sud-ovest australiano. È chiaro che le specie vegetali delle regioni menzionate sono molto diverse, quantunque i loro requisiti ecologici siano abbastanza simili.

Sul vertente orientale dei continenti, il suddetto limite delle piogge subtropicali si sposta ugualmente verso l'equatore — e perfino ancora più ampiamente di quanto accade sul vertente occidentale, ad eccezione, stranamente, del lato orientale dell'Africa. Allo stesso tempo però il limite delle piogge tropicali si spinge verso il nord. Ne risulta una zona climatica con pioggia tropicale d'estate e con piogge extra-tropicali d'inverno. Invece di un semi-deserto corrispondente alla situazione latitudinale, troviamo delle frondose, rigogliose *foreste subtropicali*. A codesta zona climatica e vegetale appartengono: tutto il sudest statunitense, la Cina meridionale, il Giappone meridionale, il sudest brasiliano, africano e australiano (GOROV 1982).

Sull'*orlo occidentale dei continenti*, il limite delle piogge tropicali rimane nelle prossimità dell'equatore e le due zone pluviali non coincidono né lì né all'interno dei continenti. Perciò, in codeste regioni, i deserti si estendono fino alle coste, come p.es. in America il semi-deserto messicano-californiano ed il deserto di Atacama, in Africa il Sahara ed il deserto della Namibia.

Anche nella *zona temperata subpolare* la vegetazione è strettamente legata al clima. In essa, caratterizzata da venti occidentali più frequenti, piove tutto l'anno. Certo, la quantità pluviometrica diminuisce da ovest verso est. Nello stesso tempo, però, aumenta la differenza di temperatura tra estate ed inverno, il clima si trasforma da oceanico (inverni blandi, estate fresca) a continentale (inverno rigidamente freddo, estate estremamente calda). La copertura vegetale traduce molto nettamente codesta graduale transizione: le foreste decidue del clima oceanico vengono rimpiazzate dalle foreste sempreverdi di conifere proprie del clima continentale, e queste dalle foreste di conifere verdi solo d'estate (foreste di larice), proprie del clima continentale estremo della Siberia orientale. In direzione nord-sud, dal mare Barents sino al Mar Caspio, troviamo una serie vegetale che è condizionata da temperature crescenti e quindi da crescenti precipitazioni: le tundre artiche, le foreste di conifere boreali, le foreste a latifoglie; poi di nuovo zone con precipitazioni decrescenti: la steppa con foreste a latifoglie, la steppa senza alberi, il semi-deserto e, infine, il deserto vero e proprio (cf. ODUM 1973, pp. 382-406).

Questi esempi possono bastare per illustrare come la vegetazione sia legata strettamente al clima del luogo, il che mette in evidenza che il flusso energetico proveniente dal sole, nonché la quantità e la distribuzione delle precipitazioni che ne dipendono, costituiscono i fattori limitanti decisivi dell'estensione e dell'esuberanza della copertura vegetale e quindi della biosfera nel suo insieme.

2.3 Il suolo

Il suolo è il terzo fattore limitante della copertura vegetale e quindi della biosfera. Esso risulta dalla decomposizione rocciosa e dai processi biologici, ad un tempo, che producono la formazione dell'*humus*, il quale consiste in una copertura soffice, il cui spessore medio oscilla tra lo 0,5 ed i 2 m, ma non di rado misura soltanto 10-20 cm, eventualmente però anche 5 m e più.

Il suolo si distingue da una mera copertura inorganica soffice — come p.s. la morena e la duna — per il suo contenuto di humus, per gli organismi che vi si trovano e per una struttura particolare, la cosiddetta mollica (strato pastoso). Tre sono i fattori decisivi per l'efficienza del suolo: la *profondità*, la *porosità* ed il *contenuto nutritivo*.

Se la *penisola appenninica* si trovasse in una situazione naturale, non influenzata cioè dagli esseri umani, sarebbe del tutto ricoperta da foreste, ad eccezione di qualche punto pianeggiante, dove gli alberi trovano poco sostegno e le provviste d'acqua sono troppo ridotte per resistere ai periodi di siccità. Quando l'acqua scarseggia, gli alberi non possono lasciar morire le parti al di fuori della terra, come possono invece fare le gramigne e molte specie di erba.

La seconda condizione della fertilità del suolo è la *porosità*, cioé la quantità di pori. Il volume di un buon terreno consiste, nello strato superiore, per circa la metà, di pori, nei quali si trova l'acqua di cui le piante hanno bisogno, e l'aria che fa respirare e le radici e gli organismi del sottosuolo. Non è soltanto la quantità di pori che è decisiva per la qualità del terreno, ma, ancora di più, la distribuzione della grandezza dei pori stessi.

Nei *grossi pori*, con un diametro pari a più di 50 microni (1 microne = un millesimo di mm), l'acqua delle precipitazioni s'infiltra in poche ore, forma l'acqua sotterranea (*i veli freatici*) e andrebbe perduta per le piante se le radici non la raggiungessero, il che generalmente non avviene se non nei prati lungo i fiumi. *Nei pori, ancora considerati grossi*, tra 50 e 10 microni, l'acqua s'infiltra molto lentamente, nell'arco di parecchi giorni, fino a raggiungere quella sotterranea. Solo nei *pori medi* di

10 microni o meno, l'acqua rimane sospesa e quindi sempre disponibile per le piante. Nei *piccoli pori* di 0,2 microni o meno, invece, l'acqua si attacca così fortemente che le piante non riescono più a succhiarla, giacché per farlo avebbero bisogno di una forza di pompaggio superiore a 15 atmosfere. Solamente alcune limitate specie di piante dei deserti e delle saline sono capaci di sviluppare una forza di pompaggio anche maggiore di questa.

Tuttavia, sarebbe del tutto falso credere che i grossi pori costituiscano uno spazio vuoto nocivo alle piante per il fatto che non trattengono l'acqua, poiché l'acqua che filtra reca aria ai pori e quindi ossigeno, senza del quale le radici non possono espletare il loro compito e gli organismi sotterranei non riescono a sopravvivere.

I terreni *sabbiosi* contengono, al di sopra di ogni media, molti pori di misura più o meno grande. Dunque, se il contenuto di acqua trattenuta è relativamente ridotta, in compenso è quasi totalmente disponibile per le piante, giacché vi sono pochi pori di piccola dimensione. Questi terreni sabbiosi sono *aridi* nel senso sia fisico che fisiologico, ma in compenso sono bene aerati.

I terreni di pura *argilla* contengono, ugualmente al di sopra di ogni media, molti pori di misura piccola e pochi di misura grande. Perciò, in essi è ridotta la quantità di acqua che può raggiungere quella sotterranea. Una gran parte di codesta acqua è trattenuta dai piccoli pori e quindi è disponibile per le piante. Dunque, i terreni argillosi sono fisicamente umidi, ma — paradossalmente — essi sono fisiologicamente aridi, e per di più scarsamente aerati.

I terreni di *loto sabbioso*, p.es. il *loess* nell'Europa centrale o nella Cina, contengono *molti pori medi*, in quantità al di sopra di ogni media. Essi offrono quindi alle piante delle *condizioni ottimali* per la provvista d'acqua ed aria. Un tale suolo di 1,5 m di profondità contiene acqua trattenuta che corrisponde a ca. 300 mm di precipitazione pluviale, sufficiente a soddisfare il fabbisogno d'acqua di, press'a poco, un intero periodo di vegetazione nelle latitudini medie, purché le radici affondino sufficientemente nel terreno. Non per niente i granai del mondo si trovano appunto nelle regioni di loess con precipitazione annuale di 500-800 mm. I terreni sabbiosi contengono, nelle stesse condizioni, meno di 100 mm, quelli argillosi meno di 150 mm di acqua disponibile.

Il terzo fattore della fertilità del suolo è il suo *contenuto nutritivo*. Al di fuori del diossido di carbonio, dell'acqua e delle combinazioni d'azoto, tutti i nutrienti provengono dalla decomposizione della matrice rocciosa. A questi nutrienti appartengono le combinazioni di fosfato e di zolfo, nonché tutti i metalli, come il potassio, il calcio, il magnesio, e il ferro e tanti altri.

Ai suoli *più poveri di nutrienti* appartengono quelli che sovrastano la serpentina, la calce pura e le arenarie. Anche il granito e molti «*gneiss*» (granito stratificato) producono suoli poveri i quali, per di più, facilmente presentano alti tassi di acidità a causa della mancanza di calcio. Le scure rocce cristalline invece, nonché le calci argillose (marghe), le morene, la sabbia minuta spazzata via dalle morene, il cosidetto «*loess*», producono suoli *ricchi di nutrienti*, come anche i sedimenti dei fiumi che provengono dalle montagne con rocce ricche di nutrienti.

Per la copertura naturale di vegetazione il puro e semplice contenuto in nutrienti della matrice rocciosa spesso non è affatto determinante. Ciò si può facilmente intuire se si considera quanto segue: la decomposizione chimica reca a dissoluzione dei nutrienti; solo quando sono disciolti nell'acqua sotterranea essi possono essere assorbiti dalle piante. Ma allora subentra simultaneamente il rischio che i nutrienti disciolti vengano diluito dall'acqua che cola nell'acqua sotterranea, a meno che non ci sia un meccanismo che trattenga i nutrienti disciolti e li conservi disponibili per le piante. Precisamente ciò viene effettuato dalle particelle argillose che provengono dalla decomposizione chimica di certi minerali rocciosi, come anche dalle sostanze dell'humus che derivano dalla decomposizione dei residui vegetali.

Una grande varietà di interazioni esistono tra suolo, clima e vegetazione. Ancor più che dalla matrice rocciosa, la qualità del suolo dipende dalla vegetazione sovrastante e dal clima. Le oscillazioni della temperatura, in particolare, se si mantengono al

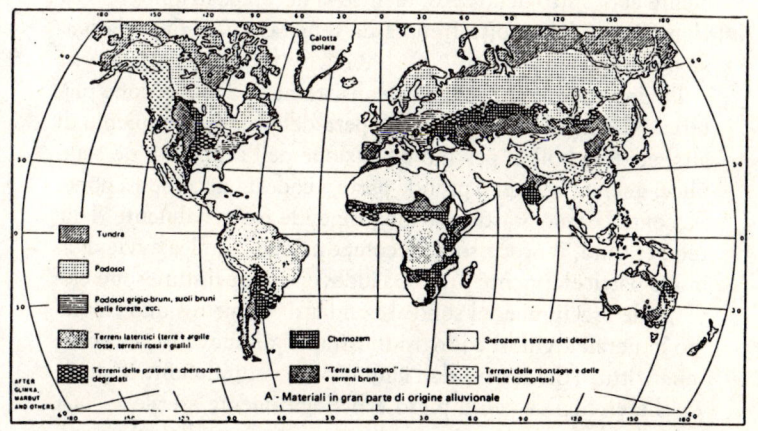

Grafico 8: Schema dei principali tipi di terreno. Sono evidenti non solo le differenze fra nord e sud, ma anche quelle fra est e ovest, che sono in rapporto con la piovosità. I terreni podozolici e lateritici spesso vengono chiamati «pedalfer» perché contengono alluminio e ferro nell'orizzonte B, mentre i terreni chernozemici e altri terreni di regioni più aride vengono detti «pedocal» per l'accumulo di calcio (cfr. fig. 15-12). Recentemente è stata proposta una terminologia più uniforme e descrittiva per i vari tipi di terreni indicati con nomi aventi la stessa radice, — «sol» — Quindi i podosol del nord diventano spodosol (= terreni «cirenei»), i terreni podozolici grigio bruni delle zone temperate alfizol (Al-Fe, in riferimento all'accumulo di minerali), le praterie aridisol e i terreni lateritici tropicali oxisol (= ossidati). (Mappa dell'U.S. Department of Agriculture Yearbook 1938).
Fonte: E.P. ODUM (1973) p. 132.

punto di congelamento dell'acqua, frantumano la roccia ivi esistente e, allora, si parla di «decomposizione *fisica*.» Questo tipo di decomposizione è particolarmente intensa nelle regioni temperate ed artiche, dove cioè il termometro scende regolarmente al di sotto dello zero, mentre la decomposizione *chimica* viene il più delle volte frenata da temerature medie relativamente basse.

La decomposizione chimica consiste nella dissociazione materiale dei minerali rocciosi ad opera dell'acido carbonico e di altri acidi deboli, e perfino dell'azione dell'acqua pura e semplice; anche l'ossigeno prende parte a codesta decomposizione. Siccome la velocità di reazione dipende essenzialmente dalla temperatura, il processo di decomposizione chimica avviene in modo particolarmente intenso laddove le temperature sono elevate e le precipitazioni sono abbondanti. Come residuo troviamo minerali argillosi e idrossidi metallici di nuova formazione, innanzitutto del ferro e dell'alluminio, e naturalmente il quartzo che è chimicamente pigro e biologicamente sterile.

Nelle *due zone piovose*, quella tropicale e quella subpolare, le particelle di argilla vengono facilmente lisciviate (dilavate) verso il sottosuolo. Gli strati sovrastanti del terreno vengono quindi depauperati di nutrienti, a meno che l'erosione non rimuova costantemente i sovrastanti strati depauperati; oppure, a meno che grazie a regolari inondazioni, non arrivi sempre di nuovo al suolo un materiale chimicamente poco decomposto. Quando ciò avviene, i suoli si alterano e diventano sempre più sterili. *Nei tropici* si formano allora i *suoli lateritici*, duri e rossi, che possono essere tanto ricchi di ferro ed alluminio che li si può usare perfino come rocce metallifere.

Se, tuttavia, *nei tropici sono diffuse le più esuberanti foreste pluviali* anche in terreni del tutto depauperati, ciò si spiega col fatto che esse ricavano i loro nutrienti dai propri detriti. L'intensa decomposizione nelle zone tropicali libera molto rapidamente i nutrienti che vengono assorbiti dalle radici, prima che arrivino alle acque sotterranee. *Se una tale foresta viene disboscata per essere trasformata in aree coltivabili, il suolo perde la sua fertilità nell'arco di 2-4 anni.* La sostanza organica ricca di nutrienti ivi esistente viene consumata e la sua rigenerazione non avverrà per molto tempo, perché il suolo è stato lisciviato e i prodotti della coltivazione, raccolti; dunque, i nutrienti contenuti in essi, vengono sottratti all'ecosistema.

Nella *zona pluviale subpolare*, le cose si svolgono diversamente. La paglia delle *foreste di conifere* che ivi dominano, contengono *resina*, che resiste alla decomposizione. Ne risulta un humus ad alta acidità, difficilmente decomponibile, il cosiddetto *humus rozzo*. L'acqua piovana diventa anch'essa acida, e quindi riesce a sciogliere il ferro degli strati superiori del suolo, lo lisciva insieme con le particelle argillose verso il sottosuolo, dove esso si cristallizza un'altra volta e forma uno strato ferroso tanto duro che si rende spesso impenetrabile per le radici. Ne risultano terreni poveri di ferro e perciò pallidi e magri, i cosiddetti *podosoli*, che sono molto estesi non solo nell'Europa nordica e nella Russia, ma anche nelle Alpi.

Nelle steppe aride, d'estate la decomposizione delle piante viene frenata a causa della mancanza di umidità, e d'inverno a causa della mancanza di calore: da ciò risulta l'arricchimento di un *humus nero e soffice*, il cui spessore può superare un metro, come p.es. nelle regioni di terra nera al sud della Russia.

Visto che la copertura vegetale riesce a vivere dei propri detriti per lungo tempo, particolarmente nei tropici, le differenze nel contenuto di nutrienti originali vengono compensate. Tuttavia, queste differenze si manifestano non appena interviene l'agricoltura. Eccone un esempio:

Java possiede una popolazione di ca. 90 milioni (nel 1981). Ciò fa 560 abitanti per km^2, ossia 900 persone per km^2 di terreno coltivato — *la più alta densità demografica agricola del mondo*. A 400 km al nord di Java, nello stesso circuito climatico, sta il Borneo, un'isola 4 volte più vasta di Java; ivi la densità demografica è pari a, soltanto, 25 abitanti per km^2, ossia più di venti volte inferiore a quella di Java. Una ragione, tra altre, di codesta differenza è, in ultima analisi, la qualità del suolo: le terre del Borneo provengono da una matrice rocciosa granitica e dai suoi derivati, come arenarie, ardesia ricca di quartzo e così via; essi producono un suolo povero di nutrienti, acido, il quale è stato, nel corso del tempo, parecchie volte spostato e totalmente dilavato; se poi subisce ancora l'azione dell'aratro, allora dà origine molto rapidamente a suoli lateritici duri. Il suolo di Java, al contrario, è costituito, nella sua porzione occidentale, di rocce *vulcaniche* e, in quella orientale, di *calce argillosa*, attraversata da molti *sedimenti di cenere vulcanica*; entrambe queste matrici rocciose producono *un suolo di un verde profondo*, soffice e ricco di nutrienti. Per di più, a Java le rocce, e quindi i suoli, sono geologicamente molto più giovani di quelli del Borneo, e il processo di lisciviamento risale ad un tempo meno remoto. Tutti questi fattori messi insieme, hanno predestinato Java ad essere *una delle regioni agricole più fertili dei tropici*, e quindi con una popolazione agricola che infatti è la più densa del mondo, nonché ugualmente distribuita tra le parti occidentale, centrale ed orientale di quell'isola dell'arcipelago indonesiano, dove si situa — nella Java occidentale — la capitale metropolitana Jakarta Raya, la cui popolazione superava i 7 milioni nel 1980. Si noti ancora che la popolazione totale dell'Indonesia ammonta a 156 milioni a metà 1983 — quinto posto nella graduatoria mondiale di volume demografico (dopo la Cina, l'India, l'USA e l'URSS): dunque, nella sola Java, che ammonta solo al 6,6% del territorio si concentra il 62,5% della popolazione dell'arcipelago indonesiano che conta più di 13.000 isole (fra cui solo la metà - 6.200 - abitate)[13].

L'uso agricolo dei suoli si scontra innanzitutto su due problemi:

1. *I suoli rimangono incolti nell'intervallo dei raccolti* (maggese), ma il vento e l'acqua arrivano allo strato superiore, che è il più poroso e ricco di humus, il quale però viene tanto più facilmente spazzato via dal vento e lisciviato dalle acque.

2. *Con il raccolto poi, una certa quantità di nutrienti viene regolarmente allontanata dall'ecosistema agricolo.* Laddove un *input* proveniente dalla decomposizione chimica, non riesce a compensare questa perdita, la differenza va colmata dalla concimazione artificiale. Dotazioni generose di concime stimolano sì una crescita più intensa, ma non solo delle piante superiori, bensì anche dei micro-organismi, i quali utilizzano gli stessi nutrienti

che servono alle piante. Codesti micro-organismi ben concimati, decompongono allora l'humus a ritmo accellerato e si riduce, di conseguenza, la capacità che il suolo ha di trattenere i nutrienti, i quali vengono quindi, quanto mai, dilavati. Il maggiore deficit che ne risulta, è allora compensato da dosi ancora più abbondanti di concime. Si è così ad un circolo vizioso.

Tale circolo non può spezzarsi se non quando almeno una parte dei nutrienti sottratti verrà reintegrata sotto forma di sostanza, non minerale, ma organica (*concime organico o verde*): quando cioè si tenterà di imitare proprio quello che la natura ha da sempre operato con tanto successo, e che continua ad operare incessantemente.

NOTE (curate da P.C. BELTRÃO)

[1] *Troposfera* si chiama lo strato inferiore dell'atmosfera — fino ad un'altezza di ca. 10.000 m (10 km) — nel quale la temperatura diminuisce col crescere dell'altitudine e si hanno nubi e precipitazioni, comunque turbolenze più o meno frequenti. I voli intercontinentali, oggi, si mantengono normalmente ad una quota di 10-15 mila metri.

[2] Nella linea dell'evoluzione zoologica, Teilhard de Chardin lanciò, già nel lontano 1925, il concetto, il termine e la problematica della «*noosfera*», e nella «freccia» del futuro della «ominizzazione» — altro termine lanciato da lui nella stessa occasione —, lo scienziato gesuita prospettò, negli ultimi anni della sua esistenza terrena (morì nella domenica di Pasqua del 1955, a New York), con quel suo ardito slancio di paleontologo fervidamente cristiano, l'idea o l'ideale della «cristosfera» (cf. qui sopra, Introduzione, n. 6).

[3] Cf. qui sopra, Cap. II ciò che si è osservato a proposito del gigantesco sforzo di rimboschimento nell'arco di questi ultimi tre decadi nella Cina Popolare. (p. 109ss.).

[4] Vedi ODUM 1973, 372-75: «Il sottosistema del suolo»: il microbiota, il mesobiota, il macrobiota.

[5] Ione è una particella atomica recante carica elettrica.

[6] Le capre sono degli erbivori particolarmente pericolosi dal punto di vista ecologico, poiché voracemente rosicchiano tutto quanto di vegetale trovano, anche corteccia e radici.

[7] Vedi ODUM 1973, p. 8.

[8] ODUM 1973, pp. 333s: «Zonazione del mare», con la fig. 12-4.

[9] Sargasso è una specie di alga dei mari tropicali con tallo olivastro piatto e ramificato a forma di fronda, provvisto di vescichelle aerifere, grosse come

piselli, contenente iodio, che per ebollizione si trasforma in sostanza simile a gelatina, con proprietà medicinali emollienti.

«Mare dei Sargassi» si trova tra le Azzorre e l'America, occupato da altissimi sargassi galleggianti, che ostacolano la navigazione.

[10] Ricordiamo a questo proposito il fenomeno ecologicamente «classico» delle cosiddette «maree rosse», relativamente frequente al nord del mare adriatico: «Gli estuari, come altri sistemi autotrofi, sono soggetti a fioriture che a volte esplodono e diventano un 'cancro' temporaneo. Le *maree rosse*, fioriture massicce di dinoflagellati contenenti un pigmento rosso e appartenenti ai generi *Gonyaulax, Gymnodinium* e ad altri, sono esempi molto noti. Le fioriture rosse formano a volte delle 'chiazze' negli estuari, senza provocare nessun danno, ma in alcune zone si sviluppano periodicamente fioriture di proporzioni mostruose, che si estendono anche nelle acque costiere, dove provocano morie di pesci e di altri animali del necton a causa delle tossine prodotte dai dinoflagellati. ... la neurotossina prodotta dal *Gonyaulax catenella* è uno dei più potenti veleni noti. Come nelle acque dolci, anche le fioriture di alghe verdi-azzurre possono produrre tossine. D'altra parte, molte maree rosse non sono tossiche, e alcune specie di dinoflagellati fanno parte del cibo dei pesci, e si dimostrano altamente nutritive se usate per l'alimentazione dei ratti. Le cause delle maree rosse non sono note, ma molti ricercatori ritengono che esse si sviluppano quando condizioni stabilizzate dell'acqua in zone fertili provocano la concentrazione dei nutrienti organici (eutrofizzazione) e dei fattori di accrescimento ...prodotti probabilmente da precedenti fioriture di altre forme fitoplanctoniche. Mentre le maree rosse sono fenomeni «naturali» che si verificano lungo le acque costiere delle zone più disparate (e a volte anche in mare aperto), si sospetta che l'inquinamento organico possa far aumentare la frequenza e la gravità delle fioriture tossiche.» ODUM 1973, p. 363.

[11] «I crostacei eufasidi o 'krill' sono importanti anelli delle catene alimentari.» ODUM 1973, p. 354. I «krill» sono molto frequenti nelle zonle antartiche.

[12] Cf. TOON/POLLACK 1980: «Atmospheric Aerosols and Climate — Small particles in the Earth's atmosphere interact with visible and infrared light, altering the radiation balance and the climate.»

Anna BARTOLINI: «Nel 2000 la fascia di ozono sarà ridotta del 16 per cento — Stiamo 'bucando' l'atmosfera con miliardi di bombole spray: la progressiva distruzione dello scudo di gas che ci protegge dalle radiazioni ultraviolette fa aumentare il rischio dei tumori» — in *Il Corriere della Sera*, 01.12.1979.

[13] Cf. US Department of Commerce — BUREAU OF THE CENSUS, *Country Demographic Profiles - Indonesia*, New York, 1979

BIBLIOGRAFIA (curata da P.C. BELTRÃO)

AA.VV., *Le Scienze* (edizione italiana di *Scientific American*), V (dic.1970)28, numero speciale su ecologia: la biosfera, 16ss; Il ciclo energetico della Terra, 26ss; Il ciclo energetico della biosfera, 36ss; Il ciclo dell'acqua, 48ss; Il ciclo dell'ossigeno, 62ss; Il ciclo del carbonio, 78ss; Il ciclo dell'azoto, 94ss; I cicli inorganici, 106ss; L'industria umana e la biosfera, 122ss; La produzione di alimenti, 132ss; La produzione d'energia, 144ss; L'ingegneria ambientale, 158ss.

ODUM Eugene P., *Principi di ecologia*, Padova: Piccin Editore, 1973, 584 pp.
TOON Owen B., POLLACK James B., «Atmosferic Aerosols and Climate», *Scientific American* 68(May-June 1980)3, 268-78.
ZOFFOLI Enrico, *Origine del mondo*, Grafischema-Fasano (coll. «Siate uomini», 3), 1978, 76 pp.
FLOHN H., «Eiszeit oder Warmzeit? — Fakten und Überlegungen zur Klimaentwicklung», *Die Naturwissenschaften* 66(Juli'79)7, 325-30.
GOUROU Pierre, *The Tropical World*, cf. Colin CLARK, in *Population Studies* 36(Nov.'82)3, p. 482.
MILLER James Grier, *Living Systems*, New York: MacGraw-Hill, 1978, 1102 pp.

Capitolo IV

LE FUNZIONI E L'EQUILIBRIO DEGLI ECOSISTEMI

di Paul Erbrich, S.I.

(testo tedesco tradotto da P.C. Beltrão e riveduto dall'Autore)

Si è trattato finora delle strutture generali che si ritrovano in ogni ecosistema, e dei fattori esterni, decisivi, che limitano sia un singolo ecosistema, sia pure la biosfera nel suo insieme.

Un ecosistema maturo, nel suo climax — al punto più alto, cioè, del suo sviluppo —, è caratterizzato:

— dal fatto che, a prescindere dal flusso energetico, è un sistema «*chiuso*», ha una certa *autarchia*;

— da uno stato di equilibrio, *labile* sì, ma tuttavia *duraturo*.

Un sistema in equilibrio labile può nondimeno essere duraturo soltanto se, quando disturbato, non scende irrevocabilmente ad un equilibrio stabile, come avviene ad un sistema meramente fisico, ma riesce a ripristinare l'equilibrio labile in virtù di quella che si può chiamare *l'autoregolazione* ossia «*omeostasi.*»

A causa di codesta *capacità di autoregolazione* si parla anche — e meglio — di *equilibrio dinamico*; infatti, l'autoregolazione è una prestazione della struttura peculiare dell'ecosistema, una delle sue *funzioni*, e quindi, per così dire, una componente della sua «*fisiologia.*»

Le prestazioni o funzioni dell'ecosistema costituiscono il nostro secondo argomento.

1.0 L'autoregolazione

Un essere vivente, organico, si distingue da quello non vivente, inorganico, per il fatto che esso si sviluppa resistendo al calo di energia e di entropia. Una montagna non ha una volontà per affermarsi, si lascia senza resistenza sollevare dalla crosta terrestre, ma, ugualmente, non resiste alla decomposizione e all'erosione. Un essere vivente, al contrario, dimostra di avere una volontà di auto-affermazione. Da questo risultano, per gli esseri viventi, dei rapporti caratteristici, che non si trovano nelle cose inanimate.

Un primo rapporto: gli esseri viventi possono *competere* tra loro. Le piante lottano per un posto al sole, gli animlai per il cibo o il partner sessuale. Codesta lotta competitiva, codesto *conflitto*, non esiste solo *fra gli individui* della stessa specie, ma anche *tra le diverse specie*. Anzi, la competizione tra due specie diventa tanto più accanita, quanto più somiglianti sono i loro requisiti ecologici. La lotta per lo stesso, identico posto al sole, ossia, come oggi si dice, per la stessa «nicchia» ecologica[1], finisce prima o poi con la vittoria di uno dei due concorrenti. Ma cosa ne è del vinto?[2]

Lo sconfitto può essere scacciato in luoghi o zone meno favorevoli, dove però potrà sopravvivere soltanto a patto che, dapprima, tolleri codeste condizioni di vita meno favorevoli, e poi che non vi trovi un altro concorrente; in caso contrario, perirà.

Serva di *esempio* il caso di *tre alberi assai comuni nelle foreste dell'Europa centrale* e che hanno, originariamente, richieste ecologiche press'a poco identiche: il faggio rosso (*Fagus silvatica*), il rovere (*Quercus robur*) ed il pino silvestre (*Pinus silvestris*). Nei luoghi ottimali per tutti e tre questi alberi, il faggio esercita pressione sugli altri due, spingendo il rovere verso suoli più aridi e/o acidi, il pino verso suoli molto aridi ovvero molto umidi e, nel contempo, più acidi. In alcune circostanze, il vinto, cacciato via, comincia a mutare evolutivamente le sue richieste innate, originarie, sicché quel luogo il quale, prima, gli risultava tutt'al più tollerabile, in seguito gli si rende ottimale. Così lo sconfitto si conquista una nuova nicchia ecologica, per cui può espandersi ormai anche contro qualsiasi competizione.

Lo stesso fenomeno può essere illustrato da *un altro esempio*: nell'Europa centrale esiste *una dozzina di zanzare* che, evidentemente, non si fanno competizione, per la semplice ragione che le loro vittime preferite sono diverse — mammiferi, uccelli, anfibi —, oppure perché vivono le diverse fasi del loro sviluppo in stagni di tipo differente — illuminati, ombrosi, limpidi, sporchi —, o ancora in stagioni diverse — primavera, estate, autunno —; in altre parole, codeste zanzare non si fanno concorrenza perché dispongono di nicchie ecologiche differenti.

Il principio della competizione conduce a nuove forme di adattamento, elevando il grado di varietà, stimolando la conquista di regioni sempre nuove, fino a quel dato momento non occupate, più asciutte, più umide, più acide, più oscure, più saline, più esposte al vento rispetto alle precedenti. *Il principio della competizione favorisce, quindi, l'espansione della biosfera.*

Mentre nei rapporti di competizione le differenti specie esercitano una reciproca pressione le une sulle altre, nel caso della *simbiosi* esse si aiutano a vicenda. Così p.es. la simbiosi fra alghe e funghi reca la formazione dei cosiddetti licheni: veri e propri pionieri del regno vegetale, capaci cioé di popolare i luoghi più inospitali ed avversi, quale le pareti rocciose. I batteri entrano in simbiosi con le radici di certe specie vegetali, particolarmente con quelle delle leguminose (*Papilionaceae*) — fagiolo, soia, lenticchia, ecc. —, prendono dimora nei cosiddetti *noduli delle radici* stesse, *trattengono l'azoto dell'aria* mettendolo alla disposizione delle piante: così, le piante ospitanti si rendono indipendenti dal contenuto d'azoto del suolo. I funghi vivono in simbiosi con le radici di molti alberi del bosco, riuscendo a liberare nutrienti dai residui vegetali e dall'humus ad un ritmo più rapido di quanto non possano farlo solamente le radici: in compenso, i batteri e i funghi ricevono dalle piante ospitali idrato di carbonio.

Le piante non entrano in simbiosi soltanto con altre piante, ma anche *con innumerevoli specie animali*. Gli insetti p.es. impollinano le piante fanerogame e, in contropartita, ne ricavano il nettare (zucchero) ed il polline (proteine e grassi). Gli uccelli beccano i frutti e, di conseguenza, spargono i semi contenuti in essi. Gli animali stessi intrecciano, tra di loro, rapporti di simbiosi: gamberetti di mare e pesciolini ripuliscono da parassiti i tentacoli mortiferi dell'attinia gigante e, in compenso, godono della protezione dei suoi temibili tentacoli.

Come la competizione, così pure la simbiosi crea nuove possibilità di esistenza e quindi nuove nicchie ecologiche.

L'opposto della simbiosi è il *parassitismo* in senso lato, terzo complesso di rapporti ecologici. Il parassitismo si ha quando *una sola tra due specie trae profitto dai reciproci rapporti*, mentre l'altra non fa che pagare, non ci guadagna un bel niente — almeno a breve termine, non necessariamente a lungo andare. Parassiti sono p.es. i pascolanti, gli erbivori, che vivono del tutto a spese delle piante verdi.

A questa categoria di parassiti appartengono molti insetti, quali i gorgoglioni o pidocchi delle piante, i bacherozzoli, le calandre del grano, i bruchi, i tarli e così via; ma anche non pochi vertebrati, come gli uccelli che mangiano semi, i conigli, i ruminanti di ogni sorta. Essi nuocciono la copertura vegetale divorandola, calpestandola, coprendola con i loro escrementi, calcando il terreno.

A meno che non accada qualcosa di simile a quel che fanno gli scarabei stercorari, i quali sotterrano gli escrementi per utilizzarli come cibo per i loro nati. A codesti scarabei si deve attribuire il fatto che le savane dell'Africa orientale si presentano sorprendentemente pulite, malgrado ospitino le più grandi mandrie del mondo di animali di grossa mole, il cui sterco, se vi fosse rimasto intatto, avrebbe, in poco tempo, ricoperto vaste regioni. Nell'Australia p.es. dove mancano gli scarabei adatti a tale compito ecologico, si trovano vaste praterie lastricate di escrementi di bovini ormai essiccati e induriti, rese quindi inutili per il pascolo di altri animali, sia domestici che selvatici.

I parassiti, che abbiamo menzionati poc'anzi — consumatori di primo grado — vengono a loro volta incalzati da altri parassiti, precisamente dagli animali predatori, consumatori di secondo grado, di un grado cioè più elevato di quello dei parassiti stessi.

Ma perfino chi non teme alcun predatore di grado superiore, perché situato come un re al vertice della piramide trofica, viene attaccato, esattamente come tutti gli altri animali inferiori, da uno sciame di parassiti, sia esterni — quali acari e pulci, sia interni — quali vermi d'ogni sorta che vivono nel canale intestinale, nelle vie respiratorie e circolatorie, nei muscoli. Nessun pesce che si peschi, nessuna lepre che si cacci, è libero da parassiti di una specie o di un'altra.

Qual è l'effetto del parassitismo? Nel caso dei pascolanti la consistenza della primitiva copertura vegetale subisce un cambiamento, erbe e gramigne capaci di rigenerarsi si espandono, perché tollerano il pascolo periodico. Le piante meno capaci di rigenerarsi vengono meno, come accade innanzitutto alle piante legnose. Infatti, a causa del pascolo, le superfici verdi all'interno delle regioni boschive si possono conservare — p.es. nell'Europa centrale, mentre, quando manca il pascolo, il bosco tende ad espandersi. Le regioni piuttosto asciutte possono conservare le praterie, anche quando non vi è alcuna mandria di animali di grossa mole; l'umidità del suolo non è sufficiente a far resistere arbusti o perfino alberi durante i periodi di siccità.

Tuttavia, *le piante possono sviluppare dei meccanismi di difesa contro il pascolo*: nel fogliame punte, spine, peli caustici, sottili aghi di cristallo; sostanze amare e velenose d'ogni sorta. Inoltre, per contenere nei dovuti limiti il danno proveniente dai mangiatori di semi, certe piante producono semi in quantità tale da non poter essere normalmente divorati del tutto. Quando è possibile, ciò avviene ad intervalli irregolari, come p.es. fanno i faggi rossi: l'irregolarità nella produzione di semi impedisce che il ciclo di sviluppo dei parassiti si adegui al ritmo di anni più ricchi e anni più poveri di semi; se il ritmo di produzione di frutti è irregolare, il ciclo di sviluppo — che è generalmente regolare — di un organismo dipendente dalla produzione fruttifera, viene scombussolato.

I parassiti a loro volta non rimangono inattivi, «rimbalzano la palla»: alcuni riescono a decomporre le sostanze chimiche che servono di difesa alle piante, oppure a raggirare i mezzi meccanici di difesa. Entrambe queste attività, lo sviluppo cioè delle difese e delle controdifese, conducono nuovamente ad un aumento della varietà delle forme di vita. Una delle conseguenze che ne derivano, è che *nessuna singola specie può diventare dominante*. Ciò vale soprattutto per le regioni temperate e calde, assai propizie allo svilupparsi della vita: quando cioè una specie si moltiplica a spese di un'altra, i suoi parassiti, anche, si moltiplicano e impongono nuovi limiti.

I parassiti stessi vengono tenuti a bada, in quanto non possono eliminare del tutto i loro ospiti, base della loro esistenza. Pensiamo p.es. a quella specie di vespe, le cui larve dimorano nei bruchi e così impediscono la metamorfosi della farfalla, oppure agli animali predatori che tengono a bada i maggiori pascolanti.

Un quarto rapporto di reciprocità tra le specie è il *commensalismo*: i cosiddetti commensali approfittano di altri organismi *senza recar loro il minimo danno*. A questa categoria appartengono le innumerevoli specie di mangiatori di escrementi e detriti (saprofagi), nonché naturalmente i decompositori veri e propri (saprofiti), i funghi e i batteri. Alcune specie di questi ultimi non tengono conto della differenza tra vivo e morto: attaccano come parassiti e provocatori di malattie anche individui vivi, ma generalmente indeboliti ormai dalla vecchiaia, dalle ferite o dalla fame.

Codesti quattro rapporti più rilevanti di reciprocità tra gli organismi di una biocenosi, di cui abbiamo dato appena un accenno, costituiscono il fondamento della capacità che l'ecosistema possiede, di *autoregolarsi* entro determinati limiti. Essi effettuano innanzitutto tre cose:

1) *Ogni nuova possibilità di esistenza*, ossia ogni nuova nicchia ecologica che si presenti, *prima o poi viene conquistata ed occupata*. Così, in continenti diversi, lo stesso tipo di nicchia ecologica viene, il più delle volte, occupato da diverse specie di esseri viventi: p.es. le praterie dell'America del Nord, occupate dai bisonti; quelle dell'Africa prevalentemente dalle antilopi, quelle dell'Australia dai canguri. Non di rado lo stesso metodo consente di procurarsi nicchie diverse: nei semi-deserti dell'America le cactacee svilupparono il metodo delle provviste d'acqua

contenuta nei getti compatti, senza foglie; nell'Africa lo stesso metodo è impiegato dagli esemplari delle euforbiacee — che contengono un lattice estremamente caustico, il cosiddetto «latte di lupa», delle composte con infiorescenza a capolino (calatide), nonché di altre famiglie vegetali.

2) Come si vede, *il predominio di un'unica specie viene ostacolato, in difesa della ricca varietà delle specie* non solo di produttori, ma anche di consumatori d'ogni grado, inclusi i decompositori. Le catastrofi che sempre minacciano le *monoculture*, vengono evitate con successo negli ecosistemi naturali.

3) *L'ereditarietà della specie rimane integra*, poiché *gli individui geneticamente ammalati sono le vittime preferite* dei predatori e dei parassiti. Un tale meccanismo di eliminazione o «*selezione*» si rivela particolarmente importante, poiché i fattori ereditari vengono costantemente mutati dalla *radioattività onnipresente*, come anche da certe sostanze chimiche. Codeste mutazioni sono quasi sempre dannose per i portatori. Dalla incolumità ed integrità ereditaria delle popolazioni vegetali e delle comunità animali selvatiche non si può dedurre che una debole radioattività sia del tutto innocua. Purtroppo non conosciamo praticamente nulla del tasso di mutazione — del numero relativo cioè di mutazioni per cellula sessuale e generazione —, imputabile alla debole radiazione naturale. Proprio per questo, fintanto che esisterà una simile incertezza, non dovremmo far aumentare il livello della radioattività con la *diffuzione dell'uso dell'energia nucleare*: un livello ormai nocivo di radioattività circostante potrebbe diventare *irreversibile*...

Laddove questi *meccanismi regolatori* s'indeboliscono o addirittura scompaiono, ci ritroviamo sempre di fronte a calamità d'ogni sorta. Possono ad es. sorgere nuove specie di parassiti, capaci di espandersi finché le vittime potenziali non abbiano sviluppato qualche sistema di difesa specifica, oppure finché il parassita non abbia incontrato i suoi propri nemici. Esempi di ciò sono quei funghi che, in Europa e nell'America del Nord, devastano gli olmi e qualche castagneto.

Alcune specie di parassiti possono essere trasportate, ad opera di uccelli migranti o di merci traslocate, dai loro ecosistemi originari ad altri ecosistemi estranei, dove mancano sia i parassiti nativi, sia i competitori che, nell'ecosistema primitivo, tenevano a bada la specie importata. Si arriva, allora, ad una proliferazione esplosiva. Eccone qualche esempio: gli scarafaggi americani delle patate giunti in Europa negli anni 30 e 40, oppure l'europea «erba di San Giovanni» (*Hypericum perforatum*) trasportata in Nord-America, dove diventò un'erbaccea molesta.

Infine, le *monoculture*, p.es. un campo di grano o una pineta, sono *molto esposte alla calamità*: nella misura in cui diversi fattori si congiunghino in una convergenza ottimale, si può avere un'esplosione del moltiplicarsi di esseri dannosi e di erbacce. Questi esseri dannosi non vengono frenati nella loro marcia in avanti perché, nell'ambito di una monocultura, i loro nemici, seppure ancora ve ne siano, non riescono a tenere il passo, ad un ritmo sufficiente, con un incremento così massiccio. E allora il disastro è totale.

Nelle *monoculture artificiali* le esplosioni popolazionali vengono combattute con *mezzi chimici*, i quali però *non operano selettivamente*: essi eliminano non solo gli insetti nocivi, ma *indiscriminatamente* tutti quanti gli insetti che ci siano, dunque anche gli insetti utili, i predatori d'insetti e, indirettamente, gli uccelli mangiatori d'insetti.

Frattanto, sorgono incessantemente, non si sa bene come, *individui resistenti al veleno*, i quali proprio in virtù dell'applicazione del veleno stesso automaticamente vengono selezionati e vivono in disparte. Così, nell'arco di qualche generazione, rimangono soltanto gli individui dannosi refrattari al veleno, che diventa così praticamente inefficace. In linea di massima, lo stesso processo dovrebbe funzionare per le popolazioni dei predatori d'insetti, ma ciò costituisce un caso raro, perché esse sono molto meno numerose di quelle degli insetti dannosi. Orbene, più è scarsa la popolazione, più difficilmente avviene quel processo genetico che produce individui refrattari.

Mediante tale eliminazione dei predatori e dei parassiti, la capacità di autoregolazione di un ecosistema con un numero limitato di specie — ed è il caso delle monoculture —, resta decisamente indebolita. Ci troviamo quindi nella necessità di lavorare sempre più spesso con quantità sempre maggiori di mezzi chimici, e alla fine gli ultimi residui di capacità di autoregolazione vanno perduti, chiudendosi così il circolo diabolico...

L'unica via di uscita può essere cercata, insomma, nel ritorno a una *rafforzata lotta biologica* contro gli esseri dannosi, ma, in ogni caso, una simile lotta biologica richiede una maggiore intensità di lavoro, è quindi più costosa e non raggiunge mai l'effetto radicale ed istantaneo della lotta chimica. In compenso, la lotta biologica è un'arma che, contrariamente a quella chimica, non si attenua col passare del tempo.

Bisogna ancora considerare il caso in cui una specie dannosa non abbia nemici sufficientemente forti. Un esempio da «parata»: le «nuvole» di cavallette. Ciò dipende dal fatto che le cavallette tendono ad una proliferazione massiccia in modo del tutto casuale, dipendente da un tempo atmosferico molto irregolare ed è questo fatto che rende inviabile la difesa «pianificata» ad opera di parassiti, i quali difficilmente possono adeguarsi ad eventi non-periodici.

2.0 *Il ciclo dei nutrienti*

Una seconda prestazione o funzione dell'ecosistema è *la conduzione ciclica dei nutrienti* per rendersi indipendente, per quanto sia possibile, da provviste magari molto grandi, ma comunque sempre finite. L'esempio più evidente di quest'arte della natura ci viene offerto dalle molte *foreste pluviali tropicali*, che in terreni quasi sterili raggiungono il massimo rigoglio, perché vivono di nutrienti liberati dalla decomposizioone dei loro stessi detriti. In questo caso, sono i decompositori a chiudere il ciclo.

Un simile «micro-ciclo» è presente in ogni ecosistema che sia in stato di equilibrio, sebbene in modo non così spettacolare come nelle foreste pluviali dei tropici. Essere in stato di equilibrio significa il seguente: non vi è né duratura produzione netta di sostanze organiche, come p.es. nella torbiera, né costante esportazione netta di nutrienti; ciò avviene a causa d'intensivi dilavamenti condizionati dal tempo atmosferico, oppure da un'agricoltura abusiva, tanto che, alla fine, resta soltanto un terreno del tutto sterile, povero di humus.

Oltre a codesti piccoli cicli ci sono dei *cicli maggiori*, «macrocicli.» Come si presentano?

La biosfera vive in tutte e tre le sfere nelle quali essa è imperniata: litosfera, idrosfera e atmosfera. Da esse trae semplici elementi e combinazioni inorganiche, il cui numero ancora non è stato esaurientemente accertato.

La maggior parte degli elementi — quali p.es. il borio, l'iodio — non sono necessari se non in tracce. Ma ci sono anche *elementi massicci*: questi sono i *nutrienti*. Sono elementi metallici e non-metallici. Elementi metallici sono: il potassio (K - «kalium»), il sodio (Na - «natrium»), il calcio (Ca), il magnesio (Mg), il ferro (Fe). Elementi non-metallici sono: il carbonio (C), l'idrogeno (H - «hidrogenium»), l'ossigeno (O), l'azoto (N - nitrogeno), lo zolfo (S - sulphur) ed il fosforo (P -phosforum); in una breve sigla mnemonica: CHONSP.

Alcuni elementi sono peculiari agli animali, soprattutto il sodio, che le piante appena tollerano, mentre gli animali ne hanno bisogno per il funzionamento degli organi sensori e del sistema nervoso.

Il cosiddetto «stato di ossidazione» — frequenza e reciproco rapporto di quantità degli elementi nella biosfera — è totalmente differente dallo stato e dalla distribuzione di questi stessi elementi nelle altre tre sfere.

La litosfera consta di ossidi metallici. Grosso modo, in quel paio di chilometri che forma lo strato superiore della crosta continentale, in 10.000 atomi, si trovano ca. 6.600 (66%) atomi di ossigeno, 2.300 (23%) di silicio, 700 (7%) di alluminio, 20 (0,2%) d'idrogeno, 25 (0,25%) di sodio, e 10-20 (0,1 a 0,2%) atomi, rispettivamente, di ferro, magnesio, calcio e di potassio; ed inoltre, 16 (0,16%) atomi di carbonio, 8 (0,08%) di fosforo e 4 (0,04%) di zolfo. L'azoto, invece, vi manca praticamente del tutto. La Litosfera è più o meno asciutta e si trova in uno stato di ossidazione, si direbbe, per eccellenza. Nella *biosfera*, invece, *si ritrovano press'a poco tutti quanti gli elementi*, esclusi proprio quelli litologicamente più frequenti, cioè il silicio e l'alluminio. E quelli biologicamente più frequenti — il carbonio e l'idrogeno — la biosfera non li ricava dalla litosfera.

L'idrosfera è anch'essa totalmente ossidata: in 10.000 atomi vi troviamo ca. 6.600 atomi d'idrogeno (66%), 3.300 (33%) d'ossigeno — l'idrogeno e l'ossigeno sono appunto combinati nella «acqua» in proporzione di 2:1 (H_2O). Disciolti in quest'acqua troviamo ancora 28 atomi (0,28%) di sodio, 33 (0,33%) di cloro, 34 (0,34%) di magnesio, 17 (0,17%) di zolfo, 0,14 (0,0014%) di carbonio, 0,6 (0,006%) di potassio, ed, in quantità ancora minori, una sessantina di altri elementi. La biosfera trae dall'idrosfera soprattutto l'idrogeno — ma le alghe, quelle riescono ad estrarne tutti gli altri nutrienti.

L'atmosfera presenta un grado più basso di ossidazione, poiché la maggior parte dei suoi componenti si trovano in «stato elementare.» In 10.000 atomi vi troviamo 7.800 atomi d'azoto (78%), 2.100 (21%) d'ossigeno e ca. 100 (1%) di gas «nobili», soltanto 3 (0,003%) atomi di carbonio sotto forma di CO_2 — ossido di carbonio ossia anidride carbonica. La biosfera prende dall'atmosfera — calcolatamente, per così dire — il carbonio che vi si trova solo residualmente, ma anche l'ossigeno e l'azoto.

Contrariamente a codeste tre sfere, *la biosfera appunto non è ossidata*, bensì «ridotta»: in altre parole, le sue sostanze si trovano ad un livello energetico superiore. Essa è, inoltre, umida e carbonacea, nonché — come l'idrosfera — povera di metalli.

A tale stato sono legate *tre funzioni* della biosfera:

1) La biosfera riesce a *ridurre* gli elementi *idrogenizzandoli*, combinandoli cioé con l'idrogeno che proviene dall'acqua.

2) La biosfera riesce ad *immagazzinare* o concentrare gli elementi; ciò è palese soprattutto nel caso del carbonio, che nella biosfera appare ca. 1000 volte più frequente di quello che si constata nell'atmosfera.

3) La biosfera può *scegliere*, poiché il rapporto quantitativo degli elementi in essa esistente, si distingue nettamente da quello nelle altre tre sfere.

Tutte e tre codeste funzioni — idrogenizzare o ridurre, concentrare, selezionare — richiedono *energia*. Questa si presenta sotto forma di energia *chimica*, in combinazioni energeticamente ricche, perché ridotte, di cui si compongono gli *organismi*. Codesta energia chimica proviene, in ultima analisi, *dal sole*. L'energia *solare* viene accumulata dalle piante *verdi* sotto forma, appunto, di energia chimica. Ciò avviene nella *fotosintesi*, per cui il carbonio, sotto forma di anidride carbonica (diossido di carbonio, CO_2), viene ridotto, tramite l'idrogeno dell'acqua, ad una sostanza dalla formula lorda CH_2O. Più del 98 % della sostanza della biosfera corrisponde a tale composizione. L'ossigeno dell'acqua è liberato mediante la fotosintesi.

L'energia accumulata nelle combinazioni organiche ridotte viene di nuovo liberata, nella misura in cui esse perdono l'idrogeno, il quale, a sua volta, si combina con l'ossigeno per formare l'acqua. Questi due processi abbinati prendono il nome di *respirazione interna*, la quale può essere formalmente concepita come l'inverso della fotosintesi, poiché libera di nuovo l'energia solare trattenuta, fornendo i prodotti di partenza della fotosintesi, cioè l'anidride carbonica (CO_2 e l'acqua (H_2O).

Si è così descritto un primo (macro-)ciclo: i produttori — le piante verdi — riducono, attraverso la fotosintesi, il carbonio ad opera dell'idrogeno, si sprigiona l'ossigeno e si fa riserva d'energia solare. I consumatori ed i decompositori — ma anche i produttori in quelle parti che non sono atte alla fotosintesi, come p.es. le radici, oppure nelle ore notturne — ossidano, attraverso la respirazione, il carbonio, per cui si liberano nuovamente anidride carbonica (CO_2) ed acqua (H_2O). L'ossigeno viene consumato, mentre l'energia solare viene trattenuta e resta disponibile per l'impulso dei processi vitali.

Questo ciclo è il più perfetto e il più veloce: ciò dipende dal fatto che soltanto l'atmosfera e l'idrosfera ne prendono parte, non l'indolente litosfera. Si stima che la durata ciclica del carbonio sia di 300 anni, di cui 11 anni nell'atmosfera; quella dell'idrogeno, di 2.000 anni; quella dell'ossigeno, di 2 milioni d'anni.

Le combinazioni degli elementi sopra indicati — carbonio, idrogeno, ossigeno —, sono assorbite sotto forma gassosa oppure liquida. Tutti gli altri nutrienti non possono essere assorbiti se non in stato disciolto, in «soluzione.» Ogni elemento solubile nell'acqua e le sue combinazioni seguono il ciclo stesso dell'acqua. Lo sbocco finale è il mare, a meno che l'elemento non possa trasformarsi in una combinazione gassosa e quindi raggiungere l'atmosfera, la quale costituisce l'anello che chiude il ciclo.

Per i metalli non esiste un simile ciclo, a meno che non siano immediatamente assorbiti dalle radici non appena liberati dai residui organici ad opera dei decompositori. Per gli elementi non-metallici la situazione è alquanto diversa. Ci sono microorganismi che riescono a trasformare le combinazioni disciolte di azoto e di zolfo in combinazioni gassose, e cioè in azoto elementare (N_2), in una combinazione di azoto (N_2O - protossido di azoto ossia «gas esilarante», usato una volta come anestetico), nonché nel velenoso idracido solfidrico (H_2S - dall'odore di uova putrefatte). Quest'ultimo viene ossidato nell'atmosfera sotto forma di diossido solforoso ossia anidride solforosa (SO_2) e versato dalla pioggia sulla terra, dove la combinazione solforosa viene nuovamente assorbita dalle piante.

Il gas esilarante (N_2O) si decompone nell'atmosfera negli elementi azoto ed ossigeno. L'atmosfera sembra, quindi, indubbiamente essere lo sbocco finale dell'azoto, esattamente come il mare per tutti i metalli, poiché, sorprendentemente, le piante verdi — i produttori — non riescono ad assimilare l'azoto sotto forma gassosa elementare.

Ma *anche in questo caso i microorganismi chiudono il ciclo*. Infatti, alcune specie di batteri e di alghe azzurre sono in grado di fissare l'azoto dell'aria, mettendolo così a disposizione delle piante superiori. Taluni tipi di famiglie vegetali hanno addomesticato dei batteri che trattengono l'azoto (vedi i noduli nelle radici delle leguminose), rendendosi in tale modo indipendenti dall'azoto del suolo. Con ciò va aggiunto, senza dubbio, che le piante verdi — i cosiddetti produttori autotrofi — non sono poi tanto «autotrofi» come il nome vorrebbe dire: nella misura in cui esse di fatto dipendono da altri organismi per la provvista di azoto, sono pure eterotrofe.

Combinazioni assimilabili di azoto derivano anche dalle scariche elettriche durante i temporali: è il fenomeno chiamato «folgorite», una concrezione tubolare quarzosa cioè, originata dal passaggio del fulmine attraverso sabbie silicee. Da questo significato primario deriva quello secondario di tubo atmosferico di gas ionizzato che «conduce» il fulmine, in modo simile a quello di un tubo per l'acqua. La quantità di azoto fissato in questa maniera, si calcola raggiunga, a livello mondaile, 4-6 milioni di tonnellate l'anno, un decimo circa della quantità che viene fissato dai microorganismi. Del resto, per codesti microorganismi (ad eccezione delle alghe azzurre) l'ossigeno è velenoso; essi possono vivere, dunque, soltanto in zone povere di ossigeno, particolarmente nelle paludi, ma anche nei sedimenti di grossi bacini acquatici, nonché nelle pozzanghere molto sporche e, quindi, anch'esse povere d'ossigeno.

Per il fosforo il ciclo è differente: il suo sbocco finale è il mare, poiché non esistono microorganismi che riescano a produrre combinazioni gassose di fosforo. Del resto, il fosforo non è proprio un elemento frequente della litosfera. Inoltre, esso appare facilmente sotto forma di fosfato insolubile, calcareo o ferroso che sia. Né risulta che spesso il fosforo costituisce un cosiddetto «elemento minimo», un elemento cioè che, secondo la legge del minimo di Liebig[3], limita la crescita delle piante verdi malgrado vi sia abbondanza degli altri nutrienti.

Il *ciclo del fosforo* può chiudersi in periodi geologici lunghissimi (100 milioni d'anni e più), specie quando un ammasso sedimentoso formatosi in milioni d'anni, si sfalda nelle zone geologicamente attive della crosta terrestre, si comprime e s'innalza in montagne. Subentra allora di nuovo un processo di decomposizione chimica: metalli e fosforo si sciolgono, si spostano verso gli oceani e quindi possono, strada facendo, venir assorbiti da vegetali. Ma si tratta qui di un ciclo, non propriamente biologico, inventato dalla biosfera, ma piuttosto di un ciclo geologico.

Ciò che le piante compiono nel ciclo delle sostanze, è una specie di estrazione mineraria, la quale però non supera quanto la tecnica umana è in grado di fare. Attualmente p.es. vengono estratte 700 milioni di tonn. di minerale ferroso, con un contenuto medio di più del 50 % di ferro. A ciò si aggiungano ca. 300 milioni di tonn. di minerali di altri metalli, con un contenuto dello 0,5 % e anche meno. Il contenuto metallico di codesti minerali raggiunge, se vi includiamo il potassio ed il fosforo, ca. 500 milioni di tonn. l'anno. La biosfera estrae almeno 10 volte altrettanto, e ciò da rocce il cui contenuto di elementi estratti, nel migliore dei casi, comporta una bassa percentuale (p.es. di ferro), nella mggior parte dei casi soltanto qualche frazione di millesimo.

La tecnica umana utilizza, per l'estrazione mineraria, delle *scorte* d'energia, che, proprio in quanto scorte, si lasciano rapidamente estrarre a piacimento, e adoperare sotto forma di concentrati, come p.es. l'olio diesel nel motore omonimo. La biosfera, invece, per le sue prestazioni impiega l'energia solare, e cioè un *flusso* d'energia, il quale non può essere aumentato. L'intensità del flusso energetico solare utilizzato dalla biosfera è ca. 1.000 volte minore del flusso tecnologico d'energia, sebbene la quantità dell'energia solare sia, inversamente, ca. 20.000 volte maggiore.

Il regno vegetale estrae quindi una quantità 10 volte maggiore di metalli da rocce che sono da 10 a 10.000 volte più povere, e ciò ad opera di una corrente energetica d'intensità molto inferiore. Il presupposto di codesta brillante operazione è un contatto più streto con il substrato mineralifero: suolo, acqua, aria e corrente energetica solare. Un tale risultato viene raggiunto in conformità al principio costitutivo tanto tipico delle piante, quello cioè delle ricorrenti ramificazioni, grazie alle quali la superficie del contatto e dei collettori viene enormemente allargata. Una pianta di segale a 4 mesi di età sviluppa, attraverso la formazione delle radici con le loro barbe, una estensione di contatto con il suolo pari a 500-600 m^2. Il prezzo che le piante devono pagare per una simile prestazione, sta nel fatto che esse non possono abbandonare il loro posto: sono prigioniere nel luogo dove abitano ed operano.

Malgrado la tecnica umana non riesca (per ora) a misurarsi con le prestazioni della biosfera, essa è nondimeno abbastanza potente da poter disturbare durevolmente la biosfera, e addirittura distruggerla. La devastazione p.es. di grandi distese boschive nei tropici interrompe, in pochi anni, il flusso di materia che vi si era stabilito. L'uso sempre più rapido dei combustibili fossili eleva il contenuto in anidride carbonica nell'aria, minacciando così l'equilibrio climatico vigente. Sorprendentemente, l'aumento del contenuto in anidride carbonica nell'aria è solo la metà di quello atteso. Si sa oggi che l'oceano funziona come decantatore dell'anidride carbonica: essa si scioglie nell'acqua e reagisce con il calcio proveniente dalle decomposizioni rocciose, formando la calce. Nel caso in cui codesta calce un bel giorno dovesse venire in contatto con la lava ascendente, l'anidride carbonica sarebbe di nuovo liberata e riapparirebbe nei gas vulcanici.

Anche il *ciclo dell'azoto* è minacciato d'alterazione. I microorganismi fissano, soltanto sui continenti, almeno 40 milioni di tonn. d'azoto dell'aria. Altrettanto viene oggi fissato industrialmente con un impiego ingente d'energia, ed elaborato come fertilizzante azotato. Incombe però il pericolo che i microorganismi che liberano l'azoto, aumentino la quantità di gas esilarante, il quale non possa essere decomposto con la sufficiente rapidità nell'atmosfera, e quindi possa raggiungere e disturbare la fascia di ozono — in modo simile all'azione menzionata qui sopra, del gas spruzzato dalle bombole spray. Così verrebbe a distruggersi lo scudo protettore contro le radiazioni solari ultraviolette a onde corte, le quali, lo si ripeta, sono cancerogene.

Ma può capitare anche qualche altra cosa: nella ricerca affannosa di sempre nuovi terreni da coltivare, le paludi vengono sempre più drenate e prosciugate; così l'habitat dei decompositori d'azoto viene distrutto, l'azoto non viene più liberato ad un ritmo sufficientemente veloce, accumulandosi allora nei fiumi, nei mari e negli oceani. Inoltre, la concimazione azotata reca senz'altro, in un primo tempo, un aumento spesso di per se desiderabile della produzione — p.es. di pescato —, ma costei diventa poi una superproduzione, poiché il contenuto d'ossigeno delle acque non basta più a decomporre le quantità crescenti di sostanze organiche; ne risulta un'acqua povera d'ossigeno e di vita, addirittura velenosa. Le composizioni azotate possono raggiungere perfino i fondali dell'acqua, trasformandola in una rarefatta soluzione di concime artificiale, e quindi non potabile.

L'accennato aumento di produzione è possibile solo quando, nel contempo, cresce anche il contenuto fosforico. La minerazione accellerata di depositi di fosfato per produrre concime artificiale e detergenti, ha accresciuto il flusso di fosforo nella biosfera. Il fosforo cessa quindi di essere «l'elemento minimo», frenante, di un tempo. Perfino laddove mancano quantità sufficienti d'azoto, l'immane *input* di fosforo induce sviluppi massicci di alghe azzurre, le quali sono allora in grado di soddisfare il loro fabbisogno d'azoto prendendolo dall'aria; orbene, non va dimenticato che, non di rado, codeste alghe azzurre sprigionano sostanze altamente tossiche, che minacciano la vita superiore nell'acqua ed, inoltre, rendono l'acqua stessa non potabile — un fenomeno analogo, quindi, a quello descritto qui sopra, che si produce con le alghe rosse, per eutrofizzazione nei dintorni degli estuari, noto come «marea rossa»[4].

La biosfera ha cambiato la fisionomia della Terra, non solo rendendola verde da bruna che era, non solo frenando lo spianamento della superficie terrestre ad opera dell'erosione, ma anche liberando l'intero contenuto d'ossigeno esistente nell'atmosfera. Certamente, l'ossigeno che un albero produce nell'arco di tutta la sua vita, fosse anche un volume di parecchie tonnellate, viene completamente consumato quando la sostanza di quell'albero è del tutto ossidata ad opera dei decompositori: viene appunto decomposta in anidride carbonica ed acqua. Gli alberi non possono quindi vantare una produzione netta d'ossigeno, a meno che codesta decomposizione non sia totale, perché la sostanza organica morta viene sepolta nei sedimenti e quindi sottratta sia agli organismi che potrebbero decomporla, sia all'azione dell'ossigeno atmosferico.

Codesta sostanza organica sottratta alla decomposizone — per così dire, sequestrata — ha via via formato quelli che oggi sfruttiamo come depositi di combustibili fossili. La quantità di carbonio imprigionata nei sedimenti deve essere tanta da poter fissare l'intero contenuto d'ossigeno esistente nell'atmosfera, e cioè 490 milioni di tonn. di carbonio. Se si riuscisse a bruciare effettivamente tutta questa quantità, l'intero ossigeno dell'aria scomparirebbe, ma ciò non è affatto possibile, innanzitutto perché soltanto l'1-2 % di codesta quantità si è finora immagazzinato in estensioni tali da poter essere estratto tecnicamente.

3.0 *Il flusso energetico*

L'impulso al ciclo della materia proviene, in ultima analisi, dall'*energia solare*. Per vivere e sussistere la biosfera ha bisogno di entrambe: della *materia* e dell'*energia*.

Ma l'energia non si lascia condurre ciclicamente, giacché il «*perpetuum mobile*» è impossibile: essa fluisce attraverso l'ecosistema e, in questo modo, produce lavoro. La stessa entità di energia che entra nell'ecosistema, esce da esso sì, ma come energia svalutata, non più capace di produrre lavoro, e cioè sotto forma di calore a temperatura inferiore.

Quale via prende allora l'energia nella biosfera? Qual'è l'efficienza del suo lavoro? Quanto dura l'energia nella biosfera? In linea di massima — certo, non in pratica — è facile accertare quanta energia solare una pianta abbia fissato tra la mattina e la sera, tra la primavera e l'autunno. Basta determinare l'incremento di sostanza organica. Infatti, bruciando questa quantità di sostanza, si ottiene una certa quantità d'energia calorica e di prodotti inorganici della combustione — i cosiddetti ossidi —, soprattutto anidride carbonica (diossido di carbonio) e acqua. I prodotti della combustione non sono altro che i nutrienti, con i quali le piante formano le sostanze organiche; e il calore della combustione corrisponde esattamente all'energia solare fissata nella fotosintesi. Il valore combustibile (calore di combustione) della sostanza vegetale è quindi un equivalente dell'energia solare fissata. Senza dubbio, nel misurare l'incremento della sostanza si deve tener conto non del peso vivo (umido), bensì del cosiddetto peso secco[5], si deve cioè previamente drenare l'acqua libera, poiché essa è un ossido, e quindi non brucia, non fornisce energia. Si vede allora che un grammo di sostanza secca estratta dagli ecosistemi terrestri, contiene in media 4,5 kcal. E se poi si vuole sapere ciò che accade con l'energia fissata, basta seguire il destino delle sostanze vegetali.

Contempliamo una foresta a latifoglie della zona temperata, p.es. quella che, nel Belgio, costituisce l'orgoglio dei suoi gardaboschi. L'età media dei suoi alberi è di 60 anni. La biomassa di una tale foresta è stimata a 250 tonn. di sostanza secca per ha. Le sue foglie, come altrettanti collettori solari, afferrano e fissano il 2-3% della radiazione solare che incide su di esse. Ciò costituisce press'a poco l'1% della radiazione solare annua, ossia 9.500 kcal per m². A queste 9.500 kcal di energia solare fissata per m² l'anno, corrispondono ca. 2.400 g di sostanza secca, ossia 24 tonn. per ha l'anno. Questa è la cosiddetta produzione lorda dell'ecosistema forestale. Di questa quantità viene respirato ed ossidato qualcosa come il 45%, ossia 10,8 tonn. per ha, per ricavarne energia in favore di quegli organi che non possono fissare energia solare, p.es. le radici, oppure per quei tempi in cui il sole non splende, p.es. di notte. L'energia prodotta dalla respirazione sostenta la vita e produce lavoro, dopo di che, ridotta ormai a forma di calore a temperatura inferiore, abbandona l'ecosistema.

Il restante 55%, ossia 13,2 tonn. per ha l'anno, rappresenta la produzione netta della foresta, chiamata anche produzione primaria. Cosa ne è di essa?

Circa 4 tonn. contribuiscono all'aumento della sostanza della foresta, dato che essa non abbia raggiunto ancora il suo climax: la crescita è tuttora più grande del decadimento. Queste 4 tonn. corrispondono al 17% della produzione lorda ed al 30% di quella netta.

Circa 0,3 tonn. sono eliminate dagli erbivori: bacherozzoli e bruchi, uccelli mangiatori di semi, topi e animali selvatici. Dunque, l'1,2% della produzione lorda, cioè il 2,3% di quella netta, va alla cosiddetta catena trofica dei pascolanti. In caso di attacco da parte di esseri nocivi codesta quantità può salire a qualche multiplo del totale indicato, ma nell'arco di parecchi anni essa rimane costante, come anche la biomassa dei consumatori, cioè 30-50 kg per ha. La maggior parte della frazione di 0,3 tonn. viene respirata, mentre il 10% ca. è vittima di predatori carnivori: insetti predatori, uccelli predatori d'insetti, anfibi ecc. E così, un decimo dell'energia che viene assunta dalla categoria degli erbivori, va a finire alla categoria immediatamente superiore, quella dei predatori di primo grado. Poi, di nuovo, un decimo passa alla categoria dei predatori di secondo grado, quali gli uccelli di rapina, le martore, le volpi. Si parla perciò della «regola del 10%»

Del 2% di produzione netta che fluisce alla catena trofica dei pascolanti, lo 0,2% va ai carnivori di primo grado, e soltanto lo 0,02% ca. avanza per quelli di secondo grado, mentre la quantità esistente in un determinato grado, che non vada oltre, viene respirata. E quella quantità che non viene né respirata né passata ad altro grado, serve per l'incremento della biomassa degli erbivori e dei carnivori.

Ciò che i pascolanti non divorano prima o poi muore, cade al suolo e passa ad essere smaltito nella catena trofica dei decompositori. Codesto materiale ammonta a 8,9 tonn. per ha l'anno, ossia al 37% della produzione lorda, al 67% di quella netta.

Ai detriti vegetali bisogna aggiungere quelli della catena trofica dei pascolanti: escrementi, lana, carogne, ecc. I detritivori ed i coprofagi vi trovano il loro nutrimento: larve d'insetti d'ogni sorta, tarli, lombricchi ed altri vermi, nonché certi carnivori, come le volpi. La biomassa dei detritivori è stimata a 300-400 kg per ha. Essi divorano ed ossidano ben 4 tonn. per ha l'anno. Altre 5 buone tonnellate vengono ossidate e decomposte chimicamente da batteri e funghi, il 20% cioè della produzione lorda, il 38% di quella netta. La loro biomassa è stimata a ca. 200-250 kg. Alla stregua della quantità trasformata di nutrienti, ciò è stranamente poco: corrisponde al fatto che un organismo, conforme al suo peso specifico, quanto è più piccolo, tanto più deve mangiare; i microorganismi presentano un «turnover» — un giro materiale particolarmente elevato[6].

Il resto — una buona mezza tonnellata per ha l'anno — serve per l'incremento dell'humus nella misura in cui non viene asportato dal vento e dall'acqua. Codesta mezza tonnellata insieme con le 4 tonnellate d'incremento, aumentano il volume totale delle sostanze organiche nell'ecosistema. Essa corrisponde a quella quantità di sostanza organica che, sotto forma di legno p.es., viene ogni anno sottratta, per ha, ad una foresta, senza metterne a repentaglio la consistenza: rappresenta, per così dire, l'interesse del capitale boschivo. Codesta quantità è anche denominata *ecoproduzione netta*.

In una foresta al suo climax, perfettamente equilibrata, l'ecoproduzione netta è uguale a zero. In una foresta scadente, invecchiata, senza sufficiente ringiovanimento, oppure logorata dallo sfruttamento abusivo, l'ecoproduzione netta è negativa. In una foresta giovane, che cresce rigogliosamente, l'ecoproduzione netta può essere altamente positiva.

Ma, anche una foresta che non cresce più, può presentare un'ecoproduzione netta positiva, specie nel caso in cui i decompositori non riescano a smaltire i detriti, p.es. negli acquitrini dove, in conseguenza ai fondali d'acqua stagnante, l'ossigeno manca e quindi la decomposizione viene frenata o addirittura interrotta. Questa è la situazione di partenza per la formazione di torba, e più tardi di lignite e di litantrace ossia carbone pietra. Si arriva, anche, ad un accumulo di detriti laddove a causa di temperature piuttosto basse viene rallentata la capacità di reazione dei decompositori, come p.es. nel caso della formazione di humus rozzo nelle foreste boreali di conifere; oppure dove la decomposizione viene interrotta da lunghi periodi di siccità, come p.es. nel caso della formazione della cosiddetta terra nera in alcuni tipi di steppe.

Quello che c'è di universalmente valido in questo esempio e quindi può essere ritrovato in qualsiasi ecosistema, è l'aspetto strutturale, come p.es. la ripartizione netta tra catene di pascolanti e di decompositori. Ma i dati quantitativi possono variare considerevolmente da un'ecosistema all'altro.

Le differenze tra le foreste delle diverse zone climatiche sono molto grandi. Le foreste pluviali tropicali producono durante tutto l'anno, con intensità pressoché invariata. Le foreste boreali di conifere, invece, producono soltanto durante una breve estate; la media della loro produzione lorda è 5-6 volte minore, mentre la loro produzione netta è solo 2,5-3 volte inferiore. La ragione è da rintracciare nel fatto che, durante il periodo di vegetazione, le notti sono brevi e fresche, e quindi le perdite dovute alla respirazione sono modiche, mentre nei tropici le notti sono lunghe e calde, quindi le perdite per la respirazione sono considerevoli. Quanto più la temperatura è elevata, tanto più intensamente funzionano tutti i processi biochimici, compresa la respirazione. Perfino gli uccelli tropicali sembrano conoscere codesto stato di cose, per cui nell'estremo nord, durante l'estate, la produzione complessiva — quindi anche la produzione d'insetti — è elevata, e lunga è la giornata utile al raccolto. Ecco perché le rondini p.es., per la cova, volano sino all'estremo nord.

Le differenze si manifestano ancora maggiori, se contempliamo la produttività di una lussureggiante prateria: la sua produzione netta per ha l'anno non è superata se non dalle foreste pluviali. Ciò non sembrerà strano quando si pensa che la sua produzione in erba per m^2 non è sostanzialmente minore di quella in fogliame di una foresta: gli steli dell'erba sono, infatti, capaci d'assimilazione, poiché anch'essi sono verdi, e non vi è, praticamente, alcun organo legnoso e quindi improduttivo. Perciò anche le perdite per la respirazione sono relativamente piccole, spesso inferiori al 20% della produzione lorda, in contrapposizione al 60-80% nelle foreste tropicali. Una parte considerevolmente maggiore della produzione va alla catena trofica dei pascolanti, non solo il 2%, ma perfino il 15%. Non ci stupisce quindi che questi ecosistemi mantengano le maggiori mandrie di grossi animali, come quelle di antilopi e di zebre nelle savane dell'Africa orientale. L'ecoproduzione netta decidua serve per l'incremento delle sostanze dell'humus (formazione di terre nere).

Se poi giriamo lo sguardo verso gli ecosistemi *marini*, vi troviamo le maggiori differenze in rapporto a quelle riscontrate negli ecosistemi forestali. La biomassa dei produttori del mare aperto — alghe microscopiche che formano il fitoplancton — si misura in kg, non in tonnellate per ha. Inoltre, la durata di una generazione si misura non i decenni, ma in giorni. Nondimeno, la produzione netta degli ecosistemi marini può essere considerevole: in media una buona tonnellata; in particolare, più di 10 tonn. nelle regioni costiere.

Mentre negli ecosistemi terrestri una maggiore, o addirittura la maggior parte della produzione netta viene smaltita nella catena trofica dei decompositori, in quelli marini avviene l'inverso: il 60-80% della loro produzione netta va alla catena trofica dei pascolanti. Ingenti branchi di pesci e stormi di uccelli si scambiano una capacità di produzione mai raggiunta da qualunque altro ecosistema, ma notiamo bene: la produzione netta ammonta ad un'unica tonnellata, e per la maggior parte dei mari del mondo a molto meno. Ciò che passa alla catena alimentare dei decompositori, viene ossidato dai detritivori — come le conchiglie, oppure dai saprofagi — come i vermi. Nelle zone produttive del mare una parte notevole di energia, cioè della sostanza organica delle zone dei produttori, rimane inutilizzata e si ammassa nei sedimenti, da cui derivano, in lunghissime epoche geologiche, le matrici rocciose del petrolio e del gas naturale.

Infine, ancora un ecosistema: *il terreno coltivabile*. Esso costituisce un caso speciale: la sua produttività netta ammonta complessivamente a 6,5 tonnellate per ha l'anno, il che corrisponde ad un raccolto di ca. 1,6 tonn. di frumento. Questi valori, per l'agricoltura industrializzata delle parti migliori dell'Europa occidentale e centrale, raggiungono 20 tonn. di sostanza secca, il che corrisponde a ca. 4 tonn. di frumento. L'obiettivo dell'agricoltura è quello di smaltire la maggior quantità possibile, magari il 40% della produzione netta, nella catena trofica dei pascolanti, tra cui anche l'essere umano. La metà viene data come foraggio agli animali addomesticati e quindi trasformata in proteine ad alto valore nutritivo, il cui contenuto energetico certamente non supera il 2% della produzione netta. Ciò ammonterebbe a 45 kg (peso secco) di prodotti animali pro capite in rapporto alla popolazione mondiale, comprese le pelliccie, le interiora, le ossa; al consumo, codesta quantità corrisponderebbe a qualcosa come 30-40 kg pro capite di carne fresca, pollame, uova e latticini.

L'*ecosistema antropogeno* ha finora ostentato un'*ecoproduzione netta considerevole*, la quale si traduce nell'incremento della popolazione mondiale, nonché nella quantità di bestiame «domestico.» Tutto ciò ha il suo prezzo, e la questione è quella di sapere per quanto tempo ancora un tale prezzo potrà essere pagato. Il prezzo consiste in un crescente *input* di macchine, materie prime e soprattutto energia. L'*input* energetico nelle campagne dei paesi industrializzati, supera ormai tutta quanta l'energia solare fissata fotosinteticamente. In altre parole, noi divoriamo più petrolio che energia solare. La corsa contro la fame solleva la domanda sull'esatto livello potenziale, sul massimo di produttività ottenibile dai terreni coltivabili nelle diverse zone climatiche.

Si è calcolato, e in parte anche verificato, il potenziale di 6 zone climatiche e, per ciascuna di esse, un periodo di vegetazione pari a 4,8 e 12 mesi. Si è ipotizzato che tutti i fattori fossero in condizioni ottimali: acqua e nutrienti in quantità sempre sufficiente, struttura del suolo ottimale, nessuna epidemia, assenza di organismi nocivi. Il flusso energetico, cioè la quantità di energia solare, è l'unico fattore che si è ritenuto variare a seconda delle diverse zone climatiche.

Il risultato è stato quanto mai sbalorditivo: nei quattro mesi più favorevoli, il minimo è stato trovato nei tropici con ca. 30 tonn. di produzione netta; il massimo — di 45 tonn. — si è trovato, invece, nelle fasce settentrionali della zona temperata, corrispondenti, nel Canada, alle zone coltivate a grano. La ragione è che, a nord, la produzione è elevata, poiché le giornate sono lunghe e la media delle temperature diurne è favorevole; nel contempo, le perdite per respirazione rimangono piccole a causa di notti brevi e fresche, mentre nei tropici le notti sono lunghe e calde. Nell'arco di 8 mesi, le regioni tropicali e subtropicali riescono pressoché a raddoppiare la loro produzione, mentre nelle zone temperate l'incremento si situa un po' al di sopra del 50% per quanto riguarda le fasce meridionali, e al di sotto del 50% per quanto riguarda quelle settentrionali.

Misurati però nell'arco di tutto l'anno, questi primati debbono considerarsi superati. In verità, l'inverno con temperature medie attorno allo zero, forza la vegetazione al completo riposo. E poi, il massimo della produzione non si trova nei tropici, bensì nella zona climatica mediterranea probabilmente a causa dell'andamento della temperatura, secondo cui p.es. le giornate invernali sono meno calde di quelle delle regioni subtropicali umide, come accade nella Cina meridionale o nella Florida, ma in compenso le notti sono più fresche e le perdite per respirazione sono di minore entità.

In realtà, il menzionato potenziale produttivo viene raggiunto, localmente, nelle foreste pluviali tropicali, dove non c'è siccità. L'agricoltura invece raggiunge il suddetto potenziale solo nelle colture sperimentali, p.es. in quelle della canna da zucchero nelle Hawai, di granoturco e di frumento negli Stati Uniti e nel Canada. I fattori frenanti sono i seguenti:

1) Mancanza di nutrienti e sfavorevole struttura del suolo *nei tropici e nella zona umida subtropicale*, eccettuati i luoghi dove i suoli giovani si presentano con favorevoli composizioni mineralogiche, diciamo nelle distese alluvionali attorno a grossi fiumi, oppure in regioni neo-vulcaniche, come p.es. a Java.

2) *Nelle regioni «mediterranee»* — quelle, appunto, attorno al Mare Mediterraneo oppure nella California o nelle regioni marginali dei tropici — p. es. in India —, la scarsità d'acqua durante i periodi di siccità sia estivi che invernali, costituisce il principale fattore limitante della ecoproduttività.

3) *La zona temperata dell'emisfero nord* — essa è praticamente inesistente nell'emisfero sud — può considerarsi *privilegiata per l'agricoltura*, a dispetto dell'interruzione produttiva della stagione invernale. Il più delle volte vi è l'acqua sufficiente ed i suoli — un regalo del periodo delle glaciazioni — sono in tutto e per tutto giovani. Non per niente è in codesta zona che si trovano i cosiddetti «eccedenti» agricoli.

4) *Nei mari* l'ecoproduttività non viene limitata, si può dire, se non dalla disponibilità di nutrienti. L'esistenza di fosforo, non di rado anche di ferro e di altri elementi, è molto ridotta nei mari aperti della zona tropicale e subtropicale: la loro produttività è paragonabile a quella dei deserti o semi-deserti; il poco che vi è viene, inoltre, costantemente perduto, perché il detrito affonda negli abissi afotici e così il suo contenuto nutritivo va sprecato per i produttori della zona eufotica, — mentre sulla terra ferma il detrito organico resta pur sempre a portata delle radici. Soltanto in quelle zone marine che hanno un con-

tinuo flusso di nutrienti, la produzione netta del fitoplancton raggiunge, localmente, 10 tonn. e anche più: tali regioni sono gli estuari, le piattaforme continentali, i mari caldi e le cosiddette zone di risalita alle coste occidentali dei continenti, in cui l'acqua fredda dei fondali, ricca di minerali, rimonta alla superficie[7].

Sebbene la superficie dei mari — il suo specchio collettore — sia 2,5 volte più estesa di quella dei continenti, la produzione marina raggiunge solo la metà di quella terrestre. Dunque, la produttività naturale della terra ferma è 5 volte più grande di quella dei mari.

Se c'è acqua per l'irrigazione, se ci sono fertilizzanti minerali e humus che migliorino le condizioni del terreno, la produttività naturale della terraferma può moltiplicarsi, mentre non si può nemmeno pensare ad una concimazione dei mari su vasta scala. Un aumento sostanziale della produzione marina è praticamente impossibile. Ciò che si dice comunemente riguardo all'enorme potenziale nutritivo dei mari, è in gran parte un bel sogno, un «wishfull thinking»: con molta fortuna, possiamo tutt'al più raddoppiare l'attuale raccolto dei frutti di mare, portandoli magari a 150 milioni di tonnellate, senza danneggiare a lungo andare la biomassa marina.

Riassunto Conclusivo

La biosfera si trova in un equilibrio dinamico, in quanto possiede una meravigliosa capacità di auto-regolazione e di rigenerazione, che le consente di restaurare l'equilibrio laddove esso viene localmente disturbato. Questa capacità è, tuttavia, limitata e non può essere potenziata a nostro piacimento tramite misure tecniche di cosiddetta protezione dell'ambiente.

La biosfera dispone, inoltre, di un grande potenziale che non è stato finora utilizzato e che non potrà essere sfruttato fino in fondo, fino all'esaurimento, poiché sia la realizzazione di codesto potenziale, sia il risanamento della capacità naturale di rigenerazione che si sia indebolita, o il suo eventuale miglioramento mediante misure tecniche, esigono materia prima ed energia, che sono entrambe, in fin dei conti limitate.

Dove si trovino questi limiti non si può ancora dire con certezza. Quasi certo è solo il fatto che la biosfera non può sopportare una massa umana che sia il doppio o perfino il triplo dell'odierna — che è di ca. 4,7 miliardi di persone —, a meno che l'umanità non sia disposta a consumare, in modo diretto o indiretto, quantità pro capite assai inferiori di nutrimento vegetale, di materie prime e di energia, rispetto alle quantità che oggi vengono consumate nei paesi industrializzati, oppure a quelle che si desidererebbe poter consumare nei paesi in via di sviluppo.

È necessario riconoscere i nostri limiti e imparare a convivere con essi. E ciò non è una catastrofe, se è vero che l'essere umano, in linea di massima, non può raggiungere la sua autorealizzazione e perfezione nello scorcio di tempo tra la nascita e la morte, e che una vita materialmente più sobria non significa, necessariamente, una vita umanamente più povera.

NOTE (curate da P.C. Beltrão)

[1] Vedi ODUM 1973, 236-40: «L'*habitat* di un organismo è il luogo dove esso vive, cioè dove si può andare a cercarlo. La *nicchia ecologica* è un termine maggiormente restrittivo che comprende non solo lo spazio fisico occupato da un organismo, ma anche il suo ruolo funzionale nella comunità (per esempio la posizione trofica) e la posizione nei gradienti ambientali di temperatura, di umidità, di pH* del terreno, e di altre condizioni di esistenza. Questi tre aspetti della nicchia ecologica possono essere convenientemente chiamati *nicchia spaziale o di habitat, nicchia trofica e nicchia pluridimensionale o di ipervolume*. Di conseguenza la nicchia ecologica di un organismo dipende non solo dal posto dove essa vive, ma anche da ciò che esso fa (cioè dalle trasformazioni di energia, dal comportamento, dalla risposta all'ambiente e dalle modificazioni che esso provoca nell'ambiente). Si potrebbe dire che l'habitat è 'l'indirizzo' di un organismo, e la nicchia la sua 'professione' biologica.» (p.236)

* *pH* è la misura di ioni di idrogeno (H) e quindi della «*alcalinità*» ossia la qualità costitutiva degli àlcali, sostanza tra le quali la soda e la potassa, che hanno sapore di lisciva (acqua mescolata con potassa caustica e soda, per il bucato). Cf. MARGALEF (1969) p. 49 e tutto il paragrafo intitolato appunto «PH», pp. 50-52 e quello sulla «alcalinidad», pp. 52-54; Fr.C. at E. LEMAIRE, *Dictionnaire de l'environnement*, Verviersi Marabout Università, 1995, voce «pH».

[2] Ne risulta che, in termini ecologici, non esiste una dicotomia tra «funzionale» e «conflittuale»: un rapporto funzionale può essere conflittuale o meno, e vice-versa un conflitto può essere funzionale o meno. In sede sociologica — ed economica — si è ultimamente calcata la mano sulla distinzione dell'approccio, o addirittura «scuola» funzionalista e conflittualista: l'inserimento dell'ecologia *umana* tra le scienze sociali potrebbe rimediare questa specie di «schizofrenia» che deriva da una impostazione ideologica piuttosto che scientifica.

[3] «Si deve a Justus Liebig (*Chemistry and Its Application to Agriculture and Physiology*, London, 1840; London: Taylor and Walton, 1847[4]; questo scienziato tedesco, nato nel 1803 e deceduto nel 1873, si rese famoso soprattutto per le sue ricerche di chimica organica) la formulazione del concetto che l'anello più debole di una catena ecologica è quello che determina la sopravvivenza dell'organismo, anche il più forte. Liebig è stato un pioniere nello studio degli effetti di vari fattori sulla crescita delle piante. Egli trovò, come ben sanno gli agricoltori, che la resa di una coltivazione era spesso limitata non dai nutrienti richiesti in grande quantità, come l'anidride carbonica e l'acqua, poiché questi erano abbondantemente presenti nell'ambiente, ma da alcuni elementi naturali, per esempio il boro, necessari in quantità minime, scarsamente presenti nel terreno. Egli stabilì che 'la crescita di una pianta dipende dal nutriente presente in quantità minima': è questa la 'legge' di Liebig o del minimo»... «(Essa) non è che un aspetto del concetto di fattore limitante, che a sua volta è un aspetto del controllo ambientale sugli organismi.» La legge di Liebig ha due corollari che bisogna considerare affinché sia applicabile in pratica: 1) è applicabile soltanto in condizioni di equilibrio stazionario, cioè quando il flusso di materia e di energia in entrata bilancia quello in uscita; 2) va considerata entro l'interazione dei fattori: p.es. «a volte gli organismi sono in grado di usare, almeno in parte, al posto di una sostanza particolarmente scarsa nell'ambiente, un'altra sostanza chimicamente simile». ODUM 1973, pp. 106s.

[4] Vedi ODUM 1973, p. 363; qui sopra p. 149, n. 8.

[5] Vedi ODUM 1973, p. 39, tabella 3-1. *Unità di energia, e alcune utili approssimazioni ecologiche*. Cf. nota (*): «Poiché molti organismi viventi sono costituiti per 2/3 o più di acqua e di sali minerali, 2 kcal/g di peso corporeo vivo (umido) è un'approssimazione piuttosto grossolana della biomassa in generale.»

«Chilocalorie (kcal o Cal) = 1000 cal (grammocalorie) = quantità di calore necessaria per alzare di 1°C la temperatura di 1 kg (1 litro) di acqua a 15°C.»

[6] Vedi ODUM 1973, p. 17s: «... il concetto di *turnover*... può essere definito in senso lato come il rapporto fra *quello che entra o esce e il contenuto* (dell'ecosistema). L'inverso di questo rapporto è il tempo di turnover. Consideriamo

il flusso di energia produttiva come 'ciò che entra o esce' e la biomassa delle piante come il 'contenuto' (peso secco in g/m^2...). Se supponiamo che lo stagno e il prato abbiano entrambi una fotosintesi lorda di 5 g/m^2 al giorno, il turnover per lo stagno è 5/5, cioè 1, e il tempo di turnover è 1 giorno; invece per il prato abbiamo una velocità di turnover pari a 5/500, cioè 0,01, e il tempo di turnover sarà di 100 giorni. Quindi le piante dello stagno (fitoplancton), se il metabolismo è al massimo livello, possono sostituire se stesse in un solo giorno, mentre le piante terrestri vivono molto più a lungo e hanno un turnover molto più lento. ... il concetto di turnover è particolarmente utile nel caso dello scambio di nutrienti fra organismi e ambiente.» Cf. id., ib., cap. 4: «Principi e concetti propri dei cicli biogeochimici», pp. 86ss.

[7] «Quando il vento allontana uniformemente l'acqua di superficie in prossimità di coste molto ripide, si verifica un importante fenomeno detto *risalita delle acque*, che porta in superficie l'acqua fredda e ricca di nutrienti accumulati in profondità. Le aree marine maggiormente produttive si trovano nelle zone in cui si ha questa risalita, tipica soprattutto delle coste occidentali, come dimostra la grande pescosità di queste regioni. La risalita provocata dalla corrente del Perù crea la condizione per una delle zone più pescose del mondo. ... Inoltre la risalita delle acque ricche di nutrienti favorisce la presenza di vaste popolazioni di uccelli marini, che depositano lungo le coste tonnellate di guano, ricco di nitrati e di fosfati. Se non ci fossero queste correnti, cioè quelle di risalita e quelle profonde dovute alle differenze di temperatura e di salinità, gli organismi morti e i materiali organici rimarrebbero sempre sul fondo, e i nutrienti non potrebbero raggiungere i produttori della zona fotica superficiale e andrebbero 'perduti' per lunghi periodi nei sedimenti. Un altro fenomeno che contribuisce alla fertilità delle acque costiere è quello dovuto all'immissione in mare di acque ricche di nutrienti alla foce dei fiumi (cfr. cap. 13), che E.P. Odum («The strategy of ecosystem development», *Science* 164 (1969)262-70) chiama *out-welling* (zampillare fuori).» ODUM 1973, p. 328.

BIBLIOGRAFIA (curata da P.C. BELTRÃO)

Tra i numerosi trattati di «dinamica ecologica» riteniamo che sono particolarmente autorevoli i quattro seguenti:

BUDYKO M.I., *Global Ecology*, Moscow: Progress Publishers, 1980, 323 pp. (edizione originale russa: 1977)

DAJOZ Roger, *Précis d'écologie*, Paris: Dunod, 1975^3(1971), 549 pp.; ital.: *Manuale di ecologia*, Milano: Istituto Editoriale Internazionale (ISEDI), 1977^3, 567 pp.

MARGALEF Ramón, *Ecologia*, Barcellona: Ediciones Omega, 1977^2, 951 pp.

ODUM Eugene P., *Principi di ecologia*, Padova: Piccin Editore, 1973, 584 pp. (originale americano: 1971).

CAPITOLO V

CONFIGURAZIONI E FATTORI DELL'INSEDIAMENTO UMANO

di Pedro C. Beltrao, S.I.

In termini antropologici, e filosofici, non c'è dubbio che la specie umana è l'unica che può vivere, almeno artificialmente, in qualsiasi latitudine o altitudine del Pianeta, sulla terra ferma o nel fondo abissale marino, nei tropici o nei poli, e addirittura nello spazio cosmico fuori dalla biosfera e dell'atmosfera terrestre.

Ma la questione ecologica è quella di sapere in che misura gli esseri umani riescano effettivamente ad *abitare* in maniera stabile oppure permanente, riescano appunto ad «insediarsi» ovunque vogliano o possano farlo dal punto di vista tecnico. Sorgono allora problemi d'ogni sorta: economici, fisiologici, sanitari, psicologici, ecc. E questi sono gli interrogativi che interessano il demografo, il geografo, l'ecologo, l'economista, il politico, ed anche il moralista e l'ideologo.

Il fatto è che la distribuzione della popolazione umana sulla faccia del Pianeta si rivela, da tempi immemorabili, molto disuguale: per rendersene conto, basta sfogliare le pagine bellamente illustrate de *Il Grande Atlante Storico Mondadori-Times* (a cura di Barraclough, 1979). Ed ancora oggi ne abbiamo la riprova quando contempliamo una carta della densità e/o della concentrazione demografica del mondo intero: innanzitutto, il

Pianeta Terra comprende soltanto il 30% ca. di «terraferma» (continenti, isole), mentre il 70% restante è costituito da acqua (oceani, mari); la superficie della «terra emersa», comprese le «acque interne» (laghi, fiumi) — esclusi però le regioni polari e qualche isola disabitata — ammonta a ca. 135,837 milioni di km^2, ma non tutta questa superficie è abitata o abitabile, e quindi la «ecumene» — termine introdotto da Max Sorre (cf. GEORGE 1973, p.7) — quell'area terrestre cioè che offre condizioni, seppur minime, di abitabilità, è inferiore a questa cifra; inoltre, sulla superficie abitata c'è molta differenza di densità e di concentrazione.

La popolazione umana non si sparge sul territorio a macchia d'olio, ma tende a concentrarsi in alcune regioni, rurali o urbane che siano. Malgrado però la disparità che ne risulta, possiamo comunque scorgere certe regolarità — a volte millenarie — che possono chiamarsi «configurazioni» (tipi, «modelli», *patterns*) d'insediamento umano. Tali configurazioni poi non sembrano del tutto arbitrarie: possono spiegarsi da un complesso di *fattori* d'ogni sorta — geografici, socio-economici, storici, demografici.

L'accertamento e l'analisi di codesti fattori si fa oggigiorno quanto mai necessaria, perché a livello sia locale e regionale, sia nazionale o anche mondiale, esiste una crescente *pressione* demografica — la popolazione continua ad aumentare, almeno in cifre assolute, in un ambiente finito e quindi uno *stress* ecologico che consiglia di pensare a delle misure adatte di *ridistribuzione* demografica come soluzione, per quanto possa essere parziale e temporanea, del problema creatosi principalmente a causa della crescita popolazione *super*-esponenziale degli ultimi 250 anni fino al 1965-70, e dell'ingigantirsi del fenomeno dell'inurbamento. In altre parole, sebbene la popolazione mondiale sia ormai in fase di *decelerazione* (BELTRTÃO 1978 e 1977), e quindi la prospettiva demografica s'imposti in termini non più esponenziali, ma logistici, tuttavia il proseguire, in un territorio finito, della crescita demografica sia pure in cifre meramente assolute — con il conseguente aumento della densità demografica —, nonché l'incremento quanto mai accelerato dell'urbanizzazione — specie nelle regioni meno sviluppate — provocano un aggravamento tale della problematica ecologica da far balzare la questione degli «insediamenti urbani» all'ordine del giorno dei grandi temi planetari.

Non per niente le Nazioni Unite, dopo aver tenuto tre grandi Conferenze Mondiali — quella di Stoccolma nel 1972 su ambiente e risorse, quella di Bucarest nell'agosto 1974 sulla popolazione e quella di Roma nel novembre dello stesso anno 1974 sull'alimentazione — ne promosse un'altra a Vancouver nel 1976 su «*Human Settlements*» (insediamenti umani: UNO 1976, IN/ARCH 1976 e 1973).

Dividiamo quindi la trattazione dell'argomento in tre paragrafi:
1) Configurazioni dell'insediamento umano.
2) Fattori dell'insediamento umano.
3) Politiche e programmi di ridistribuzione della popolazione nel territorio.

1. *Configurazioni dell'insediamento umano*

La prima cosa che balza agli occhi quando guardiamo una carta «politica» del Pianeta e la confrontiamo con una demografica, è l'enorme disuguaglianza, sia dei territori appartenenti alle singole sovranità nazionali, sia della distribuzione delle singole popolazioni nel territorio, tanto tra le diverse nazioni, quanto al loro interno — specie di quelle più vaste (Tav. 1 e 2).

Dalle due tavole precedenti risulta quanto mai chiaro che ca. i due terzi sia della terra emersa, sia della popolazione mondiale, appartengono ad una dozzina di nazioni sovrane, e quindi a meno di 1/10 di quelle esistenti oggi sul Pianeta. Più di 1/3 della terra emersa è «proprietà privata» delle 4 nazioni più vaste — URSS (la maggiore «latifondista»: quasi 1/5 delle terre), Canada, Rep.Pop. Cinese, USA; più della metà appartiene alle 7 nazioni più vaste — le 4 suddette, e più il Brasile, l'Australia e l'India; se aggiungiamo, inoltre, gli altri 7 paesi con più di 2 milioni di km^2, siamo a quasi 2/3 della terra emersa, appartenenti a sole 14 nazioni sovrane.

Tav. 1: I 14 territori più vasti del mondo (con più di 2 milioni di km²) nel 1981: superficie rispettiva, proporzione sulla terra emersa, paragone con l'Europa, densità demografica.

Territori	Superficie (1.000) km²	% sulla terra emersa		Paragone con l'Europa	Densità demografica (ab/km²)
		distributiva	cumulativa		
Terra emersa	135.837	100,00	—	27,52	33
Europa	4.937	3,60	—	1,00	98
1. URSS	22.402	16,49	16,49	4,54	12
2. CANADA	9.976	7,34	23,83	2,02	2
3. REP. POP. CINESE	9.597	7,06	30,89	1,94	105
4. USA	9.363	6,89	37,78	1,90	25
5. BRASILE	8.512	6,27	44,05	1,72	14
6. AUSTRALIA	7.687	5,65	49,70	1,56	2
7. INDIA	3.288	2,42	52,12	0,67	208
8. ARGENTINA	2.767	2,07	54,19	0,56	10
9. SUDAN	2.506	1,84	56,03	0,51	7
10. ALGERIA	2.382	1,75	57,78	0,48	8
11. ZAIRE	2.345	1,73	59,51	0,47	12
12. GROENLANDIA	2.176	1,60	61,11	0,44	0,02
13. ARABIA SAUDITA	2.150	1,58	62,69	0,43	4
14. INDONESIA	2.027	1,50	64,19	0,41	79

Fonte: UNO, *Demographic Yearbook*, 1981

Tav. 2: Distribuzione della popolazione mondiale fra le 10 nazioni più popolose (con oltre 50 milioni di abitanti) a metà 1983.

Nazioni	Popolazione (milioni)	Percentuale sulla popolazione mondiale	
		distributiva	cumulativa
MONDO	4.677	100,0	100,0
1. CINA	1.023	22,87	22,97 (1/5)
2. INDIA	730	15,61	37,48 (più del 1/3)
3. URSS	272	5,81	43,29
4. USA	234	5,00	48,29
5. INDONESIA	157	3,96	52,65 (più del 1/2)
6. BRASILE	131	2,80	54,75
7. GIAPPONE	119	2,54	56,99
8. BANGADESH	97	2,07	59,06
9. PAKISTAN	96	1,05	61,11
10. NIGERIA	84	1,80	62,91
11. MESSICO	78	1,62	64,53
12. REP. FED. TEDESCA	61,5	1,31	65,84 (2/3)
13. VIETNAM	57	1,22	67,06
14. ITALIA	58,3	1,20	68,26
15. REGNO UNITO	56	1,20	69,76
16. FRANCIA	54,6	1,78	70,64
17. FILIPPINE	52,8	1,23	71,77
18. TAILANDIA	50,8	1,09	72,86 (quasi 3/4)

1983 World Population Data Sheet of the Population Reference Bureau

Quanto alla popolazione, una sola nazione — la Repubblica Popolare Cinese — ne contine 1/5; i due super-giganti demografici — Rep.Pop.Cinese ed India — ne contengono più di 1/3; incluse ancora l'URSS, l'USA e l'Indonesia, siamo a più della metà; tenendo conto di 7 altre nazioni, si raggiunge i 2/3; ed infine, con le altre 6 nazioni con più di 50 milioni di abitanti, si è a quasi 3/4 della popolazione mondiale (73%) che vivono quindi sotto la sovranità di meno di 1/10 delle nazioni indipendenti che esistono oggi. Ecco almeno una delle ragioni per cui il Sauvy da molto tempo ribadisce che quello della «popolazione mondiale» è un falso problema, una fallacia, un «miraggio» (SAUVY 1973; cf. U.S. Department of Commerce — BUREAU OF CENSUS 1979, Figures 1,2,3: grafici sulla distribuzione della popolazione mondiale; Table 3: graduatoria delle 200 popolazioni del mondo a seconda dei loro singoli volumi, nel 1979).

1.2 *Disuguaglianze regionali*

Si possono distinguere zone maggiori o minori di concentrazione demografica abbastanza forte, vaste zone demograficamente rarefatte e zone pressoché disabitate da esseri umani (UNO 1973, p. 160). I 4/5 della popolazione del globo occupano meno di 1/5 della superficie dei continenti (GEORGE 1973, p.7). Più di 3/4 della popolazione mondiale ha la sua dimora stabile nell'Asia meridionale ed orientale, nell'Europa e nella parte nord-orientale dell'America del Nord.

Le zone di concentrazione più estese sono: a) l'Asia meridionale ed orientale, dove si affolla circa la metà della popolazione mondiale in un'area che non raggiunge un decimo della superficie abitabile della terraferma; l'Europa, che contiene ca. 1/10 della popolazione mondiale in un territorio costituito da meno di 1/20 dell'ecumene.

Le zone di concentrazione meno estese sono p.es. l'isola di Java nell'Indonesia (cf. qui sopra p. 148), il sudest australiano, la valle e il delta del Nilo, le coste della Guinea in Africa, il sudest sudamericano, diverse aree dell'America Centrale, il nordest e le coste occidentali dell'America del Nord.

In flagrante contrasto con quelle aree più o meno estese di concentrazione demografica, esistono nel mondo vaste zone relativamente disabitate. Infatti, la maggior parte delle terre emerse è disabitata, ed inoltre vasti territori non sono occupati che da piccole comunità sparse. Simili aree relativamente vuote di esseri umani si trovano, per la maggior parte, nei suoli aridi, nelle zone troppo fredde o in quelle troppo calde ed umide, nei terreni intensamente dilavati, oppure rocciosi ed aspri (cf. qui sopra, ERBRICH).

È chiaro che, all'interno di tutte queste aree di maggiore o minore concentrazione demografica ci sono degli agglomerati urbani, anch'essi di minore o maggiore proporzione, ma ce ne occuperemo espressamente di seguito, a causa della particolare importanza ecologica del fenomeno.

Il panorama dell'insediamento umano sulla faccia della Terra si rivela dunque estremamente complesso ed, inoltre, manifesta un grado considerevole di stabilità, sebbene, nei dettagli, sia rilevabile un continuo movimento e, ad una certa scadenza, perfino qualche mutamento piuttosto importante. È certo comunque che la storia millenaria dell'insediamento umano ha lasciato alcune tracce indelebili (vedi p.es. in TREWARTHA 1969 la carta della popolazione cinese nell'anno 2 dell'era cristiana; cf. ZELINSKI 1966, p.III, cap. 9).

1.3 *Alcuni tipi d'insediamento*

È possibile, quindi, individuare alcuni tipi d'insediamento atti ad esprimere quelle che sono le preferenze umane riguardo all'habitat.

Così, nell'emisfero nord, che è il più popoloso, le elevate latitudini — al di sopra del 60° parallelo — ammontano al 10% ca. della superficie dei continenti, ma in esse abita solo qualche millesimo della popolazione mondiale. D'altra parte, le aree più vaste di concentramento demografico si trovano nelle basse latitudini — da 0° a 30° gradi — e soprattutto nelle medie latitudini — da 30° a 60° — tanto che «la metà dell'umanità vive nella zona temperata dell'emisfero nord» (GEORGE 1973, p. 14).

Le pianure e gli altipiani di latitudine media, sia dell'Asia, sia dell'Europa e dell'America del Nord, figurano tra i territori più densi del mondo. Eppure, nelle latitudini basse dell'Asia meridionale ed orientale, specie nelle valli di grossi fiumi come il Ganges ed il Mekong, s'incontrano i terreni alluvionali che sostentano le popolazioni più dense dell'ecumene. Già si è detto che la civiltà asiatica è essenzialmente alluvionale.

Due milioni ca. di km^2 dei continenti — 1,5% della loro superficie — sono formati da catene di alte montagne praticamente prive di popolazione. Pierre George stima che 9/10 della popolazione mondiale abita a meno di 400 metri di altezza. Le grandi eccezioni storiche a codesta «legge» dell'insediamento umano — la tendenza massiccia cioè ad abitare a bassa altitudine — sono le popolazioni andine (reminiscenze dell'ancestrale insediamento delle popolazioni pre-colombiane) e quelle del Tibet, detto «il tetto del mondo», con un volume demografico però assai ridotto, tanto da costituire una minuscola frazione della popolazione mondiale.

Lo stesso studioso francese di geografia umana ha anche calcolato che i 2/3 degli abitanti delle zone temperate dell'emisfero nord — dove, lo ripetiamo, vive la metà della popolazione mondiale — sono insediati in un raggio di meno di 500 km rispetto alle coste degli oceani e dei mari (cf. UNO 1973, p. 168).

Sulle terre al nord del circolo polare artico, equivalenti al 20% ca. delle terre emerse, vive meno del 0,02% della popolazione mondiale (GEORGE 1973, p. 8). D'altronde, si stima che 24 milioni ca. di km^2 delle terre continentali (18% ca.) siano troppo aride per la coltivazione e quindi disadatte ad un popolamento intensivo. Inoltre, un altro 18% è formato da veri e propri deserti, dove non vive se non il 4% ca. della popolazione mondiale. Va aggiunto che il fenomeno della desertificazione, lungi dall'essere arginato o recuperato, si sta espandendo un po' dappertutto, tanto da consigliare le NU ad indire, a Nairobi (Kenia) nel 1978, una Conferenza Mondiale su codesto tremendo dissesto ecologico.

Da un bilancio generale risulta, dunque, che di quel 70% ca. delle terre emerse il quale, come detto, presenta grandi vuoti demografici, soltanto una ridottissima parte potrebbe ancora offrire condizioni ragionevoli di abitabilità, giacché si deve sottrarre il 10% di zone polari, il 20% di aree troppo fredde, il 18% di terre troppo aride, il 18% di deserti, l'1,5% di alte montagne.

Per concludere, è da notarsi che, di regola, quanto più un territorio è vasto, tanto più si presenta disuguale la distribuzione della sua popolazione. Basta dare un'occhiata alle carte di densità o di concentrazione demografica delle nazioni più estese del mondo che, già lo sappiamo, ammontano a più di 2/3 delle terre emerse, per avere la conferma di questa effettiva configurazione di popolamento: in URSS la popolazione si concentra maggiormente nella parte occidentale del suo vastissimo territorio, e cioè praticamente nell'antica Russia europea fino agli Urali; in Cina la stragrande maggioranza della popolazione abita, invece, nella parte orientale; nel Canada la popolazione si addensa nel sudest; negli USA i grandi concentramenti demografici si trovano lungo le coste nord-orientali, sulle rive dei Grandi Laghi, nonché lungo le coste occidentali che si affacciano sul Pacifico; in Brasile nella regione più sviluppata del centro-sud, dove abita più della metà della popolazione brasiliana; in Argentina nell'area attorno alla metropoli Buenos Aires.

1.4 *Misure di concentramento demografico*

L'indice più semplice, e quindi più comune, è la cosiddetta «densità demografica»: il rapporto cioè tra il volume della popolazione e la superficie totale — misurata in Km^2 — del rispettivo territorio (ab/km^2). Ne abbiamo riportato, nell'ultima colonna della Tav. 1 (qui sopra), questi indici di densità demografica calcolati dalla Divisione di Popolazione dell'ONU per i 14 paesi più vasti del mondo nel 1981: balza agli occhi quanto sia grande la dispersione attorno alla media mondiale pari a 32 ab/km^2, con una varianza di 2 nel Canada e nell'Australia a 194 nell'India.

Infatti, la «densità demografica» non è altro che una media nazionale (o regionale), che non può tener conto delle considerevoli differenze di abitabilità. È quindi un indice precario e fallace.

Altre misure, quali la curva di Lorenz oppure gli indici di Pareto e di Gini che ne derivano, presentano il vantaggio di stratificare le aree di concentramento (p.es. in «micro-regioni omogenee»). Tuttavia, siccome i criteri di omogeneizzazione di codesti strati non coincidono necessariamente con i fattori reali del popolamento, anche tali misure più sofisticate di concentramento demografico risultano, in fin dei conti, soggette alle stesse obiezioni che vengono rivolte ai quozienti di densità demografica.

Si dovrebbe, per lo meno, discriminare la densità delle zone urbane e quella delle zone rurali, rapportando p.es. il numero degli agricoltori alla superficie delle terre coltivate o coltivabili — come suole fare la FAO nei suoi *Production Yearbook* (annuari di produzione agricola).

Recentemente, le Nazioni Unite hanno pubblicato (UNO 1979, p. 76s) un indice per il periodo 1970-75 — preso a base il quinquennio 1961-1966 — della forza lavoro agricola per unità di terreni coltivabili e coltivati: come media mondiale esso è di 97 per entrambi i periodi considerati; ed è pari a, rispettivamente, 74 e 62 per le regioni più sviluppate, 100 e 102 per quelle meno sviluppate; ed ancora particolarmente, 70 e 62 per l'America del Nord, 77 e 66 per l'Europa occidentale, 74 e 66 per l'Oceania, 77 e 68 per l'URSS insieme con l'Europa orientale a pianificazione centrale, 93 e 91 per l'America Latina, 103 e 108 per l'Africa, 98 e 97 per i paesi asiatici a pianificazione centrale, 105 e 109 per l'Estremo Oriente a libera iniziativa e 100 e 102 per il Medio Oriente.

Ne risulta, in maniera generale, che non esiste alcuna correlazione tra densità o concentrazione demografica e sviluppo, ma l'importante è notare che il *significato* del concentramento demografico è diverso a seconda dei differenti stadi di sviluppo: nei paesi più sviluppati un alto indice di concentramento demografico significa soprattutto un alto grado di concentramento *urbano*, mentre in quelli meno sviluppati esso significa generalmente una *forte pressione demografica sulle terre* coltivate o coltivabili.

Inoltre, una simile pressione demografica tende generalmente ad aumentare paurosamente di pari passo con la crescita demografica: lo ha sottolineato ancora una volta il Hauser in uno studio recente (HAUSER 1979), rifacendosi ad un modello costruito dal Coale, secondo cui, a prendere un volume iniziale di 1 milione di persone e dei tassi di fecondità e di mortalità tipici dei paesi meno sviluppati, ed a supporre che la popolazione A mantenesse lo stesso vigente livello di fecondità, mentre la popolazione B sperimentasse una riduzione del 50% in 25 anni del suo proprio livello di fecondità, si otterrebbe il seguente, flagrante divario in termini di volume demografico finale nell'arco di 150 anni:

Tav. 3: Divario potenziale nel volume demografico finale (migliaia)

	anni			
	0	30	60	150
Popolazione A	1.000	2.757	8.297	245.500
Popolazione B	1.000	2.053	3.420	10.477

Orbene, dai fatti già accertati qui sopra — nella Introduzione — e cioè che già si osserva sia una tendenza al ribasso della fecondità in regioni meno sviluppate densamente popolate, specie in Asia, sia una universalizzazione delle politiche di controllo demografico o, per lo meno, di pianificazione familiare, sappiamo che la «Popolazione A» è, fortunatamente, del tutto irreale; ma resta il problema non indifferente dal punto di vista ecologico, dell'aumento del volume demografico e quindi della densità o concentrazione demografica, anche nell'ipotesi reale di un calo più o meno veloce della fecondità nel mondo meno sviluppato.

1.5 *Agglomerati urbani*

In una rassegna di alcune configurazioni d'insediamento umano non si può non mettere in particolare risalto il fenomeno prettamente moderno — concomitante cioè con l'era tecnologica, e tanto inerente — almeno fino ad oggi — ai processi di sviluppo quali si conoscono sin dalla «Rivoluzione Industriale» (1750-1800), che sembra costituirne una delle componenti sostanziali: si tratta della «urbanizzazione» che significa, non propriamente esistenza di agglomerati urbani — questi risalgono infatti all'inizio dell'agricoltura e quindi della «civiltà sedentaria» nel neolitico (ca. 10.000 anni a.C., vedi CHANDLER/FOX 1974) —, ma passaggio massiccio delle popolazioni dalla campagna alla città, in misura tale che, ad un certo punto, la rispettiva società si presenta più urbana che rurale.

Questo punto cruciale è stato superato, per la prima volta nella storia, dall'Inghilterra — appunto perché «culla della rivoluzione industriale» — verso il 1850, dagli USA verso il 1920, dal Brasile verso il 1965, tanto per citarne qualche esempio.

Nel 1980, la media mondiale di «popolazione urbana» è pari al 39%, mentre quella delle regioni più sviluppate è del 69% e quella delle regioni meno sviluppate, del 29% (Tav. 4). Nel mondo meno sviluppato, malgrado il *livello* ancora relativamente basso dell'urbanizzazione, la sua *tendenza* di crescita è più accelerata di quanto non è mai stata nel mondo che si presenta

Tav. 4: Percentuale di popolazione urbana nelle grandi regioni del mondo, nel 1983.

Regioni	Popolazione urbana (%)
America del Nord	74
Oceania	72
Europa	69
America Latina	65
URSS	62
Media Mondiale	39
Asia orientale	27
Africa	27

Fonte: PRB, *1983 World Population Data Sheet*

oggi come più sviluppato: per questa, e per altre ragioni che si vedranno di seguito, l'inurbamento pone dei grossi problemi — non per ultimo ecologici — allo sviluppo, dei problemi — nel dire di uno studioso — «pantagruelici» (BEIER 1976).

Qui troviamo, certamente, una correlazione diretta tra urbanizzazione e processo di sviluppo — da non confondersi con il processo di «industrializzazione» nel senso sia tecnologico che economico del termine. Avremo ancora l'occasione di mostrare come, oltre alla pura e semplice correlazione statistica, è possibile rilevare un vero e proprio nesso di causalità tra i due fenomeni. Ed allora non è da stupirsi che si prospetta, come media mondiale per il 2000, un tasso d'inurbamento pari al 51,3% (UNO 1980).

Tav. 5: Percentuale di popolazione urbana nelle grandi regioni del mondo, nel 2000

Regioni	Popolazione urbana (%)
Europa	88
Oceania	83
America del Nord	81
URSS	76
America Latina	75
Media Mondiale	51
Asia orientale	45
Africa	42
Asia meridionale	35

Fonte: FNUAP, *La population et l'avenir des villes*, 1980, p. 65

Il fenomeno dell'urbanesimo ha assunto proporzioni gigantesche in questo XX. secolo, tanto che si è passati a parlare di «metropolizzazione»: si sono moltiplicate cioè le città «milionarie» — con più di 1 milione d'abitanti —, in gran parte mediante un processo di «connurbazione» ossia dalla fusione di parecchi nuclei urbani che gravitavano, come altrettanti satelliti, attorno ad alcune metropoli (tav. 6). La Conferenza Internazionale su «La popolazione ed il futuro urbano», che il Fondo delle NU per le attività popolazionali — in commemorazione del suo 10. anniversario — ha radunato a Roma

(01-04/IX/1980), ha concentrato la sua attenzione sulle agglomerazioni metropolitane con più di 5 milioni d'abitanti (FNUAP 1980, p. 26).

Tav. 6: Numero di metropoli con oltre 1 milione d'abitanti

Numero d'abitanti	1800	1850	1900	1950	1970
1 milione o più.....	1	3	11	75	162
2 milioni o più.....	—	1	3	26	58
4 milioni o più.....	—	—	1	12	22
8 milioni o più.....	—	—	—	2	9
16 milioni o più.....	—	—	—	—	1

Fonte: UNO 1973, I., p. 192.

Nel 1975 la graduatoria delle 19 più grandi metropoli del mondo era la seguente (cf. FNUAP 1980, p. 75): (milioni d'abitanti)

1. New Yor,-N.E./New Jersey 19,8
2. Tokyo-Yokohama..............17,7
3. Mexico (Ciudad de)...........11,9
4. Shanghai.............................11,6
5. Los Angeles - Long Beach..10,8
6. São Paulo..........................10,7
7. Londra...............................10,4
8. La grande Buenos Aires..... 9,3
9. Reno-Ruhr.......................... 9,3
10. Parigi................................ 9,2
11. Rio de Janeiro....................8,9
12. Beijing (Pekino).................8,7
13. Osaka-Kobe.......................8,6
14. Chicago-N.O./Indiana.........8,1
15. Calcutta..............................7,8
16. Mosca.................................7,4
17. La grande Bombay..............7,0
18. Seul....................................6,8
19. Seul....................................6,8

Si moltiplicano quindi le metropoli con «due digiti» di milioni d'abitanti. Secondo la prospettiva per il 2000, elaborata dalle NU (ib.), ecco come si presenterebbe la graduatoria delle 19 più grandi metropoli del mondo all'inizio del 21. secolo (milioni d'abitanti):

1. Ciudad de México..............31,0
2. São Paulo..........................25,8
3. Tokyo-Yokohama..............24,2
4. New York-N.E./New Jersey 22,8
5. Shangai..............................22,7
6. Beijing (Pekino).................19,9
7. Rio de Janeiro...................19,0
8. La grande Bombay............17,1
9. Calcutta.............................16,7
10. Djakarta...........................16,6
11. Seul...................................14,2
12. Los Angeles - Long Beach..14,2
13. Cairo-Gaza/Imbaza............13,1
14. Madras..............................12,9
15. Manilla.............................12.3
16. La grande Buenos Aires.....12,1
17. Bangkok-Thonburi............11,9
18. Karachi.............................11,8
19. Delhi................................11,7

Invece di «metropoli», oggi come oggi si deve ormai parlare di «megalopoli», neologismo derivato dal nome dell'antica cittadina Megalopolis, nella Grecia, e adottato dal GOTTMAN (1961, p.4) per indicare un agglomerato urbano che conti decine di milioni d'abitanti, come quello che egli, per la prima volta, ha studiato sulle coste nord-orientali degli USA: da Boston attraverso New York, New Jersey, Philadelphia, Baltimore, fino a Washington, si stende praticamente un solo gigantesco tessuto urbano, che conta oggi più di 40 milioni di persone. Più colossale ancora è la megalopoli sull'asse Tokyo-Yokohama-Osaka-Kobe, dove vivono più di 50 milioni di persone, cioè praticamente la metà di tutta quanta la popolazione giapponese.

Lo stesso fenomeno di «megalopolizzazione» già è, se non esistente, almeno emergente, in altre regioni del mondo, p.es. sulla costa occidentale degli USA (San Francisco-Los Angeles-Long Beach), nel Benelux e nella Ruhr in Europa, nel «triangolo industriale» dell'Italia settentrionale (Milano-Torino-Genova); nell'America Latina, attorno a Città del Messico, attorno a Buenos Aires — dove abita pressoché la metà della popolazione argentina; in Brasile, dove si sta formando un'immensa megalopoli tra São Paulo (10.783.828 ab.) e quella di Rio de janeiro (8.683.610 ab.) c'è un processo di connurbazione che coinvolge parecchi agglomerati urbani e complessi industriali con centinaia di migliaia d'abitanti, e quindi una megalopoli «in statu nascendi».

Si può quindi prospettare che, come il 19. secolo è stato il secolo dell'*urbanizzazione* ed il nostro 20. secolo, quello della *metropolizzazione*, così il prossimo venturo 21. secolo sarà il secolo della *megalopolizzazione*.

L'affollamento umano sia in certe zone rurali, sia — principalmente — in zone urbane minori o maggiori, sembrerebbe un fenomeno e inarrestabile e irreversibile. Ecco una grossa questione, di enorme portata sociologica ed ecologica, la cui risposta va ricercata attraverso lo studio dei *fattori* che condizionano, o addirittura determinano la distribuzione delle popolazioni umane sul territorio di cui dispongono.

2. Fattori dell'insediamento umano

Le diverse configurazioni dell'insediamento umano, sia rurale che urbano, di cui si è tracciata una rapida rassegna, possono trovare la loro spiegazione in un complesso quasi inestricabile di fattori d'ogni sorta, i quali però si lasciano sintentizzare in tre categorie principali: fattori d'ordine geografico (o fisico), fattori d'ordine socio-economico (o storico) e fattori d'ordine demografico (cf. UNO 1973, I., pp. 162ss).

2.1 *Fattori geografici*

C'è stato un tempo quando si riconosceva molta importanza — e giustamente — ai fattori d'ordine geografico o fisico per spiegare la diversità del popolamento umano. Oggi, in piena era tecnologica, con tutto il cambiamento sociale che essa ha recato, la maggioranza degli stessi geografi, pur riconoscendo tuttora la validità, a volte ineluttabile, di codesti fattori «naturali», è piuttosto incline a ritenere che il loro influsso viene grandemente alterato, perfino controbilanciato, da fattori d'altro ordine, innanzitutto da fattori, appunto, tecnologici, ma anche socio-economici, politici, demografici.

Contrariamente a ciò che avviene con le popolazioni vegetali ed animali, gli esseri umani che, alla nascita, fra gli «animali» sono i più indifesi, si dimostrano socialmente, culturalmente, storicamente «razionali», tramutando quella che fu l'evoluzione biologica in una nuova linea di *evoluzione culturale* (CALHOUN/AHUJA, in HAUSER ed. 1979), creandosi strumenti capaci di modificare, fin troppo, il proprio «habitat»: essi piegano le condizioni ambientali ai loro bisogni ed aspirazioni, ai loro «obiettivi» (LAZSLO 1978). Entro certi limiti, l'Umanità riesce, quindi, a determinare le configurazioni della sua distribuzione e ridistribuzione nel territorio.

2.1.1 *Il clima*

Molti studiosi hanno considerato il clima come il fattore preponderante delle configurazioni dell'insediamento umano che ancora oggi scorgiamo, *grosso modo*, sul Pianeta: maggiori concentrazioni nell'emisfero nord, specie nelle sue zone temperate e sub-tropicali, dove il clima è più propizio; di contro, inesistenza o rarefazione degli insediamenti sia nel clima troppo freddo delle zone artiche ed antartiche, che nel clima troppo caldo e/o troppo arido dei tropici.

2.1.1.1 *La temperatura atmosferica*

Le regioni glaciali sono quelle di minore densità demografica del mondo, per effetto sia diretto (fattore repulsivo), sia indiretto: malattie dell'apparato respiratorio, lunghe notti invernali, bassa intensità della radiazione solare, brevità della stagione favorevole per le colture. Il 20% della superficie dei continenti contiene meno dello 0,02% della popolazione mondiale a causa di codesto freddo glaciale (GEORGE 1973, p. 4).

Le regioni troppo calde hanno un influsso soprattutto indiretto: malattie intestinali, malattie infettive e contagiose in genere. Peggio ancora quando le temperature medie elevate si combinano con alti gradi d'umidità dell'aria. È vero, d'altra parte, che le regioni calde presentano alcuni fattori favorevoli alle concentrazioni umane: rapida crescita della vegetazione, molteplicità delle colture, riduzione delle richieste d'abbigliamento, di ricovero, di calorie; ma, in compenso, favoriscono la proliferazione d'insetti e batteri: è p.es. il caso della mosca tse-tse in Africa — che provoca la malattia del sonno — oppure delle zanzare in Amazzonia — ma nello stesso tempo, molto povere di vita umana, per la quale esse rappresentano una minaccia di morte sempre in agguato, almeno fino a che non vengano costruite apposite infra-strutture sanitarie. Perciò, per popolare i cosiddetti «vuoti demografici», p.es. dell'Amazzonia, ci vorrebbe più capitale che gente... Ma, prive della copertura forestale, queste stesse aree tropicali diventano aride, come il «sertão» (savana) del nordest brasiliano, o perfino desertiche, come l'orla subsahariana (cf. GOODLAND 1975: «A selva amazônica: do inferno verde ao deserto vermelho?»).

Qualche studioso ha cercato di determinare l'*optimum* di temperatura per le attività umane. Ma la questione rimane molto discutibile, non solo per l'equivocità dei termini («optimum», «attività umane»), ma anche perché lo sviluppo tecnologico può ampliare i confini di una supposta «zona climatica ottimale».

2.1.1.2 *La precipitazione pluviometrica*

La *scarsità* di precipitazione pluviale limita l'abitalità di vaste aree della Terra. Inoltre, la *irregolarità* delle precipitazioni, provocando vuoi le siccità, vuoi le inondazioni, ha un effetto negativo. Ecco perché, come già si è accennato, il 20% ca. dell'ecumene è troppo arido per le colture, il 18% della superficie terrestre è desertico e contiene solo il 4% della popolazione mondiale.

D'altro canto, l'*eccessiva precipitazione* è anch'essa sfavorevole all'insediamento umano, poiché provoca il dilavamento dei terreni e la erosione, ovvero una incontrollabile crescita delle foreste (cf. qui sopra, ERBRICH).

2.1.2 *La topografia*

I territori montagnosi scoraggiano, generalmente, l'insediarsi delle popolazioni umane, le quali, in tale caso, si addensano nelle vallate e nelle pianure, come nel Giappone. L'asprezza dei territori montagnosi restringe la disponibilità di terre coltivabili, rende difficile e costosa la manutenzione di quelle coltivate ed esercita anche effetti dannosi sulla salute e/o sull'efficienza dell'essere umano. Sono rare e, generalmente, rarefatte le popolazioni umane che s'addattarono all'insediamento montano.

2.1.3 *La qualità del terreno* (la «pedosfera», cf. ODUM 1973, 129ss)

La qualità del terreno dipende in gran parte dai fattori già indicati, dal clima cioè e dalla topografia. Essa influisce a sua volta sulla distribuzione della vegetazione: la mappa del clima e della vegetazione ricopre perfettamente quella dei terreni (vedi in ODUM 1973, p. 132s.)

In particolare, i suoli detti *podosolici* (terreno grigio risultante dalla decomposizione di materiale organico e minerale lisciviato e scolorito su un «orizzonte» — strato — illuviale bruno) e quelli detti *lateritici* (terreno composto sopratutto da alluminio e ferro, essendo stati lisciviati dalle acque piovane la silica e diversi cationi) hanno caratteristiche che impediscono la coltivazione intensiva. Eppure essi stringono il globo terrestre con un cinturone trascontinentale di enorme dimensione: i primi — podosolici — dalla Siberia attraverso la Scandinavia fino al Canada; i secondi — lateritici — nelle aree tropicali e subtropicali dell'Africa e dell'America del Sud: il Magreb, il Sahara, il Sahel — che sono ormai desertici — l'Amazzonia che è ancora protetta dalla più vasta copertura vegetale oggi esistente sul Pianeta.

Si è stimato che del totale di 38 milioni di km^2 di terreno lateritico della zona tropicale piovosa, soltanto 6 milioni forniscono un raccolto annuale, mentre 10 milioni sono potenzialmente coltivabili, ma con molte precauzioni per non esaurirli rapidametne, come quella della «agricoltura itinerante», intermittente, largamente praticata in Africa, e anche da tribù primitive nell'Amazzonia. Il terreno lateritico non può quindi sopportare un'eccessiva densità demografica, sotto pena di diventare desertico. È quanto purtroppo già sta accadendo nel Sahel, al sud del Sahara, dove il deserto, a causa di una intensificazione delle colture per sfamare una popolazione crescente a ritmo accelerato, si sta estendendo verso il sud, in certe zone ad una velocità che raggiunge i 50 km l'anno (BROWN 1975).

Fortunatamente non tutti i suoli tropicali sono di tipo lateritico. Esistono anche quelli vulcanici e quelli alluvionali, e questi sono tra i suoli più fertili del Pianeta, come già è stato sottolineato in capitoli precedenti: nel sudest asiatico le valli alluvionali dei fiumi «indocinesi», il terreno vulcanico dell'isola di Java; nel nordest africano, la grande valle del Nilo, di proverbiale fertilità, malgrado la famosa diga Assuan del lago artificiale Nasser abbia cambiato nefastamente le condizioni ecologiche di quella regione, facendo sì che oggi siano necessarie quantità enormi di fertilizzanti per sostituire la fertilizzazione naturale delle antiche piene del Nilo, che siano sorte malattie trasmesse da molluschi proliferati a causa dell'intensità di irrigazione, che siano scomparsi gli sciami di pesci dal delta del Nilo per mancanza di nutrienti ormai sbarrati dalla diga. Comunque, si constata che i suoli alluvionali sono quelli che sostengono le maggiori densità agricole di popolazioni umane (UNESCO 1983).

I podosoli settentrionali sono generalmente ricoperti di foreste conifere e non si prestano alle colture annuali se non con impiego intensivo di humus e di concime, specialmente di fosfato. Tali zone sono quindi d'insediamento umano piuttosto scarso.

In compenso, le praterie, le foreste a latifoglie delle latitudini medie e subtropicali sono molto adatte alle grandi piantagioni e quindi possono permettere un insediamento umano piuttosto denso.

2.1.4. *Le risorse energetiche e minerali*

L'esistenza di risorse energetiche e minerali, ad eccezione del carbone fossile e, in misura minore, del ferro, non sembra aver influito notevolmente sugli insediamenti umani.

Tramite l'industrializzazione, il carbone fossile ha contribuito alla formazione di grandi addensamenti umani nell'Europa nord-occidentale; nell'Italia subalpina lo stesso fenomeno è stato provocato dalla disponibilità di energia idraulica (RUSSO 1977).

Altre fonti di risorse energetiche e minerali non hanno avuto simile effetto, p.es. il petrolio, il gas naturale, l'uranio, a causa certamente della tecnologia richiesta dalla loro estrazione, che impiega intensamente il capitale, ma non la mano d'opera.

La ricerca dell'argento, dell'oro, delle pietre preziose, ha influito decisamente sulla configurazione degli insediamenti umani (e delle frontiere politico-amministrative) nell'America Latina:

espansione dei «conquistadores» spagnuoli verso sud lungo le coste del Pacifico, penetrazione dei «bandeirantes» luso-brasiliani nel centro-ovest del Brasile, ben oltre la linea tracciata dal Trattato di Tordesillas tra Spagna e Portogallo, con l'arbitrato del Papa. Questo fatto, insieme con la penetrazione nella Amazzonia lungo i fiumi affluenti del grande «rio Amazonas», spiega la vastità della superficie del territorio brasiliano, pari a quella di tutta quanta l'Europa, inclusa l'antica Russia europea fino agli Urali.

2.1.5 *Relazioni spaziali*

La posizione occupata da un'area in rapporto commerciale con altre aree e con le vie di trasporto tra diverse aree, può influenzare fortemente l'insediamento umano, tanto che in essa è forse da rintracciare la ragione principale per cui grandi agglomerati umani si trovano alla periferia dei continenti. Tale fattore, evidentemente, ha guadagnato importanza con l'intensificarsi del commercio internazionale sin dalle grandi scoperte del 400-500, e particolarmente sin dall'800 con la navigazione a vapore. È il caso specifico della costa nord-orientale dell'America del Nord, soprattutto della zona metropolitana di New York — il più intenso fenomeno di urbanizzazione del XIX secolo, con una crescita da ca. 90 mila abitanti nel 1800 a più di 3 milioni nel 1900.

2.2 *Fattori socio-economici*

Ci siamo soffermati sui fattori geografrici o fisici dell'insediamento umano a causa dell'evidente rapporto che essi hanno con la problematica ecologica. Tuttavia, da sempre l'essere umano ha cercato di piegare l'ambiente naturale a quelli che sono i suoi obiettivi e quindi le sue attività, economiche ed altre. La «cultura» ha condizionato la «natura», anzi ha creato una «seconda natura» — nel dire di Henrici (qui sopra e HENRICI 1977).

Ciò è particolarmente vero nell'«era tecnologica» sin dalla prima «rivoluzione industriale» (1750-1800), che ha cambiato profondamente i termini del rapporto tra essere umano ed ambiente naturale, attenuando o addirittura annullando qualche volta l'influsso dei fattori geografici sull'insediamento umano. Oggi come oggi, più che da fattori geografici, l'insediamento umano viene condizionato da fattori socio-ecomici, dai tipi di attività economiche in cui sono impegnate le singole popolazioni, dalle tecniche di produzione, dalle forme di organizzazione sociale, dagli obiettivi che si vuole raggiungere.

Certamente, il cambiamento più profondo avvenuto nella distribuzione territoriale della popolazione umana nei tempi moderni, è il fatto della «urbanizzazione», ossia la massiccia migrazione dal campo alla città. Orbene, questo fatto prettamente contemporaneo non trova la sua spiegazione esauriente nei fattori di «repulsione» e «attrazione» indicati dalla teoria generale sulla migrazione umana.

Nelle campagne sono da sempre esistiti fattori di repulsione: miseria, isolamento, vulnerabilità, ecc. (cf. CIPOLLA 1974 193ss); nelle città, invece, sono stati sempre presenti fattori di attrazione: i «borghi» sono, da sempre, i centri della cultura, la sede del potere, la fortezza per la difesa, ecc. Eppure le popolazioni non migravano in massa dalle campagne alle città se non sin dalla «rivoluzione industriale»: la ragione è che questa ha scatenato, per la prima volta nella Storia, un processo di diversificazione dei sistemi produttivi, aprendo un ventaglio di opportunità economiche ben al di là delle attività agro-pastorizie, le uniche a richiedere l'insediamento rurale, sparso o concentrato che sia; tutte le altre attività, invece, — «secondarie» o di trasformazione, «terziarie» o di mobilizzazione nello spazio e nel tempo (trasporto e comunicazione, commercio e credito), «quaternarie» o di servizio pubblico, «quinarie» o di servizio privato — presuppongono l'insediamento urbano.

Inoltre, le «economie di scala» e le «economie esterne» inducono un processo cumulativo di concentrazione economica e demografica, sufficiente da solo a spiegare l'ingigantirsi degli agglomerati urbani.

2.3 Fattori demografici

I sostanziali cambiamenti della dinamica demografica, quali il tracollo della mortalità e quindi quello della stessa natalità, nonché l'intensificarsi del flusso migratorio, sia internazionale che interno, hanno esercitato un notevole influsso sulla ridistribuzione territoriale della popolazione umana nell'era contemporanea.

2.3.1 Cambiamenti della dinamica demografica

La sfasatura tra il calo secolare della mortalità e quello della natalità — la cosiddetta «transizione demografica» contemporanea — ha recato dapprima un'accelerazione dell'incremento demografico e poi, in un secondo tempo, la sua decelerazione.

Siccome però la transizione demografica non potrebbe essere sincronica, l'accelerarsi del ritmo d'incremento demografico si è manifestato a tappe successive non solo nel tempo, ma anche nello spazio. L'Europa è stato il primo continente a presentare un aumento della sua percentuale sulla popolazione mondiale (1775-1875); in seguito, l'epicentro dell'accelerazione demografica si spostò all'America del Nord (1875-1925), all'America Latina (1925-1975), e oggi all'Asia e all'Africa.

L'Asia, in particolare, sin da quando esistono dati demografici attendibili, sappiamo che ha sempre contenuto il maggior volume (più della metà) della popolazione umana. La Cina p.es. aveva già ca. 70 milioni di abitanti all'inizio dell'era cristiana, allorché l'ammontare totale dell'umanità era pari a ca. 250 milioni, quindi il 28%, mentre oggi la proporzione della popolazione cinese sulla popolazione mondiale è del 22%. Ma il ritmo di crescita della popolazione asiatica ha cominciato ad accelerare soltanto negli ultimi 50 anni (BIRABEN 1979; BELTRÃO 1967, p. 26).

Oggi come oggi, questa discronia della transizione demografica fa sì che 1/3 ca. della popolazione mondiale appartenga alle nazioni più sviluppate, 2/3 a quelle meno sviluppate — da non confondersi con il cosiddetto «Terzo Mondo», espressione quanto mai ambigua e perciò rifiutata energicamente proprio da colui che l'ha lanciata negli anni 50, e cioè da Alfred Sauvy (SAUVY 1975, p. 17s, p. 96s); oggi si parla con maggiore aderenza alla realtà, soprattutto sin dal 1973 — «crisi del petrolio» — di 4, di 5, addirittura di 6 mondi. Del resto, la graduatoria dello sviluppo cambia continuamente, soprattutto a lungo termine.

Specificamente, per quanto riguarda il calo della natalità e quindi la decelerazione demografica, due osservazioni vanno fatte:

— il volume futuro della popolazione mondiale dipende sostanzialmente da ciò che sta avvenendo nelle componenti della dinamica demografica, specie della dinamica della fecondità, in seno a questo 70% della popolazione mondiale che vive nei paesi meno sviluppati d'America Latina, Asia ed Africa (BELTRÃO 1977);

— l'intensità senza precedenti dell'accelerazione demografica nelle regioni meno sviluppate prettamente rurali, fa sì che l'eccedente demografico trascini verso le zone urbane a industrializzazione incipiente, provocando un fenomeno di «iper-urbanizzazione» che precede e l'industrializzazione e lo sviluppo socio-economico in generale e quindi aggravando l'emarginazione sociale.

Tutto sommato, non c'è dubbio che esiste una correlazione tra i successivi stadi di sviluppo e quelli della transizione demografica: la carta mondiale della fecondità, della mortalità, della crescita demografica ricopre perfettamente quella degli stadi di sviluppo. Ed oltre alla pura e semplice correlazione statistica, c'è un vero e proprio nesso «causale» o funzionale tra questi diversi fenomeni sociali (BELTRÃO 1967 e 1977):

2.3.2 Il flusso migratorio

Oltre alla discronia della transizione demografica, i flussi migratori, sia interni, sia internazionali e perfino transoceanici, contribuiscono in maniera più o meno intensa, ma continua, alla ridistribuzione territoriale, della popolazione. Qui giocano certamente fattori di repulsione e di attrazione — quelli appunto che abbiamo trattato finora —, ma anche fattori d'ordine politico-amministrativo, sia in senso negativo, quali le barriere ai movimenti spontanei delle popolazioni costituite dai confini di sovranità dei singoli Stati, oppure la proibizione di migrare p.es. dalle campagne alle città che riscontriamo in tutti gli Stati totalitari (nell'Italia fascista, nell'Unione Sovietica specie sotto Stalin, nella Cina Popolare, negli altri paesi «socialisti» dell'Est europeo e dell'Asia), sia in senso positivo, e cioè mediante precise misure di politica migratoria interna o internazionale per il popolamento di determinate aree.

2.3.2.1 *La migrazione interna*

Restringiamoci, in questo contesto, soltanto alle migrazioni da una zona rurale ad un'altra zona rurale (migrazione rurale-rurale). Molta ricerca si fa oggi su questo argomento della ridistribuzione interna della popolazione rurale, specie nei paesi più vasti dove generalmente esiste una densa concentrazione demografica in alcune zone rurali. È p.es. il problema attuale della «transmigrazione» nell'arcipelago indonesiano, popoloso sì, ma con grandi disparità di densità demografica tra le diverse isole (MEYER/McANDREWS 1978). Qualche generalizzazione teorica può già essere indotta da codesti studi empirici, ma la diversità delle singole situazioni è tale da non consentire di parlare di una vera e propria «teoria generale» valida delle migrazioni interne, specie del flusso rurale-rurale.

Ci sono alcuni casi famosi, come la «marcia verso l'ovest» negli Stati Uniti d'America, il quale può dirsi che appartiene al passato: recentemente è sorto un altro flusso migratorio, assai forte, verso il sud. Questo flusso va collegato sia al fattore geografico del clima più mite del sud, sia al fattore demografico del prolungamento della vita media: infatti, gli americani, soprattutto più anziani, migrano oggi dal «snowbelt» (cintura della neve) al nord verso la «sunbelt» (cintura del sole) al sud, particolarmente verso gli Stati della Florida, della California, dell'Arizona (BIGGAR 1979).

Nell'America del Sud, il Brasile — paese più vasto del continente — presenta, da un secolo a questa parte, ingenti flussi migratori interni: dapprima, la migrazione dal «poligono della siccità» nel nordest brasiliano — con suolo lateritico semi-arido a vegetazione rarefatta di «caatingas» — verso il centro-sud (Rio, São Paulo) con le crescenti piantagioni di caffè e le prime spirali d'industrializzazione, nei decenni attorno al 1900; sin dagli anni 30 di questo secolo, il popolamento intensivo dello Stato di Paraná, al sud di quello di São Paolo, dapprima con l'espansione della coltura dell'«erva-mate», e poi con lo spostamento delle piantagioni di caffè verso il sud negli anni 50; la spinta data al popolamento dell'altopiano centrale (Stato di Goiás) dalla costruzione della nuova capitale federale Brasília (inaugurata nel 1960) e dalle lunghissime «rodovie» che la collegano all'Amazzonia (Belém-Brasília, Brasília-Acre); la ripresa, nella prima metà degli anni 70, della costruzione di «rodovie» ancora più lunghe: la «Transamazzonica» con più di 5.000 km, la «perimetrale nord» che costeggia le Guiane, la Cuiabá-Santarém che collega la zona dei «cerrados» (savane) del Mato Grosso con l'Amazzonia. L'esecuzione di questo vasto progetto «rodoviario» fu accompagnato da piani di «colonizzazione» o insediamento rurale in «agroville». Malgrado la decelerazione di questi progetti di migrazione interna a causa della «crisi del petrolio», il fatto è che il Censimento del 1980 ha rilevato che codeste regioni del Centro-Ovest e del Nord furono quelle che ebbero il più elevato tasso di crescita demografica nel decennio 1970-80, evidentemente a causa del saldo altamente positivo del flusso migratorio interno a loro favore (BELTRÃO/HEREDIA, 1983).

2.3.2.2 *Migrazione internazionale e transoceanica*

Nel corso della storia, diverse grandi «invasioni» — p.es. quella romana, quella dei «barbari», dei mongoli, dei turchi — hanno lasciato tracce indelebili nella configurazione e nella composizione etnica degli insediamenti umani.

Sin dalle grandi scoperte dei continenti, soprattutto di quello americano alla fine del cinquecento, cominciò un crescente flusso migratorio transoceanico dalla Spagna, dal Portogallo, dalle Isole Britanniche, dai Paesi Bassi, dalla Francia. L'intensità di questa migrazione «oltre mare» si rafforzò dopo le Guerre Napoleoniche fino alla I Grande Guerra Mondiale già nel presente secolo: fu l'epoca «aurea» o «nera», non solo della «colonizzazione», bensì del «colonialismo» o «imperialismo» capitalista. Le «Americhe», l'Oceania, l'Africa, l'Asia meridionale ed orientale diventarono la grande «frontiera» per l'emigrazione dal continente europeo, che si trovava in piena fase di espansione economica e demografica. Il flusso migratorio transoceanico proveniente dall'Europa è stato calcolato in ca. 60 milioni di persone fino all II. Guerra Mondiale. Il climax è stato raggiunto nel ventennio 1890-1910 (Commission Internationale D'Histoire des Mouvements Sociaux 1980).

Di questo totale gli USA hanno accolto ca. 40 milioni nel periodo 1819-1940, al punto che, al culmine di tale flusso immigratorio nel decennio 1901-10, la migrazione ha contribuito con il 51% all'aumento della popolazione di quella nazione. Per ciò che riguarda la provenienza, dopo la fase della migrazione anglo-sassone (britannici, irlandesi), è seguita la fase della migrazione dall'Europa centrale ed orientale (tedeschi, russi) e poi quella dall'Europa meridionale, specie dall'Italia. Nelle coste del Pacifico cominciava, invece, a crescere l'immigrazione proveniente dall'Asia orientale (cinesi, giapponesi), ma tale flusso venne bloccato da apposite leggi, che ne fissarono le «quote», sin dai primi anni dopo la I Guerra Mondiale (BELTRÃO 1967).

Un'altra nazione del continente americano che ha accolto un consistente flusso emigratorio europeo, soprattutto dalla Spagna e dall'Italia, è stata l'Argentina: nel ventennio 1891-1910 l'immigrazione ha contribuito con il 47% all'incremento della popolazione argentina. Nel Brasile è cominciata una massiccia immigrazione tedesca nel 1824 (subito dopo l'indipendenza dal Portogallo nel 1822) e poi, sin dal 1874, quella italiana, soprattutto verso la «zona del caffè» (Stato di São Paulo); ed infine, sin dal 1910, quella giapponese; ma, tutto sommato, l'immigrazione non ha mai contribuito con più del 10% all'aumento della popolazione del paese più popoloso dell'America Latina (eccentuando, si capisce, la transmigrazione portoghese nei primi secoli della colonizzazione).

Fino all'abolizione universale della schiavitù nel corso del 19° secolo, un flusso transoceanico non indifferente di «gente di colore» ha subito la migrazione forzata dall'Africa verso le grandi piantagioni di cotone, di canna da zucchero, di caffè delle tre Americhe.

Negli ultimi decenni, sin dalla fine della II. Guerra Mondiale, c'è stata e tuttora c'è la migrazione forzata dei «profughi politici» (*displaced persons* — nella terminologia dell'ONU), proveniente successivamente da varie parti del mondo verso un'altrettanto grande varietà di paesi, mentre il flusso migratorio spontaneo — internazionale e transoceanico, si è di molto attenuato e diversificato, specie quanto al punto di arrivo: verso il Canada ed il Venezuela nelle Americhe, verso l'Australia nell'Oceania. D'altronde, si è intensificata la migrazione dal sud al nord dell'Europa, nonché dall'Africa del Nord verso l'Europa; ma anche questo flusso tende ad attenuarsi sin dalla «crisi del petrolio».

L'Italia, sin dal 1973, si può dire che è diventato un paese di immigrazione: il saldo migratorio, da negativo che era, è diventato positivo, e ciò senza contare il dilagante fenomeno dell'immigrazione clandestina, specie di africani ed arabi medio-orientali.

3. *Politiche e programmi di ridistribuzione della popolazione.*

Già prima dell'era tecnologica e quindi dell'urbanizzazione, ci sono state delle misure politico-amministrative tendenti a contenere l'espandersi di certi agglomerati urbani che sembravano gonfiarsi eccessivamente, p.es. Parigi, Londra. Ma la consapevolezza del problema si è particolarmente accresciuta negli ultimi decenni, anzi si è estesa alla ridistribuzione della stessa popolazione rurale.

3.1 *Ritorno di migranti rurali*

Le misure più dirette nel senso di ridistribuire la popolazione tra il settore urbano e quello rurale, sono state quelle d'impedire l'afflusso di contandini verso la città, oppure di farli ritornare alla campagna. Simili misure sono caratteristiche di regimi politici totalitari: paesi socialisti dell'Est europeo e dell'Asia, specie la Cina Popolare, il Cambogia dei «khmer rossi»; ma anche qualche paese dell'Africa nera.

Il bilancio di tali misure è piuttosto negativo: non appena si rallenta il rigore nell'applicazione delle norme restrittive, il flusso migratorio rurale-urbano riprende anche con maggiore intensità, specialmente quando il movente principale è economico, cioè il ristagno economico negli insediamenti rurali; inoltre, codeste barriere artificiali al flusso migratorio interno possono determinare delle funeste distorsioni strutturali nel sistema economico stesso, p.es. l'eccedente di popolazione rurale nell'Italia meridionale, nell'Unione Sovietica.

Diversi fenomeni recenti che, a prima vista, potrebbero significare un riflusso della tendenza secolare, addirittura una «rinascita rurale», sono più apparenti che reali, più efimeri che consistenti: così p.es. sin dagli anni 50 negli USA la tendenza dell'abitazione nelle frange urbane delle grandi agglometazioni metropolitane, nonché la più recente migrazione verso il sud, dalla «*snowbelt*» verso la «*sunbelt*», oppure l'emergente tendenza al decentramento industriale provocata dall'alta tecnologia elettronica della «terza ondata» storica (TOFFLER 1980); il trasloco forzato di cittadini verso le aree rurali durante la Rivoluzione Culturale in Cina negli anni 60; in Italia, all'indomani della crisi del petrolio negli anni 70, la «migrazione di ritorno» di lavoratori p.es. dalla Germania Occidentale, che sembrava indurre alla rioccupazione di zone rurali spopolate, mediante cooperative spontanee, specie di giovani (cf. «Meno espatri e più rientri: l'emigrazione cambia faccia», *Il Tempo*, 14.09.1978).

3.2. Sviluppo rurale

Sembrerebbe ovvio che il sottosviluppo rurale sia il fattore repulsivo del flusso migratorio verso le zone urbane. Ma infatti il fenomeno non è tanto semplice: i migranti rurali possono sì provenire da zone rurali che soffrono un ristagno economico e, quindi, essendo già emarginati, al punto di partenza, tendono ad emarginarsi ancora di più nelle zone urbane; ma possono anche provenire da zone rurali in via di sviluppo ed, in questo caso, sfuggono più facilmente all'emarginazione urbana.

Effettivamente, in tanti paesi si attuano programmi di sviluppo rurale con l'intenzione, spesso, di «fissare l'uomo alla terra» e quindi rallentare la migrazione verso la città. Ma il risultato di tali programmi dipende dal tipo di misure che applicano: se sono del tipo «*labour saving*» — se risparmiano cioè manod'opera — come fa la meccanizzazione dell'agricoltura, oppure se trasferiscono alle aree rurali dei valori peculiari alle città — come è il caso di programmi scolastici non adatti alla vita rurale, l'effetto è controproducente, rafforza cioè la spinta verso la città (il «servizio di leva» (militare) può anche avere un simile effetto); se invece lo sviluppo rurale mira a rendere più produttiva e redditizia l'attività agricola — mediante p.es. l'eletrificazione rurale, il cooperativismo, il credito rurale, l'ibridazione di semi per una maggiore resa delle semine (cf. la «rivoluzione verde»), le agro-industrie in zone rurali ecc. —, nonché a rendere più confortevole la vita rurale — grazie p.es. alle attività ricreative, all'assistenza medico-sanitaria, alle agevolazioni di trasporto e comunicazione ecc. — allora l'effetto dello sviluppo rurale può essere positivo nel senso di rallentare l'esodo rurale.

Frattanto, lo stesso incremento della produttività agricola e del livello di vita rurale può creare eccedenti di mano-d'opera nei campi e destare un rialzo delle aspettative in seno alle popolazioni rurali, e quindi rafforzare l'afflusso verso le città. Infatti, il miglioramento p.es. delle condizioni igienico-sanitarie si traduce nel tracollo della mortalità e quindi nell'accelerazione della crescita della popolazione rurale, i cui eccedenti tendono a riversarsi in città.

Tutto sommato, per quanto sia paradossale, lo sviluppo rurale, nella misura in cui sia ben riuscito, non risolve il problema dell'esodo rurale nel senso di arginarlo, ma può contribuire alla soluzione del problema dell'emarginazione urbana dei migranti rurali.

3.3 Decentramento industriale

La localizzazione di nuove industrie al di fuori delle zone metropolitane e megalopolitane mediante la pianificazione regionale, la creazione di poli di sviluppo e di distretti industriali attorno a città di media grandezza (quelle con qualche centinaia di migliaia di abitanti), costituisce forse il migliore programma per contenere l'ingigantirsi dei concentramenti urbani.

Una tale politica viene condotta infatti in diversi paesi, sia all'ovest come in Gran Bretagna, in Francia, in Italia, sia all'est come in Polonia, nell'URSS, nella Cina Polare, nonché nel «sud» come nel Messico, nel Brasile, nel Venezuela.

Il vantaggio di simili politiche è che offre un ventaglio di attività economiche oltre a quelle primarie e quindi non pone resistenza alla spinta connessa con ogni processo di sviluppo, verso attività secondarie, terziarie ed altre, evitando d'altra parte l'eccessivo addensamento umano nelle zone metropolitane e megalopolitane.

L'alta tecnologia elettronica di comunicazione di cui parla Toffler (1980) come base della emergente «terza ondata» storica, sembra puntare in questa direzione.

3.4 *Costruzione di nuove città*

In taluni paesi si è addirittura programmata la costruzione di nuove città. Il movimento è partito dalla Gran Bretagna nella ricostruzione del dopo-guerra, ma fatti del genere già esistevano prima, quale p.es. la progettazione di Washington come capitale federale degli USA. Nel Brasile, sebbene il fatto più recente e spettacolare sia stato il disegno sulla carta, nella seconda metà degli anni 50, della nuova capitale federale — Brasília, la quale nel suo 20° anniversario, secondo il Censimento del 1980, conta ormai 1.176.748 residenti, con un tasso medio annuo geometrico di 8,13% —, già nel secolo scorso vi sono stati diversi casi di città progettate e costruite «ab ovo», come Teresina — capoluogo dello stato del Piauí — nel nordest, Belo Horizonte — capoluogo dello Stato di Minas Geraes e di Goiânia — capoluogo dello Stato di Goiás — entrambe nel centro-ovest, São Leopoldo (nel 1824) e Santa Cruz do Sul (nel 1850) — nel sud, per accogliere gli immigranti tedeschi.

A Roma si conosce il caso dell'area dell'EUR, che è stata oggetto di un preciso disegno logistico per la «Esposizione Universale Romana» (1942), mancata sì a causa delle guerra, ma che oggi costituisce una densa agglomerazione amministrativa e residenziale, praticamente conurbata alla capitale della Repubblica italiana.

3.5 *Ri-sviluppo delle grandi città*

Una soluzione alternativa, o per lo meno interlocutoria, è quella di ridimensionare le grandi città.
Una scuola di urbanisti francesi capeggiati dal Bardet, ha proposto di «spargere» la popolazione urbana in unità cittadine di media portata, non superiori ai 200 mila abitanti. Ma qui si pone spesso un problema di spazio per l'agricoltura. Il Gottmann, assecondato dal famoso urbanista greco Doxiadis, obiettò al piano Bardet che la sua applicazione, almeno in paesi con superficie piuttosto ridotta — quali quelli europei — comporterebbe,

tra l'altro, due problemi abbastanza seri: aumenterebbe la quota di aree fabbricate e quindi coprirebbe di cemento e di asfalto vasti terreni fertili; aumenterebbe pure la rete stradale, con lo stesso effetto, sia nei paesi a grande densità di veicoli privati, sia in quelli a trasporto piuttosto collettivo, come nell'URSS, la quale detiene il primato mondiale nell'affollamento del trasporto di massa. Tutto sommato, i mastodontici agglomerati urbani, specie quelli caratterizzati dalle costruzioni verticali, risparmiano spazio verde per l'agricoltura e per lo svago.

Il ri-sviluppo delle grandi città tende quindi ad adottare progetti tridimensionali: revisione del piano regolatore per ciò che concerne il centro — storico o meno —, il quale generalmente cessa di essere residenziale e diventa la sede politico-amministrativo-finanziario-commerciale (in questo senso va la creazione delle «isole pedonali»); costruzione di una fitta rete di trasporto e di passaggio sotterraneo; costruzione di arterie sopra-elevate, a volte «perimetrali», per smaltire il traffico.

Conclusione

Concludiamo in chiave ecologico-futurologica con un suggerimento su cui si trovano d'accordo e l'autorevole ecologo statunitense Odum (1973, p. 436) e il celebre fisico dissidente sovietico Sakharov (1974): per preservare la qualità di vita umana sul Pianeta, un terzo della terra emersa ed abitabile dovrebbe rimanere uno «spazio aperto», se possibile verde, non toccato cioè né dall'agricoltura, né dalla pastorizia, né dalla minerazione, tanto meno coperto dal cemento e dall'asfalto degli impianti industriali o dall'insediamento urbano. «Sarebbe l'ora quindi — aggiunse il Sakharov — di «migrare verso la Luna e verso qualche altro asteroide»...

Frattanto, la possibilità concreta d'insediamento umano nello spazio al di fuori del nostro Pianeta è oggetto di controversia tra gli scienziati del settore. Da una parte, secondo il britannico Patrick Moore nel bilancio prospettivo che ha fatto dei «prossimi 50 anni nello spazio» (MOORE 1976), una migrazione massiccia oltre l'atmosfera terrestre sarebbe del tutto al di là del nostro orizzonte temporale fino, almeno, all'anno 2025: «Non c'è alcuna speranza di risolvere il problema della popolazione terrestre mediante la colonizzazione estra-terrestre» (p. 54); il massimo che Moore ammette è che ciò possa avvenire prima del 3025... (pp. 57 e 101). D'altra parte, l'esperto della NASA, nello studio dei campioni lunari, James R. Arnold vede decisamente, nello spazio, la «nuova frontiera» dell'umanità (ARNOLD 1980) e, per i scettici, racconta una sua personale esperienza: «Nel 1950 prendevo parte in una tavola rotonda di scienziati per discutere, dinnanzi alle telecamere, cosa si potesse aspettare, in materia di progressi scientifici e tecnici, nei seguenti 50 anni. Allorché io suggerivo che avremmo dei satelliti spaziali con tripulazione umana, e addirittura qualche viaggio fino alla luna prima del 2000, la distanza tra me ed i miei colleghi interlocutori si è accresciuta drammaticamente. Non che semplicemente discordassero di una tale predizione, che potrebbe andare errata: essi si rifiutavano ad ammettere che si potesse predire che simili realizzazioni rivoluzionarie fossero possibili nei successivi 50 anni. Allora io chiesi se nel 1900 avrebbero predetto il volo più pesante dell'aria, o la radio, o la predominanza delle automobili. Nessuno accennò a potenziali progressi nella genetica oppure nei circuiti integrati — in codeste aree io stesso non ci vedevo più lontano dei miei colleghi.» (p. 303)

Insomma, per quanto lo spazio possa apparire come un'auspicabile valvola di scappamento a più o meno lungo termine — e non sarebbe opportuno parodiare il famoso detto «egoista» di Keynes secondo cui «a lungo termine noi saremo morti e sepolti» — il fatto è che, per ora, dobbiamo cercare di individuare e risolvere i nostri problemi ecologici — incluso questo della ridistribuzione territoriale delle popolazioni umane — *hic et nunc*, in questo nostro esiguo territorio terrestre, in questa nostra travagliata generazione che assiste, un po' smarrita, al sorgere della «terza ondata» storica dell'umana civiltà.

BIBLIOGRAFIA

ARNOLD James R., «The Frontier in Space — Will we be true to our nature and accept the challenge of the next frontier?», *American Scientist* 68(May-June'80), 299-304.

BEIER George J., «Can Third World Cities Cope?», *Population Bulletin* (PRB) 31(Dec.'76)4, 34pp.

BELTRÃO Pedro C., «Prospettive demografiche ed ecologiche» in Id. (a cura di) *Pensare il Futuro*, Roma: Ed. Paoline, 1977, 167-95.

Id., *Sociologia dello Sviluppo*, Roma: PUG, ciclostilato, 130 pp.

Id., *Analisi della popolazione mondiale*, Roma: PUG, 1967, 151-67: «Le migrazioni internazionali.»

Id., «La popolazione mondiale ad una svolta storica», LATERANUM N.S.-Anno 44, (1978)1, pp. 256-75.

Id. e HEREDIA Olga Collinet, «População brasileira: Alguns aspectos relevantes», *Boletim do* CEDOPE (UNISINOS - Brasile) 12(1983)24, 13 pp.

BIGGAR Jeanne C., «The Sunning of America: Migration to the Sunbelt», *Population Bulletin* (PRB) 34(March '79)1, 44 pp.

BIRABEN Jean-Noël, «Essai sur l'évolution du nombre des hommes», *Population* 34(janv.-févr. '79)1, 13-25.

BROWN Lester R., *Il 29° Giorno* — Dimensioni e bisogni della popolazione umana e risorse della Terra, Firenze: Sansoni, 1980, 317pp.; orig.: *The Twenty Ninth Day* — Accomodating human needs and numbers to the earth's resources, New York: Norton, 1978, 363pp.

Id. with ECKHOLM Erick P., *Di solo pane* — Un piano d'azione contro la fame nel mondo, Milano: Mondadori (EST), 1975, 268 pp; orig.: *By Bread Alone*, New York: Praeger (for The Overseas Development Council), 1974, 272pp.

CHANDLER Tertius and FOX Gerald, *3.000 Years of Urban Growth*, New York: Academic Press, 1974, 431pp.

CIPOLLA Carlo M., *Storia economica dell'Europa pre-industriale*, Bologna: Il Mulino, 1974, 399pp.

CLARK Colin, *Poulation Growth and Land Use*, London: Macmillan, 1968, 406 pp.

COMMISSION INTERNATIONALE D'HISTOIRE DES MOUVEMENTS SOCIAUX ET DES STRUCTURES SOCIALES, *Les migrations internationales de la fin du XVIIIe siècle à nos jours*, Paris: CNRS, 1980, 706pp.

FUCHS RONALD J. and DEMKO George J., «Population Distribution in Developed Socialist and Western Nations», *Population and Development Rev.* (The Population Council) 5(SEpt. '79)3, 439-67.

FUTURIBLES 2000 (Nov. '80) numéro spécial: «La conquête spatiale: ses retombées technologiques, économiques et sociales».

«Geografia e Sociedade», *Vozes* (Petrépolis - Brasil) 74(Maio '80)4, numero especial.

GEORGE Pierre, *Géographie de la population*, Paris: PUF (Que sais-je), 1973⁴, (1965), 125 pp.

GOODLAND Robert J.A., *A Selva Amazônica*: do inferno verde ao deserto vermelho?, São Paulo: Itatiaia, 1975, 156 pp.

GOSLING Peter L.A., «Population Redistribution: Patterns, Policies and Prospects», in HAUSER Philip M., *World Population and Development*: Challenges and Prospects, New York: UNFPA/Syracuse Univ.Press, 1979, pp. 403-39.

GOTTMANN Jean, *Megalopolis* — The Urbanized Northeastern Seabord of the United States, New York: The Twentieth Century Fund, 1961, 810 pp.

HAUSER Philip M., ed., *World Population and Development* — Challenges and prospects, New York: UNFPA/Syracuse Univ.Press, 1979, 683 pp.

HENRICI Peter, «La 'seconda natura'» in BELTRÃO Pedro C. (a cura di) *Pensare il Futuro*, Roma: Ed. Paoline, 1977, pp. 21-26.

IN/ARCH, *Insediamenti umani ed innovazioni tecnologiche nei 30 anni prossimi*, Roma: Istituto Nazionale di Architettura, 1973, 172 pp.

Id., *Contributo dell'Italia alla Conferenza Habitat*, Roma: Istituto Nazionale di Architettura, 1976, 385 pp.

KOLS Adrienne, ed., «Migration, Population growth and Development», *Population Reports*, Series M. (sept-oct. '83)7, Special Topies- M 247-78.

LOFTIN Colin and WARD Sally, «A Spatial Autocorrelation Model of the Effects of Population Density and Fertility», *Amer.Sociol.Rev.* 48(Ferb.'83)1, 121-28.

MARUYAMA Magoroh, «Settlements in Space», in FOWLES Jib ed., *Handbook of Futures Research*, Westport Con./London: Greenwood Press, 1978, 745-59.

MEYER Paul A. and MacANDREWS Colin, *Transmigration in Indonesia*: An Annotated Bibliography, Yogyakarta: Gadjah Mada Univ.Press and Population Institute, 1978, XII + 245pp, cf. *Population and Development Rev.* 6(1980)3,504.

MOORE Patrick, *The Next Fifty Years in Space*, Sussex: Salsey, 1976 (versione portoghese: Portugalia Ed., 1976, 142 pp.).

ONU-FNUAP, *La population et l'avenir des villes*, New York: ONU, 1980, 273pp.

ONU, *Rapport d'Habitat: Conférence des NU sur les établissements humains*, New York: ONU, 1976, 220 pp.

RUSSO Gino, *Rivoluzione industriale e organizzazione del territorio in Europa*, Firenze: La Nuova Italia, 1977² (1975), 125pp.

SAKHAROV Andrei D., «Sarà già iniziato lo sfruttamento economico della Luna e degli asteroidi», in *L'Europeo*: Il mondo nell'anno 2024 (inserto speciale), 14/XI/1974, Parte Prima.

SAUVY Alfred, *La fin des riches*, Paris: Calmann-Lévy, 1973, 295 pp.

TOFFLER Alvin, *The Third Wave*, New York: Morrow, 1980, 844 pp.

TREWARTHA Glenn T., *A Geography of Population*: World Patterns, New York: Wiley, 1969,

UNESCO, «I fiumi», *Corriere dell'UNESCO* 34(Nov.'83)11, numero speciale.

UNO, *World Population Trends and Policies* — 1977 Monitoring Report, New York, 1979, vol.I.: Population Trends, 279 pp: vol.II: Population Policies, 140 pp.

Id., *Patterns of Urban and Rural Population Growth* New York, 1980, 175 pp.,1976, 44 pp.

Id., *The Vancouver Declaration on Human Settlements*, New York, 1976, 44 pp.

Id., «Population Distribution, Internal Migration and Urbanization», in *The Determinas and Consequences of Population Trends*, New York, 1973, ch. VI, 159-224; «International Migration», ib., ch. VII, 225-61 pp.

«Urbanization» in ROSS ed., *International Encyclopedia of Population*, New York: The Free Press, 1982, vol. II, pp. 649-64.

US-BUREAU OF CENSUS, *World Population 1979* — Recent Demographic Estimates for the Countries and Regions of the World, New York: 1980, 502 pp.

WOODS Robert, *Theoretical Population Geography*, London: Longman, 1982, 220 pp.

ZELINSKI Wilbur, *A Prologue to Population Geography*, Englewood Cliffs, N.J.: Prentice-Hall, 1966.

Capitolo VI

ECONOMIA RURALE E PROBLEMI ECOLOGICI

di Paul Steidl-Meier, S.I.

Per molto tempo, in molte parti del mondo, l'ambiente è stato considerato quasi fatalisticamente. Siccità ed inondazioni erano fatti ricorrenti periodicamente; una buona piantagione poteva essere distrutta da qualche flagello; il terreno poteva o meno fornire un buon raccolto. Nella cultura occidentale l'atteggiamento della gente rispetto alla natura è sempre stato alquanto ambivalente. Da un lato, il vigore e la bellezza della natura destavano ammirazione ed ispirazione; dall'altro, la natura era ostile e minacciosa. Soltanto i più adatti sembravano avere qualche probabilità di sopravvivere, di dominare la natura e di sfruttarla per i propri obiettivi. Se la natura non è stata sempre gentile, ma, al contrario, crudele nei confronti della specie umana, la gente a sua volta non si è sempre astenuta dal violentarla. Il problema centrale dell'ecologia è quindi quello di trovare l'equilibrio e l'armonia tra le persone e l'ambiente[1].

Nel considerare la vita umana nell'ambito dell'economia rurale, la questione del vivere in equilibrio ed armonia con la natura comporta *tre tipi di considerazioni: il livello della tecnologia, i tipi di organizzazione sociale* e *le caratteristiche effettive dei singoli ambienti fisici.* Queste sono le variabili a cui si riducono i tipi principali dei rapporti che caratterizzano l'esistenza umana nell'ambiente bio-fisico della «natura.»

La *prima parte* di questo saggio tratterà delle *caratteristiche dell'ambiente*. Mentre la «ecologia» esprime lo scopo generale di raggiungere l'equilibrio e l'armonia tra essere umano ed ambiente, non si può tuttavia parlare, nella pratica, di un solo sistema ecologico identico ovunque. Si deve prestare un'attenzione speciale ed esplicita alla *ecologia rurale*, ai diversi ecosistemi che caratterizzano ogni singolo ambiente fisico. Rispetto a questo punto, la trattazione verrà divisa in *tre questioni*: a) il *clima* in genere; b) *l'acqua*; c) il *suolo*. Alcuni esempi illustreranno i punti principali. Inoltre, dato che il nostro tema si riferisce specificamente all'economia rurale, vanno sottolineati gli aspetti *economici* interpretando il clima, l'acqua ed il suolo come *fattori di produzione*.

La *seconda parte* tratterrà del *livello della tecnologia*. La tecnologia rappresenta la maniera con cui l'essere umano mantiene rapporti con la natura in funzione dei suoi interessi; essa concretizza il dominio umano sulla natura. *Gran parte dell'uso umano della natura consiste nell'estrazione*: esso toglie via dalla natura p.es. i minerali, il legno ecc., esercitando qualche volta una vera e propria azione di rapina. Il *tema centrale dell'ecologia* non è quello di non usare i beni naturali, bensì quello di non devastare la natura nel corso di codesto processo. In questa parte dello studio si tratterà di quegli aspetti della tecnologia rurale che tendono a distruggere la base economica e si discuterà sulle prospettive di una tecnologia adeguata, nel senso di preservare e proteggere l'ambiente.

La *parte finale* considererà gli effetti dell'*organizzazione rurale*, sia economica che sociale, sull'ambiente, e quindi metterà a fuoco i problemi ecologici dell'economia rurale, i quali trovano la loro origine in altri settori dell'organizzazione sociale.

Come George L. TUVE ha messo in risalto, l'*energia*, l'*ambiente*, la *popolazione* e l'*alimentazione* costituiscono, ai nostri giorni, quattro *questioni rilevanti ed inscindibili*, nel senso cioè che la trattazione di una di esse coinvolge quella delle altre[1]. Secondo questo approccio dei problemi ecologici nell'ambito dell'economia rurale, si tenterà di toccare tutte e quattro le questioni sopra indicate nelle loro interrelazioni.

1. Caratteristiche dell'ambiente fisico

1.1 *Il clima*

Ognuno di noi si lamenta del tempo che fa, ma sembra che nessuno possa farci nulla. Per alcuni aspetti la moderna climatologia non ha compiuto grandi progressi dall'epoca in cui si implorava o si scongiurava la pioggia per mezzo di danze rituali. Nondimeno c'è una imponente quantità di ricerche in corso al riguardo. In una sua recente pubblicazione su «clima e cibo», l'Accademia Nazionale delle Scienze degli USA passa in rassegna alcune delle questioni più importanti della climatologia[2].

Uno dei problemi più gravi, a presente, è l'ignoranza degli effetti climatologici collaterali di parecchie innovazioni scientifiche impiegate a scopo industriale; una tale ignoranza ha provocato, a sua volta, un volume considerevole di legislazione, che richiede «una presa di posizione sull'impatto ambientale.» Questa legislazione rallenta il ritmo del «progresso», ma presenta il vantaggio di essere stimolante: dapprima nell'area degli esperimenti-pilota, poi nel proseguimento di un periodo di verifica, ed infine nella decisione se attuare su grande scala il progetto, ovvero accantonarlo del tutto oppure, almeno, sottoporlo a revisione.

Di recente, molta preoccupazione è sorta per ciò che riguarda lo strato di ozono dell'atmosfera terrestre e gli effetti su di esso delle bombole *spray*, dei rifiuti industriali e degli esperimenti atomici: ne è derivata p.es. negli USA la messa al bando delle bombole *spray*[3]. È necessaria un'assai più ampia ricerca per verificare l'impatto del progresso industriale sulle condizioni del tempo, sull'ozono e così via. Il problema di sapere in che misura la fotosintesi può venir influenzata da tali nuove condizioni riveste un'importanza enorme per l'economia rurale.

In materia di climatologia considerevoli passi avanti sono stati fatti con la comparsa dei sistemi d'informazione via satellite, i quali hanno grandemente migliorato l'arte della previsione del tempo. Ciò ha agevolato in certi casi la protezione delle piantagioni e la prevenzione di devastazione ambientale. Ad esempio, quando la gestione delle acque può trarre profitto da simili informazioni anticipate, il controllo degli straripamenti viene rafforzato e le perdite vengono ridotte.

Finora l'umanità non ha avuto molto successo nel modificare e manipolare il clima, causando o prevenendo la pioggia, elevando la temperatura e così via. Il nostro comportamento al riguardo è rimasto piuttosto reattivo, anche se ci sono avuti sviluppi estremamente interessanti. L'idea della serra riscaldata è antica; ma ancora nel 1977, un gruppo di ingegneri agronomi, nel trattare dell'agricoltura nell'anno 2001[4], parlano di ortaggi da coltivare in enormi serre situate nei dintorni del mercato finale; a loro avviso, l'ambiente delle serre, più l'energia per altri bisogni, verrà mantenuto dall'energia solare. Un imponente sforzo di ricerca e sviluppo centra il problema della fotosintesi vegetale; nell'Unione Sovietica p.es., dove la maggior parte delle terre coltivabili si situa a nord del 49° parallelo di latitudine e quindi vi è un «periodo di crescita» troppo breve, sono stati fatti dei tentativi per ibridare nuove varietà di piante, le quali siano più efficienti nella fotosintesi. Il fulcro della ricerca è quello di cambiare il prodotto agricolo piuttosto che il clima, il quale, allo stato presente delle conoscenze, non pare possibile cambiare in modo significativo e a buon mercato.

Inoltre, viene fatto uno sforzo considerevole per coltivare più intensivamente quelle aree dove il clima è generalmente stabile e favorevole; codesta politica presuppone che si rendano disponibili altri accorgimenti agricoli per sfruttare di più il clima favorevole, già scontato come fattore di buon livello di produzione. I necessari fattori di produzione supplementari sono p.es. l'irrigazione, i fertilizzanti, le macchine e simili. Per citare un solo esempio, in California il 75% ca. della precipitazione pluviale cade nel nord; analogamente all'Italia, la California consiste in un lungo tratto di terra, che si estende per ben 1.500 km. La California meridionale, specialmente l'area compresa tra Los Angeles e San Diego, gode di un clima estremamente mite e favorevole, nonché di un suolo buono, ma è carente d'acqua. Mediante tutta una serie di progetti idraulici massicci, è stato possibile portare l'acqua dal nord al sud, con un sistema che utilizza acquedotti, canali e trafori; altra acqua è stata condotta anche dal fiume Colorado, che scorre nello Stato dell'Arizona. L'insieme di codesti progetti ha migliorato in modo ragguardevole l'ambiente e ha reso di prima qualità delle terre piuttosto marginali[5].

Per concludere queste considerazioni sul clima, si deve dire che gli effetti nocivi sul clima provenienti dall'economia rurale sono piuttosto rari, mentre gli scarichi del settore urbano-industriale danneggiano l'efficienza fotosintetica delle piante ed inquinano l'aria. L'economia rurale, rispetto al clima, è stata caratterizzata dalla sua capacità di adattamento. Essa ha tentato di modificare il «microclima» mediante le serre, di migliorare le reazioni nei confronti dell'ambiente per mezzo di nuovi modi di utilizzare il sistema dei satelliti, di migliorare la fotosintesi attraverso l'ibridazione di nuove varietà vegetali più efficienti. Finora i tentativi di controllare il clima mediante la seminagione di nuvole ed altre trovate, non sono riusciti se non marginalmente, anche in considerazione del fatto che queste misure sono assai costose.

1.2 L'acqua

La gestione delle acque costituisce uno dei maggiori problemi dell'economia rurale e presenta anche una problematica ecologica non indifferente. Il problema agricolo è quello di aver una buona quantità di acqua disponibile, nella dimensione desiderabile, in tempo utile.

Parecchi paesi caratterizzati da economia agricola tradizionale sono stati flagellati da ricorrenti inondazioni o siccità, o da entrambe. Inondazioni e siccità non solo aggrediscono l'economia rurale devastando la coltura ed il bestiame, ma inoltre rendono l'ambiente simile ad una terra devastata. Un sistema agricolo che dipenda dalla speranza di adeguate precipitazioni pluviali, tende ad avere una storia capricciosa, marcata dal «destino», con la fame e la sofferenza.

Già abbiamo esaminato il caso della California con il suo sistema di gestione delle acque, il quale mette in moto più di 49 mila miliardi di litri d'acqua l'anno; esso è straordinariamente ben riuscito in termini di controllo degli straripamenti e recentemente ha protetto l'agricoltura dello Stato nell'arco di pressoché due anni di quasi siccità. In virtù di un tale sistema è stato realmente possibile aumentare la produzione a dispetto del fatto che la precipitazione pluviale avesse raggiunto solo un terzo dei livelli normali. Infatti, la gestione delle acque costituisce un'eccellente pratica tanto ecologica quanto agricola.

Tuttavia, un progetto simile a quello attuato nella California postula un'alta intensità d'impiego di capitale e quindi sarebbe al di là delle possibilità di molti paesi in via di sviluppo. Esistono però numerosi altri schemi di gestione delle acque che possono essere adoperati, con metodi che richiedono l'impiego intensivo della mano-d'opera. L'agricoltura tradizionale così come è esistita nella Cina, possiede una lunga dimestichezza con le tecniche di costruzione di «terrazze» e di serbatoi, di dighe ed argini per controllare la disponibilità dell'acqua. Nuovi metodi d'irrigazione, che impiegano «spruzzatori» o «scolatori», sono stati abbastanza efficienti, sia nel conservare l'acqua, sia nel ridurne la salinità, che si rivela maggiore con l'irrigazione alluvionale[6].

Per citare un altro esempio californiano, la salinità proveniente dal dilavamento prodotto dalla irrigazione, costituisce un problema tale che l'acqua dolce di un lago — il lago Salton — è divenuta salmastra proprio a causa del dilavamento provocato dall'irrigazione. L'irrigazione tradizionale tende anche a lisciviare i pesticidi ed altri residui chimici verso i corsi d'acqua e le falde freatiche, provocando così una rovina ecologica, a causa sia del loro inquinamento, sia della moria dei pesci e di altri esseri viventi, o ancora, nel caso dei fertilizzanti, stimolando la proliferazione eccessiva delle piante acquatiche (eutrofizzazione). Così, nell'ecologia rurale, i maggiori problemi che scaturiscono dalla gestione delle acque sono la salinità ed il dilavamento di prodotti chimici.

Il controllo delle inondazioni e del franamento sono due dei problemi più difficili da risolvere. Varrebbe la pena studiare il caso delle inondazioni avvenute nel 1978 in India, dove, secondo il periodico *The Economist*[7], esse sono state le peggiori da tempi immemorabili: questa volta «migliaia di villaggi sono rimasti allagati, le colture di milioni di 'acres' di terra sono state rovinate e milioni di persone hanno dovuto rifugiarsi nei posti più elevati. I danni recati alle proprietà ed al bestime ammontano ormai a miliardi di dollari. Si sa di centinaia di persone che sono morte, ma un conto accurato delle vittime non sarà possibile se non quando i contadini dispersi potranno ritornare alle loro case. Il pericolo imminente è che le epidemie e la morte per fame colpiscano le migliaia di persone accampate nelle isole al centro di un mare inquinato.»

La pianura del Gange è, potenzialmente, una delle aree coltivabili più ricche del mondo; eppure, pressoché annualmente, essa viene colpita dal disastro delle piene e le colture dei contadini vanno in rovina. Tuttavia il sistema d'allarme è stato migliorato e si pensa che, in anni recenti, migliaia di vite umane si sono salvate perché c'è stato il tempo per evacuare.

Nell'India ca. 24,3 milioni di ettari, la maggior parte dei quali sono situati nel nord del paese, sono passibili d'inondazioni; finora soltanto 9,3 milioni sono stati protetti da dighe ed argini. Ma le grandi piogge provocate dal monsone, che causarono le recenti inondazioni, danneggiarono molte di queste protezioni (le recenti inondazioni risultarono da un solo giorno e mezzo di pesanti rovesci di pioggia provocati dal monsone). Nei prossimi 5 anni, l'India dovrà spendere 900 milioni di dollari in misure di controllo delle inondazioni. Secondo alcuni esperti, ciò non basterà, perché, per il solo bacino del Gange, bisogna stanziare qualcosa pari a 1.400 milioni di dollari. Infatti, nell'arco degli ultimi trent'anni sembra che i dissesti dovuti alle inondazioni, si sono accresciuti a dispetto di tutti gli stanziamenti fatti. L'arginamento non riguarda che un solo aspetto del problema. L'erosione del suolo nei sistemi idrografici reca con se l'accumularsi della melma nel letto dei fiumi, che non tarda a superare la capacità protettiva degli argini. Il problema di un tale aumento della melma è particolarmente grave nei pendii dell'Himalaya, dove una precaria politica di conservazione del suolo ha seriamente aggravato il problema; l'area è stata caratterizzata da un rapido diboscamento (per ottenere combustibile, nonché nuovi terreni da arare) e dall'eccessivo pascolo di pecore. Le inondazioni sono create tanto dalle mani dell'uomo quanto da quelle della natura — conclude il citato articolo di *The Economist*.

Risulta quanto mai chiaro da questo esempio che non è affatto facile controllare un problema, sia pure così ben conosciuto storicamente. Nell'India stanziamenti non indifferenti sono stati destinati alla sua soluzione, eppure non hanno prodotto risultati significativi. La mancanza di coordinamento tra il controllo dell'erosione e la costruzione dell'arginamento ha messo a repentaglio tutto il programma. Sono stati proposti schemi per arrestare l'erosione mediante l'impianto di alberi da frutta p.es. nell'area ai piedi dell'Himalaya; un tale schema, si diceva, non solo gioverebbe a risolvere il problema dell'erosione, ma anche procurerebbe un reddito ai contadini del luogo, che ne hanno un gran bisogno; tuttavia, la proposta ha fallito per l'assenza d'infrastrutture economiche di trasporto e di celle frigorifere. Già un'alta percentuale (qualche stima va al di sopra del 30 %) della produzione agricola dell'India marcisce prima di raggiungere il mercato. Così una proposta senz'altro interessante per arrestare l'erosione e superare la povertà, nella situazione in cui il paese si trova dal punto di vista economico, perde significato. Frattanto, negli anni venturi c'è da aspettarsi un maggiore numero d'inondazioni. Nel suo recente studio sull'India, John Mellor, della Cornell University, è stato estremamente positivo rispetto al potenziale agricolo di questa area, al punto di considerare che essa potrebbe diventare una grande fornitrice di cibo per tutta l'India, nonché di certe derrate da esportare[8].

Esiste, infine, qualche problema internazionale di gestione delle acque risultante dal fatto che alcuni fiumi oltrepassano i confini nazionali. Nel caso dell'India p.es. i suoi problemi sono anche quelli del Bangladesh, giacché l'acqua del Ganges che scorre verso il Bangladesh, viene controllata dall'India mediante la diga detta Farrakkah. Negli anni di piena, il Bangladesh può ricevere una quantità d'acqua maggiore del suo fabbisogno; invece, negli anni di siccità, esso entra in competizione con il porto di Calcutta, il quale viene riempito da melma e quindi necessita di un afflusso d'acqua sufficiente per dilavarlo e renderlo agibile. Un problema analogo esiste tra la Siria e l'Iraq: nella fattispecie è la Siria che controlla il flusso d'acqua. Sono infatti considerazioni anche d'ordine internazionale quelle che rendono l'Arabia Saudita riluttante a lasciar passare l'acqua proveniente dall'Iraq in un punto dove essa scorre verso il Golfo Persico e defluisce nel mare. D'altronde, nel Medio Oriente è stata potenziata la sperimentazione del dissalamento, poiché anche il trivellare petrolio richiede acqua dolce. Tuttavia, i costi del dissalamento tendono a spingersi al di là delle reali possibilità di molti governi e comportano uno spreco di terreno che, altrimenti, in termini di economia rurale, potrebbe essere diversamente utilizzato.

1.3 *La terra*

La superficie totale del globo è pari a ca. 510,100 milioni di kmq. La maggior parte di questa area è coperta dall'acqua, e quindi soltanto 136 milioni di kmq sono costituite da terre emerse. Di codesta superficie terrestre, soltanto ca. 15 milioni di kmq (12%) vengono coltivati e quindi contengono delle piantagioni; 30 milioni e mezzo di kmq (23%) sono praterie o pascoli permanenti, e 41 milioni e mezzo (32%) sono foreste. I restanti 43,664 milioni di kmq (32%) di terre emerse sono aree fabbricate oppure terreni incolti[9].

Rispetto alla terra, nel contesto dell'economia rurale, *due sono le questioni di fondo* che vengono sollevate: *accrescere la quantità* di terre coltivate e *migliorarne la qualità*.

È di grande utilità *accrescere il quantitativo* di terre coltivate in America Latina e in Africa, poiché entrambi questi continenti utilizzano, rispettivamente, il 17 ed il 22% delle loro terre stimate come coltivabili. Il problema sorge dalla mancanza di conoscenza dei suoli tropicali e delle loro condizioni. L'Europa e l'Asia troverebbero minore vantaggio nell'espandere le aree coltivate. L'Unione Sovietica e l'America del Nord praticano un'agricoltura assai intensiva, pur assicurando uno spazio considerevole per l'espansione. L'intensità dell'attività agricola è in certa misura funzione della pressione demografica sulla terra[10].

Si discute molto sulla dimensione ottimale del terreno da coltivare. Negli Stati Uniti la popolazione agricola è calata a meno del 4% sul totale delle forze di lavoro e la dimensione dell'area da coltivare tende ad essere abbastanza estesa. L'America del Nord ha preso, in genere, la via della tecnica agricola estensiva: quella cioè, che espande la produzione mediante la messa in coltura di nuove terre. Nell'Estremo Oriente e nell'Europa si è ricorso ad una tecnica intensiva: la produzione viene aumentata mediante l'uso d'implementi bio-chimici (il Giappone p.es. usa più di 460 kg di fertilizzanti per ettaro), nonché mediante la rotazione delle colture (coltura molteplice). La dimensione ottimale del terreno da coltivare, in senso economico, è, parzialmente, funzione del tipo di tecnica adoperata e delle risorse disponibili. Sembra che, nella maggior parte dei casi, esista la tendenza a procedere *verso l'agricoltura intensiva*; la ragione è che quest'ultima genera un reddito sul capitale investito maggiore di quanto non si possa ottenere con l'investimento in terre nuove le quali, pur essendo potenzialmente coltivabili, nondimeno non sono di prima qualità in termini di produttività. Nel contempo, certi tipi d'insediamento urbano ed industriali stanno occupando terre di primo ordine.

Col ritorno alla tecnica dell'agricoltura intensiva è di centrale importanza la preoccupazione di *conservare la qualità del suolo*. Negli ultimi anni, uno dei problemi più allarmanti per lo scempio prodotto da alcuni sistemi produttivi, è stato il processo di *desertificazione*: l'esempio più spettacolare è quello, già menzionato in un altro contesto, di un'avanzata del deserto in alcune zone ad un ritmo di ca. 50 km l'anno.

Le terre aride del mondo si concentrano nell'Africa sahariana e nel Medio Oriente. Nell'autunno del 1977 si è tenuta a

Nairobi (Kenya) una Conferenza delle NU per discutere i modi di arginare questo processo.

Le cause del processo di desertificazione sono numerose: prolungata carenza di pioggia, coltivazione troppo intensiva, diboscamento (p.es. tagliando alberi per ottenere legna come combustibile), irrigazione malgestita, per cui aumenta il contenuto di sale fino al punto di rovinare il suolo.

L'importanza dell'argomento è vitale. Circa 50 milioni di persone vivono in paesi o regioni critiche per ciò che concerne la desertificazione. Paragonando la produzione di cereali pro capite degli anni 1973-75 a quella degli anni 1950-52, la maggioranza dei paesi dell'Africa e del Medio Oriente rivela un declino allarmante, come appare dalla Tavola 1. Il Senegal ed il Sudan sembrano essere delle eccezioni, ma si deve tener conto del fatto che essi hanno cominciato da valori inferiori. Nondimeno, il deserto può essere trattato con metodi produttivi, come dimostra il caso del Negev. La Conferenza di Nairobi prospettò uno stanziamento di ca. 500 milioni di dollari per venire a capo della desertificazione.

Tavola 1: Produzione pro capite di grano in 16 nazioni aride, dal 1950-52 al 1973-75.

Nazioni	Produzione pro capite di grano (kg) 1950-52	1973-75	percentuale
Afghanistan	263	234	−11
Algeria	221	87	−61
Alto Volta	193	180	−7
Etiopia	220	190	−14
Iran	182	185	+2
Iraq	269	156	−42
Giordania	143	79	−45
Libano	44	20	−54
Libia	99	106	+7
Mali	267	146	−45
Marocco	272	213	−22
Niger	303	169	−44
Senegal	142	186	+31
Siria	315	241	−24
Sudan	102	150	+47
Tunisia	216	184	−15

(Fonte: US Department of Agricolture)

Tali spese vengono razionalizzate, in senso economico, in termini di produttività perduta. Secondo i calcoli delle NU, «la degradazione cumulativa dei pascoli dei terreni sotto coltura non irrigati ha ridotto la loro produttività annuale complessiva di più di 12 miliardi di dollari rispetto al loro potenziale. Se aggiungiamo i danni recati dall'acqua stagnante e dalla salinità, le perdite annue ammontano a ca. 16 miliardi di dollari»[11]. Gli investimenti anti-desertificazione avrebbero un buon ritorno finanziario. Progetti di grande portata sono in corso di attuazione del Sudan, nella Somalia ed in qualche area del Sahel, i quali fondano la speranza di aggirare la situazione.

I metodi tradizionali per conservare la qualità del terreno sono stati quelli del *maggese e della rotazione delle colture*. Tali metodi sono tuttora applicati in certe regioni, ma con un'adeguata analisi del suolo e con la correzione delle sue carenze per mezzo d'implementi bio-chimici, si può riuscire ad avere una coltivazione non solo annuale, ma anche molteplice. Tuttavia, le conoscenze e le ricerche mancano tuttora nelle zone caratterizzate da suoli tropicali e subtropicali[12]. Uno degli esempi più pubblicizzati negli ultimi anni è stata l'apertura della frontiera amazzonica nel nord del Brasile[13]: si tratta, certamente, di un'area di grande potenziale agricolo e forestale. Frattanto, la pratica di un'agricoltura itinerante («taglia e brucia») attuata ad intervalli sempre più ridotti a causa della pressione demografica e di precari metodi di abbattimento, ha contribuito a deteriorare le condizioni ecologiche, depauperando il suolo e devastando le foreste.

La politica agraria è una questione molto complicata in quasi tutte le nazioni. Uno dei problemi principali è la natura della *interrelazione tra aree rurali ed aree urbane*. Spesso si sente rammaricare che l'insediamento urbano ed industriale sta invadendo le terre coltivabili, e ciò è vero in molti casi. Nondimeno, è essenziale che l'economia rurale si sviluppi in prossimità dei suoi mercati. Codesta questione dell'accessibilità del trasporto e del mercato è già stata illustrata, riguardo allo spreco dei prodotti agricoli, nel caso dei pendii dell'Himalaya, dove si è provveduto a impiantare dei frutteti; ma nel calcolo economico si deve anche sempre tener conto dei costi d'immagazzinamento e di trasporto. La programmazione dello sviluppo deve armonizzare i modelli d'insediamento urbano e rurale, sia nel senso ecologico che in quello economico.

Altre questioni di politica agraria variano considerevolmente da paese a paese. Negli Stati Uniti, con la legge agraria del 1977 si garantisce agli agricoltori un certo prezzo per i loro prodotti, a patto che essi accettino di lasciare incolto il 20 % del loro podere. In Africa, il sistema di proprietà e uso della terra è collegato al fattore culturale delle terre tradizionalmente tribali. In India esistono parecchi problemi sociali provenienti dall'agricoltura di mezzadria o di affitto; decisioni politiche si sovrappongono, in conseguenza, alle considerazioni puramente economiche, ed entrambe influiscono sulla qualità ecologica dell'ambiente.

Come conclusione, si può dire che le politiche di gestione delle acque e delle terre, per ciò che concerne l'economia rurale, sono questioni fondamentali.

2. *Ecologia e assetto tecnologico-economico dell'agricoltura*

Le economie agrarie che adoperano le tecniche tradizionali, mantengono con l'ambiente rapporti sostanzialmente differenti di quelli che sorgono con la meccanizzazione avanzata e l'impiego di alti quantitativi d'implementi bio-chimici. I problemi che l'antica tecnologia solleva per l'ecologia, sono quelli relativi all'esaurimento e addirittura allo scempio che risulta dallo sfruttamento eccessivo e dalla mancanza di una gestione adeguata dei terreni; parecchi di questi problemi sono stati trattati nella prima parte e quindi non è necessario ritornarci adesso. Tuttavia, anche l'agricoltura moderna minaccia di recare dissesti ecologici, non tanto a causa dello sfruttamento eccessivo dei terreni quanto piuttosto per il tentativo di trasformare le caratteristiche dell'ambiente e controllarle. Ci sono *due problemi ecologici* principali che sono da collegarsi all'assetto tecnologico dell'agricoltura moderna: *i residui (o rifiuti) agricoli* e *la chimica agricola*.

La maniera in cui il pollame e la carne in genere vengono prodotti ha subito, lungo gli ultimi anni, un mutamento considerevole. Vuoi per il bestiame, vuoi per il pollame, la linea di produzione somiglia sempre più a quella di una fabbrica vera e propria. Quanti pulcini e polli non hanno mai visto un cortile! Vengono allevati in fabbricati, in apposite gabbie in grado di contenere centinaia di migliaia di pulcini, che sono ingrassati con mangime programmato e uccisi non appena abbiano raggiunto il loro massimo valore economico. Qualcosa di simile accade con i bovini e con i suini. Generalmente, i bovini, portati via dai pascoli, prima di essere macellati, vengono ingrassati in apposite stalle, qualche centinaio contemporaneamente. Il problema derivante da una tale produzione massiccia è quello di *come trattare gli escrementi* che un normale manzo produce in una quantità pari a ca. 5 tonnellate l'anno.

Secondo lo studio di A. N. Robertson gli aspetti principali di questo problema sono due: la natura biologica degli escrementi animali ed i costi economici per trattarli[14]. In generale ci sono *cinque metodi di trattamento*: il trasporto in altro luogo, la combustione, la diluizione (nei laghi, fiumi ecc.), la distruzione in modo biologico (usando un sistema di fognatura), il riciclaggio. I primi tre metodi presentano gravi problemi riguardo all'inquinamento; gli altri due sono costosi, sebbene il livello tecnologico non sia al di là della scienza d'oggi. Scaricare semplicemente codesto rifiuto nei laghi e nei corsi d'acqua significa soltanto inquinare il flusso idrico. Recentemente si è cominciato a fare di più per riciclare gli escrementi nel sottosuolo, cosa che l'agricoltura tradizionale ha fatto da sempre. Non è l'idea in se stessa a causare difficoltà, sono piuttosto i costi di trasporto e la degradazione del suolo.

Il problema dei *pesticidi agricoli* ha probabilmente ricevuto maggiore attenzione da parte dei consumatori e dei nutrizionisti che non dagli ecologi. Nondimeno, resta la questione di evitare che gli spruzzi chimici non siano, per l'ambiente in generale, più disastrosi dello stesso flagello che erano destinati a combattere, creando così dei forti squilibri ecologici. Inoltre, quando l'irrigazione contribuisce a dilavare i residui chimici del suolo verso i corsi d'acqua ed i laghi, spesso avviene che i pesci del luogo muoiano per veleni d'ogni sorta, oppure che nuovi afflussi di nutrienti producano la «eutrofizzazione» dell'acqua.

In un suo saggio sull'agricoltura e la conservazione[15], il prof. Hampicke ha denunciato la scomparsa di alcune specie di piante, come risultato dell'applicazione piuttosto indiscriminata delle sostanze bio-chimiche. Di conseguenza, ha proposto una riduzione dell'uso dei mezzi chimici per il controllo o l'eliminazione dei parassiti, dei funghi, delle erbacce. Nella storia agraria, questo settore dell'agricoltura bio-chimica è ancora nuovo e non se ne conoscono ancora tutti gli effetti collaterali sulla qualità del prodotto e sull'ecosistema in generale.

Un'intensa ricerca viene oggi condotta sui modi di controllare i *parassiti*. Una delle scoperte più sensazionali è che, dopo un certo numero d'anni durante i quali si fa uso di un determinato parassiticida contro un determinato tipo di parassiti, alcuni individui della specie *riescono a sviluppare geneticamente una loro capacità di resistenza* al veleno stesso. Oltre alle tecniche chimiche vengono, quindi, adoperate oggi *varie tecniche biologiche*: p.es. quella che consiste nello *sterilizzare i maschi* delle specie d'insetti nocivi, oppure quella per cui si alleva e s'immette nell'area che si vuol trattare, un *predatore naturale* di quelle specie che causano malattie nelle piante. L'aspetto, tuttavia, preoccupante riguardo a gran parte di simili ricerche consiste nel fatto che non si conosce molto sugli effetti secondari di codeste strategie; sorge, cioè, il dubbio se, volendo risolvere un problema, non se ne crei un altro ancora più grosso. Comunque sia, il terribile flagello delle cavallette, che si è abbattuto su gran parte dell'Africa nel 1978, ha reso quanto mai chiaro che deve essere fatto qualcosa per controllare gli insetti dannosi.

Un interessante esempio è fornito dal problema tanto rilevante provocato dalla *mosca tse-tse*. Abbiamo visto che il 78% ca. del potenziale della terra coltivabile dell'Africa rimane sottosviluppato. Infatti, ca. 7 milioni di kmq nell'Africa (una superficie cioè che quasi raggiunge quella degli Stati Uniti) presentano condizioni di limitato insediamento umano e quindi d'agricoltura, perché sono infestati da *una ventina di specie di mo-*

sca tse-tse, che flagella la maggior parte dell'Africa sub-sahariana, essendo il vettore di parassiti che causano quella fatale malattia che, nell'essere umano, è conosciuta come «malattia del sonno», e nel bestiame, «nagana.» Esistono progetti in corso per applicare la tecnica della *sterilizzazione dei maschi*[16]. Questa tecnica è stata adoperata con successo negli Stati Uniti e in Messico per sterminare alcuni vermi nocivi alle piante. I parassiticidi sono stati parzialmente efficaci contro certi tipi di mosca tsetse, ma non hanno risolto del tutto il problema, che si è, anzi, recentemente aggravato per il prodursi di *una varietà resistente*.

In altre regioni del mondo, dove il movimento conservazionista è forte, p.es. negli Stati Uniti, l'agricoltura locale è entrata in *conflitto con alcuni gruppi volti a preservare certe specie animali*. Nell'ovest degli Stati Uniti esiste una considerevole agroindustria degli ovini; vi è pure un'*enorme popolazione di «coyote»* (lupi delle praterie), predatori naturali di roditori, conigli e, nella fattispecie, anche di pecore: essi causano un danno annuale pari a migliaia di dollari. Fino a poco tempo fa, era pratica abituale dei pastori controllare la popolazione dei «coyote» sparando su di essi od offrendo loro carne avvelenata. *La protesta degli ecologisti* è riuscita a proteggere i «coyote» con un'apposita legge. Per i «coyote» è andata bene, tanto che, in alcune zone, nei dintorni di Los Angeles, si sono fatti notare come abili predatori urbani, attaccando con successo cagnolini pregiati...[17].

Lo studio di G. Vocke e E. Heady[18] ha dimostrato che, negli Stati Uniti, le leggi cosiddette ecologistiche hanno cambiato la situazione rurale riducendo sia la produttività del settore agricolo sia i redditi dei coltivatori. Il raggiungere gli obiettivi ecologistici impone dei costi sociali e spinge a fare il bilancio del pro e del contro tra questi obiettivi e la produttività agricola. Nei paesi sottosviluppati, dove la fame minaccia la qualità della vita, le priorità dei valori sacrali spingono a riconoscere alla produttività una importanza maggiore che altrove. Si vede che in casi del genere gli obiettivi dell'economia rurale sono in conflitto con gli obiettivi ecologistici.

Tutto sommato, il settore economico rurale, per ciò che riguarda la tecnologia, influisce sull'ambiente in due maniere: il primo effetto dell'innovazione tecnologica è quello di provocare certi squilibri negli ecosistemi, sia per l'inquinamento, sia per il rischio nei confronti della conservazione delle specie ivi esistenti; il secondo effetto, invece, è quello di tentare di correggere certi squilibri che già sono presenti nella natura, prendendo delle misure positive, come p.es. quella volta a combattere il flagello delle cavallette.

3. *L'ecologia, l'economia rurale e l'influsso di altre organizzazioni sociali.*

L'economia rurale e l'ambiente ecologico non possono essere trattati separatamente, perché esistono in quanto parti integranti di una organizzazione sociale assai complessa. Qualche esempio è già stato sottolineato: conflitti con i conservazionisti rispetto al controllo dei predatori, competizione attorno alle aree coltivabili in rapporto agli interessi urbani ed industriali, difficoltà di cooperazione internazionale per ciò che riguarda la gestione delle terre e delle acque. Simili conflitti tra diversi interessi di parte sono frequenti nel contesto dell'economia politica, ma non sempre esiste un sistema giurisdizionale o un ordinamento normativo atto a dirimere tali questioni.

Uno dei maggiori problemi relativi agli interessi dell'economia rurale e a quelli dell'ecologia, nonché di altri settori, è quello dell'inquinamento industriale, non di rado tossico, responsabile dell'eutrofizzazione di laghi e corsi d'acqua. I Grandi Laghi, nell'America del Nord, il Tamigi in Inghilterra sono diventati pressoché morti a causa dei rifiuti industriali, con gravi danni per l'industria della pesca. Il bestiame in certi casi è stato avvelenato dal fumo emesso dagli impianti per la lavorazione dell'alluminio; alcuni medicinali hanno risolto qualche problema per gli animali, ma hanno provocato delle malattie ai consumatori di codesti animali. Un'attenzione molto maggiore viene accordata, oggi, agli effetti collaterali ed alle interrelazioni che esistono tra i diversi settori dell'economia in termini ambientali, agli effetti cioè sull'aria, sulla terra, sull'acqua.

Un'altra area di conflitto tra agricoltura e altri settori economici, che influisce sull'ambiente rurale, è quella della competizione intorno alle risorse scarseggianti o ai fattori di produzione, soprattutto capitale ed energia. Storicamente, nella maggioranza delle nazioni, il tasso di ritorno ricavato dagli investimenti nell'agricoltura e nel settore rurale in genere, è stato piuttosto basso in paragone a quello dell'industria e dei servizi. Si è visto ugualmente, nella prima parte di questo saggio, l'entità delle somme di capitale necessarie, in termini d'investimento rurale, per mantenere o migliorare l'ambiente. Quando il capitale diventa scarso, il settore rurale viene spesso sopraffatto, nel mercato, da altri settori dove il tasso di ritorno è più favorevole. In altre parole, una buona politica ecologica a volte non è redditizia per il singolo agricoltore, per la ditta o cooperativa rurale. Su scala micro-economica, i costi superano i profitti. Questa situazione ha spinto il governo degli USA ad intervenire con leggi in funzione del pubblico interesse e con finanziamenti, o almeno aiuti in considerazione della spesa necessaria a mantenere la buona qualità ambientale.

Il problema del capitale sorge non solo nel contesto degli investimenti diretti, ma anche nel campo della «ricerca e sviluppo» in favore dell'economia rurale, allo scopo di trovare nuove tecnologie e di correggere gli squilibri provocati dall'assetto tecnologico dell'economia rurale. Quando il DDT fu messo al bando per la prima volta, si sollevò la questione p.es. di sapere cosa avrebbe potuto rimpiazzarlo e chi avrebbe assorbito, nel frattempo, le perdite finanziarie causate dai parassiti. Il settore agricolo si trova, generalmente, in una tale situazione riguardo al capitale, per cui non potrebbe né assorbire le perdite, né finanziare lo sviluppo di una nuova tecnologia. Inoltre, la nuova tecnologia sviluppata dall'agro-industria arriva all'agricoltore in termini di costi aggiunti, mentre la ricerca promossa dal Governo viene più facilmente compensata dalla politica tributaria.

In termini ecologici, *due problemi principali* sorgono dall'economia rurale per ciò che concerne i miglioramenti: chi li finanzierà? e sarà possibile attuarli?

Riguardo alle *finanze pubbliche*, due principi devono essere considerati quando si tratta di imporre un aggravio finanziario, sotto forma d'imposta. Il *primo principio* dice che si deve *pagare a seconda dei benefici ricevuti*, come il pedaggio per usare l'autostrada; il *secondo* è progressivo ed afferma che, per i benefici pubblici, ciascuno deve *pagare a seconda della propria capacità finanziaria*. Per raggiungere gli obiettivi ecologici si deve pensare una politica che preveda un sistema di tassazione atto a coprire i costi dei benefici ecologici in modo equo.

Per preservare l'ambiente è necessario un vasto impegno sociale, sia per mantenere questo ideale, sia per creare delle predisposizioni che consentano una distribuzione equa dei costi. La tecnologia e la pratica dell'economia rurale devono mantenersi in equilibrio con tali obiettivi sociali, senza per altro compromettere l'efficienza economica.

Così l'economia rurale, nel contesto dell'organizzazione sociale di cui è parte integrante, nei termini del suo assetto tecnologico e in funzione delle caratteristiche effettive dell'ambiente in cui opera, possiede il potenziale necessario a mantenersi in equilibrio e in armonia con la natura, in tutte le sue attività. Praticata come meglio le si addice, l'agricoltura non è altro che *ecologia applicata*[19].

NOTE

[1] George L. TUVE, *Energy, Environment, Populations, and Food*, New York: Wiley, 1976.

Per una discussione generale in italiano vedi Luigi NICOLINI, *Agricoltura e dibattito ecologico*, Firenze: La Nuova Italia, coll. Italia Nostra - educazione, 1978.

In francese vedi due fascicoli di *Économie rurale*, che trattano il tema «Écologie et société»: 124(1978)2 e 127(1978)5.

[2] National Acaddemy of Sciences, *Climate and Food*, Washington, 1976.

[3] Id., *Supporting Papers: World Food and Nutrition Study*, ib. 1977, vol.II, Part 2: «Weather and Climate.»

L.M. THOMPSON, «Weather Variability, Climatic Change, and Grain Production», in Philip ABELSON ed., *Food: Politics, Economics, Nutrition and Research*, American Association for the Advancement of Science, 1975, pp. 43-48.

Per un riassunto generale della problematica vedi FAO, «Living with Climatic Change», *CERES* 66(Nov.-Dec. 1978), pp. 13-30.

Per un quadro generale del cambiamento del clima dal punto di vista storico vedi REID/MURRAY, *Climate of Hunger*, Madison: Univ. of Wisconsin Press, 1977 Cf. qui sopra ERBRICH.

[4] US Department of Agriculture, *Food Engineering*, Sept. 1977, p. 121.

[5] «California's Amazing Water System», *San Francisco Examiner*, Febr. 1977, pp. 10s.

Joe S. BAIN and Richard E. CAVES, *Northern California's Water Industry*, Berkeley: Univ. of California Press, 1966.

[6] S. L. RAWLINS, «Prospects for High-Frequency Irrigation», in ABELSON ed., op.cit.. pp. 128-34.

[7] «Savage Waters That Will Not Be Tamed», *The Economist*, (1978) p. 59.

[8] John MELLOR, *The New Economics of Growth*: A Strategy for India and the Developing World, Cornell, 1975.

[9] FAO, *The Farming World*, 1978 (opuscolo d'informazione), p. 1. cf. qui sopra, pp. 182s.

[10] «How Much Good Land Is Left?», *CERES*, July-Aug. 1978, pp. 13-16; W. Daniel HOPPER, «The Development of Agriculture in Developing Countries», *Scientific American*, Sept. 1976, pp. 197-205.

[11] Erick ECKHOLM and Lester BROWN, *Spreading Deserts* — The Hand of Man, Washington: Worldwatch Institute, 1977, ripreso in USAID, *War on Hunger*, Aug. 1977, pp. 1-11; Sept. 1977, pp. 1-8.

Barbara WARD, «How Deserts Grow», *The Economist*, 1977, pp. 35-37.

Per uno studio più dettagliato vedi Royal Society of London, *Semi-Arid Lands*, London, 1978.

[12] B.W. HODDER, *Economic Development in the Tropics*, London: Methuen, 1973; Andrew M. KAMARCK, *Les tropiques et le dévelopment économique*; J.M. KOWA and A.H. KASSAK, *Agricultural Ecology of Savanna*, Oxford: Clarendom Press, 1978.

[13] Peyton JOHNSON, «Amazonia's Frontier Fever», *CERES*, July-Aug. 1978, pp. 22-29.

Per uno studio più dettagliato vedi R.J.A. GOODLAND and H.S. IRWIN, *Amazon Jungle*: Green Hell to Red Desert?, Amsterdam: Elsevier, 1975.

[14] P.N. ROBSON and A.N. ROBERTSON, *Waste Treatment in Agriculture*, London: Applied Science Pubblishers, 1977, specie pp. 239ss.

[15] Ulrich HAMPICKE, «Agriculture and Conservation; Ecological and Social Aspects», *Agriculture and Development*, 1978, pp. 25-42; R.D. HODGE, «The Case for Biological Agriculture», *The Ecologist Qarterly*, 1978, pp. 122-43.

[16] Deborah SMITH, «Challenging the Tse-Tse Fly», in USAID, *War on Hunger*, April 1978, pp. 8-11.

[17] Marc BEKOFF and Michael C. WELLS, «L'ecologia sociale dei coyote» (è determinata dalla disponibilità del cibo), *Le Scienze* (ed. ital. di *Scientific American*) 142(giugno 1980), 66-76.

[18] C. Kerry GEE, «Sheep and Lamb Losses to Predators and Other Causes in the Western United States», US Department of Agriculture, *Economic Research Service Bulletin* N°369 1977.

Per il conflitto nel campo della produzione dei raccolti e la restrizione dell'uso dei mezzi bio-chimici vedi Gary F. VOCKE and Earl O. HEADY, «Potential Effects of Environmental Policies on Resource Use and Regional Incomes in Agriculture», *Agriculture and Environment*, 4(1978), pp. 99-109.

[19] Allen V. KNEESE, *Economics and Environment*, London: Penguin Books, 1977; W. HAKER, «Konflikte zwischen Landwirtschaft und Umweltschutz», *Bayerisches Landwirtschaftliches Jahrbuch* 54(1977), pp. 11-32; C.S. HICKS, *Man and Natural Resources*: An Agricultural Approach, London: Croom Helm, 1975.

BIBLIOGRAFIA SUPPLEMENTARE

(a cura di Pedro C. Beltrão)

BROWN Lester R., «Population and Affluence: Growing Pressures on World Food Resources», *Population Bulletin* (PRB) 29(March '73)2, 31 pp.

CAHILL Kevin M., ed., *Famine*, Maryknoll, N.Y.: Orbis Book, 1982, VIII + 163 pp. cf. *Populations and Development Rev.* 9(March '83)1, p. 176.

DIALLO Yacine Marius, «Les conséquences de la sécheresse sur les migrations dans les pays du Sahel — L'exemple du Mali», IUSSP-International Union for the Scientific Study of Population, *International Population Conference, Manila 1981*, vol.II. pp. 625-42.

ECKHOLM Erik P., *Loosing Ground*: Environmental Stress and World Food Prospects, Foreword by Maurice F. STRONG, New York: Norton, 1976, 223 pp.

GEERTZ Clifford, *Agricultural involution*: The Process of Ecological Change in Indonesia, Berkeley/Los Angeles: Univ. of California Press, 1963,

LAPPE Frances Moore and COLLINS Joseph, with FOWLER Cary, *Food First*- Beyond the Myth of Scarcity, Boston: Houghton Mifflin, 1977, 466 pp.

POLEMAN Thomas T., «World Food: A Perspective», *Science* 188(May '75)4183.

SURET-CANALE Jean, «Sécheresse et famine dans le Sahel... et ailleurs», *Cultures et Dévelopment* 12(1980)1, pp. 137.

THIAN Babaly, «Quelquel considérations sur les conséquences de la sécheresse», IUSSP-International Union for the Scientific Study of Population, *International Population Conference — Manila 1981*, vol.II, pp. 605-23.

Capitolo VII

PROBLEMATICA SOCIO-ECOLOGICA DELL'INSEDIAMENTO URBANO

di Johannes N. Schasching, S.I.

Non è una esagerazione dire che quello dell'ecologia umana è un problema in gran parte d'urbanizzazione. Nella realtà urbana incontriamo, in modo condensato, tutti quegli elementi che costituiscono il nucleo dell'ecologia umana. E cioè: ambiente in trasformazione, popolazione concentrata, tecnologia sviluppata, molteplice organizzazione sociale. In nessun altro aspetto dell'ecologia umana l'interrelazione e l'interdipendenza di questi quattro elementi è così importante come nel contesto urbano.

Si può dire, anche, che nessun prodotto della cultura umana è stato *interpretato in modi così opposti* come la città. Da una parte troviamo gli *ottimisti*, a cominciare da Platone: per lui la città, ovviamente la città del suo tempo — la «pólis», è l'unico posto della «vita bella e buona.» Questo ottimismo continua fino al tempo presente quando p.es. W. Munro dice: «In ogni epoca ed ambiente, dall'antico Egitto alla moderna America, il più alto sviluppo del pensiero umano, delle sue iniziative e realizzazioni si è verificato all'interno di 'aree urbane'.» Dall'altra parte, abbiamo un forte *pessimismo* contro l'urbanizzazione formulato p.es. drasticamente da Rousseau quando chiama la città «ampia prigione per l'anima e fogna della razza umana.» Si potrebbero citare, oggi, numerose affermazioni provenienti da tutti i continenti, che vedono nella crescita degli insediamenti urbani, metropolitani e megalopolitani, la più grande minaccia per l'essere umano.

In particolare, il problema dell'*inquinamento urbano* non è esclusivamente moderno. Ecco la constatazione di un noto storico sulla Firenze medicea:

> «Noi oggi giustamente lamentiamo gli inquinamenti d'ogni tipo e maniera che ammorbano e intristiscono le nostre città. Ma non è per questo da credere che la città pre-industriale fosse un paradiso ecologico. Ne è prova tra l'altro il fatto che la mortalità cittadina era di gran lunga più elevata allora di quanto sia oggi. Uno dei grossi problemi del tempo era quello della eliminazione dei rifiuti umani: un problema che ovviamente si assommava, aggravandoli, agli altri numerosi problemi quali quello dell'alta densità demografica nel territorio compreso entro le mura, quello della povertà diffusa, quello delle deficienti conoscenze in fatto di igiene, e così via.» (CIPOLLA 1979, pp. 59s; vedi tutto il cap.3: «L'ambiente urbano», della Firenze cioè del '600).

Non è possibile rispondere in poche pagine alle numerose questioni che si possono sollevare riguardo al fenomeno urbano, pur restringendoci principalmente agli aspetti strettamente ecologici.

Per il nostro scopo non c'è bisogno di molti dati statistici, i quali del resto cambiano rapidamente, come già è stato indicato altrove (qui sopra); soltanto, quindi, poche parole riguardo allo «urbano» come realtà quantitativa. Si sa che i criteri applicati non sono universalmente gli stessi. Secondo le Nazioni Unite, una «zona urbana» comincia con 20.000 abitanti, una «città» con 100.000 ed una «grande città» con 500.000. Ma esistono anche altre classificazioni, ed altre dimensioni, di cui anche già se ne è parlato, come i concetti di «metropoli» e di «megalopoli.»

I problemi socio-ecologici del fenomeno urbano sono così nemerosi che una scelta s'impone. Limitiamoci a *tre aspetti*, cercando di accennare, in quanto possibile, alla loro interdipendenza: gli aspetti materiale, sociale, socio-etico.

1. L'aspetto *materiale*

La prima, benché superficiale, impressione che si riceve avvicinandosi ad una grande città, è che la luce del sole sia meno luminosa, la calma sparisca ed i passi siano regolati dal flusso delle case e delle strade. Ma dietro questa prima impressione si trovano cambiamenti ecologici profondi con conseguenze assai gravi.

Cominciano dalla *luce* e dall'*aria*: da lontano, e soprattutto dall'alto, si vede una «cupola di *smog*» che copre la città. Ci sono — fra gli altri — tre fattori principali responsabili di un tale fenomeno:

Gli *scarichi industriali*: tali sono p.es. i vapori di idrocarburi con ossidi d'azoto, anidride solforosa, aerosoli, ammoniaca ecc. L'Italia possiede numerose raffinerie, molto più di altri paesi industriali. I vapori delle acciaierie, dei cementifici, degli impianti chimici, delle centrali termoelettriche producono ossidi d'azoto, ossido di carbonio, particelle solide ecc. In Italia dal 1966 al 1971 p.es. si è calcolato un loro aumento pari al 60%.

Il *riscaldamento domestico* produce gli elementi più pericolosi quali l'anidride solforosa, l'ossido di carbonio, l'ossido d'azoto, gli idrocarburi, il piombo.

I *mezzi di trasporto*, prima di tutto l'automobile: 1000 auto producono in ogni 1000 litri di benzina, 3,2 kg di ossido di carbonio, 2-4 kg di idrocarburi, 3-9 kg di ossido d'azoto e di piombo. Basta mezzo grammo di piombo per uccidere una persona: in 25.000 km un'auto ne produce 2 kg.

Si conoscono gli effetti tossici del piombo sui reni, sul fegato e sul metabolismo. La scarsità di ossigeno costringe il cuore ad accelerare il proprio lavoro con conseguenti palpitazioni cardiache, vertigini, nausea, mal di testa. L'inquinamento dell'aria colpisce tutta la popolazione urbana.

Secondo uno studio recente fatto a Roma, la mortalità per tumori maligni alla trachea, ai bronchi ed ai polmoni è dello 0,28 per mille abitanti, mentre in provincia scende allo 0,14.

È ovvio che ci sono anche altri fattori ma, certamente, quello dell'inquinamento urbano riveste un'importanza tutta particolare. Esso causa anche le tipiche malattie professionali dei vigili, dei netturbini, dei tassisti. Su mille addetti all'industria, lo 0,43 muore per provate malattie professionali, al primo posto delle quali si constatano casi di silicosi ed asbestosi, intossicazione da piombo, cromo, idrocarboni.

Un breve cenno va fatto ad uno studio condotto da Hellpach ed altri su relazione fra inquinamento dell'aria e luce urbana. Nella luce naturale c'è una radiazione ad onde ultracorte (luce ultravioletta), i cui raggi esercitano un influsso sedativo sul sistema nervoso. Invece la luce ad onde lunghe (luce infrarossa) esercita un influsso irritante. Ora, nello «smog» che copre la città, avviene una notevole riduzione della luce ultravioletta che, a causa di esso, non può filtrare. I raggi infrarossi invece penetrano, con tutte le conseguenze.

Un altro esempio è l'*inquinamento acustico*. È interessante notare che questo tipo d'inquinamento aveva già torturato la Roma antica. Il poeta Giovenale (ca. 60-130 d.C.) scrisse: «Non dormire la notte è la malattia mortale dei più tra noi... Nelle case d'affitto non si dorme, il sonno a Roma costa orribilmente, alla radice dei nostri mali c'è l'insonnia. Il transito dei carri nella rete aggrovigliata degli stretti vicoli, lo strepito delle bestie ammucchiate, anche a un Druso e a un leone marino toglierebbero il sonno» (Giovenale, *Satire*, III, 232-8). Come rimedio le autorità romane avevano imposto una forte limitazione del traffico a Roma. Diceva una grida: «Dal 1° gennaio in poi nessun carro dovrà essere condotto o guidato all'interno di questa area durante il giorno...» Ma vi erano sempre eccezioni: processioni religiose, cortei militari trionfali e giochi circensi che prevedevano l'uso di carri in corteo (C.G. BRUNS, *Fontes Iuris Romani Antiqui*, Tübingen: Mohr, 1909, p. 105).

Il problema è diventato tanto più grave nella Roma di oggi e ovunque nel mondo urbano. L'intensità del suono si misura con i cosiddetti «decibel», la cui scala si estende da 0 a 160. Secondo alcuni esperti, il massimo sopportabile per i lunghi tempi di lavoro è di 87 decibel, per altri molto meno. Durante il sonno l'indice massimo dovrebbe restare al di sotto dei 40 decibel. Ma il fatto è che una strada di traffico intenso raggiunge da 70 a 90 decibel. I centri urbani come Milano, Napoli, Roma, danno una misura fra 80 e 90 decibel. Di sera, all'interno delle abitazioni, si registrano ancora 60-75 decibel. Ciò vuol dire che l'essere umano nell'ambiente urbano è sottoposto a «*stress* acustico» con varie conseguenze: p.es. il suono stimola le ghiandole surrenali a secernere adrenalina, che è un eccitante naturale. Il sistema nervoso entra in uno stato di continuo *stress* con spasmi intestinali, disturbi del sistema respiratorio e vaso-costrizioni. Raramente si arriva ad un sonno profondo che consenta il necessario «relax» ristoratore.

La lista dei fattori d'inquinamento urbano potrebbe essere aumentata in diverse direzioni: sarebbero p.es. l'inquinamento *idrico*, l'inquinamento *radioattivo*, l'inquinamento *alimentare* per contaminazioni microbiche e chimiche ecc. Basta indicare che esiste una grave problematica ecologica urbana che esige serie deliberazioni e misure, anche se con questo non vogliamo appoggiare in nessun modo il gruppo dei pessimisti estremi, esagerando i fatti e interpretandoli in un modo semplicistico.

C'è un altro elemento ecologicamente fondamentale per una urbanizzazione umana. Si tratta del fatto, molto complesso, della *pianificazione* urbana, che comprende l'insieme equilibrato delle abitazioni, dei centri di produzione e di lavoro, dei centri di cultura e tempo libero, dei mezzi di trasporto. È ovvio che ciascuno di questi aspetti meriterebbe uno studio speciale, ma in questa sede, è sufficiente accennare alle linee principali.

Storicamente parlando, è ben noto che al tempo della «esplosione urbana» mancavano in molti paesi questa visione globale ed i mezzi necessari per renderla effettiva. In conseguenza si arrivò ad una situazione critica e, qualche volta, catastrofica che trovò la sua espressione, nei primi decenni di questo secolo, nei famosi libri sulla vita proletaria delle grandi città, quali Manchester, Berlino, Parigi. Le città si allargavano a macchia d'olio per il fenomeno dell'urbanesimo. La «Coketown» — la città di carbone descritta da Dickens, diventava il simbolo del connubio insopportabile fra progresso industriale e regresso sociale. Questo però non è soltanto un problema del passato, ma purtroppo anche del presente.

La pianificazione urbana è attualmente impegnata a risolvere *due grossi problemi interdipendenti*: il *risanamento della città* e la creazione di *nuove forme di vita urbana o suburbana*. Tutti sanno che il risanamento delle città esistenti incontra dei limiti: c'è spesso un centro storico da conservare e da restaurare. In città più recenti, la «city», è diventata il centro amministrativo, commerciale, ricreativo, caratterizzato da fortissima concentrazione della gente durante il giorno e da vuoto a notte tarda. Ma è da notare che si sta verificando in non poche città una re-migrazione verso il centro: palazzi prima abbandonati diventano abitazioni di lusso.

Un problema particolare riguardo al risanamento delle città esistenti è il cerchio densamente popolato, in gran parte rimasto come è stato costruito verso la fine del secolo scorso. Nelle città americane p.es. queste zone, non raramente degenerate in «*slums*», vengono man mano sostituite da nuovi quartieri. Il risanamento di queste zone richiederà ancora molto tempo e grossi investimenti per renderle umanamente degne di essere abitate con appartamenti ben attrezzati, con centri culturali e ricreativi, con il necessario verde.

Ancora più discusso è il problema dei *nuovi tipi di alloggio*. Diversi gruppi e scuole hanno proposto dei programmi per risolvere il problema ecologico della città, avendo nello stesso tempo in mente gli altri problemi concernenti la popolazione, l'economia, il traffico, la migrazione ecc. Basti elencare *tre tipi di tentativi* volti a risolvere il problema delle città di domani.

Città-giardino

Il teorico più conosciuto, Ebenezer Howard, in questo modo formulava l'idea di queste città: «La città e la campagna si devono sposare e da questa gioiosa unione nascerà una nuova speranza, una nuova vita e una nuova civiltà.» Si tratta quindi di una città immersa nel verde e nella natura. L'insediamento deve essere fisso e senza possibilità di espansione per eliminare il congestionamento e la speculazione edilizia: una popolazione ottimale di 5000-7000 abitanti. Le case devono sorgere in ampi spazi verdi e in ogni borgata devono essere dislocate industrie per garantire l'occupazione e l'autonomia degli abitanti. Ciascuna città-giardino deve avere il suo centro culturale, commerciale, sociale. La città è delimitata da una intoccabile cintura verde destinata all'agricoltura.

Le prime città-giardino sorsero nei pressi di Londra, p.es. Lechtworth. Si pensava che esse, sotto l'aspetto ecologico, fossero la soluzione ideale per evitare le conseguenze disastrose del congestionamento urbano del passato.

Nonostante questa visione ideale, le città-giardino hanno incontrato forti critiche e la realizzazione di questo modello rimase piuttosto limitata. Le critiche si concentrarono sull'aspetto economico, cioè sulla desiderata autonomia economica, ma riguardavano anche l'assetto della popolazione e della vita culturale e sociale.

Città-Corbusier

Per evitare l'utopismo delle città-giardino di tipo orizzontale che può, ecologicamente parlando, diventare una «macchia d'olio», Corbusier propose il tipo di città-giardino verticale. È una specie di città-giardino montata in un edificio unico, con «strade aeree che mettono in comunicazione le singole dimore.» Ciascuna unità sarebbe di 2000-2500 abitanti. L'unità sarebbe autonoma e autosufficiente: con negozi, posta e tutti i servizi collettivi. Il tetto sarebbe attrezzato a verde, con un giardino pensile: così si creerebbe l'impressione di trovarsi in mezzo alla natura, che potrebbe essere contemplata da tutti i residenti, senza ostacoli e senza distinzioni di classe.

Nonostante questo aspetto democratico non è da dimenticare che, per Corbusier, la casa verticale era un prodotto soprattutto razionale, una *«machine à habiter»*: «arriveremo alla casa costruita 'a secco' in officina, come una carrozzeria d'automobile.» Ma questa «casa a secco» sarebbe inserita in un'ambiente ecologicamente sano in grado di offrire agli abitanti l'impressione, oppure l'illusione, di essere uniti alla natura.

La città nuova

Sotto questo titolo è compresa una vastissima varietà di teorie e forme concrete realizzate nella pianificazione urbana, molto diverse anche secondo i diversi continenti e le diverse culture.

La pianificazione urbana ha come punti di riferimento *certi «apriori»* che influiscono fortemente sulla realizzazione concreta. Basti elencarne alcuni e, in primo luogo, *l'apriori politico*, vale a dire: quali possibilità offrono sistema politico e legislazione vigente per un intervento efficace dell'autorità politica? Secondo va considerato *l'apriori demografico*: esiste il fatto che c'è bisogno urgente, per grandi masse di popolazione, di un'abitazione umana. In terzo luogo *l'apriori sociale*: il costo dell'abitazione deve mantenersi entro limiti ragionevoli a motivo della situazione economica delle grandi masse. In quarto luogo *l'apriori economico*, vale a dire: in un'economia altamente dinamica, con possibilità di scambi internazionali, deve sempre essere presa in considerazione una certa mobilità e flessibilità della forza operaia. *Un quinto apriori può essere chiamato tecnico* nel senso che il traffico e le comunicazioni sono diventati un problema così grave da richiedere spesso decisioni dure e spiacevoli. Non è da dimenticare *un sesto apriori, quello geografico*: cioè la limitazione del terreno per l'insediamento umano; anche se l'importanza e l'urgenza di questo fattore è molto diversa a seconda dei paesi, per quasi tutti è diventato un aspetto rilevante nella pianificazione urbana.

In questo senso sono stati realizzati *diversi progetti nelle periferie delle grandi città* la cui popolazione ammonti a 60.000 abitanti e più. I nuovi quartieri sono preceduti da indagini serie. Vengono calcolati: incremento demografico, sviluppo del traffico, destinazione degli appartamenti piccoli e grandi, p.es. per gli anziani, per le famiglie numerose, per le persone sole. Nella costruzione prevale la dimensione verticale, gli edifici hanno da 3 a 20 piani, per conservare il maggiore spazio possibile al verde. Gli elementi delle case sono prefabbricati e standardizzati. Ciascun blocco di case è circondato da una zona verde abbastanza grande. Nel centro di questi *«grands ensembles»* si trovano grandi negozi, centri di servizi, scuole, centri ricreativi.

Nonostante le molteplici critiche che riguardano, tra l'altro, l'isolamento sociale e l'anonimato, questi insediamenti urbani sono in forte crescita in tutti i paesi, sia all'ovest, sia all'est, anche nei paesi in via di sviluppo. Varrebbe la pena analizzarne i diversi aspetti, specialmente sotto il profilo ecologico.

2. *Il tessuto sociale urbano*

Fra gli studi, numerosi in questa materia, l'articolo di Louis Wirth «*Urbanism as a way of life*» (Urbanesimo come stile di vita), è diventato un classico. Le sue categorie principali riguardo all'urbanesimo sono: la *quantità*, cioè la concentrazione di una popolazione molto numerosa; la *densità*, cioè la convivenza in un luogo limitato; e l'*eterogeneità*, cioè la grande diversità dei ruoli e delle funzioni. L'interazione di questi tre fattori determina le relazioni interpersonali e le strutture sociali del tessuto urbano.

La *quantità delle persone* produce un aumento del volume delle interazioni e, di conseguenza, tutti dipendono da più persone, sempre meno da persone specifiche. I contatti diventano a-personali, superficiali e transitori, con carattere egocentrico.

La *densità* causa frequenti contatti fisici connessi con un alto grado di tensione nervosa. Per evitare l'esaurimento psichico, l'individuo reagisce in modi selettivi ed emigra in isolamenti sia residenziali sia sociali. C'è anche la possibilità di un atteggiamento patologico di devianza, per quegli individui che non sono in grado di superare l'isolamento.

L'*eterogeneità* del «background» socio-culturale forza a cercare la propria identità e ruolo sociale tramite fattori visibili, i cosiddetti «simboli di status.»

Queste caratteristiche del tessuto sociale urbano formulate da Louis Wirth, non devono essere giudicate esclusivamente in senso pessimistico. Wirth stesso nota che c'è il fenomeno dell'adattamento e di una certa immunizzazione; e mostra di sapere che, nonostante l'istituzionalizzazione e la formalizzazione della vita urbana, resta il fatto positivo costituito dalle relazioni personali e dei gruppi di carattere primario.

Ma tutto sommato, l'urbanizzazione produce un sistema sociale che favorisce, da una parte l'anonimato e l'alienazione, dall'altra una certa indipendenza e pluralità; conduce la gente a reazioni selettive ed alla formazione di gruppi esclusivi d'interesse. Tuttavia, questi gruppi spesso non hanno un carattere totale, cioè integrativo di tutta la persona, ma settoriale, poiché interesano l'individuo parzialmente e temporariamente. Questo fatto reca una molteplice mobilità e continui cambiamenti sia delle relazioni umane, sia dei gruppi e delle organizzazioni. Come dice Wirth, il numero delle persone che soffrono un danno psichico-sociale in questo continuo «stress», è notevole; la devianza e l'aggressività sono spesso il risultato e la compensazione del fallimento sociale.

Abbiamo già parlato dell'influsso degli elementi materiali, p.es. della luce urbana, dell'inquinamento, del rumore, sul sistema nervoso e sulla salute dell'uomo urbano. Oggi vengono applicati alcuni rimedi per ridurre questi danni, p.es. varie forme di depuratori, una lunga lista di divieti, imposte e multe sui rifiuti ecc. Tutto ciò fa parte degli sforzi di ristrutturazione delle città esistenti e di costruzione di nuove forme urbane.

Ma salute e benessere degli uomini costituiscono una realtà complessa in cui è da riconoscere una parte centrale agli elementi sociali, cioè alle relazioni interpersonali sane ed alla integrazione dell'individuo in gruppi e strutture sociali piacevoli o almeno accettabili. Non era proprio uno scherzo quando si parlava della necessità, nella vita urbana, dei «depuratori sociali.» Infatti c'è chi parla oggi di una «ecologia sociale.» Poco importano le espressioni usate; il problema è reale e può essere formulato in questa domanda: quali criteri devono essere applicati nella ristrutturazione e costruzione urbana per realizzare un tessuto sociale tale che riduca i centri di conflitto, l'anonimato, l'isolamento, l'aggressività, da una parte, ed offra, dall'altra, la possibilità di un processo di «socializzazione» umana a diversi livelli, sia di famiglia e relativa abitazione, sia di quartieri, sia a livello globale di città?

3. L'aspetto etico.

È già stato detto diverse volte che la realtà urbana è molto complessa a causa della presenza di diversi elementi strettamente interdipendenti. Oltre agli aspetti materiale e sociale già trattati, bisogna considerare un terzo livello, quello dei *valori*.

Non c'è dubbio che questi valori sono determinati anche dall'ambiente materiale e dalle strutture sociali, ma essi, da parte loro, esercitano un influsso decisivo sull'ambiente naturale e sulla vita sociale.

Rifacendoci al concetto di «ecologia umana» proposto dal Duncan, cf. qui sopra), una delle sue variabili-chiave — la organizzazione sociale — comprende diversi elementi: istituzioni politiche a diversi livelli e con diverse responsabilità, nonché organi amministrativi che provvedono all'esecuzione delle decisioni politiche; ma questa organizzazione sociale presuppone anche i valori che determinano, in ultima analisi, le decisioni e la loro esecuzione.

Il concetto di «ecologia umana» applicato alla città, mette immediatamente in luce la funzione determinante dei valori. Due aspetti vanno sottolineati, che stanno in rapporto diretto con il nostro problema: una città «umana.» Il primo aspetto riguarda il concetto di persona e la sua relazione con la società. Questo concetto è stato al centro di filosofie, ideologie, religioni sia manifeste sia latenti, che influiscono, in definitiva, sull'organizzazione della città. Prendiamo le due posizioni estreme: il liberalismo classico e il collettivismo classico. I loro valori determinano in modo decisivo la struttura materiale, il tessuto sociale e la vita culturale della città. Questi «apriori» entrano come elementi costitutivi della pianificazione urbana stessa e della gestione dei mezzi a favore di un'ecologia umana. Il problema diventa ancora più complesso se esiste — come nel nostro mondo democratico — un pluralismo di valori abbastanza polarizzato e organizzato in movimenti politici.

Il secondo aspetto riguarda i valori che determinano il comportamento degli individui nella loro vita personale in città. Secondo Louis Wirth, la quantità, la densità e l'eterogeneità determinano fortemente le relazioni interpersonali e le strutture sociali, nonché i comportamenti ed i valori; e, viceversa, questi valori accettati e interiorizzati hanno un'influsso profondo sugli atteggiamenti umani.

Consideriamo un esempio concreto: la protezione dell'ambiente naturale, l'autocontrollo riguardo all'inquinamento acustico ed atmosferico, il rifiuto di partecipare alla «spazzatura» di una «società opulenta», sono realtà che hanno un grande influsso sul benessere dell'abitante urbano. Ma questi comportamenti, vivamente richiesti nella vita urbana quotidiana, non sono il risultato automatico della pianificazione urbana o degli interventi dell'autorità pubblica; provengono dai valori etico-sociali ed etico-religiosi di ciascuna persona.

Il bisogno di questi valori e comportamenti è tanto più sentito quanto più si vedono i limiti della pianificazione materiale e sociale della città. Pertanto, s'impone subito la domanda circa le fonti di questi valori e la loro comunicazione nel contesto urbano.

Per riassumere brevemente il nostro argomento: nell'ambito dell'interazione fra le popolazioni umane e gli ambienti naturali tramite la tecnologia regolata dall'organizzazione sociale, non c'è un'altra realtà così avanzata e così problematica come l'insediamento urbano. Questa realtà sta assumendo, sempre più, a livello internazionale, dimensioni quantitative e qualitative che sono, nello stesso tempo, una minaccia e un appello, sia di carattere materiale che sociale ed etico. Per rispondere a questo appello occorre prendere iniziative su tutti e tre i livelli, rispettando sempre la loro interdipendenza. In altre parole, il problema urbano richiede, per la sua soluzione, un concetto non di una ecologia qualsiasi, ma di una «ecologia umana.»

BIBLIOGRAFIA

Berry Brian J.L., *The human Consequences of Urbanization*, New York: St. Martin's Press, 1973, 15 + 205 pp.
Bonnefous Edouard, *Dossier completo sull'ecologia nel mondo*, Roma: Città Nuova, 1972, 339 pp. (orig.: *L'homme ou la nature?*, Paris: Hachette, 1970)

BREESE Gerald, *Urbanization in newly Developing Countries*, New York: Prentice-Hall, 1969, 18 + 556 pp.

CHOAY Fr., *L'urbanisme, utopies et réalités*: une anthologie, Paris: Seuil, 1965; ital.: *La città, utopie e realtà*, Torino: Einaudi, 1973, 2 vol.

CIPOLLA Carlo M., *I pidocchi e il Granduca* — Crisi economica e problemi sanitari nella Firenze del '600, Bologna: Il Mulino, 1979, 113 pp.

CLERC Paul, *Grands Ensembles* — Banlieues Nouvelles, Paris: PUF, 1967,9 + 471 pp.

COSA Mario, *Il rumore urbano*, Roma: Istituto Italiano di Medicina Sociale, 1972, 512 pp.

DEAR Michael and SCOTT Allen J., eds., *Urbanization* — Urban Planning in Capitalistic Societies, London: Methuen, 1981, 27 + 619 pp.

DUHL Leonard J., ed., *The Urban Condition*, New York: Basic Books, 1963, 21 + 410 pp.

ELIA Gian Franco, *Sociologia urbana*: testi e documenti, Milano: Hoepli, 1971, 43 + 570 pp.

Erhaltung, Erneuerung und Wiederbelebung alter Stadtgebiete in Europa, Bonn: Deutsche UNESCO-Kommission, 1981, 339 pp.

FRANCESCATO Grazia, *Il Pianeta avvelenato*, Firenze: La Nuova Italia, 1977, 126 pp.

GOTTMANN Jean, *Megalopolis* — The Urbanized Northeastern Seabord of the United States, New York: The Twentieth Century Fund, 1961, 11 + 810 pp.

GRANET Paul, *Changer la ville*, Paris: Grasset, 1975.

HELLPART W., *Mensch und Volk der Grossstadt*, Stuttgart: Enke, 1952.

Le CORBUSIER, *Porpos d'urbanisme*, Paris, 1945.

LEDRUT Raymond, *L'espace social de la ville*, Problèmes de sociologie appliquée à l'aménagement urbains. Paris: Anthropos, 1968, 17 + 370 pp.

MICHELSON William, *Man and His Urban Environment*, A Sociological Approach. Reading: Addison-Wesley, 1970, 13 + 235 pp.

SANTOS Milton, *Les villes du Tiers-Monde*, Paris: Génin, 1971.

STROPPA Claudio, *Antropologia urbana*, Brescia: Morcelliana, 1978, 35 + 427 pp.

TERRANOVA Antonio, *Città sognate*, Firenze: La Nuova Italia (coll. Italia Nostra/Educazione), 1977, 132 pp.

UNFPA-United Nations Fund for Population Activities, *Rome Declaration on Population and the urban Future*, New York, 1980, 11 pp.

Id., *Conférence Internationale sur la population et l'avenir des villes - Rome*, 1-4 sept. '80, New York, 1980, 273 pp.

UNO, *Urbanization in the Second UN Development Decade*, New York, 1970.

WILSON J., *Urban Renewal*, Cambridge Ma. The MIT Press, 1966.

WIRTH Louis, «Urbanism as a Way of Life», *Amer.J.Sociol.* XLIV (1938).

Id., *Community Life and Social Policy*, Univ. of Chicago Press, 1956, 14 + 431 pp.

PARTE TERZA

VALORI ETICO - RELIGIOSI

CAPITOLO VIII

ESSERE UMANO E NATURA NELLE RELIGIONI AFRICANE

di JOSEPH GOETZ, S.I.

Il tema suggerito dal titolo di questo saggio è, in realtà, *l'elemento fondamentale e strutturante di tutte le religioni e culture «preletterate»* e, probabilmente, di *tutte le religioni pagane*: una concezione della vita che potrebbe indifferentemente chiamarsi *ecologia religiosa* o *religione ecologica*. Qualcuno ha definito queste religioni «alleanza cosmica», ma non bisogna troppo insistere sulla idea di una cosmologia elaborata. Il loro cosmos è, concretamente, l'ambiente quotidiano della vita umana e la parola *armonia* ricorre automaticamente nel discorso di chi cerca di esprimere il fondo di queste religioni, come gli antropologi australiani che, per primi e meglio, hanno formulato tali sintesi. Scrive p.es. Ronald M. Berndt:

> «Elemento della natura, l'uomo cerca di lavorare in collaborazione con tutto quello che lo circonda e in associazione intima con tutte le altre specie naturali, non in opposizione alla natura ma lavorando con essa in armonia.» [1]

Dagli autoctoni stessi, come gli indiani nord-americani, tale concetto ecologico è espresso in termini molto eloquenti, come anche tanti altri valori della vita.

Gli africani ed i loro antropologi sono meno espliciti, perché, come ha notato Paolo VI nel 1967 [2], le loro religioni sono «più vissute che pensate», a fortiori più vissute che parlate. Però qualche scienziato, come il senegalese Cheikh Hamidou Kane, parlando a degli amici europei, ha potuto dire:

> «La sopravvivenza delle nostre culture è dovuta a quella 'connivenza' che ci lega a ciò che è assai più saldo di tutta la vostra conoscenza. Quale non sarebbe stata la nostra disperazione, nella durezza propria della nostra storia, se non fossimo rimasti, in qualche maniera, fedeli alla sorgente di ciò che è.» «Contadini come siamo, abbiamo con l'essere una 'connivenza' che voi avete perduto, a giudicare dalla nostalgia in cui vi si vede.»[3]

Già nell'antico Egitto si scorge la stessa «connivenza», descritta da H. Frankfort quando parla della funzione cosmico-religiosa del Re, tipicamente africana.

> «Agli occhi degli Antichi e secondo la loro esperienza, la vita era parte di una vasta rete di connessioni che si estendono al di là delle comunità locali e nazionali fino alle segrete profondità della natura e delle potenze che la governano. Ciò che era puramente secolare — per quanto si possa provare che esistesse qualcosa di questo genere — era assolutamente senza valore. Tutto quello che aveva qualche significato era incrostato, inserito nella vita del cosmo, ed il re aveva, appunto, la funzione di mantenere l'armonia di questa integrazione.» [4]

Aggiungiamo che ciò che fa il re in una monarchia africana, ogni uomo africano, tradizionalmente, lo fa nella vita quotidiana. Ma stiamo attenti, non avremmo da riportare dei bei discorsi, se non, forse, lunghi miti o fiabe (come quelli raccolti da Leo Frobenius, tra tanti altri). Però trattandosi di religione ecologica, più vissuta che pensata, dobbiamo osservare le loro istituzioni e quelle relazioni spontanee, per noi sorprendenti, che manifestano i loro sentimenti quotidiani.

Una scelta è molto difficile: così come, nell'ecologia scientifica, è impossibile isolare qualche fattore da un sistema in cui tutto è interdipendente. H. Kane (1961) segnala, tra le istituzioni caratteristiche di questa spiritualità, il *concetto di proprietà* (p. 384) e quello dello *scambio* (p. 386). Una delle più complesse, ma anche più chiare, è la funzione del «*capo della terra*», inseparabile da ciò che noi chiamiamo «tabù ecologici». Essenziali, in questa prospettiva di religione ecologica, sono poi *le figure dominanti di Dio e degli Antenati*.

Si potrebbe essere tentati di esporre come ci sembra che l'uomo africano concepisca il suo proprio essere umano in rapporto con la natura. Ma sarebbe un lungo discorso su quello che molta gente chiama ancora «*animismo*» (*Africae Terrarum* n. 8) e che noi preferiamo chiamare *cosmobiologia* o *biocosmologia*, perché è più «africano» considerare le relazioni concrete dell'essere umano con l'universo.

Negli ultimi anni gli antropologi si sono molto interessati *alla relazione quasi mistica dei pastori africani con il loro bestiame*, perché non si possono capire le loro religioni se non si hanno idee esatte su questa relazione. Nel passato invece si è molto discusso intorno alla *relazione del cacciatore con la selvaggina*, e si credeva di aver scoperto la cosiddetta «religione primitiva» del totemismo.

Il fatto è che questi cosiddetti «culti degli animali» non sono altro che una parte di quel sentimento dell'unità dell'essere umano e della natura di cui parla l'ecologia umana, per cui «l'essere umano non è a parte, ma fa parte di un sistema vitale composto di aria, acqua, minerale, suolo, piante, animali e microorganismi, i quali tutti funzionano reciprocamente e mantengono il tutto» [5]. La sola differenza tra scienza ecologica e religioni africane è che la religione, prima della scienza, ha riconosciuto questa relazione essenziale e l'ha assunta coscientemente come principio fondamentale della vita e come «etica dell'ambiente». Evidentemente manca la precisione e la giustificazione scientifica, ma in compenso c'è una percezione globale delle proprie esperienze di cui la religione anticipa la sintesi per fornire agli uomini una guida che la scienza non era in grado di fornire.

Non è questa la sede adatta ad esaminare perché *le religioni più speculative abbiano perduto questo realismo esistenziale che oggi la scienza ci costringe a riscoprire*. Sarà tuttavia nostro compito suggerire come, con l'osservazione diretta di come gli africani vivono questa etica religiosa dell'ambiente, si possa verificare cosa è una religione ecologica. Però è necessario ricordare *una premessa essenziale*: nell'elenco degli elementi sopra enumerati, dell'ambiente di cui fa parte l'essere umano, entrano *anche elementi spirituali* — Spiriti, Antenati, Dio — che forse, sotto certi aspetti, *non sono altro che espressioni simboliche e sintetiche dell'esperienza dell'interdipendenza ecologica*, come i *riti* non sono altro che *espressioni religiose del dovere di realizzare attentamente queste interdipendenze*. Passiamo quindi a alcuni temi più significativi.

1. «*Capi della terra*»

Spesso troviamo nei villaggi africani uno o più personaggi che noi chiamiamo «capi della terra», o meglio sarebbe dire «gli uomini della terra», cioè quelle persone che sono *responsabili delle relazioni del gruppo con la sua terra*. Ma non troviamo soltanto capi della terra. Ci sono anche capi delle *rocce*, capi del *fiume*, capi della *pioggia*.

Ogni volta che troviamo dei cenni storici sul passato del gruppo, appare chiaramente che queste persone sono i discendenti diretti o i rappresentanti attuali, del primo fondatore del villaggio o dei primi abitanti di quel territorio. Del «capo» non hanno niente, poiché il *capo politico* appartiene generalmente al gruppo ultimo arrivato quando il capo-terra non ha più nessuna funzione politica. Però il capo politico non ha nessuna autorità se non è stato «incoronato» dal capo-terra. L'analisi anche superficiale delle tradizioni storiche e dei riti ci fa capire che tutti i successivamente arrivati, specialmente i re laddove troviamo dei re, non si sentivano autorizzati a vivere in quel dato luogo, anzi non si sentivano sicuri di sopravvivere, se non mediante un'alleanza, pacifica o violenta, con il primo gruppo preesistente, cioè con il loro capo naturale che oggi, appunto, ha la funzione di capo della terra.

Il capo-terra è quindi *il successore del primo che realizzò un insediamento umano in quel tale territorio*; e lo realizzò stabilendo un'*alleanza con le potenze invisibili* residenti in tale territorio. Il *rito* consistette nello scegliere un albero con una pietra ai piedi del tronco e nell'orientare esattamente il terreno (come facevano i Romani) per mettere questo nuovo microcosmo in armonia-sintonia col macrocosmo. L'alleanza propriamente detta fu realizzata, probabilmente, con un *sacrificio umano*, figlio o figlia del fondatore, costituendo la prima sepoltura di un essere umano in quella terra.

Questo rito si ripete *periodicamente* sotto forma simbolica, p.es. ogni quattro anni, corrispondenti al ciclo agrario o quando si deve installare un nuovo capo-terra dopo la morte del predecessore. Attualmente la vittima umana è sostituita da un cane o da una capra o da ambedue, ma, come ho potuto constatare di persona (il 15 giugno 1972) il figlio del capo-terra deve essere presente.

Chiunque desideri venire ad abitare in quella tale terra o chiunque voglia coltivarne un pezzo, deve darne notizia al capo-terra e dargli le primizie del raccolto; il capo-terra stesso le offrirà agli spiriti. Un aspetto caratteristico di tale alleanza, come di ogni alleanza, è un certo *tabù* imposto a tutti i membri del gruppo, *segno permanente dell'alleanza*, cioè della volontà di tutti di riconoscere i limiti dei loro diritti.

Tra le funzioni proprie dei capi-terra, capi-rocce, capi-fiume, c'è l'*inaugurazione rituale delle stagioni* della coltivazione, della caccia, della pesca. Dopo una divinazione, con preghiere alle Potenze, essi fanno una offerta in segno di alleanza e danno dei consigli sul comportamento da tenere per tutta la stagione, raccomandando soprattutto la pace tra tutti i membri e la fedeltà ai tabù. Se si viene a conoscenza di inimicizie, si organizzano *confessioni pubbliche e riconciliazioni* con pranzo di amicizia insieme con gli Spiriti; perché se manca l'armonia tra gli esseri umani, e tra esseri umani e Potenze, ci saranno dei guai sia con la pioggia, sia con le bestie, sia con malattie e carestie. Non bastano le tecniche: ci vuole armonia. È stato appunto il voler spiegare i riti come fossero tecniche magiche autosufficienti, e non come parti di un sistema globale, che ha impedito per tanti decenni, agli antropologi, di capire queste religioni.

Un capo politico-religioso può sostituirsi al capo-terra o al capo-fiume per questi riti, ma lo farà in modo tale da far chiaramente apparire che agisce nel nome del capo-terra. Ciò non può essere soppresso, altrimenti fa correre un rischio di morte a tutto il popolo. Può magari rappresentare questa «delega» in modo abbastanza brutale, ma che, in ogni caso, ricorda l'alleanza iniziale. Un mio amico capo politico-religioso dei Sara, ad esempio, compiva lui stesso l'inaugurazione della pesca, cioè il rito prima del quale nessuno può cominciare la pesca, in questo modo: il vero capo-fiume veniva preso, spogliato, rivestito della pelle sanguinante di una capra, messo in un buco con una stuoia sopra; il capo dei Sara si siedeva sulla stuoia e «proclamava» il suo potere, poi entrava nel fiume; in compenso doveva poi comparire davanti agli Anziani che gli facevano fare la confessione, completandola con una bella bastonata e con una corsa che doveva vincere. Era la ripetizione della prima investitura di potere di un capo politico sugli autoctoni.

Un'altra funzione dei capo-terra è *la riconciliazione della terra*. Ogni spargimento di sangue, che non sia quello del sacrificio di alleanza, ha delle conseguenze gravissime: malattie, infortuni. La vittima di una ferita odiosa e la sua famiglia (non il colpevole!) devono sottoporsi ad una purificazione fatta dal capo-terra all'incrocio dei sentieri all'uscita del villaggio, luogo d'incontro degli Spiriti al tramonto. Certe tribù hanno, in ogni paese, un «altare della terra» davanti al quale avvengono tutte le riconciliazioni e tutte le riparazioni delle violazioni di tabù, sotto pena di disordine totale della natura, di sterilità, di malattie. Così gli africani si sentono strettamente legati tra di loro e con le Potenze della natura in una solidarietà permanente.

I *tabù*, se considerati nel loro insieme e nella loro importanza per la sopravvivenza sicura dell'individuo e del gruppo, devono essere interpretati come «tabù ecologici», come una stretta disciplina che gli esseri umani s'impongono nelle loro relazioni col Tutto. I più diffusi sono quelli della caccia, *che spesso vengono imprudentemente identificati col totemismo*. In essi, l'idea dell'alleanza con la natura è dominante, poiché consistono nel vietare la caccia di certi animali o in alcuni periodi dell'anno, ma comportano anche cacce rituali, il cui scopo è di realizzare una comunione alimentare e di... aiutare il grano a maturare.

L'espressione sintetica e religiosa delle regole che l'essere umano deve imporsi nello sfruttamento della natura, è la figura del *Signore degli animali*, la cui funzione essenziale è di controllare che l'essere umano non si permetta abuso o spreco dei prodotti della natura. I sedentari lo chiamano *Signore del bosco*. Spesso esige una limitazione rigida del numero di animali che si possono uccidere in una spedizione di caccia e una giusta distribuzione della carne tra tutti i membri del gruppo. L'idea di caccia sportiva è, in queste società, inconcepibile.

Quando noi usciamo nella savana o nel bosco con gli africani, è molto difficile avvertire questi tabù e doveri, perché essi sono instintivamente e silenziosamente attentissimi ai loro gesti e comportamenti. Noi, invece, calpestiamo tutto allegramente senza far caso, perché non ne soffriamo le conseguenze, a meno che, dopo qualche giorno, non abbiamo un accesso di diarrea: «Vedi — diranno gli africani — hai violato tale divieto.» Essi approfittano della nostra libertà, poiché è affare nostro, e così si sentono innocenti, perché da sé non si comporterebbero mai come noi. Però *la nostra presenza disturba radicalmente le basi della loro religione*, sicché nascono idee sull'imminente fine del mondo, *escatologie cosmiche*: «dobbiamo morire perché non osserviamo più i nostri riti». A meno che non reagiscano, dopo 50 o 100 anni, se saranno sopravvissuti, o non sorga «qualche profeta per proclamare la necessità di ritornare alle vecchie tradizioni, magari con l'espulsione dei bianchi e con la distruzione dei 'beni' della civiltà», per preparare il ritorno del loro eroe culturale come salvatore. Le escatologie nascono appunto dalla paura che suscita l'abbandono di riti e tabù tradizionali, cioè la perdita dell'armonia col Tutto.

2. *Armonia con le stagioni*

L'armonizzazione della vita con le stagioni è un altro aspetto significativo dell'etica religiosa ecologica. Un antropologo, studiando la religione dei Dinka dell'Alto Nilo, si sentì dire:

> «Questa pioggia che cade non è forse divinità? Quando cade, l'erba riprende a vivere, il bestiame prospera e la terra diventa fresca. E un uomo dorme con la moglie e sogna un figlio.»

Altri affermavano che solo uomini senza cuore oppure con molto bestiame potrebbero dormire con le loro mogli nel cuore della stagione secca, quando sono affamate ed affaticate per il caldo.

Si arriva persino a far alternare *due religioni stagionali*, come nel caso degli Eskimo studiato anni fa da M. Mauss, dei Lele del Kasai descritto da Mary Douglas nel volume *African Worlds* (1954), che raccoglie molte osservazioni su «valori sociali e idee cosmologiche in Africa». L'idea dominante è che la vita umana deve uniformarsi all'andamento dei cicli e dei ritmi vegetali e animali, sempre sintetizzati in figure e potenze spirituali. Non per caso tali alternanze sono coordinate con la divisione del lavoro tra i sessi, anch'essa vissuta come una necessità cosmica.

Sottostante e molto al di là della distinzione delle stagioni, c'è un *concetto qualitativo del tempo*, che è una delle grosse difficoltà spesso incontrata da chi lavora insieme con gli africani. Orologio e calendario astratto contano poco, importanti sono soltanto i ritmi ed il tempo psicologico. Non solo non si può passare davanti ad un funerale con indifferenza, ma non si sa mai con certezza se un appuntamento si manterrà, perché l'ora fissata per un lavoro o per un rito può essere spostata o anticipata per ragioni imprevedibili e imcomprensibili. Ma quando «si sentirà che il momento è venuto» la cosa si farà col massimo impegno ed attenzione.

Ancora molte persone in Africa credono che i maghi della pioggia «fanno» la pioggia o siano in grado di far venire la pioggia con la potenza dei loro riti; avranno, forse, assistito ad un tale rito e visto che la pioggia arrivava subito dopo. Ma qual'è il *legame tra questi riti e la pioggia?* Non si può dire niente su un rito isolato dall'insieme di cui fa parte. Si deve sapere p.es. che ci sono *due tipi di riti per la pioggia*. Presso l'abitazione di un capo religioso ecco un altare permanente della pioggia: non è un oggetto magico, poiché io posso toccarlo liberamente. Il rito è molto complesso e simbolico, ma il senso globale è chiaro: facendo e conservando questo altare, il capo assicura che tutto quanto riguarda la pioggia funzionerà normalmente. È l'altare della pioggia normale, segno di alleanza attiva da parte degli esseri umani, con la pioggia elemento dell'ordine cosmico. La cosa è ben espressa in un film etnografico dell'Alto Niger (di Jean Rouch): alla fine del rito compiuto da uomini viene una donna anziana per verificare che tutto sia stato fatto bene; poi dice: «Voi uomini pretendete di fare la pioggia. Non siete voi che fate la pioggia, la pioggia la fa Dio.» E gli uomini rispondono: «Sì, madre, Dio solo fa la pioggia. Ma noi abbiamo fatto quello che dovevamo fare, adesso la pioggia può venire.»

Lo stesso è implicito nel rito della *pioggia anormale*, cioé quando la pioggia dovrebbe venire e non viene. Notiamo, prima di tutto, che mai un mago della pioggia farà il rito fuori della stagione delle pioggie. Se la pioggia non viene è perché c'è qualche disordine, qualche offesa tra gli uomini, o tra uomini e potenze. Il mago non ha il tempo, e non è suo mestiere, di cercare il colpevole; compie i riti che possono ristabilire l'alleanza. Nelle montagne dei Nuba del Kordofan i maghi della pioggia si riuniscono sotto l'albero degli Spiriti per fare un pranzo comune, il quale è sempre segno di alleanza. Nelle montagne centrali del Tchad, davanti all'altare della pioggia ci hanno detto: «Facciamo il rito (un piccolo simposio dei capi-famiglia con libagione) e diciamo: «Vedi, Cielo, siamo uniti, mandaci la pioggia.»

Che poi la pioggia arrivi realmente, questo è il segreto della loro «scienza», che a me sembra molto naturale. Si sa che questa gente che vive tanto all'aperto, è molto sensibile, anche senza reumatismi, ai cambiamenti dell'aria e a tante altre cose che noi non sentiamo. Allora, se i contadini vanno dal mago della pioggia, questi forse dirà: «Non posso oggi...» «Portatemi una gallina di tal colore». Quando tutto sarà pronto, se lui «sente» che la pioggia è vicina, farà i suoi preparativi e il rito; poi la pioggia arriva. Difatti, non è solo per le credenze che sono vicini alla natura, ma lo sono fisicamente e fisiologicamente; e ciò spiega in gran parte le loro credenze stesse.

Sarebbe opportuno riflettere molto sugli esempi sopra riportati per capire quale sia, in realtà, per gli africani, il concetto della *efficacia dei riti* in genere. Non dobbiamo interpretare secondo i nostri concetti di «tecniche efficaci» o di magia volgare. Come ci spiega A.P.Elkin [7]: «Non è che l'uomo creda di possedere un potere magico sulle specie viventi, ma ha un metodo sacro per esprimere il bisogno che essere umano e natura hanno l'uno dell'altro.» L'effetto magico è sperato, ma soltanto come conseguenza della «virtù dispositiva» del rito.

3. Diritto di proprietà

Per considerare adesso un aspetto che sembra profano, ma ben consapevoli che difficilmente può esistere qualcosa di puramente profano in queste culture, porteremo l'attenzione al diritto di proprietà che H. Kane ci invita a studiare.

In un rapporto della FAO sulle possibilità di integrare le esperienze tradizionali con lo sviluppo agricolo moderno, si legge questa dichiarazione di un capo nigeriano: «La terra appartiene ad un vasto gruppo di cui molti sono defunti, alcuni viventi e moltissimi non ancora nati.» Le conseguenze sono ben note: *esclusione di ogni tipo di proprietà privata della terra*; impossibilità, anche per il gruppo intero, di alienare la terra. Quindi la proprietà tribale *non è proprietà, ma responsabilità affidata ai viventi attuali*. Proprietà privata è soltanto il prodotto raccolto su un terreno coltivato o no; ma *la comunità conserva un diritto sovrano* su questi prodotti dell'attività umana, diritto concretizzato nell'*obbligo di dividere* con quelli che ne hanno bisogno o con la comunità sia nella persona del capo distributore, sia nelle feste collettive.

Tale concetto della proprietà della terra ha avuto spesso delle conseguenze drammatiche quando degli europei, anche missionari, credevano di poter disporre liberamente di terreni messi a loro disposizione, immaginando di essere proprietari perché avevano pagato o ottenuto la «concessione» dal gruppo. Se non li usavano come campi coltivati o come abitazione, o peggio, li vendevano, la gente li riprendeva, anche con le armi. Invece laddove è stato applicato il sistema dell'amministrazione indiretta, la dominazione degli europei veniva più facilmente accettata. Infatti, bisogna rendersene conto che essi rispettavano il concetto tradizionale di proprietà.

Se pensiamo poi che il «diritto» non di proprietà, ma di sfruttamento della terra non risulta da un contratto di alienazione, ma da una alleanza realizzata una volta per sempre dai primi abitanti, capiremo che tutto il mondo visibile e invisibile, attraverso gli Antenati e le Potenze del luogo fino a Dio stesso, è implicato nella relazione dell'essere umano con la natura: l'uomo attuale non è mai realmente padrone della natura.

È da chiedersi allora se gli africani «si distaccano a sufficienza dall'Altro perché la religiosità sia sentita in termini di opposizione, oppure si confondono, in certa misura, con il mondo, l'universo e Dio, per vedere, piuttosto, nella religione una serie di preoccupazioni di armonia e di adeguamento rispetto all'insieme del mondo visibile e invisibile» [8].

4. *L'idea di Dio*

Certo è che *hanno su Dio delle idee per noi sorprendenti*, soprattutto l'assenza del culto di Dio e la sua figura di «deus otiosus», o meglio, di *Dio lontano*. Dio è l'espressione globale del fatto che una coerenza fondamentale si manifesta in questo mondo, al di là delle tensioni o fallimenti parziali.

Il carattere essenziale e la forza di questa idea sta nel fatto che Dio, Dio solo, per loro non costituisce problema. Ecco la differenza, ecco l'Altro. Mi sono sentito dire da un vecchio capoterra: «Dio ti dà sempre. Se i suoi doni (p.es. dei figli) non arrivavano fino a te, la causa è qualcuno altro e tu devi arrangiarti con lui.»

Dio è sicuro, costante, giusto; i suoi doni sono senza pentimenti; non c'è da preoccuparsi di lui con dei riti. «Non lo preghi. Tu non vai a dire al capo quello che deve fare. Ma quando ricevi, devi ringraziare.»

Però all'interno di questo mondo sicuro riguardo a Dio, ci sono tante creature libere, perché create come noi, che hanno dei diritti come noi, ma che non vivono sempre in armonia, che possono offendersi anche involontariamente. Quindi, con loro, riti e tabù; con Dio, no. Succede anche che i riti non siano efficaci e che le medicine non guariscano; ma non finisce tutto lì, l'indovino risponderà: «Questo è cosa di Dio». Certe malattie incurabili rendono il malato persona sacra, «cosa di Dio». E quante volte, nel caso di fallimento degli sforzi umani, si sente dire: «Ma c'è Dio.»

Non si tratta di fatalismo, perché è stato fatto tutto ciò che si sapeva di poter fare, ma poi «Dio sa»; se è cosa di Dio, è meglio così.

Il mondo, come un Tutto fatto da Dio, ha tutto per funzionare bene. A livello delle cose particolari sempre in divenire, il funzionamento armonioso dipende dagli esseri umani per tutto quanto sanno e fanno. Sembra, ai bianchi, che Dio lasci fare e che non si occupi del mondo. Il bianco non è sorpreso se una tale tribù afferma che Dio dorme e non fa attenzione quando viene immediatamente aggiunto: Dio sa tutto quello che accade qui. Ovvero ci meravigliamo che l'Imana del Rwanda non punisca, e non riflettiamo su ciò che viene aggiunto: Dio è contento quando gli Antenati puniscono le nostre mancanze. E così via.

Dio è Padre, ma non padre-padrone. Anzi, dopo la creazione, si è ritirato lasciandoci il mondo (mito della separazione del Cielo e della Terra). Certo è che questo non rende la nostra vita più facile, ma crea per noi uno «spazio di libertà» che ci permette di essere adulti. Si può dire, come l'Eskimo di Rasmussen: «Dio interviene soltanto quando gli uomini abusano della vita e mancano al rispetto per il vitto quotidiano. ... La sua dimora è così misteriosa che egli è, nello stesso tempo, presso di noi e infinitamente lontano.» Non fa tutto lui, ma è sempre disponibile quando le potenze non reggono più.

Dall'antico Egitto abbiamo un documento significativo in questo senso. Il *Libro della Vacca Celeste* racconta, appunto, che gli esseri umani si erano ribellati ed avevano fatto secessione da Dio per protesta contro i disordini del mondo. Râ decide di distruggerli, poi si pente, ha misericordia di loro ed incarica suo figlio Shu di aiutare gli uomini a rimettere ordine nel mondo. E. Otto [9] commenta: «Comunque è suggestiva anche qui la convinzione che non sembra possibile cavarsela in un mondo senza dei». Oggi gli specialisti dell'Egitto antico cominciano a riconoscere che la cultura egiziana è autenticamente africana. Quello che a noi sembra essere specificamente africano e rende l'analisi alquanto complicata, è il sentimento che gli esseri umani invano tenteranno di realizzare l'armonia con l'ecosistema cosmico se non vivono in armonia tra di loro. Anche questo è un aspetto da meditare da parte degli ecologi.

Conclusione: *Religione e sviluppo in Africa*

A noi occidentali, persuasi del potere illimitato della scienza e della ragione, nasce *il sospetto che tali religioni siano evasione, alienazione e comunque causa di ristagno*: non è forse evidente che questi popoli sono rimasti indietro sulla via dello sviluppo? Anzi molte persone, che non hanno esperienza diretta dell'ambiente africano o che non sono state capaci di uscire dai propri concetti per capire le reazioni profonde di questa gente, ribadiscono che le loro religioni sono un *ostacolo al progresso*. In realtà, non possedendo una Rivelazione da interpretare, né teorie cosmologiche e antropologiche da discutere, ma conoscendo per lunga esperienza, mediante riuscite e fallimenti, l'interdipendenza tra essere umano e natura, hanno cercato di leggere il proprio destino nel libro della natura («contemplate i gigli dei campi... gli uccelli del cielo... il grano che cade nella terra»), hanno preso la natura come specchio per conoscere se stessi. E così hanno concepito «una specie di umanesimo che, partendo dall'essere umano per ritornarvi, coglie lungo il percorso tutto ciò che l'uomo stesso non è e che ne rappresenta il superamento» (D. ZAHAN, l.c., p. 34).

Ma, invece di discutere sulle possibilità di «superamento», preferiamo meditare su fatti vissuti sia in Africa, sia — più drammaticamente — *nel Madagascar che non è Africa*, ma dove l'attaccamento alla tradizione è ancor più rigido. Thomas, per migliorare la propria situazione economica, aveva avuto l'idea di aprire un negozio-bazar nel villaggio, una novità in questo paese dove tutto il commercio è nelle mani di stranieri. Quindi situazione doppiamente ambigua: un Antaimoro che fa il commerciante e si mette dalla parte degli sfruttatori. Quando ebbe completato il suo stock di merci, nella stessa notte gli bruciarono la casa con tutto quel che il negozio conteneva. Allora decise di farsi agricoltore, ma non disponendo di una risaia irrigata, si mise a coltivare — contro la tradizione — il riso secco sulla collina. Allora, essendo noto che bruciare l'erba delle colline è vietato dalla legge, fu provocato un incendio intorno ai suoi campi e fu combinato di denunciarlo; lui venne così arrestato e condannato. Il missionario suggerì di fare appello, sicuro che sarebbe stato possibile trovare dei testimoni coraggiosi in modo da dimostrare che Thomas, al tempo dell'incendio, da parecchi giorni era lontano dalla collina. Ma egli disse: «No, Padre, lasciami pensare». Qualche giorno dopo tornò dicendo: «Padre, io mi lascio portare in prigione e pagherò la multa. Poi sarò forte.» E il Padre: «Io non capisco. Ma tu sei libero.» E così andò in prigione. Quando, dopo sei mesi, fu liberato, tutto il villaggio, compresi gli Anziani, gli andarono incontro e lo portarono in trionfo a casa sua.

Tutta questa storiella, come altre vissute in Africa, dimostra una istituzione acuta del problema (illuminata d'altronde dalla fede cristiana). Quando Thomas agiva contro le leggi stabilite dagli Antenati, era un pericolo per il gruppo e doveva essere punito; ma la sua sottomissione e rispetto verso gli Anziani dimostravano, invece, che non era un ribelle, neppure contro un loro accordo evidentemente ingiusto. È stato trasformato in un eroe: e questo è quanto aveva previsto. Mi fece visitare tutta la collina per farmi vedere come gli uomini dello stesso paese avevano già definito i confini dei loro futuri campi. Mi chiarì, allora, il senso del suo comportamento: «Vedi, Padre, loro mi hanno bruciato la casa e tutto, mi hanno fatto mettere in prigione per sei mesi e pagare la multa di 50.000 franchi. Essi dovevano farlo, ed io dovevo fare quello che ho fatto. Adesso il mio villaggio è salvo.»

È chiaro che non è cosa facile realizzare tale sintesi tra rispetto delle esperienze del passato ed esigenze del progresso, e può essere compiuto soltanto da coloro che conoscono determinati fattori del problema. «*Resistenza culturale*» *in Africa non significa rifiuto del progresso*, ma rifiuto di un modello di progresso che non tiene conto di elementi essenziali condensati nella sua tradizione ecologico-religiosa.

NOTE

[1] *Encyclopédie de la Pleiade* — Ethnologie Régionale, I., p. 1508.
[2] Paolo VI, *Africae Terrarum*, 29 Ottobre 1967.
[3] Cheikh Hamidou KANE, in *Esprit*, oct. 1961, pp. 385 e 379.
[4] H. FRANKFORT, *Kingship and the Gods*, trad. francese: *La Royauté et les Dieux*, 1950, p. 17.
[5] «Ecosistema» in *Encyclopedia Britannica*, 1977.
[6] G. LIENHARDT, *Divinity and Experience*, 1961, p. 92.
[7] Citato da L. LEVY-BRUHL, *La mythologie primitive*, 1935, p. 128.
[8] D. ZAHAN in H. Ch. PUECH, *Storia delle Religioni*, 1978, vol. VI, p. 31.
[9] E. OTTO, «Altägyptischer Polytheismus — Eine Beschreibung,» *Saeculum* 14(1963), p. 276.

Capitolo IX

ESSERE UMANO E NATURA NELL'INDUISMO E NEL BUDDISMO

di Mariasusai Dhavamony, S.I.

Le religioni orientali in generale, l'Induismo ed il Buddismo in particolare, vengono considerate come un insieme di religioni che hanno un *atteggiamento negativista nei confronti del mondo*, con scarso interessamento per gli affari della vita presente, immersa nel mondo circostante e nella società. Esse si presentano come religioni eminentemente rinunciatarie ed ascetiche, per cui i loro adepti sono costantemente avvertiti della necessità di fuga dalla vita empirica e dalle aspirazioni di quaggiù.

Infatti, l'*Induismo* viene analizzato come una *religione dell'infinitudine e dell'ascesi*, ed il *Buddismo* come una *religione della nullità e della compassione*[1]. Coloro i quali hanno studiato dall'interno codeste religioni e le hanno osservate così come sono praticate in India e nell'Estremo Oriente, familiarizzandosi sufficientemente, allo stesso tempo, con le loro Scritture sacre, *esiterebbero certamente ad emettere sentenze così generiche e frettolose*, le quali sono senz'altro enormemente esagerate, sebbene l'uno o l'altro elemento si presti ad indurre l'osservatore superficiale ad assumere simili vedute.

L'Induismo ed il Buddismo sono due grandi religioni *con diverse tendenze e strutture*, sicché non si può semplicemente prendere una di tali tendenze e generalizzarla per caratterizzare l'insieme. Ciò che tenteremo di fare qui, è *studiare i diversi punti di vista espressi dai loro adepti nei confronti della natura e della* vita secolare, cercando di estrarne il significato religioso ed ecologico. Cosa pensa sulla natura e sulla società, nonché sui rapporti tra di esse, un Indù o un Buddista nella sua qualità di persona religiosa?

Ovviamente, *il tratto caratteristico dell'Oriente* è quello di essere *in tutto e per tutto spirituale, religioso*; e quindi, la sua visione del mondo e della società è anch'essa religiosa. Ciò è da tenere bene in mente attraverso tutta quanta la nostra trattazione.

1. *Essere umano e natura nell'Induismo*

Si è parlato delle diverse forme di quella che si chiama la religione induista. Bisogna quindi cominciare con il distinguerle[2] e mettere in risalto l'elemento caratteristico di ciascuna delle vedute religiose sulla natura e sulla società.

1.1 *La morfologia della sacralità della natura e della società* (Induismo popolare)

Una caratteristica interessante dell'*Induismo popolare*[3] è la *riverenza riguardo a certi animali, piante ed oggetti inanimati*[4], che configurano la natura come qualcosa di sacro[5].

Gli *animali* sono *sacri* in parte per la loro *nascita*, in parte per il *potere divino che possiedono*, in parte perché sono *associati a delle divinità* e in parte, ancora, perché sono *donatori di vita alla comunità*.

Di tutti gli animali la *vacca* è la più sacra, per diverse ragioni: essa simboleggia la terra che fornisce tutto, costituisce la fonte principale di nutrimento e tutto quanto il lavoro agricolo dipende dal bue. Il tabù della bistecca (non mangiare carne bovina) è anche una raffinatezza dell'idea della non-violenza (*ahiṁsa*) che impone la proibizione generale di togliere la vita dell'animale ed ha contribuito alla visione della sacralità della vacca[6]. Un caso tipico è quello di «vacca di pienezza» (*Kāmadhenu*): si crede che questa vacca produca tutti gli oggetti desiderati.

I *serpenti* sono anch'essi degli animali divini: emblematici di eternità, essi sono spesso associati agli dei, specie a Śivva. Le *scimmie* sono considerate sacre, da rispettare e lasciar vagare liberamente senza disturbarle, perché si crede che aiutino l'incarnato dio Rama nella conquista di Ravana nel Śri Laṅka.

La vita *vegetale*, anch'essa, è considerata *sacra*, poiché si pensa che è pervasa di divinità. La pianta Tulasi è sacra per i Vaishnava, giacché simboleggia la divinità associata a Vishṇu e a volte, ad essa vengono rivolte delle preghiere. Il matrimonio della Tulasi con Vishṇu è commemorato in ogni famiglia nel mese di Kārttikai (novembre-dicembre). L'albero Vilva (bel) con il suo trifoglio simboleggia la triplice funzione di Śiva e quindi è sacro per i Śaiva.

Tra gli oggetti *inanimati* considerati *sacri*, si annoverano pietre, luoghi di pellegrinaggio e fiumi. Śālāgrama rappresenta Vishṇu e l'agata bianca è tipica di Śiva, perciò vengono venerate. Il sogno dell'indù di recarsi in un *luogo santo di pellegrinaggio* (*thīrta*) è molto comune: egli vi si reca almeno una volta nella vita per una benedizione speciale. Si crede che codesti luoghi esalino santità, salvezza e beatitudine a beneficio dei credenti dell'induismo. Essi visitano tali luoghi per accumulare meriti religiosi, come propiziazione per i peccati oppure come parte di un rito funebre (*śrāddha*). *L'acqua* ha sempre avuto un soprannaturale potere curativo; non meraviglia, quindi, che i *fiumi* siano venerati come sorgenti di fecondità e di purificazione. Si crede che i grandi fiumi siano pervasi dall'essenza divina e che le loro acque siano in grado di purificare da qualsiasi colpa e contaminazione morale. I fiumi Gange, Yamunā ecc., sono sacri e le loro acque vengono trasportate in piccole bottiglie verso le differenti regioni dell'India. Le *montagne* sono considerate sacre in quanto rifugi di dei e di uomini santi.

Per la coscienza religiosa degli indù, una tale venerazione della natura *non implica affatto un culto della natura*, o una religione naturale ossia un «naturismo», dato che è il soprannaturale, il sacro, il trascendente che viene captato dalla persona religiosa attraverso gli aspetti naturali del mondo. Ciò avviene non solo perché un certo carattere sacro è comunicato alle cose della natura mediante la consacrazione oppure l'associazione con i dei in virtù della loro divina presenza, ma perché la natura non è un caos, bensì un cosmos grazie alla creazione operata dal creatore Dio Brahmā; la natura è l'artefatto degli dei [7]. Lo stesso si dica della divisione della società indù in quattro caste — *brāhman*, guerrieri, coltivatori, servi — ed i loro reciproci doveri e diritti, tutti sanzionati, almeno fino ai movimenti riformisti all'interno della società indù, da motivi religiosi derivanti dalla creazione dell'essere umano ad opera dei dei.

1.2 *La morfologia della moralità religiosa*

Nell'Epica Mahābbhārata, il Signore della Creazione appare come un istruttore etico e dice: «Verità, auto-controllo, pazienza e saggezza sono praticate dai saggi. Gli ariani dichiarano che la pazienza, la verità, la rettitudine e la non-ingiuria sono le virtù per eccellenza. Quando insultato, non rispondo; quando battuto, sono paziente (o perdono); ... quando colpito, non ricambio il colpo, nemmeno desidero del male a colui che colpisce... I dei gioiscono del virtuoso e del saggio... Ciascuno diventa quello che desidera essere e rassomiglia a coloro ai quali desidera associarsi. La dottrina segreta dei Veda è la Verità, ma per raggiungere la Verità si deve dapprima acquistare l'auto-controllo (tutte le virtù morali sono contenute nell'auto-controllo), il quale è la porta per l'eternità»[8].

La moralità è collegata con la felicità ed il raggiungimento della verità: «La felicità (si acquista) soltanto mediante (il raggiungimento della) verità e mediante il comportamento morale» (*Satyena śīlena sukham*)[9]. La persona integralmente morale diventa illuminata e percepisce la verità nella giusta prospettiva e così diventa veramente religiosa. Poiché Dio è tutto puro, la purezza morale è essenziale per unirsi con Dio. Inoltre, se la rettitudine è una forma di Dio, allora ogni rapporto con lui deve essere morale e così la religione diventa morale e la morale diventa religiosa.

La visione indù della vita viene espressa più chiaramente dalla formula *artha-kāma-dharma-moksha*, e cioé dalle quattro finalità della vita umana. *Artha* significa il bene materiale; *Kāma*, il piacere; *Dharma*, rettitudine morale; e *Moksha*, liberazione dello spirito da ciò che lega l'individuo alla reincarnazione.

Questa formula comprende sia l'eterno sia il temporale, il soprannaturale ed il naturale, l'al di là e le cose di quaggiù, il divino e l'umano. Le prime tre si riferiscono alla vita empirica dell'essere umano, mentre la quarta si rapporta alla sua vita eterna.

Una personalità veramente integrata ed una vita completa non sono possibili se non quando le quattro finalità della vita umana sono adeguatamente correlate in rapporto ad una scala di valori che regoli il benessere materiale ed i piaceri naturali della persona secondo i principi della rettitudine morale e secondo la subordinazione delle prime tre finalità al fine ultimo, cioè alla liberazione. Il precetto e la pratica indù riguardo all'organizzazione della vita individuale dell'essere umano ed alla sua esistenza sociale può essere chiaramente percepita alla luce di queste quattro finalità. Infatti, la grande Epica ci avverte che codesti motivi dovrebbero essere vissuti in modo tale da poter condurre alla realizzazione ultima della spiritualità interiore, la quale costituisce il fine ultimo della vita [10].

Gli indiani vedici credevano di dover riprodurre l'ordine cosmico delle cose e degli eventi nei loro atti e nelle loro forme di pensare per assicurare il funzionamento ordinato del cosmos e del ceremoniale religioso, poiché l'ordine umano, l'etica e la condotta sociale dipenderebbero dall'ordine cosmico. È in tale prospettiva di ricerca religiosa per raggiungere la consonanza tra il sistema del sacrificio e il mondo esterno che gli antichi veggenti tentavano di penetrare nel mistero dell'origine ultima del cosmos e dell'essere umano. *Dharma* è l'ordine cosmico che si trova dietro ogni cosa, e forma l'essenza di tutto. Esso è, allo stesso tempo, ordine cosmico e ordine sociale. Uno scrittore indù esprime il rapporto tra l'essere umano ed il mondo, caratteristico dell'induismo, nella seguente maniera:

«La base fisica (profana) della vita, espressa nelle parole *artha* (bene temporale) e *kāma* (piacers) deve sublimarsi d'accordo con i principi di *dharma*. E *dharma*, ossia rettitudine morale, include due aspetti: *āśrama*, ossia i doveri derivanti dallo stadio di vita — giovinezza, età adulta, vecchiaia — e *varṇa*, ossia doveri derivanti dalla propria situazione nella società, determinata da *karma* (azione) e *guṇa* (carattere). *Dharma* è il principio di sintesi che collega l'individuo e la società, il tempo e l'eternità, poiché esso è il ponte che conduce alla *moksha*, ossia l'assoluta libertà dell'auto-realizzazione. Il principio della *dharma* riguarda tutto quanto il processo della educazione dello spirito, sin dalla moralità 'minima' del controllo corporale fino alla realizzazione della *ātman* oppure *sarvātmabhava* (identificazione di tutto con se stesso), mediato nella sua fase centrale, dal contributo sociale.» [11]

L'atteggiamento globale della non-violenza riguardo a tutti gli esseri viventi è una virtù caratteristica dell'indù. Questa dottrina della non-violenza sembra aver avuto la sua origine nella dottrina filosofica del *Ātman* che è imminente ad ogni essere individuale vivente, specialmente dal tempo delle Upanishad[12]. Una persona non dovrebbe commettere violenza mentalmente, oralmente o nel suo agire, e non dovrebbe mangiare carne. Non solo gli aspetti fisici della violenza come si manifestano nell'uccisione di animali dovrebbero essere evitati, ma anche degli aspetti più sottili, quali la determinazione a vendicarsi, oppure la rabbia, la violenza verbale come il parlare scortese, devono essere evitati nella pratica della non-violenza[13]. Più positivamente, la tolleranza, il parlare gentile ed il temperamento tranquillo, nonché la compassione, vengono inculcati come punti essenziali della pratica della non-violenza. Ma ciò non basta: all'indù è richiesto di condurre attività benefiche verso altre creature e di avere una disposizione benevola verso tutti.

Questa pratica della non-violenza definisce appunto un nuovo rapporto con l'ambiente. Come risultato di un tale comportamento, gli esseri viventi risponderebbero allo stesso modo con benevolenza e compassione. Gli stessi indù riconoscono che è impossibile perseguire un simile ideale alla perfezione. Alle volte, in qualche luogo, qualcuno si vede costretto a colpire qualcun altro o ad uccidere degli animali, specie dei piccoli animali, senza vederli, senza accorgersene. La non-violenza è stata accettata dalla gente come un grande ideale, ma non c'è nessuno al mondo che non uccida in qualche maniera qualche creatura. La sola differenza oppure lo scopo di una tale pratica adottata per quanto sia possibile, è che coloro i quali tentano consapevolmente di conformarsi ad essa, commettono meno violenza di altri, e così contribuiscono ad ampliare la felicità degli esseri viventi. [14].

È stato anche detto che esistono limiti a codesta pratica, come nel caso di salvaguardare la propria vita colpendo altre creature nella minima misura possibile, oppure quando qualcuno è chiamato a compiere il suo dovere di guerriero per punire il male o ammazzare dei nemici. L'aspetto fisico della violenza necessaria per uccidere animali a scopo di nutrimeno e di sacrificio è tollerato. Si fa allora un compromesso dicendo che il sacrificio dell'animale a ragione dello scopo religioso di quell'atto, non costituisce affatto una violenza. Mangiare la carne come offerta a scopo religioso non è peccato. D'altronde, viene anche inculcata la proibizione di mangiare carni in certi giorni, e un *brahmacārin* o asceta non la mangia in assoluto. Invece di offrire carne, si raccomanda di offrire prodotti vegetali, grano, giuncata, latte, burro cotto. La tendenza è quella di prendere il meno possibile dalla vita degli animali[15].

1.3 *La morfologia della presenza ed attività divina*

La *Iśa Upanishad* dice (versiculo 1):

> «Tutto quanto questo universo deve essere pervaso dal Signore;
> Qualunque cosa che si muove in questo (mondo in) movimento.
> Abbandonalo e allora gioisci:
> non bramare in alcun modo i beni di chicchessia.»

Gandhi considerava questo versetto come *l'elemento costitutivo essenziale dell'induismo* e ne ha dato la propria interpretazione: «Tutto quanto vediamo in questo grande universo è pervaso da Dio. Rinuncia ad esso e goditelo. Non brami la ricchezza o il possedimento di chicchessia.»[16] Dio è il Signore che pervade tutto quanto l'universo e tutto ciò che vi si trova è suo. Perciò tu devi rinunciare al mondo, perché esso non è tuo, e allora gioisci e lavora in esso, perché è del Signore ed egli desidera che tu cooperi con lui nella distruzione del male. *Rabindranath Tagore* intende diversamente il brano citato e si può dire che esso costituisce *il perno dei suoi scritti* in prosa o in versi. La sua visione affonda le sue radici nell'infinito, ma comprende e santifica tutte le cose finite. Egli ha ereditato una tale visione da suo padre Debendranath, il quale traduce così i versi della *Iśa* Upanishad:

> «Tutto quanto si muove sulla terra è pervaso dal Signore. Rinuncia ad esso dapprima, e poi goditelo. Non bramare in alcun modo i beni di qualsiasi persona... Coloro i quali venerano il non-composto entrano nel buio cieco; e coloro che si rallegrano nel composto entrano in un buio ancora maggiore».[17]

Ciò vuol dire che l'immersione nell'infinito non esclude il finito; il finito e l'infinito non sono mai separati, ma indissolubilmente intrecciati. Non esiste conflitto tra *moksha* (liberazione) e lo stato di essere legato, tra il «non-composto» ed il «composto», tra *dharma* come dovere morale e *moksha* che si riflette nel mondo finito. Amore e gioia è il legame tra l'infinito ed il finito, e legame presuppone dualità e reciprocità. Tale è la comprensione che Tagore aveva dell'induismo.

Gli Indù più ortodossi riterranno che Dio pervade tutte le cose come loro *antaryāmin*, loro regolatore interno, loro controllore, direttore, guida. Egli ordina il corso degli avvenimenti e determina le condizioni degli esseri umani da nascita a nascita, d'accordo con la legge dell'azione. Egli è presente dappertutto, onnisciente, onnipotente. Egli presiede a tutto l'umano destino, egli impartisce ricompense e misura castighi. Si deve rinunciare ad ogni male e a tutto quello che porta al male, si deve godere il bene e tutto quanto conduce ad esso d'accordo con la legge della rettitudine morale (*dharma*). Compiere il proprio dovere rispetto a se stessi o ai suoi simili costituisce di per sé un'offerta al Dio supremo, purché nello spirito dell'amore e della gioia verso di lui.

Come conciliare la rinuncia al mondo e nel contempo l'impegno nel mondo entro lo schema indù di pensiero e d'azione? Prima o durante il periodo di composizione della *Bhagavad-gītā* esistevano due tendenze di spiritualità: l'una proponeva una totale passività, dato che ogni azione comprometterebbe la persona con la miseria della reincarnazione e si richiedeva, così, una completa rinuncia al mondo e alle sue seduzioni; l'altra riteneva che la persona non dovrebbe rinunciare al mondo per condurre una vita da eremita, né cercare di astenersi dall'agire. Contro codeste due posizioni estreme, la *Bhagavad-gītā* insegna che l'attività è una legge della natura ed una legge dello stesso Dio e quindi la liberazione è da cercarsi non rinunciando all'attività — il che è impossibile — bensì rinunciando ad ogni interesse proprio, ad ogni passione e desiderio nel compiere i dovere assegnati ad ognuno da Dio; specialmente i doveri del proprio stato di vita [18] ed i propri obblighi religioso-sacrificali [19]. La vera rinuncia non consiste nella inattività, ma nell'attività disinteressata, abbandonando l'attaccamento ai frutti dell'azione[20]. È il desiderio interessato e non l'attività in se stessa che lega l'essere umano al ciclo della reincarnazione[21]. Codesto distacco nell'attività trova il suo pieno significato nell'attaccamento immedesimato a Dio[22].

> «Fa opere per me, fa di me il tuo supremo traguardo,
> sii leale verso di me nell'amore,
> getta fuori tutti gli altri attaccamenti,
> svuotati dall'odio verso qualsiasi essere:
> perché tutti coloro che praticano ciò, vengono da me.»[23]

Così parla Krishṇa, l'*avatār* di Vishṇu, al suo diletto discepolo Arjuna nel *Bhagavad-gītā*. Gli esseri umani vengono esortati a compiere il loro dovere perché Dio stesso opera costantemente per sostenere l'essere del mondo. Quando Dio opera, egli non si lascia compromettere o influenzare dal processo in corso: così appunto ogni essere umano deve rimanere distaccato dal risultato della sua attività, quand'anche fosse un buon risultato.

1.4 La struttura della visione mistica

Nell'esperienza mistica il proprio Io si sente immergere nella vita immortale di tutte le cose. In questa esperienza, la distinzione tra l'io ed il non-io, tra il soggetto che subisce l'esperienza ed il mondo oggettivo, sembra sfumare, e tutto viene visto come uno e l'uno come il tutto. È l'esperienza dell'assoluta unicità di tutti gli esseri, oppure dell'essenza spirituale più intima del proprio Io nel suo essere più profondo. Qualora l'assoluta unicità del proprio Io spirituale sia sperimentata, essa può diventare un'esperienza di tipo monista, come nel caso della tendenza indù non-dualista di spiritualità. Oppure il proprio Io spirituale più intimo viene sperimentato come dipendente da Dio nel suo essere radicale, ma nondimeno intimamente unito a lui nell'amore (*bhakti*), come nel caso della tendenza teista dell'induismo.

Il testo seguente descrive con precisione la dottrina secondo la quale l'universo è l'Io e l'Io è l'universo (*Brahman-Atman*):

> «Tutto quanto questo universo è Brahman. La persona lo veneri in tutta tranquillità come *tajjālan*, come ciò da cui tutte le cose nascono, entro cui si disciolgono ed in cui respirano e si muovono. Adesso la persona è posseduta da una volontà attiva. Come è la sua volontà in questo mondo, così egli diventa alla sua partenza di qua. La persona eserciti la sua volontà. Essa è costituita dalla mente, il cui corpo è il respiro della vita, la cui forma è luce, la cui idea è il reale, il cui io è lo spazio, tramite cui sono tutte le opere, tutti i desideri, tutte le fragranze, tutti i gusti, colui che circonda tutto questo universo, che non parla e non ha premure, egli è il mio io dentro al cuore, più piccolo di un grano di riso... più grande di... tutti questi mondi... Alla mia partenza di qua io m'immergerò in lui.» [24]

Per la visione mistica teista dell'universo, il brano seguente della *Bhagavad-gītā* è il migliore esempio:

> «Colui che sta fermo nell'unità si comunica nell'amore con me (Krishṇa) che abito in tutti gli esseri, in qualsiasi stato egli si trovi, questa persona disciplinata abita in me.» [25]

2. Essere umano e natura nel buddismo

Il mondo buddista è diviso in *due sette principali*: Theravāda (*la scuola degli anziani*) e Mahāyāna (*il grande veicolo*). Esistono credenze che sono comuni ad entrambe.

L'ideale buddista è quello di raggiungere lo stato di liberazione dai vincoli e dalla reincarnazione, dalla mortalità e dalla sofferenza, e viene abitualmente chiamato illuminazione. La virtù principale che a ciò conduce, è il distacco; ed il radicale ostacolo contro un simile ideale è il desiderio. La *Mahāyāna ama denominare lo stato liberato nirvāna* («vuoto»). La vita di quaggiù non è considerata come una preparazione per l'eternità futura, ma come una disciplina atta a regolare l'atteggiamento di ognuno alle condizioni presenti, all'ambiente ed alla società, le quali porteranno gradualmente al bene supremo.

> «Come il grande oceano ha un solo sapore, quello cioè del sale, così questo *dhamma* e disciplina ha un solo sapore, quello della libertà.» [26]

Di nuovo, per comprendere meglio l'atteggiamento dell'essere umano nei confronti della natura nel buddismo, nonché per una maggiore chiarezza, distingueremo le diverse forme dei rapporti di un buddista verso la vita ed il mondo.

2.1 La morfologia del sacro (buddismo popolare)

La presenza di Budda viene indicata simbolicamente da un albero (illuminazione), da una *stūpa* (ci sono diversi significati di questo simbolo), da una ruota (*dharma*), oppure da impronte dei piedi, perché egli temeva che dopo la sua morte qualunque altra rappresentazione più personale venisse venerata. In tutti i paesi buddisti troviamo delle ceremonie semplici e belle celebrate in certe occasioni religiose e dappertutto ci sono delle nicchie o miniature di templi con statue di Budda; nei monasteri troviamo gli alberi Bo dove i buddisti compiono atti di culto, offrono fiori, accendono lampadine, bruciano incenso. Non si tratta affatto di preghiere nel senso delle religioni teiste, ma di una maniera di rendere omaggio alla memoria di Budda che ha mostrato la via.

Qui c'è da notare che il culto delle reliquie e delle impronte dei piedi prendono il suo significato dal fatto che sono le orme o tracce visibili della presenza di Budda sulla Terra. Quello che importa è che gli oggetti sacri devono avere, per quanto indiretto possa essere, qualche nesso con la persona stessa di Budda. Non c'è alcuna nozione del sacro derivante dal fatto della creazione, neppure di una qualche forma di associazione con qualsiasi dio, perché Budda non s'interessava dell'esistenza di Dio, sebbene in certi luoghi lo stesso Budda sia stato divinizzato e venerato come Dio. Conseguentemente, non c'è alcuna visione del cosmos o della natura come qualcosa di sacro.

2.2 *La morfologia della moralità*

La moralità buddista è più gentile e più umanitaria di qualsiasi etica rigorosa: è basata sulla fratellanza. Benevolenza, compassione, gioia ed equanimità sono le quattro virtù cardinali inculcate in ogni buddista. Le *Storie di Nascite* ribadisce la necessità di promuovere rapporti amichevoli fra gli esseri umani, fra esseri umani e animali, ed incoraggia le calde virtù espresse dall'amore familiare, dalla fratellanza, dall'onestà nel trattare con gli altri. I peccati cardinali del buddismo sono la passione, l'odio e la stupidità che impediscono di raggiungere lo stato di liberazione. Un brano molto bello e che pone molto chiaramente in risalto questo insegnamento, è il seguente:

> «Il Signore propose per la meditazione gli argomenti seguenti: le idee di non-permanenza (transitorietà), di non-esistenza di un io duraturo, di non-purezza e di miseria della vita, di sbarazzarsi dalle tendenze cattive, di insoddisfazione riguardo a tutte le cose del mondo, di non-permanenza (transitorietà) di tutte le cose condizionate, di controllo mentale del respiro, di cadaveri in decomposizione, di esecuzione dei criminali con tutti i loro orrori; le idee di benevolenza, di compassione, di gioia, di equanimità... Chiunque desideri essere libero dall'età e dalla

morte, prende qualcuno di questi punti come tema di meditazione, e così si rende libero dalla passione, dall'odio, dalla stupidità... Allora egli entra nella gloriosa città del *nirvāna*.» [27]

Innanzitutto, vediamo come la moralità buddista si pone in relazione con i propri vicini e con i gruppi sociali. «Si devono venerare queste sei direzioni» — disse Budda, e cioè: i genitori, i maestri, la moglie ed i figli, gli amici, i parenti ed i vicini, i servi, operai ed impiegati, le persone religiose [28]. La parola «venerare» (*namasseya*) significa qualcosa di sacro, degno di rispetto e di onore. E la maniera di venerarli, dice Budda, è quella di adempiere i propri doveri verso di loro.

I genitori devono essere venerati dai figli mediante il rispetto, la premura per essi nella loro vecchiaia, il mantenimento dell'onore della famiglia, le azioni in loro favore quando si rendono necessarie. I genitori dovrebbero tenere i loro figli lontani dal male, dare loro una buona educazione ed impegnarli in qualche attività proficua.

Il maestro dovrebbe istruire e formare adeguatamente i suoi discepoli, insegnare loro le cose buone, aiutarli a riuscire nella vita dopo la loro educazione. Il discepolo dovrebbe rispettare il proprio maestro, obbedirgli ed accudire ai loro eventuali bisogni.

Il rapporto fra marito e moglie è sacro e l'amore coniugale viene considerato religioso e sacro. Gli sposi dovrebbero essere fedeli, rispettosi, dedicati l'uno all'altro. Entrambi dovrebbero collaborare per il benessere della famiglia in tutto quanto rientra nel loro compito.

I rapporti tra amici, parenti e vicini devono essere caritatevoli ed ospitali. Essi dovrebbero conversare giovialmente e gradevolmente, ed aiutarsi l'un l'altro nei casi di bisogno.

Il padrone dovrebbe avere la premura di assegnare il lavoro a seconda dell'abilità e della capacità del servo, pagare adeguatamente, essere attento ai suoi bisogni medico-sanitari; il servo, da parte sua, dovrebbe essere diligente, onesto, obbediente e serio nel suo lavoro.

I laici dovrebbero aiutare i monaci nei loro bisogni materiali e dimostrare loro amore e rispetto, perché al religioso o al monaco si richiede che impartisca insegnamento ed istruzione ai laici ed aiuto ad imboccare la giusta strada.

Questa descrizione della moralità buddista riguardo alla vita laica si trova in uno dei testi importanti e dimostra quanto Budda fosse consapevole degli aspetti sostanziali della vita umana e dei suoi bisogni.

La dottrina di Budda sugli aspetti sociali, economici e politici della vita può riassumersi nelle parole seguenti: la povertà è la causa della immoralità, degli atti criminali come i furti, la falsità, la violenza, l'odio, la crudeltà ecc.; si ritiene che la soppressione dei crimini mediante punizione sia destinata a fallire nel suo intento e che codesto metodo non potrà mai riuscire. Budda suggerisce che per sradicare il male è necessario migliorare le condizioni economiche del popolo. Solo allora il popolo sarà felice e non avrà paura o angoscia, ma pace e tranquillità[29]. Budda soltanto non ha approvato l'accumulare ricchezza con desiderio ed attaccamento, né qualsiasi maniera di guadagnare e vivere la propria vita senza badare agli altri. Certi affari, come la produzione e la vendita d'armi, erano per lui cattivi mezzi per guadagnarsi da vivere.

Budda descrive *quattro cose che recano felicità* in questo mondo: l'uomo deve essere qualificato, efficiente, serio ed energico nel mestiere che fa, deve conoscerlo bene; deve proteggere dai ladri il reddito che ha acquisito correttamente; deve avere buoni amici, che siano intelligenti, istruiti, fedeli, aperti, virtuosi, tali che possano essergli di sostegno nel perseguire la giusta strada della perfezione spirituale; deve spendere ragionevolmente in proporzione al proprio reddito. Per la sua felicità, poi, Budda prescrive la fede (*Saddhā*) nei valori morali e spirituali, la buona condotta (*sīla*), astenendosi dalla violenza, dal furto e dalla frode, dall'adulterio, dalla falsità e dalle bevande intossicanti; deve praticare la castità, la generosità (*cāga*); deve sviluppare la saggezza (*paññā*) che conduce alla completa distruzione della sofferenza ed al raggiungimento della liberazione.

Ciò che è straordinariamente interessante nella moralità buddista è l'atteggiamento ugualitario verso tutte le classi di persone. Questa concezione è riassunta nel seguente brano:

> «Nessun bramano è tale dalla nascita; nessun paria è tale dalla nascita; un paria è tale per le sua azioni; un bramano è tale per le sue azioni.» [30]

Malgrado i testi buddisti attacchino in alcuni passi ogni pretesa di superiorità per diritto di nascita, sembra che le *quattro grandi classi* siano state riconosciute, anche dai buddisti, come una caratteristica pressoché inevitabile della società indiana.

Passiamo adesso alla moralità monastica ed al suo ruolo nella vita di quaggiù. Sin dall'inizio dobbiamo notare che un ascetismo esagerato non è mai stato raccomandato da Budda.

«Impegnato in un digiuno molto penoso, dopo sei giorni il suo corpo diventò per sempre macilento... Ma il tormentare il proprio corpo mediante una tale austerità non approdò a nulla. Non è questa la via per raggiungere l'assenza delle passioni, l'illuminazione, la liberazione. Io avevo trovato già prima, accanto all'albero Jambu, una via migliore e più sicura. Né ciò può essere raggiunto da chi è debole... Come può riuscire a trovarlo chi non sta tranquillo e a suo agio, chi è talmente sfinito dalla fame e dalla sete che la sua mente si trova squilibrata?» [31]

L'ideale del monaco viene presentato in termini inequivocabili in questo panegirico di Budda:

«Il monaco Gautama desistette dal causare danno alla vita, perdette ogni inclinazione a simili atti; depose il bastone e la spada, e vive modestamente, pieno di misericordia, desiderando con sentimento di compassione il benessere di tutti gli esseri viventi. Egli rinunciò a prendere ciò che non gli viene dato, e aspetta che gli vengano fatte donazioni; ed egli vive nell'onestà e nella purezza di cuore... Egli rinunciò a tutto quanto non è casto, perdette ogni inclinazione a ciò. Egli è celibe e si tiene a distanza, e perdette il desiderio di rapporti sessuali... Egli rinunciò a dire falsità... egli dice la verità, mantiene la fede, è fedele e fidato. Egli rinunciò alla maledicenza... alle parole aspre... al parlare frivolo... egli non causa alcun danno ai semi o alle piante...» ecc. [32]

Oltre al fatto che tutte le virtù monastiche si orientano verso gli altri, monaci o laici che siano, e comportano un atteggiamento corretto verso tutti, delle pratiche specifiche vengono inculcate nei monaci per servire la comunità in mezzo alla quale essi vivono.

L'ordine buddista è sempre stato sollecito per ciò che riguarda il benessere corporale di tutti. Si racconta che Budda abbia detto: «Chi tiene cura di me, dovrebbe avere cura degli ammalati». I monasteri buddisti hanno mantenuto degli ambulatori ed i monaci dovrebbero dispensare cure mediche al popolo.

I monasteri sono stati centri dove anche i laici ricevono istruzione morale e spirituale. Essi possono ritirarsi per un certo tempo nei monasteri allo scopo di ritemprare la loro mente ed il loro carattere, uscendo poi per imboccare la giusta strada della liberazione e condurre altri ad essa. Se una persona vive tutto per se stesso in completa solitudine, pensando soltanto alla propria felicità e liberazione, senza curarsi degli altri, certamente non è in regola con la dottrina di Budda che è basata sul servizio, sull'amore e la compassione verso gli altri. Per di più, il monaco in virtù della sua speciale vocazione si trova meglio in grado di servire di quanto non potrebbe fare se fosse rimasto un laico comune, poiché il monaco non ha legami e responsabilità familiari e così è più qualificato «per il bene di molti», «per la felicità di molti», come Budda consiglia. I monasteri sono anche stati luoghi dove la gente ha ricevuto quella educazione che normalmente viene impartita nelle scuole e nei collegi. Essi sono stati quindi centri di apprendimento e di cultura.

Il significato basilare dietro la moralità buddista, sia monastica che laica, consiste in ciò che il suo carattere altruistico è uno dei primi passi sulla via della liberazione (*nirvāṇa*), giacché facendo il bene agli altri s'indebolisce l'egoismo che è la causa principale dell'ansietà. Il buddismo si schiera compattamente dalla parte della non-violenza, contro ogni sorta di violenza, e raccomanda accoratamente la benevolenza e la pace verso tutte le creature. La consapevolezza della benevolenza (*mettā*) costituisce uno degli esercizi quotidiani del monaco e va praticato anche dai laici. Il testo seguente è molto rilevante in questo senso:

> «Possano essere felici e sani!
> Possano tutti gli esseri acquistare la gioia interiore —

tutti gli esseri viventi chiunque siano
senza eccezione, deboli o forti,
lunghi o alti,
mediani o piccoli, sottili o grossi,
visti o non visti,
dimoranti lontano o vicino,
nati o ancora da nascere.
Possano tutti gli esseri acquistare la gioia interiore.

Come una madre ha cura di suo figlio,
il suo unico figlio, lungo tutti i suoi giorni,
così verso tutti gli esseri viventi
la mente di una persona dovrebbe essere onnicomprensiva.
Benevolenza verso tutto il mondo,
onnicomprensiva, essa dovrebbe nutrire nella sua mente,
al di sopra, al di sotto e attraverso,
disimpedito, libero da odio e da mala volontà.» [33]

2.3 La morfologia della visione mistica

A questo punto intendo ovviamente sottolineare il carattere universalista della illuminazione e compassione buddista.

Illuminazione significa una intuizione che percepisce l'intima natura delle cose nella loro non-permanenza (transitorietà), sofferenza e non-sostanzialità. Avendo meditato sulla catena a sette anelli della casualità che conduce dall'ignoranza alla senilità ed alla morte, Budda «si è reso conto di tutte queste cose e così si risvegliò decisamente: qualora il nascere viene distrutto, la senilità e la morte cessano; qualora il divenire viene distrutto, allora il nascere cessa... Riflettendo la sua retta comprensione, il grande eremita si alzò di fronte al mondo come il Budda, l'Illuminato. Egli ha trovato il proprio io (ātman) in nessuna parte... (allora egli concepì) la strada a otto vie, la strada più dritta e più sana per il raggiungimento di tale traguardo.»[34]

Qui sorge la questione se l'illuminazione buddista debba essere partecipata ad altri. L'uomo illuminato rimane sgombro dalle sofferenze altrui, ma può, nel contempo, insegnare ad altri come arrivare alla illuminazione. Qui dovrebbe essere ricordata la dottrina Bodhisattva della *Mahāyana: questa scuola ritiene che vero santo è colui che volontariamente soprassiede alla propria salvezza nell'ultimo stadio e si consacra a salvare tutti gli esseri viventi prima di entrare nella beatitudine finale. Qui il traguardo da raggiungere è la realizzazione della saggezza di Budda, il divenire di Budda.*

«Osservando tutti gli esseri viventi con gli occhi di Budda, egli (Sākyamuni) ha sentito una profonda compassione per essi; egli desiderò purificare coloro i quali hanno la mente smarrita in false vedute risultanti dall'odio, dalla bramosia e dalla follia... Rammentando il suo voto anteriore di salvare altri egli cominciò nuovamente a pensare di predicare.»[35]

NOTE

[1] Vedi G. van der LEEUW, *Phänomenologie der Religion*, Tübingen, 1933, cc. 96s.

[2] La distinzione fra le diverse strutture non implica una separazione; infatti esse s'interpenetrano e una può condurre, e spesso effettivamente conduce, ad un altro tipo di esperienza.

[3] Non intendo per «Induismo popolare» una religione superficiale o imperfetta, neppure una forma incolta di religione; semplicemente, è l'Induismo delle masse, non solo quello delle «élites».

[4] Nell'Induismo gli animali, le piante, gli oggetti sacri sono innumerevoli e variopinti; ho scelto soltanto esemplari più comuni e rappresentativi per illustrare la struttura fondamentale di questo tipo d'esperienza del sacro nella Natura.

[5] Vedi MONIER-WILLIAMS, *Hinduism*, 1965 (reprint), pp. 165ss.

[6] Vedi W. NORMAN BROWN, «The Sanctity of the Cow in Hinduism», *Bulletin of the Institute of Traditional Cultures* XXVIII (1957), pp. 29-41.

[7] Vedi M. DHAVAMONY, *Phenomenology of Religion*, Rome, 1973, pp. 88ss.

[8] The *Mahābhārata* 12.300.1ss, 13, 20, 32s.

[9] Ib. 12.292.23.

[10] Ib. 1.87.4; 12.123; 161.5-9.

[11] M.A. VENKATA RAO, in *Aryan Path*, vol. IV, p. 789.

[12] Vedi P.V. KANE, *History of Dharma-śāstras*, vol. II, ch. 1.

[13] The *Mahābhārata* 13.114.4-9.

[14] Ib. 3.199.19ss.

[15] Ib. 12.245.9.

[16] Citato da R.C. ZAEHNER, *Hinduism*, Oxford, 1962, p. 238.

[17] Ib.p. 248.
[18] 3; 18.41ss.
[19] 3; 2.42ss; 16.15-17.
[20] 6.1; 18.2; 18.5-6.
[21] 3.5s; 4.19-23.
[22] 3.30; 9.27.
[23] 11.55.
[24] *Chāndogya Upanishad* 6.14
[25] 6.31.
[26] *Vinaya Pitaka* 2.239; *Anguttara-Nikāya* 4.203.
[27] *Milindapānha* (Trenckner ed.), p. 330.
[28] *Sigāla-sutta*, n. 31 del *Dīgha-nikāya*.
[29] Vedi *Cakkavattisīhanāda-sutta*, n. 26 del *Dīgha-nikāya*; e *Kūṭadanta-sutta* del medesimo.
[30] *Sutta Nipāta*, versetto 136.
[31] Estratto dal *Buddacarita*, come si trova in *The Buddist Tradition*, ed. by W. Theodore de BARY, New York, 1969, p. 68.
[32] *Dīgha Nikāya* 1.4ss.
[33] *Sutta Nipāta*, p. 143s.
[34] Estratto dal *Buddhacarita*, loc.cit., pp. 68-69.
[35] Ib. p. 70.

CAPITOLO X

ESSERE UMANO E NATURA SECONDO IL CORANO

di ARY A. ROEST CROLLIUS, S.I.

Trattare dell'Islam in un approccio interdisciplinare sull'ecologia umana non è un mero gesto di riverenza all'indirizzo di una delle grandi civiltà del nostro mondo. Una considerazione dell'Islam s'impone anche per il fatto che nella civiltà musulmana si trovano vari esempi di ricerche e riflessioni molto sviluppate sulla relazione fra l'essere umano ed il suo habitat.

In primo luogo sarebbe qui da menzionare la produzione scientifica nel campo della *geografia umana*, indicata col nome generico *masalik wa mamālik* («itinerari e stati»). Il secololo X della nostra era è stato l'epoca della fioritura di codesta attività scientifica, iniziata con l'opera del Yá'hūbī[1] e conclusasi con quella del Muqaddasi[2]. Fra gli autori, dovrebbe essere menzionato anche il Masudi, morto verso la metà del secolo X[3], il quale lasciò una grande quantità di scritti fra cui una Storia Universale in 30 volumi, nei quali storia e geografia andavano di pari passo[4].

André Miquel, l'autore dell'opera monumentale «La géographie humaine du monde musulman jusqu'au milieu du 11ᵉ siècle»[5], così descrive le principali preoccupazione scientifiche di questo genere di studi: «Le rubriche principali del masalik, esplicitamente menzionate o non, si dividono così in tre gruppi. Il primo s'interessa della condizione degli uomini, di quella cioè che proviene loro dall'essere in un determinato ambiente (...).

Un secondo insieme di notizie vuole mettere in rilievo non già le relazioni d'ordine spaziale, ma temporale (...); la storia non è qui un elemento aggiunto, ma una delle componenti più essenziali dell'orizzonte umano, in un punto determinato dello spazio. Finalmente, nell'ambiente così definito, vengono registrate le attività e gli atteggiamenti degli abitanti (...).» [6]

Questa scienza geografica si profila come una vera e propria scienza antropologica: al centro dell'interesse e delle ricerche si trova l'essere umano. Si parla dell'ambiente naturale per spiegare il carattere degli esseri umani, le strutture delle loro società ed il loro comportamento nelle attività tecniche ed economiche. L'effetto dell'intervento umano sull'ambiente naturale non viene studiato in se stesso, ma piuttosto per spiegare certi cambiamenti che influiscono sul carattere e sul comportamento umano.

Se in questi studi di geografia umana ci troviamo spesso a livello di una informazione di tipo enciclopedico, e se, nella interpretazione dei dati, spirito scientifico e preoccupazioni d'ordine religioso e politico sovente si mescolano, con un celebre scrittore del secolo XIV appare un approccio nello studio della società umana, così originale che l'autore è stato chiamato «il vero fondatore della scienza sociologica»[7]. Fondatore senza scuola, maestro senza discepoli, Ibn Khaldūn rappresenta l'apogeo di uno sviluppo scientifico che era sul punto di entrare nella decadenza e, suo grande rappresentante, ha lasciato ad un'altra civiltà, quella cioè dell'Europa occidentale, il compito di riscoprire una scienza di cui egli stesso aveva indicato i principi.

L'originalità di Ibn Khaldūn non consiste nell'indicare i rapporti che esistono fra l'abitat umano e l'organizzazione della società. Altri, arabi e non-arabi, l'avevano fatto prima di lui[8]. Il suo merito è stato piuttosto quello di aver incorporato codeste idee in una teoria generale e globale della società umana, in cui è stata scoperta più tardi una sociologia «avant lettre». Specialmente è da rilevare in questa teoria la funzione mediatrice, fra l'essere umano ed il suo ambiente, dell'attività tecnica ed economica.

Non ci è possibile entrare qui in dettaglio nelle teorie di Ibn

Khaldūn e dei suoi predecessori. Il nostro compito è diverso, ma questi brevi cenni possono almeno servire a richiamare l'attenzione su una ricca letteratura scientifica di tipo antropologico, che si è sviluppata nella civiltà islamica araba fra i secoli X e XIV. Uno studio di questa letteratura, nella prospettiva della nostra problematica odierna sulla ecologia umana, non dovrebbe tentare di trovarvi un'ecologia di tipo moderno. Ma, tenendo conto del contesto storico e culturale, un tale studio potrebbe fornirci dei dati interessanti sulla maniera in cui il rapporto fra l'essere umano ed il suo habitat venne studiata in una civiltà diversa dalla nostra.

Con «Essere Umano e Natura secondo il Corano», titolo del presente saggio, si vuole indicare un'esposizione sull'ispirazione religiosa della civiltà musulmana in rapporto alla visione dell'essere umano e la natura.

Per entrare nella prospettiva musulmana dell'esistenza umana nella natura propongo una lettura del Corano, «la Scrittura, in cui senza dubbio viene offerta una guida per coloro che temono Dio» (2,2 — le cifre fra parentesi si riferiscono ai capitoli — le Sūra — ed ai versetti del Corano).

Nell'intraprendere questa lettura, è utile essere consapevoli che una religione è un progetto di vita, per tutta la vita, e al di là della vita stessa. Nelle pagine seguenti potranno essere indicate soltanto alcune idee in poche linee, che puntano nella direzione della prospettiva religiosa che vogliamo conoscere. Indicazioni bibliografiche aiuteranno per uno studio ulteriore. Occorre, però, tenere presenti queste parole del Corano: «non vi è dato della scienza se non un poco»(17, 85).

Una lettura del Corano fatta da non-musulmani, è un'impresa delicata. Il Corano è «la rivelazione» per coloro che credono nel messaggio predicato da Muhammad («per coloro che credono in ciò che è stato rivelato a te» — dice il Corano, 2,4). Coloro i quali non partecipano di questa esperienza di fede, corrono il rischio di fare una propria lettura del Corano, differente da quella musulmana. È necessario, perciò, leggere il testo come esso viene letto nella comunità per la quale costituisce il Libro Sacro, e di confrontare la nostra lettura con quella dei credenti musulmani: con le loro spiegazioni del testo e le loro meditazioni su esso. Soltanto così possiamo evitare di interpretare il Corano in una maniera che sarebbe inaccettabile per un musulmano — e che non avrebbe, quindi, alcun rapporto con la sua religione, la cui spiegazione corrisponde alla maniera in cui viene vissuta dai suoi fedeli, non ad una costruzione di orientalisti. Codesta prudenza è tanto più necessaria quanto più c'è il pericolo di leggere nel testo ciò che non vi è scritto. E questo pericolo esiste realmente nel nostro caso, quando, nel contesto di un discorso sull'ecologia umana — problematica tipica della coscienza moderna — vogliamo ricercare quale sia la concezione coranica dell'essere umano e della natura. Il modo attuale di concepire l'essere umano e la natura, in rapporto all'ecologia, è, col suo antropocentrismo, all'opposto della visione teocentrica del Corano.

Il Corano è stato proclamato da Muhammad, il Profeta dell'Islam, come «una guida ed una misericordia per coloro che fanno il bene» (*31*,4). Senza una tale guida, l'essere umano si trova nell'oscurità, ma «Dio è il Protettore dei credenti, che Egli trae dalle tenebre alla luce» (*2*,257). L'oscurità in cui versa l'essere umano è dipinta nel Corano come l'ignoranza umana circa il senso della vita. Lì si fa dire agli infedeli: «Non c'è niente all'infuori di questa nostra vita presente: moriamo e viviamo e solo il tempo ci fa perire» (*45*,24) [9]. Di un simile atteggiamento si trovano molte tracce nella poesia araba pre-islamica. Così un certo 'Abīd b. al Abraṣ dice: «Siamo noi forse altro che un corpo con cui finiremo sotto terra ed uno spirito (che passa) come il vento?»[10]

Di contro a codesto pessimismo, viene la proclamazione del Corano come messaggio che insegna all'essere umano la sua origine ed il suo destino. Così viene dato un senso all'esistenza dell'essere umano e di tutta la natura, come chiaramente appare nella Sūra 55, la quale è composta alla maniera di un salmo che incomincia col canto dei benefici della creazione (la traduzione è letterale e cerca di imitare la cadenza della frase araba, sebbene l'italiano ne soffra alquanto):

1 Il Misericordioso
2 insegnò il Corano,
3 creò l'essere umano,
4 insegnò il chiarimento.
5 Il sole e la luna sono in vie misurate,
6 le stelle e gli alberi adorano prostrati.

7 Ha innalzato il cielo e ha apposto la bilancia.
8 Non toccate la bilancia.
9 Osservate l'equità, non disturbate l'equilibrio.

10 Ha posto la terra per gli essere umani.
11 Su essa ci sono frutti e palme cariche,
12 il grano con la paglia ed erbe odorose.
13 Quale beneficio del vostro Signore negherete?

14 Creò l'essere umano da argilla come il vasaio
15 e creò gli esseri spirituali da fiamma di fuoco.
16 Quale beneficio del vostro Signore negherete?

17 Il Signore dell'Oriente e del Meridione,
18 Il Signore dell'Occidente e dell'Aquilone:
19 quale beneficio del vostro Signore negherete?

20 Ha dato libero corso alle due acque perché s'incontrassero.
21 Fra esse c'è una barriera, non passano oltre.
22 Quale beneficio del vostro Signore negherete?
23 Da esse vengono fuori perle e coralli.
24 Quale beneficio del vostro Signore negherete?

25 A Lui appartengono le navi — alte sui mari come bandiere.
26 Quale beneficio del vostro Signore negherete?

27 Ognuno sulla terra perirà,
28 rimane solo il volto del vostro Signore — pieno di Maestà e Onore.

29 Quale beneficio del vostro Signore negherete?

30 Chi è nel cielo e sulla terra L'implora. Ogni dì
 Egli lavora.
31 Quale beneficio del vostro Signore negherete?

32 Ci volgeremo a voi che siete carichi di peso.
33 Quale beneficio del vostro Signore negherete?

Dopo questi versetti segue una descrizione dell'ultimo giorno e della dimora dei dannati e dei beati.

Tali inni della creazione s'incontrano in vari passi del Corano[11]. Rileggiamo ora il testo nel contesto della predicazione coranica, per coglierne il senso.

(1-4) «Il Misericordioso», in arabo *al-Raḥmān*. È il primo fra i 99 «nomi più belli» di Dio, il centesimo essendo il nome *Allāh* stesso (cfr. *20*,8 ecc.). Questo nome è anche il titolo della Sūra. Il primo dono della misericordia divina è il Corano, che Dio «insegna» all'essere umano. L'insegnamento contenuto nel Corano libera l'essere umano dalla sua insicurezza, dalla sua disperazione. Egli mostra la sua misericordia nella creazione dell'essere umano. L'esistenza dell'essere umano è, così, segno della misericordia divina.

Molte volte ed in vari sensi, il Corano parla della creazione dell'essere umano: la creazione del primo essere umano, la creazione dell'umanità in genere, la creazione di ogni singolo essere umano, «creazione dopo creazione» (*39*,6). Così ad esempio, nella Sūra *23*, 12-14:

> Certo, noi creammo l'essere umano d'argilla umida,
> poi lo facemmo goccia di sperma in un ricettacolo sicuro;
> poi creammo dalla goccia un grumo di sangue,
> e creammo dal grumo di sangue una massa molle,
> e creammo dalla massa molle delle ossa,
> e vestimmo le ossa con carne,
> e lo suscitammo come un'altra creazione.
> Sia benedetto Dio, il Migliore dei Creatori!

Tutto questo viene chiamato «la prima creazione»[12], o anche «l'inizio della creazione»[13]. Si vede che l'idea coranica di creazione non è quella filosofica di una *creatio ex nihilo*. La concezione del Corano è più vicina a quella della Bibbia: Dio formò l'essere umano dalla materia informe[14].

A questa prima creazione corrisponde, nella visione del Corano, «l'altra creazione»[15] o la «nuova creazione»[16]: la «ricreazione»[17] e cioè: dell'essere umano dopo la sua morte. Questa seconda creazione è in preparazione del ritorno dell'essere umano a Dio, per venire giudicato:

> Dio comincia la creazione,
> poi la ripete,
> poi a Lui tornerete (*30*,11).

Così il Corano fa luce sull'esistenza dell'essere umano nel mondo. Non più vita priva di senso. L'essere umano riceve la sua esistenza dalla misericordia divina, per venire, dopo la morte, richiamato a rendere conto di essa ed esser punito o ricompensato.

La prima cosa, perciò, che il Corano dice dell'essere umano è che egli fu creato da Dio[18]. Così si legge nella Sūra, tradizionalmente considerata come la prima ad essere ricevuta da Muhammad:

> Recita nel nome del tuo Signore che creò,
> creò l'essere umano da un grumo di sangue.
> Recita. Ed il tuo Signore è il Generosissimo,
> che per il calamo insegnò l'essere umano,
> insegnò all'essere umano ciò che costui non sapeva (*96*,1-5)

È importante non perdere di vista che la luce data così all'esistenza umana, è una luce di fede: è immersa nel mistero. Non è una scienza, poiché rimane il mistero dell'origine e del destino dell'essere umano. Questo mistero viene riconosciuto, specialmente nell'accettazione della morte:

> Avete voi creato (lo sperma) o siamo noi i Creatori?
> Noi abbiamo decretato fra voi la morte, e nessuno Ci precederà

> nel cambiarvi in forme simili e nel farvi rinascere
> in uno stato che non conoscete.
> Voi certamente conoscete la prima nascita: perché non vi ricordate?[19].

La chiarezza dell'insegnamento divino viene soltanto all'essere umano che si sottomette a Lui nell'ubbidienza della fede. Perciò, continua il testo della Sūra 55: «il chiarimento insegnò». La parola usata qui — *al-bāyan* — significa spesso il Corano stesso. Il Corano, però, è già stato menzionato nel nostro testo ed i commentatori vedono qui un altro significato: la coscienza e il discernimento con cui l'essere umano sa distinguere fra bene e male[20]. La conoscenza che l'essere umano riceve nella sua creazione, illuminata dalla rivelazione, gli dà una responsabilità: quella cioè di seguire, nella sua vita, gli ordini divini.

Con questi tre versetti viene indicato il posto speciale occupato dall'essere umano nell'opera del Misericordioso. Torneremo su questo tema dopo aver letto la descrizione della creazione del cosmo.

Il testo della Sūra 55 prosegue con questa descrizione e menziona, in primo luogo, il sole e la luna che misurano il tempo. Il versetto 6 crea difficoltà ai commentatori a causa della congiunzione delle stelle e degli alberi. Alcuni, perciò, traducono *naǵm* («astro») con: «le piante». Altri propongono di vedere negli «alberi» un'allusione all'albero cosmico[21]. Quando, però, quelle parole del versetto vengono lette nel contesto del Corano stesso, il loro senso diventa chiaro. In vari luoghi il Corano parla dell'adorazione di tutto ciò che si trova nel cielo e sulla terra. Così in *22*, 18: «Non hai visto come dinanzi a Dio si prosternano ciò che è nei cieli e ciò che è sulla terra: il sole; la luna e le stelle, le montagne e gli alberi e gli animali, e molti degli uomini?» La sensibilità coranica per il simbolismo religioso vede la prostrazione degli astri nel loro chinarsi alla fine del loro corso e l'adorazione degli esseri sulla terra nella prostazione delle loro ombre che si allungano la mattina e la sera (cfr. *13*, 15; *16*, 48s). Così viene indicato, all'inizio, di questo inno, la finalità di tutto il creato: dare gloria a Dio in un «culto cosmico».[22]

Dopo di questo viene indicata la corrispondenza fra cielo e

terra: l'equilibrio misurato, stabilito da Dio, che l'essere umano non deve cambiare. Dopo un accenno alla terra con la sua vegetazione, viene il ritornello di questo cantico delle creature: «Quale beneficio del vostro Signore negherete?» Queste parole sono come una sfida lanciata all'essere umano, che possiede la terribile responsabilità di dover chiarire la sua posizione con una decisione (cfr. v. 4). Egli non si sottomette «volente o nolente» come gli altri esseri (cfr. *13*, 15), ma può rifiutare di riconoscere Dio come l'unico Signore. Codesto rinnegamento è l'essenza della non-fede[23]. La luce della fede, però, rende possibile di riconoscere, nel creato, la Bontà e la Potenza del Creatore.

Portare l'essere umano a questa riconoscenza è la finalità delle innumerevoli descrizioni della creazione nel Cosmo. Tutta la creazione è «segno» dell'unico Dio e conduce l'essere umano a una consapevolezza che è all'opposto del rinnegamento della non-fede[24]. «Nella creazione dei cieli e della terra e nell'alternarsi della notte e del giorno ci sono certamente dei segni per la gente che ha intelligenza: coloro che sono consapevoli di Dio, in piedi, seduti o coricati, e che meditano sulla creazione dei cieli e della terra (dicendo): 'Signore, non hai creato tutto questo invano. Gloria a Te!'» (*3*, 199s). Per la mentalità del Corano, tutto il cosmo è un libro pieno di segni — *āyāt*: la stessa parola viene usata per i versetti del Corano e per i segni della creazione.

Nel «libro» della creazione, il credente è invitato a fare una lettura «intelligente» di tutti i segni di Dio. Non soltanto gli astri del cielo, ma anche gli esseri più piccoli sulla terra, come le api, hanno un significato trascendentale per coloro i quali possiedono questa intelligenza della fede: «E il tuo Signore ispirò alle api: 'Fatevi delle case sui monti e sugli alberi e nelle costruzioni (degli uomini). Mangiate da tutti i frutti e seguite le vie del vostro Signore, che vi sono tracciate!' Dal loro ventre viene fuori una bevanda variopinta che porta salute agli uomini. In questo è certo un segno per gente che riflette.» (*16*, 68s).

Una tale lettura della natura è proseguita dagli autori musulmani, come al-Ghazālī, nel suo *Libro delle meraviglie delle crea-*

ture e dei segreti degli esseri, o al-Gāhiz nel suo famoso *Libro degli animali*. Per lo sguardo della fede musulmana, Dio non è soltanto l'origine del mondo creato, Egli rimane continuamente presente, lavora senza sosta, interviene nel corso della natura e dirige tutti gli esseri. E tutto questo Dio lo fa per gli esseri umani. Tutto è dono di Dio (cfr. *16*,80s).

Di tutte queste meraviglie, create da Dio in maniera perfetta (cfr.*32*,7), l'essere umano è la creatura più perfetta: «Noi creammo l'essere umano nella forma più perfetta» (*95*,4; cfr *40,64*; *64,3*; *82,8* ecc.). L'essere umano, perciò, ha un posto speciale nella creazione. Dio ha sottomesso al servizio dell'essere umano tutto il creato: i mari e le navi, il sole e la luna, la notte e il giorno (cfr *14,32*s). Soltanto l'essere umano porta il carico che Dio aveva offerto alle creature: «Noi abbiamo offerto il carico ai cieli ed alla terra ed ai monti, ed essi rifiutarono di caricarsene e ne ebbero paura. L'essere umano se ne caricò. Egli è stato ingiusto e ignorante.» (*33*,72).

Il prof. A. Bausani ha collegato un mito dell'Africa orientale, che potrebbe illuminare questo testo misterioso. Secondo quel mito «Dio non diede, creando, la vita alle pietre, ma chiese prima loro: 'Volete anche voi avere dei bambini e poi morire?' Esse risposero negativamente e così esse sono eterne, ma sterili, al contrario degli esseri umani che muoiono, ma sono fecondi»[25].

Così sembra, infatti, che quel carico, o pegno, come traduce il Bausani, sia la vita con le sue responsabilità. Questa interpretazione quadra anche con le descrizioni della creazione dell'essere umano nel Corano, che si soffermano volentieri sulle meraviglie della procreazione.

Con tutte queste qualità, l'essere umano riceve, nel Corano, il suo titolo più glorioso, quello di «Vicario di Dio»: «E quando il Signore disse agli Angeli: 'Io farò sulla terra un Vicario (*khalīfa*)'» (*2*,30). Tale è la sublimità di questo Vicario, che persino gli Angeli sono ordinati a prostrarsi dinnanzi a lui (*2*,34ecc). Solo il Diavolo (Iblis) rifiuta di seguire questo ordine e diventa così, per alcuni commentatori, l'unico autentico monoteista della creazione[26].

Il senso del termine *khalīfa* (Vicario) viene spiegato dagli esegeti in vari modi: l'essere umano è chiamato «Vicario» perché egli governa la terra al posto di Dio, oppure riceve gli ordini direttamente da Dio, o anche perché egli prende il posto di altri esseri che esistevano prima di lui sulla terra, o finalmente perché gli esseri umani si succedono gli uni agli altri[27]. Da autori moderni viene soprattutto messo in risalto il significato che indica il ruolo dell'essere umano nella natura, come colui che «succede al» Creatore: egli ha ricevuto la missione di sviluppare la natura e di portarla al suo compimento.

Un esempio eloquente di questa maniera d'interpretare il testo del Corano si trova nel *Tafsīr-al-Manār*[28]:

«Dio, infatti, creò l'essere umano come un essere debole, come Egli disse nel suo Libro: 'E l'essere umano fu creato debole (4,28). Ed Egli lo creò anche ignorante, come disse: 'Dio vi ha tirato fuori dal seno delle vostri madri mentre non sapevate nulla' (16,78). Però, con tutta la sua debolezza ed ignoranza, (l'essere umano) è un esempio degno di considerazione e un oggetto di ammirazione per colui che sa ammirare, perché, malgrado la sua debolezza egli dispone liberamente dei potenti, e malgrado la sua ignoranza egli conosce tutti i nomi.

«Un animale nasce con una conoscenza istintiva di ciò che è utile e nocivo per lui stesso, e le sue facoltà attingono il loro pieno sviluppo in breve tempo, ma l'essere umano nasce senza altro istinto che di poter gridare e piangere. Poi si sviluppano gradualmente i suoi sensi ed i suoi sentimenti, lentamente in paragone con gli altri animali, ed egli riceve un'altra facoltà che si impone alle impressioni dei suoi sensi e dei suoi sentimenti, di maniera che egli possa controllare questi fenomeni, che vengono così dominati e sottomessi da questa facoltà misteriosa. Questo è ciò che viene chiamato 'la ragione' e non se ne conosce il segreto, né se ne può afferrare la realtà intima.

«Essa prende per l'essere umano il posto di tutto ciò che fu dato dalla natura all'animale, come l'indumento che lo protegge dal freddo e dal caldo, e le membra con cui l'animale si procura il suo nutrimento, si difende e aggredisce il suo nemico, e altre facoltà naturali che l'animale ha ricevuto. Così l'essere umano può, con questa facoltà, fare delle invenzioni meravigliose di ogni genere, che gli permettono di realizzare innumerevoli cose. Con questa facoltà, l'essere umano passa ogni limitazione nei suoi progetti e i piani, nella sua scienza e nel suo lavoro. Malgrado la debolezza degli individui umani, l'essere umano, preso come l'insieme dell'umanità, può disporre della natura in una maniera illimitata, per una speciale provvidenza divina.

«Come Dio gli ha dato questi talenti e le leggi della natura, per manifestare così i segreti della Sua creazione e per renderlo proprietario della terra e sottomettergli tutto ciò che esiste, (così) Egli gli ha dato decreti e leggi con cui ha imposto uno statuto alle azioni dell'essere umano ed al suo comportamento, in modo da impedire mutue ingiurie fra individui e gruppi. (Questi decreti e leggi) aiutano l'essere umano a raggiungere la sua perfezione, perché hanno la funzione di guidare e controllare la ragione con tutte le sue qualità. Per tutto questo, Egli ha fatto l'essere umano il Suo Vicario sulla terra, il quale, per codesta funzione di Vicario, è il vertice di tutta la creazione.

«Le impronte dell'essere umano, come Vicario sulla terra, sono manifeste: noi vediamo le meraviglie del suo lavoro nel mondo inanimato e nella natura. Con grande abilità egli ha fatto infinite invenzioni ed innumerevoli scoperte, e col suo lavoro incessante egli ha cambiato l'aspetto della terra: ha spianato il suolo roccioso, ha reso fertile il terreno arido, ha fatto abitabile la terra desolata e ha creato dei laghi nei deserti. Egli ha dato origine, per il metodo dell'innestamento, a nuove specie di piante, come il mandarino; ma è stato piuttosto Dio che l'ha creato tramite l'abilità umana. L'essere umano ha anche liberamente esercitato il suo influsso su varie specie d'animali, per via dell'addomesticamento, il nutrimento e l'allevamento, di maniera che hanno avuto luogo dei cambiamenti nella costituzione e nel comportamento dei vari tipi, e ne sono apparse varietà piccole e grandi, domestiche e selvatiche. L'essere umano tira profitto da ogni genere di essi, e li sottomette al suo servizio, come ha sottomesso le energie naturali e le altre creature. Non è saggezza di Dio, avendo creato e guidato ogni cosa, aver fatto l'essere umano, con simili talenti, il Suo Vicario sulla terra, per attuare le Sue leggi e manifestare i prodigi della Sua opera, i segreti della Sua creazione? le meraviglie dei Suoi decreti ed i vantaggi delle Sue ordinanze? Si può trovare un segno più evidente della perfezione di Dio e della immensità della Sua scienza che questo essere umano che Egli creò nella forma più perfetta?» [29]

Così tutto viene ridotto ad essere segno del Dio Creatore. Nella creazione, l'essere umano ha una funzione speciale in rapporto alla natura. Egli, che può rifiutare di riconoscere Dio come l'origine del mondo creato, è chiamato ad essere il Vicario di Dio sulla terra e a portare la natura alla sua perfezione.

Questa creatura suprema, al di sopra degli Angeli, rimane sempre esposta alla tentazione della superbia. Ecco perché il testo della Sūra 55 prosegue: «Ognuno sulla terra perirà ...» (*26-30*). La certezza della morte è l'ultima garanzia della fede monoteista. Tutto passa, soltanto Dio rimane, ripete il Corano (*55,26s; 16,92; 28,88*). Questa esperienza della finitezza dell'essere creato conduce il credente a rimettersi completamente alla misericordia di Colui che l'ha chiamato alla vita e che continua a sostenerlo, ogni giorno (cfr v.29). La morte sarà l'atto supremo dell'arrendersi a Dio (*taslīm*).

Il credente sa che con questo momento supremo non si è esaurita la misericordia di Dio per lui: Dio creerà l'essere umano una seconda volta, e con lui tutta la natura, in un paradiso eterno, di cui la terra con tutte le sue meraviglie era un'immagine lontana. Questa nuova creazione, segno anch'essa della misericordia divina, viene descritta nell'altra metà della Sūra 55. Con questo «lieto annunzio» l'essere umano va per la sua strada attraverso il mondo: «Il Signore gli dà lieto annunzio di una misericordia Sua e benevolenza, e di giardini dove avranno delizie durevoli: lì saranno immortali, per sempre» (*9,21-22*).

Queste delizie eterne, però, della nuova creazione, di una nuova umanità e di una nuova natura, non possono esser raggiunte se non attraverso la porta della morte, dell'annientamento di tutto dinnanzi a Dio[30]. Perciò, l'ultima parola che il Corano dice all'essere umano e la natura nel loro stato attuale è: «ognuno sulla terra perirà — rimane soltanto il volto del vostro Signore.»

NOTE

[1.] Abū-l-ʿAbbās Aḥmed b.Abī-Yaʿqūb al-YAʿqūbī è l'autore del Kitāb-al-Buldān («Il Libro dei Paesi»), scritto negli anni 889-890.

[2.] Abū-ʿAbd-Allāh Šams-al-Diīn Muḥammed b.Aḥmad al-Muqaddasi scriveva il suo *Aḥsan altaqsīm fī maʿrifat-al-aqalīm* («La migliore ripartizione per la conoscenza delle regioni») verso gli anni 985-990.

[3.] Abū-l-Ḥasan ʿAlī b. ʿAlī al-Masʿūdī morì al Cairo nell'anno 956/957. Egli ha scritto una trentina di opere, alcune molto voluminose. È conosciuto con il titolo onorifico di imām-al-mu ʿarrihīn («Imam degli storiografi»).

[4.] L'atteggiamento scientifico di un Masʿūdī doveva molto alla scienza degli autori cristiani di cultura greca e siriaca. Cfr. ROSENTHAL F., *A History of Muslim Historiography*, Leiden: 1968,[2], p.108.

[5.] Paris/La Haye: Mouton, 1973, 2 vol.

[6.] Op. cit., Vol.I, p. 281.

[7.] «The real founder of the science of sociology.» Philip K. Hitti, *History of the Arabs*. London etc.[8] 1964. p. 568. Ibn-Kaldūn (1332-1406) ha esposto la sua «scienza della civiltà umana nei prolegomeni alla sua storia universale, conosciuti sotto il titolo di *Al-Muqaddima*.

[8.] Cfr. AYAD K., *Die Geschichts-und Gesellschaftslehre Ibn Khaldūns*, Stuttgart/Berlin: 1930, S.102 f., MAHDI Muhsin, *Ibn Khaldūn's Philosophy of History*: A Study in the Philosophic Foundation of Science of Culture, London: Allen & Unwin, 1957.

[9.] Sulla concezione della vita presso i pagani pre-islamici, cfr. T. Izutzu, *God and Man in the Koran*. Tokyo 1964. p. 120 ss.

[10.] Citato da Izutzu, p. cit., p. 124.

[11.] E.g. *79*, 27ss; *16*,3-18; *30*,17-27 etc..

[12.] *56*,62; *50*,15; *21*,104.

[13.] Così nell'espressione «Egli ha cominciato la creazione» (*27*,64; *30*,11,27; *29*,19,20; *10*,4,34. Cfr. *36*,79).

[14.] Questo viene anche indicato con l'uso del verbo *balaqa*, «egli creò!». Il senso originario della radice è «tagliare una forma da un pezzo di cuoio.» Il vocabolario della creazione è estremamente ricco nel Corano, e meriterebbe uno studio speciale.

[15.] E.g.: *53*,47; *23*,14; *29*,20.

[16.] E.g.: *50*,15; *32*,10; *17*,49,98 ecc.

[17.] Cfr. l'espressione «ripetiamo la creazione» (*21*,104; *27*,64; *30*,11,27 ecc.).

[18.] Così, nel Corano l'uomo viene chiamato «colui che ho creato» (*74*,11) o, nel plurale, «coloro che creammo» (*37*,11; *7*,181; cfr. *67*,14). E Dio viene chiamato, con vari nomi, «Il Creatore»: al-Haliq, al-Bāri' (due nomi che si avvicinano di più al nostro «creatore»), al-Muṣawwir («il Formatore»), al-Muḥyī («chi dà la vita»), al-Bādi e al-Mubdi («l'Originatore») ecc.

[19.] *56*,59-62. Cfr. *16*,18: «Egli crea ciò che voi non sapete.»

[20.] Cfr. il commento di al-Bayḍāwī *i.h.l.*: «*al-bayān* vuol dire espressione di ciò che si trova nella coscienza e far capire agli altri ciò che (qualcuno) ha percepito quando egli ha ricevuto la rivelazione, ha conosciuto la verità, e ha imparato la legge (divina).»

[21] Cfr. SCHEDL G., *Muhammad und Jesus*. Wien usw. 1978. S.139f.

[22] Altri luoghi in: ROEST CROLLIUS, A., «The Prayer of the Qur'an.» *Studia Missionalia* 24(1975) 223-252. p.243 ss.

[23] Qui, come in tanti altri luoghi del Corano, il rinnegamento viene indicato con una forma del verbo *kadāba*, «egli mentì.»

[24] Questa consapevolezza viene spesso indicata nel Corano con forme del verbo *dakara*, «egli portò in mente, fu consapevole.»

[25] *Il Corano*. Introduzione, traduzione e commento di A. BAUSANI. Firenze (1961). p. LXIII.

[26] Così specialmente nella esegesi dei mistici musulmani: al-Ḥallāǧ, al-Ghāzāli, Farid-al-Dīn, 'Aṭṭār. Cfr. WIDENGREL G. *Religionsphänomenologie*. Berlin 1969. S.147 f..

[27] Cfr. Bayḍāwī, in 2.30.

[28] Il Commentario noto sotto questo nome è una collezione degli articoli scritti da Rašīd Riḍā nella rivista egiziana *al-Manār*. Questi articoli sono elaborazioni del corso dato dal Šayh Muḥammad 'Abduh all'Università di al-Azhar. Il Commentario prese forma all'inizio di questo secolo.

[29] *Op. cit.*, Vol.I, pp.216s..

[30] L'esperienza della tensione fra permanenza e fugacità è fondamentale nella religiosità musulmana e viene sviluppata e vissuta in modo particolare nel Sufismo.

Capitolo XI

ESSERE UMANO E NATURA NELLA TRADIZIONE EBRAICO-CRISTIANA

di Robert Faricy, S.I.

Questo breve saggio ha come scopo la presentazione degli elementi fondamentali del rapporto fra essere umano e natura nella tradizione ebraico-cristiana. Le riflessioni che seguono, si sviluppano, in una prospettiva di cristianesimo cattolico. In codesta tradizione, gli elementi di base per la comprensione del rapporto fra essere umano e natura si trovano nella Bibbia come essa viene interpretata dalla Chiesa. Cominciamo con il rapporto fra essere umano e natura nell'Antico Testamento, specialmente nella formulazione del primo capitolo della Genesi.

1. *L'Antico Testamento: Genesi 1,1 a 2,3.*

1.1 La Teologia dell'Antico Testamento situa il rapporto fra essere umano e natura all'interno di una teologia comprensiva del rapporto fra il Creatore e la sua creatura, una teologia della creazione. Tale teologia permea tutto l'Antico Testamento, ma si trova soprattutto nella letteratura sapienziale, nei libri profetici e — condensata in una professione di fede — nel primo capitolo della Genesi.

Il libro della Genesi è l'introduzione all'Antico Testamento: la prima parte del libro, che può definirsi un prologo all'Antico Testamento, è costituito dal documento che va dal 1,1 a 2,4.

Questo documento è teologico, si tratta di un credo, che professa la fede d'Israele in un Dio, Signore e Creatore del mondo, onnipotente e buono, ineffabile e trascendente rispetto alla sua creazione. L'immagine principale utilizzata da questa professione di fede per sottolineare la trascendenza di Dio è la creazione tramite la parola. P.es., Dio disse: «Sia la luce» e la luce fu. L'idea della creazione per mezzo della parola conserva e accentua la distinzione radicale fra Dio e l'oggetto dell'atto creativo. La creazione non è un'emanazione della natura divina, neanche un riflesso necessario dell'essere di Dio. L'unica continuità fra il Creatore e la creazione è la parola di Dio. La sua stessa parola è creativa. Quindi la creazione appartiene a Dio, prodotta che fu dalla sua parola.

1.2 Comunque, il mezzo più importante che il brano in questione usa per esprimere la fede nella trascendenza di Dio è mostrare che le creature non sono in alcun modo divine. La trascendenza di Dio viene indicata con la desacralizzazione delle creature. Soltanto Dio è divino. Non c'è altro Dio al di fuori del Dio d'Israele. Il Creatore è il Signore assoluto di tutte le cose che ha creato, proprio perché Lui le ha create; e le cose create sono semplicemente ciò che sono — creature.

La luce p.es. è la prima cosa creata. È una luce cosmica, simbolo della presenza creativa di Dio; la luce-spazio in cui ha luogo l'atto creativo. Nello stesso tempo, la luce è creata separatamente dal sole, dalla luna, dalle stelle; è creata prima dei corpi celesti. Così, il sole e la luna, che nelle mitologie sono spesso esseri viventi ed in qualche modo divini, sono naturalizzati, desacralizzati, visti semplicemente come creature. Anche, per reazione all'atmosfera culturale degli altri popoli vicini a Israele, un'atmosfera satura di credenze mitologiche, le stelle si trovano spogliate di ogni significato divino e di ogni potere magico. Il sole, la luna e le stelle non creano la luce; fanno da intermediari ad una luce che esisteva prima di loro.

Questo tema della desacralizzazione ha un posto centrale nel documento della creazione. Dio dà alle creature i loro nomi, le colloca nei loro ruoli: il Creatore nomina la luce «giorno», ed il buio «notte.» Dietro la fertilità della terra non c'è né il sole né la luna, e neppure — come in molti miti — l'albero della vita, ma soltanto la parola creativa di Dio.

1.3 La natura non è soltanto radicalmente distinta da Dio, ma è sua proprietà ed è anche buona. Tutta la creazione è buona. Questa bontà del creato non è una qualità morale o estetica; è piuttosto l'ordine, l'armonia dell'universo e dei suoi elementi. Ciò che Dio crea è buono, ha valore, precisamente perché Dio l'ha creato e lo mantiene nell'esistenza. Questa bontà e questo valore dipendono senza dubbio da Dio, ma sono propriamente della creatura.

La creazione è buona perché è in alleanza col Creatore. La concezione che Dio è fedele alla sua creazione, è una estensione dell'idea del Dio d'Israele fedele al Suo popolo. Come Dio ha scelto Israele, formando un Suo popolo dal caos della schiavitù d'Egitto, così Dio ha creato il mondo, facendolo emergere dal caos primitivo per formare un cosmos, cioè un universo ordinato (cfr. Salmo 8). Come Israele nell'alleanza, così tutta la creazione ed ogni creatura sono sottomesse al Signore ed hanno un loro ruolo da compiere. Ancora, la dipendenza d'Israele da Dio è un valore. Dio ha scelto Israele non per la bellezza o l'ubbidienza o la grandezza, ma unicamente perché l'amò. Questa scelta è una specie di creazione, e si riflette nel racconto della creazione. Dio, creando le cose, dà loro valore: sono buone (cfr. *Sapienza*, 11, 21-27).

1.4 Con l'uso dell'immagine della creazione per mezzo della parola di Dio, la trascendenza del Creatore ed anche, per conseguenza, la non-sacralità della natura vengono sottolineate. È soprattutto nella narrazione della creazione dell'essere umano che la secolarità del mondo è messa in evidenza. L'essere umano è creato a somiglianza di Dio.

La cosa più importante riguardo alla somiglianza dell'essere umano a Dio è la funzione dell'essere umano, il suo dominio nel mondo. La natura, benché desacralizzata, è tuttavia in relazione con Dio; riceve la dignità di essere sotto la sua sovranità, ma allo scopo di essere sotto la sovranità dell'essere umano.

A questo punto, nel capitolo della Genesi, la natura è completamente desacralizzata, viene così mostrata distinta radicalmente da Dio, e l'essere umano è presentato come distinto dalla natura. La visione della realtà presentata qui, è del tutto lontana dalla visione mitica del mondo. Nel racconto iniziale della Genesi, il mondo non ha alcun potere magico per salvare l'essere umano né per distruggerlo. Un atteggiamento di timore misto ad ammirazione è stato sostituito da un atteggiamento realistico e la magia è stata rimpiazzata dalla preghiera.

L'essere umano non s'identifica in rapporto alla natura. Dio è Dio; l'essere umano è semplicemente l'essere umano; e la natura è in relazione con Dio per mezzo dell'essere umano. Così, l'essere umano viene liberato dalla natura e la natura stessa viene liberata per l'uso dell'essere umano. L'essere umano e la natura sono desacralizzati e liberati per il progresso. Questo realismo riguardo all'essere umano ed alla natura, è la pre-condizione dello sviluppo della scienza moderna, della tecnologia, e del progresso sociale, politico ed economico. Nessun progresso è possibile, se l'essere umano non può far fronte al mondo senza paura. Non voglio dire che l'essere umano sia libero di usare la natura maltrattandola; il suo impegno è curare e costruire il mondo, esercitando il dominio datogli da Dio.

1.5 Possiamo adesso formulare una prima tesi:

PRIMA TESI: IL CRISTIANO VEDE LA NATURA COME BUONA, E DA GESTIRE CON RESPONSABILITÀ.

Il cristiano comprende la natura come desacralizzata; vede la natura nella sua realtà secolare, come buona, ma non la concepisce affatto divina. La natura è per l'uso dell'essere umano, ma non è da sfruttare senza responsabilità. Nella prospettiva cristiana, la natura è compresa non romanticamente o sentimentalmente, e neppure con timore misto a meraviglia, ma con pragmatismo responsabile. La natura esiste per l'essere umano.

2. Il Nuovo Testamento: il Vangelo di Giovanni e le Lettere di Paolo.

2.1 Nell'Antico Testamento, la parola creativa di Dio è una metafora. Il Nuovo Testamento prende questo concetto e l'identifica con chiarezza in Gesù Cristo. Nella lettera agli Ebrei p.es. il Cristo viene identificato con la parola profetica e creatrice di Dio:

> «Dio, che aveva già parlato nei tempi antichi molte volte ed in diversi modi ai Padri per mezzo dei profeti, ultimamente, in questi giorni, ha parlato a noi per mezzo del Figlio, che ha costituito erede di tutte le cose e per mezzo del quale ha fatto anche il mondo.» (Ebrei, 1.1)

È soprattutto nel Vangelo di Giovanni che Gesù viene identificato con la parola di Dio. Questa identificazione è il perno di una cristologia sviluppata. La cristologia del Vangelo è multidimensionale; una delle sue dimensioni è considerata talora come una dimensione «cosmica.» Però, non è il Cristo che è cosmico, piuttosto è il cosmos che è «cristico.» Il Vangelo presenta il cosmos come radicato in Cristo, come venuto all'esistenza nel Cristo, e come se trovasse la pienezza della sua perfezione unicamente in e per il Cristo.

L'identificazione di Gesù con la parola di Dio si vede più chiaramente nel prologo al Vangelo. È un prologo teologico e la sua identificazione del Cristo con la parola di Dio orienta tutta quanta la teologia del Vangelo.

Come la Gen. 1,1 a 2,3, il prologo giovanneo è un documento teologico, un credo, una professione di fede. Il tema dei versetti da 1 è 11 è la parola creativa di Dio che si è fatta carne ed ha vissuto in mezzo a noi. Le prime parole del prologo, «in principio», è una citazione della prima frase del credo del primo capitolo della Genesi. L'Autore del prologo deliberatamente identifica la Parola, che è Dio e che è con Dio, con la parola per mezzo della quale Dio «in principio» ha creato tutte le cose.

Questa parola creatrice di Dio, continua il prologo, ha fatto il suo ingresso nel mondo; la Parola «si fece carne ed abitò fra noi.» Cioè, Dio ineffabile e trascendente ha preso carne ed è diventato un elemento della propria creazione, è immanente nel mondo. Il prologo del Vangelo usa la stessa espressione — la parola — che il primo capitolo della Genesi usa per affermare la trascendenza di Dio. Però, qui l'immagine della parola senza perdere il suo significato previo, viene usata per esprimere l'*immanenza* di Dio in Gesù Cristo nel mondo. Dio è presente in Gesù, e «noi abbiamo contemplato la Sua gloria, gloria che come unigento Lui ha dal Padre, pieno di grazia e di verità.» La «gloria» nella Bibbia è segno della presenza di Dio; «la grazia e la verità» riflettono gli attributi tradizionali del Dio dell'Antico Testamento, il Suo amore compassionevole e la Sua fedeltà. In Gesù, Dio è entrato nella Sua creazione, è immanente al mondo.

Nell'Antico Testamento la trascendenza assoluta di Dio si afferma ed il mondo si vede desacralizzato. Codesta desacralizzazione della natura e delle istituzioni umane è un presupposto, un primo requisito per la tecnologia ed il progresso politico e sociale. Di per sé, però, la desacralizzazione tende verso la spersonalizzazione. «Quando la natura si desacralizza, c'è la tendenza a spersonalizzare la natura.»[2] Questa tendenza si trova superata nel Nuovo Testamento. Nelle Teologie di San Giovanni e di San Paolo l'affermazione della trascendenza di Dio rimane. Adesso, però, Dio si comprende anche come immanente al mondo in Gesù, ed il mondo si comprende personalistico, come personalizzato in Cristo. Questa personalizzazione del mondo in Gesù Cristo viene sottolineata particolarmente negli scritti di San Paolo.

2.2 In generale esiste accordo sul fatto che quando San Paolo parla della Chiesa come corpo di Cristo, non usa una metafora, ma parla realisticamente. In qualche modo misterioso la Chiesa *è* il corpo di Cristo. San Paolo non lo spiega, semplicemente afferma il fatto. Ciò che afferma è la relazione organica tra il Cristo ed i cristiani: costoro formano il corpo di Cristo.

Quello che San Paolo afferma anche — un argomento su cui c'è stata poca ricerca teologica — è la relazione organica fra il Cristo e l'universo intero. San Paolo enuncia la stessa dottrina che si trova nel Vangelo di San Giovanni, e cioè che tutte le cose sono state create ed esistono in Cristo. Però, Giovanni e Paolo hanno due punti di vista diversi, due teologie diverse. Giovanni descrive l'adepimento progressivo del cosmos attraverso la risposta di fede dell'essere umano alla parola di Dio. La sua teologia è elaborata nel quadro della grande metafora della parola, del dialogo, del rapporto interpersonale del linguaggio, delle parole che sono pronunziate ed a cui si risponde. Paolo, invece, mostra l'adempimento progressivo del cosmos attraverso l'incorporazione di tutte le cose nel Cristo. La sua teologia del Cristo e del mondo è nel quadro della relazione organica al Cristo di tutte le cose che esistono.

Per Paolo, tutto viene da Dio; tutte le cose che esistono, sono create da Dio. «O abisso di ricchezza, di sapienza e di scienza di Dio! ... da Lui e per mezzo di Lui e per Lui sono tutte le cose; a Lui la gloria nei secoli. Amen.» (Rom. 11, 33-36) Ma tutto viene da Dio *nel Cristo*: «C'è un Dio solo, il Padre, da cui provengono tutte le cose e noi siamo per Lui; e un solo Signore, Gesù Cristo, per mezzo del quale sono create tutte le cose, e noi per mezzo di Lui.» (1 Cor. 8,6) Negli scritti di Paolo ci sono quattro passi di una importanza particolare, in cui egli afferma che tutto ciò che esiste, sussiste in Cristo. Considereremo questi quattro passi.

L'insegnamento di Paolo riguardo al rapporto del mondo con il Cristo si trova nei primi capitoli della sua Lettera agli Efesini. La dottrina di questi capitoli è condensata in due brevi passi:

> «(Il Padre ci ha reso) noto il mistero della propria volontà secondo il Suo beneplacito, che Egli aveva prestabilito in se stesso, da dispensarsi nella pienezza dei tempi, cioè: ricapitolare tutte le cose nel Cristo, quelle nei cieli e quelle che sono sulla terra.» (Efes. 1, 9-10).
> (Il Padre) tutto pose sotto i Suoi piedi (di Cristo) e lo dette come capo di ogni cosa alla chiesa, che è il Suo corpo, la pienezza di Colui che si realizza in tutte le cose.» (Efes. 1,22s).

Sin dal principio il piano di Dio è incentrato sul Cristo. E questo piano non è ancora completamente realizzato; è in processo di realizzazione. Il processo è che, partendo dal principio e terminando quando il processo dei tempi sarà compiuto, tutte le cose saranno ricapitolate nel Cristo. Per di più la Chiesa ha un punto centrale in questo piano. Il Cristo è il capo della Chiesa, ed è per mezzo della Chiesa che il piano di Dio si manifesta. Inoltre, benché la Chiesa sia il corpo di Cristo e quindi, per così dire, la zona centrale della Sua presenza attiva, nondimeno il Cristo è presente attivamente in tutto l'universo. Questa dottrina dell'adempimento progressivo del piano di Dio e del posto centrale della Chiesa in codesto piano, ci sembra forse molto moderno; eppure, la base della dottrina si trova, già al tempo di Paolo, nella letteratura rabbinica. Dio continua a creare; crea in principio ed anche adesso; e, secondariamente, il centro della Sua azione creativa è il Suo popolo.

2.3 Lo stesso pensiero, espresso un po' diversamente, si trova nella Lettera ai Colossesi 1,15 a 2,15, e soprattutto in un brano che sembra un inno:

«Egli è l'immagine d'Iddio invisibile, il primogenito di tutte le creature, perché in Lui sono state create tutte le cose, quelle nei cieli, quelle che sono sulla terra, le visibili e le invisibili, sia Troni, sia Dominazioni, sia Principati, sia Potestà: tutte sono create per mezzo di Lui e per Lui. Egli è prima di tutte le cose e tutte sussistono in Lui. Egli è il capo del corpo, della chiesa; Egli è il principio, il primogenito dei morti, affinché sia Egli il preminente in tutte le cose; perché (il Padre) volle che abitasse in Lui tutta la pienezza e che fossero per mezzo di Lui riconciliate tutte le cose in Lui, rappacificando per mezzo del sangue della sua croce, cioè per mezzo di Lui, sia le cose che sono sulla terra, sia quelle nei cieli.» (Col.1, 15-20).

L'inno è una unità: Paolo dice che tutte le cose, passate, presenti e future, sono radicate ed unite nel Cristo. È un'affermazione difficile da comprendere, ma è ciò che dice.

I versetti da 1,21 a 2,15 della stessa Lettera ai Colossesi sono una specie di commento all'inno. Due sono le idee principali qui connesse: il Cristo è il capo della Chiesa; la Chiesa è il suo corpo; secondariamente, il Cristo è il capo del cosmos; il cosmos è il Suo corpo (Col. 2,10: «...perché nel Suo Corpo abita tutta la pienezza della divinità.» «Corpo» qui si riferisce al cosmos come il corpo di Cristo). La Chiesa, quindi, ha un carattere cosmico ed anche un posto centrale nel cosmos. Il Cristo è capo della Chiesa e, in un'altra ed analoga maniera, è capo del cosmos — in cui la Chiesa occupa un posto centrale. Malgrado il fatto che il Cristo sia il capo del cosmos, non per questo tutte le cose già sono ricapitolate in Lui. Esse sono ricapitolate in modo incoativo, incipiente, ma la elaborazione della riconciliazione di tutte le cose in Cristo si realizza lungo la Storia. Così, per Paolo, la creazione e la redenzione sono due aspetti di un grande mistero: la ricapitolazione di tutte le cose nel Cristo. Creazione e redenzione si trovano unite nel processo della riconciliazione progressiva di tutte le cose in Cristo.

Un concetto parallelo a quello del cosmos come il corpo del Cristo, è l'idea di *pleroma*, ossia della perfezione, della pienezza. «Il Padre volle che abitasse in Lui tutta la pienezza e che fossero, per mezzo di Lui, riconciliate tutte le cose in Lui...» (Col. 1,9). Il senso di *pleroma* negli scritti di Paolo sembra essere che il Cristo riempia il cosmos intero della presenza creativa di Dio. Tutte le cose sono create in Lui — in Lui nel quale c'è la pienezza — *pleroma* — di tutto ciò che esiste. In qualche modo tutto, per così dire, dipende dal Cristo e trova il suo significato e perfino l'esistenza in Lui.

2.4 Il collegamento fra la croce e la risurrezione è chiaro e consistente negli scritti di Paolo. Nella Lettera ai Filipesi egli mostra che l'incarnazione e la croce sono legate al cosmos per mezzo della risurrezione.

> «Abbiate in voi gli stessi sentimenti che erano in Cristo Gesù. Egli, pur possedendo la natura divina, non pensò di valersi della Sua equaglianza con Dio, ma preferì annientare se stesso, prendendo la natura di schiavo e diventando simile agli esseri umani; e dopo che ebbe rivestito la natura umana, umiliò se stesso ancor più, facendosi ubbidiente fino alla morte, anzi fino alla morte di croce. Per questo anche Dio Lo ha sovranamente esaltato e Gli ha dato un nome che è sopra ogni altro nome, affinché nel nome di Gesù si pieghi ogni ginocchio in

cielo, in terra e negli inferi, ed ogni lingua confessi che Cristo Gesù è il Signore a gloria di Dio Padre.» (Fil. 2,5-11)

Paolo usa questo inno per esortare i Filipesi all'umiltà; incoraggia loro ad essere gli imitatori di Cristo, che servo si fece degli altri. Al di là del valore esortativo, il brano ci dice questo: Perché il Cristo fosse Signore del cosmos, di tutto quanto il processo dell'universo, era necessario che entrasse in quel processo, si facesse parte del processo dell'universo, del cosmos. E questo significa l'Incarnazione.

Inoltre, l'Incarnazione necessariamente implica vivere le conseguenze dell'incarnazione stessa. Per il Cristo, questo significò la Sua Passione e la Sua Morte sulla croce. Il Cristo, annientandosi, è entrato completamente nel cosmos; è disceso nel cuore del cosmos affinché potesse essere — nella sua Risurrezione — il signore del cosmos. Per divenire l'elemento centrale ed il punto focale del processo dell'universo, nella sua forma risorta, il Cristo dovette prima divenire un elemento di quel processo. È il Cristo risorto che tiene insieme il mondo; ma per rivivere fu necessario che morisse, e per morire fu necessario che nascesse. La ragione dell'Incarnazione e della Passione è la Risurrezione. L'apice — o piuttosto il punto più profondo — dell'uscire-fuori-di-se-stesso, dell'annientarsi, della *kénosis* del Cristo è la Sua morte sulla croce. È sulla croce che Lui discende completamente nel cuore dell'universo, per diventare, nella Sua vita risorta, il cuore dell'universo. Il Cristo è disceso per mezzo della Sua Incarnazione e la Sua morte nel mondo per poter attrarre il mondo a sé.

2.5 L'insegnamento della Lettera ai Romani 8,18-25, aggiunge ai tre testi che abbiamo già considerati, questa dottrina: il mondo intero, l'essere umano ed anche la *natura* sono, in qualche modo, l'oggetto dell'amore salvifico di Dio.

«Penso infatti che le sofferenze del tempo presente non siano degne di essere paragonate alla gloria che si rivelerà a noi. Poiché la creazione attende con grande desiderio la rivelazione dei figli di Dio. La creazione infatti è stata sottoposta alla vanità, non per sua volontà, ma per volere di Colui che ve l'ha assoggettata, con la speranza che la creazione stessa sarà liberata dalla servitù della corruzione, per aver parte alla libertà dei figli di Dio. Noi sappiamo infatti che, fino ad ora, tutta quanta la creazione sospira insieme e soffre le doglie del parto; e non soltanto essa, ma anche noi, che abbiamo le primizie dello Spirito, anche noi sospiriamo in noi stessi, aspettando piena figliolanza, il riscatto del nostro corpo.»

È la totalità della creazione, quindi, che, nel disegno di Dio, è oggetto di salvezza. La speranza degli esseri umani è la speranza di tutta quanta la creazione. La creazione e la redenzione sono indissolubilmente collegate. Qualunque cosa creata è stata creata per essere salvata, è oggetto della redenzione; e vi è incluso l'intero cosmos. Paolo pone la salvezza del cosmos, di tutte le cose che sono state create, nel contesto della salvezza dell'essere umano e, particolarmente, nel contesto della risurrezione di costui, nel contesto della redenzione del suo corpo. Possiamo ora distinguere due punti chiari:
1) La salvezza di tutto quello che è stato creato, è una conseguenza della salvezza dell'essere umano.
2) La natura stessa non è semplicemente uno strumento della salvezza dell'essere umano; anche la natura in qualche modo è oggetto di redenzione.

2.6 Possiamo quindi formulare una seconda tesi:

SECONDA TESI: IL CRISTIANO VEDE LA NATURA COME PERSONALIZZATA IN CRISTO.

Il cristiano vede la natura come incentrata nel Cristo risorto. Gesù Cristo risorto, punto focale della religione cristiana, è nello stesso tempo il punto focale futuro della convergenza della Storia. Il Mondo e la sua Storia appartengono al Signore Gesù; tutto si sostiene in Lui. Gesù non è soltanto la meta del Mondo: per il Suo influsso universale, è anche immanente al Mondo. Così, la natura si ritrova personalizzata perché radicata in Cristo.

3. *La discussione attuale: l'influenza della tradizione ebraico-cristiana nel campo dell'ecologia.*

3.1 Negli anni recenti è cominciata una discussione sui risultati pratici della visione cristiana del mondo. In particolare, si specula circa le origini cristiane della condotta di sfruttamento abusivo della natura. Il concetto cristiano del rapporto tra l'essere umano e la natura è o non è, in parte ed in qualche modo, all'origine di una concezione della natura da cui deriva inquinamento, uso irresponsabile delle risorse naturali, insomma il trattare la natura non come un giardino, ma come una miniera da sfruttare fino in fondo?

È vero che «inquinare, sfruttare il territorio per mera speculazione, sprecare le risorse, fare del consumismo ad oltranza il centro della vita, tutto ciò equivale a mancare il rispetto per gli altri esseri umani di questa e delle prossime generazioni, ... in definitiva l'esatto contrario dell'amare il prossimo»[3]. La questione, però, non verte circa la moralità dello sfruttamento attuale della natura, ma piuttosto circa le origini dell'idea del rapporto fra l'essere umano e la natura che sta dietro, come base concettuale, ad un tale atteggiamento.

La discussione è cominciata con un articolo dello storico Lynn White, in cui l'autore deplora i corollari ecologici dell'etica cristiana, che mette in risalto il dominio dell'essere umano sulla natura[4]. Altri autori hanno continuato nella stessa linea, benché non senza sfumature diverse, asserendo che «un atteggiamento antropocentrico ed aggressivo contro l'ambiente» deriva dall'idea cristiana del dominio dell'essere umano su tutte le altre creature, e «la tradizione ebraico-cristiana ha sfortunatamente prodotto una scienza ed una tecnologia cieche ed una cultura economicista matta»[5]. Si accusa il cristianesimo di predicare «il diritto assoluto del dominio sulla natura»[6].

In generale, l'obiezione vuol dire che, in qualche modo, la tradizione cristiana circa il rapporto tra l'essere umano e la natura, basandosi sulla dottrina dell'Antico Testamento, soprattutto del capitolo primo della Genesi, ha contribuito ad una certa depersonalizzazione della natura, ad una mancanza di rispetto per essa. Posto il mandato divino di un dominio unilaterale ed assoluto sulla natura, l'umanità occidentale, prodotto di una formazione ebraico-cristiana, ha sfruttato la terra, sprecandone le risorse ed inquinandola.

Evidentemente, tali generalizzazioni rimangono soggette a riserve, nei particolari, date le indicazioni contraddittorie. Lo sfruttamento della terra su larga scala non è cominciato che nel secolo scorso, dopo tanti secoli di cristianesimo, con la convergenza dell'industria e della scienza per produrre la rivoluzione tecnologica, che letteralmente sta cambiando la faccia della Terra. Di più, la tesi che all'origine del concetto e della prospettiva tendente allo sfruttamento della natura, sta un'idea cristiana, presuppone, molto idealisticamente, un influsso considerevole delle idee sul comportamento umano. L'esperienza umana sembra dimostrare che, al contrario, i concetti sono utilizzati spesso, non per iniziare un corso operativo, bensì per giustificarlo una volta ormai cominciato.

Ad ogni modo, molti autori, per la maggior parte teologi, hanno difeso il cristianesimo contro codesta imputazione. In particolare, hanno dimostrato come la dottrina cristiana sul rapporto tra essere umano e natura tende non allo sfruttamento, bensì allo sviluppo responsabile delle risorse naturali ed alla gestione giudiziosa della Terra — non come miniera da sfruttare, ma come giardino da curare[7]. La discussione si è sviluppata per la maggior parte tra teologi protestanti, e questo ci fa pensare...

3.2 Il fatto è che c'è una differenza di concezione circa il rapporto fra essere umano e natura tra il protestantesimo della Riforma e la tradizione cattolica — includendo in questa la Chiesa Cattolica romana, le Chiese Ortodosse e la Chiesa Anglicana. Questa differenza interessa qui. Forse senza evitare i pericoli delle generalizzazioni — pericoli grandi specialmente in campo religioso — voglio abbozzare una reazione cattolica alla discussione.

La maggior influenza sulla concezione del rapporto fra essere umano e natura dell'attuale cultura nordamericana (quasi tutti gli autori che partecipano al dibattito, sono nordamericani) è probabilmente da individuare nella dottrina di Lutero sui «due regni.» Nella prospettiva luterana, come pure in quella di gran parte della teologia protestante, il regno di Cristo ed il regno del mondo sono visti in tensione, in una certa opposizione o antitesi. E la stessa tensione antitetica è fra il governo di Dio sul mondo con la potenza ed il Suo governo di grazia per mezzo del Vangelo, tra il mondo e la chiesa, tra l'ordine della creazione e quello della salvezza. Il cristiano, quindi, è in posizione antitetica nei confronti della natura. Una gran parte della tradizione protestante ha letto il mandato di Dio all'essere umano di dominare il suo ambiente, alla luce di codesta teologia dei due regni. Il risultato è stato una tendenza verso un rapporto di sfruttamento con la natura, un lavorare *contro* la natura.

Non intendo affatto negare che Lutero e tutta la tradizione luterana dimostrano un sentimento profondo di apprezzamento della natura e della presenza di Dio nella natura. Ma la prospettiva luterana include il rapporto di paradosso, di opposizione o tensione dialettica tra natura umana e grazia, e quindi ha le sue conseguenze sul rapporto tra l'essere umano e la natura[8]. D'altra parte, quando natura e grazia sono viste in sintesi, come nella tradizione cattolica (specialmente nella tradizione tomista ed in quella dei Padri greci), essere umano e natura sono compresi in un rapporto più positivo, ed esiste un atteggiamento di lavoro *con* la natura, non contro di essa.

Nella tradizione cattolica, il principio dell'Incarnazione è maggiormente accentuato rispetto a quella protestante. Il vero Dio è divenuto un essere umano, perciò la materia è il veicolo appropriato dello spirito, la realtà materiale è buona, la natura umana è radicalmente buona, e la natura, benché desacralizzata, possiede un valore religioso. L'ambiente deve essere usato, sviluppato, costruito, ma le sue leggi vanno rispettate nella musura del possibile.

Mi sembra ovvio dire che la tradizione protestante non ha mai incoraggiato lo sfruttamento irresponsabile della natura. Al contrario, questa tradizione oggi sottolinea fortemente non solo il dominio dell'essere umano sulla natura, ma anche, e di più, il comandamento di aver cura di essa. È l'idea della «*steward-*

ship», di una forte responsabilità verso la natura e verso gli altri membri del genere umano, attuali e futuri, che si può tradurre «gestione con un forte senso di responsabillità.» Ma l'idea della «stewardship» non basta e questo è il problema.

L'ubbidienza al comandamento non è sufficiente, anche teoricamente. La desacralizzazione della natura deve equilibrarsi con una visione della medesima come radicata in Gesù Cristo risorto. Questa è l'interpretazione cattolica della teologia paolina del rapporto fra Cristo e mondo; ma una simile interpretazione diventa impossibile nel quadro della teologia luterana dei «due regni.»

Nella tradizione cattolica il motivo per un atteggiamento responsabile verso la natura non è primariamente, come lo è nella tradizione protestante, l'ubbidienza al comandamento divino della Genesi; non è, in primo luogo, l'ubbidienza a prendere la forma della «stewardship.» È piuttosto l'amore in Cristo per le altre persone, presenti e future. È un amore che unifica, che crea l'unione fra gli esseri umani, fra l'essere umano e la natura, fra l'essere umano e Dio — e tutto ciò in Cristo Gesù.

4. *La lode*

4.1 La caratteristica forse più notevole del rapporto tra l'essere umano e la natura nella tradizione cristiana è la lode. Dio è lodato attraverso la natura, opera delle Sue mani.

Cos'è la lode? La lode differisce p.es. dal ringraziamento. Quando ringrazio Dio, Gli manifesto la mia gratitudine per i Suoi doni e Gli attribuisco questi nel mio ringraziamento. Ma quando lodo Dio, Gli do credito, per così dire, non per i Suoi doni, ma per Lui stesso. La lode è il punto in cui il ringraziamento diventa ringraziare Dio per essere Dio: come nelle parole del «Gloria», «Ti rendiamo grazie per la Tua gloria immensa.» Posso lodare Dio per se stesso e per le Sue qualità: la Sua bontà, il Suo amore, la Sua sapienza, la Sua grandezza infinita. Anche, posso lodare Iddio per le Sue azioni, per la Sua creazione e quella parte della creazione che è la natura. Non Lo ringrazio precisamente. Piuttosto Lo lodo per la natura, perché il Signore è stato Colui che ha fatto queste cose.

La lode somiglia all'adorazione, ma la lode è più attiva, più estroversa; parla interiormente o ad alta voce, grida, canta, balla. La lode celebra Dio. L'adorazione connota la prostrazione silenziosa davanti a Dio (Rivelazioni, 4, 10; 7,11); la lode ha voce:

> «Dal trono uscì una voce che disse:
> 'Date lode al nostro Dio, voi tutti Suoi servi,
> voi che Lo temete, piccoli e grandi.'
> Poi sentii come una voce di gran folla,
> simile a quella delle grandi acque, e come una voce
> di tuoni potenti che diceva: 'Alleluia!
> Il Signore Dio nostro, l'onnipotente regna.
> Rallegriamoci! Esultiamo! DiamoGli gloria!'» (ib. 19, 5-7)

La lode non dà niente a Dio. Semplicemente L'acclama, L'applaude. La lode non riguarda il passato come il ringraziamento, né il futuro come la preghiera di petizione; riguarda direttamente il Signore e batte le mani.

Alcuni Salmi sono preghiere o inni di lode di Dio a causa della natura, p.es. il salmo 104 loda il Signore per la Sua creazione, si potrebbe dire che è un salmo *ecologico*:

> «Tu hai stabilito la Terra sulle sue solide basi: non vacillerà nei secoli dei secoli.
> L'abisso si ricopriva come un vestito, le acque s'innalzavano sopra i monti. Alla Tua minaccia fuggirono, atterrite al tuono della Tua voce. Emersero le montagne, si abbassarono le valli, nel luogo che Tu avevi loro assegnato... (5-6)

E continua a lodare Dio per le diverse cose della Terra. Il Salmo 148 chiama tutta la natura a lodare il Signore:

> «Lodate il Signore, voi della Terra,
> dragoni e abissi tutti,
> fuoco, grandine, neve, fumo,
> vento delle tempeste, che eseguite i Suoi ordini;
> monti e colline tutte,
> alberi fruttiferi, cedri tutti,
> bestie selvagge ed animali domestici, serpenti ed uccelli pennuti.» (7-10)

In molti Salmi la lode per la natura viene espressa fra la lode per la misericordia di Dio, lode per la Sua bontà e per le Sue azioni salvifiche:

> «Canterò in eterno la misericordia del Signore, ... Tu domini l'orgoglio del mare, Tu mitighi l'agitarsi dei suoi flutti. Tuoi sono i cieli e Tua è la Terra.» (Sl 89, 1-12)
> Lodate il Signore perché Egli è buono, perché la Sua misericordia dura in eterno. ... che fece i grandi luminari, perché la misericordia del Signore dura in eterno. Il sole per dominare il giorno, perché la Sua misericordia dura in eterno. La luna e le stelle per dominare la notte, perché la Sua misericordia dura in eterno.» (Sl 136, 1, 7-9)

Possiamo quindi formulare una terza ed ultima tesi:

TERZA TESI: IL CRISTIANO LODA IL SIGNORE PER LA NATURA.

5. Conclusione

5.1 Per quanto riguarda l'atteggiamento cristiano verso la natura, due modelli proponibili sono San Benedetto e San Francesco d'Assisi.

I monaci del monastero di Monte Cassino, fondato da San Benedetto, hanno seguito la regola di costui — che è diventata un modello per la vita monastica — ed hanno imparato a gestire la terra sottomettendola a produzione intensiva, ma senza farla perdere la sua fertilità. Seguendo la regola di San Benedetto, i monaci cistercensi esercitarono un grande influsso in Europa, specialmente per il prosciugamento delle paludi, il diboscamento, la coltivazione, e per l'uso della forza idraulica. San Benedetto e la sua tradizione rappresentano l'aspetto ecogico dell'atteggiamento cristiano nei confronti della natura.

San Francesco d'Assisi rappresenta invece l'aspetto della lode. Vedendo la bellezza e la grandiosità della natura, Francesco lodava il Signore. Ci ha lasciato il suo «Cantico delle creature» — un inno di lode:

> «Laudato sie, mi'Signore, cum tutte le Tue creature,
> spetialmente messer lo frate Sole,
> lo quale giorna et allimini per Lui...
> Laudato si', mi'Signore per sora Luna e le stelle:
> in celu l'ài formate clarite et pretiose et belle.
> Laudato si', mi'Signore, per frate Vento
> et per aere et nubilo et sereno et onne tempo,
> per lo quale a le Tue creature dài sustentamento...
> Laudato si', mi'Signore, per sora nostra madre Terra,
> la quale ne sustenta et governa,
> et produce diversi fructi con coloriti flori et herba.».

5.2 Il simbolo-in-azione dell'idea cattolica del rapporto tra l'essere umano e la natura è la Messa. All'offertorio il pane ed il vino vengono offerti al Padre: essi significano la vita di tutti quelli che offrono insieme il «sacrificio» della Messa. Inoltre, il pane — «frutto della terra e del lavoro dell'uomo» —, ed il vino — «frutto della vite e del lavoro dell'uomo» — simboleggiano il rapporto attivo e produttivo fra essere umano e natura, fra i presenti ed il loro ambiente.

Alla consacrazione, la transustanziazione del pane e del vino nel corpo e nel sangue di Gesù Cristo risorto simboleggia la trasformazione del rapporto tra l'essere umano e la natura in Cristo. La comunione rappresenta ed è l'unione interpersonale fra il cristiano e Gesù Signore, l'unione che dà vero significato al rapporto fra il cristiano e la natura, e che per di più dà senso alla vita stessa.

Ma, prima di tutto la Messa è un sacrificio di lode, una preghiera che loda Iddio. Il «Gloria» dà lode a Dio; Dio è benedetto nell'offertorio; il prefazio canta «un inno di lode.» Alla preghiera eucaristica si prega: «Padre veramente santo, a Te la lode da ogni creatura.» ... «Noi Ti lodiamo, Padre santo, per la Tua grandezza: Tu hai fatto ogni cosa con sapienza e amore, a tua immagine hai formato l'uomo, alle sue mani operose hai affidato l'universo perché, nell'ubbidienza a Te, suo Creatore, esercitasse il dominio su tutto il creato.» Con le parole del sacerdote tutti pregano perché «diventino offerta viva in Cristo, a lode della Tua gloria» in questo mondo, e che canteranno la gloria di Dio nel mondo futuro «con tutte le creature, liberate dalla corruzione del peccato e della morte.»

NOTE

[1] Vedi anche: Salmi 104; 74, 12-27; 95, 1-7; Eclesiastico 16, 25-29; 42, 15 a 43,34; Giobbe, cc. 38-40 e 42; Amos 4, 13; 5, 8-9, 5-6; Isaia.

[2] James LOGAN, «The Secularization of Nature» in *Christians and the Good Earth*, Alexandria, 1968, 104. Cf. Robert W. PLATMAN, «Theology and Ecology: A problem for Religious Education», *Religious Education* 66(1971), 14-23.

[3] Gianfranco BUSSETTO, «Ecologia e religione», *Corriere della Sera*, 30.11.1978 p.5.

[4] Lynn WHITE, «The Historical Roots of Our Ecological Crisis», *Science* 155(1967), 1203-07. Cf. qui sopra, Introduzione.

[5] Leo MARX, «American Institutions and Ecological Ideals», *Science* 170 (1970), 948; Paul EHRLICH, *How to Be a Survivor*, New York, 1971, 129.

[6] Max NICHOLSON, *The Environmental Revolution*, London, 1970, 264.

[7] Vedi H. Paul SANTMIRE, *Brother Earth: nature, God, and Ecology in Time of Crisis*, New York, 1970; Joseph SITTER, *The Ecology of Faith*, Philadelphia, 1970; Michael HAMILTON ed., *This Little Planet*, New York, 1970; Jan BARBOUR ed., *Science and Secularity: The Ethics of Technology*, New York, 1970; Id. ed., *That Earth Might Be Fair*, New York, 1972; Christopher DERRICK, *The Delicate Creation*, London, 1972; John PASSMORE, *Man's Responsibility for Nature*, London, 1974; Thomas S. DERR, *Ecology and Human Need*, Philadelphia, 1975; Don E. MARIETTA, Jr., «Religious Models and Ecological Decision Making», *Zygon* 12(1977), 151-66; Hugh MONTEFIORE, «Man and Nature: A Theological Assessment», *Zygon* 12(1977), 199-211; Rowland MOSS, «God, Man, and Nature», *The Teilhard Review* 13(1978), 89-103; John CARMODY, Ecology and Religion — Toward a New Christian Theology of Nature, New York/Ransey: Paulist Press, 1983, 185 pp.; Antonio AUTIERO, «Ecologia e teologia: senso e implicazioni di un rapporto», *Rassegna di Teologia* 24(sett.-ott.'83)5, 445—56.

[8] Vedi lo studio classico di H. Richard NIEBUHR, *Christ and Culture*, New York, 1051, cap.5: «Crist and Culture in Parade», pp. 149-189.

[9] René BUBOIS, per questa ragione, lo raccomanda come modello cristiano invece di San Francesco, considerato da lui troppo passivo riguardo alla natura: vedi *A Theology of the Earth* — conferenza pubblicata in forma di libretto dalla Smithsonian Institution, Washington, D.C., 1969, pp. 6-7.

Cf. Kenneth R. BOULDING, *The Meaning of the Twentieth Century* — The Great Transition, New York: Harper and Row. 1964, p.6, scrive a proposito dei Benedettini, del 6° secolo, che «for almost the first time in history we had intellectuals who worked with their hands, and belong to a religion which regarded the physical world as in some sense sacred and capable of enshrining goodness.»

[10] Paolo VI ha ufficialmente indicato San Francesco d'Assisi come il Patrono dell'ecologia.

Conclusione

LA COMPONENTE ECOLOGICA DEI MODELLI GLOBALI PROSPETTIVI

Eleonora BARBIERI MASINI

Nel primo capitolo di questo libro il filosofo Peter Henrici dice che all'essere umano manca l'adattamento ambientale. Egli infatti vive in tutto il globo e non ha quindi un particolare ambiente naturale. Questa mancanza è compensata dall'ambiente artificiale, familiare prima, culturale poi, comunque a lui adattabile.

Il vero problema ecologico umano consiste nell'inserimento nell'ambiente culturale (artificiale) creato dall'essere umano stesso; non solo, ma nell'inserimento e nei rapporti con la natura da parte dell'ambiente culturale. Si tratta cioè di tutte le interazioni reali ed ideali tra questi due ambienti — culturale e naturale — e non dell'inserimento diretto dell'essere umano nella natura in quanto non è questo il suo ambiente «naturale», ma piuttosto la «cultura» da lui creata.

Non solo, ma se l'essere umano è distanziato dalla natura esterna per via della cultura, lo è anche dalla sua natura interna. È proprio di questo che, senza avvedersene, hanno trattato i modelli globali, e le indicazioni insoddisfacenti o addirittura dannose che essi hanno creato, derivano a mio parere dal non avere considerato il problema ecologico e di averlo considerato piuttosto in termini di rapporto diretto tra l'essere umano e la natura.

Questa differenza di fondo emergerà dall'analisi di ciascun modello. Essendo in prevalenza i modelli globali frutto del sistema tecnologico che costituisce la civiltà in cui viviamo, e essendo essi rispondenti al «logos» della tecnica moderna che si basa, come dice ancora Henrici, sulla scienza di tipo matematico[1], mostrano più i loro limiti, anche se in diverse maniere a seconda del loro conscio o inconscio modo di considerre il rapporto tra essere umano e natura.

Ora, se è il sistema tecnologico quello in cui vive l'umanità moderna, le interazioni di questa con il sistema ecologico rendono la vita dell'essere umano sempre più complessa e maggiormente mediata in quanto il sistema tecnologico tende a costituire l'ambito totale umano, la totale culture umana. Quello che Ellul chiama «il mondo tecnico monolitico»[2], in cui i mezzi sono quelli che contano e non i fini. In tal modo il sistema tecnologico tende a fare sparire la natura.

A questo va aggiunto che la funzione mediatrice della natura del sistema tecnologico sembra contraddire anche al concetto di totale «essere umano/natura» di Marx in cui la natura è intesa come corpo organico dell'essere umano (vedi MACHA su «essere umano e natura nella teoria e nella praxis marxista»). La separazione tra essere umano e natura avviene a causa del lavoro e la sua base più radicale si ha nello sfruttamento da parte della proprietà privata. Questo è quanto la teoria marxista afferma, ma non si avvera nella praxis, dove è spesso presente lo sfruttamento della natura da parte dell'essere umano. E questo comunque non è solo vero per la teoria marxista, ma anche per altre ideologie nate durante il processo tecnologico.

Analizzeremo i modelli globali nella loro funzione ambivalente nei confronti dell'ecologia umana: da un lato con limiti che nascono dal «sistema tecnologico» di cui essi sono frutto, e quindi dal non avere considerato la funzione mediatrice di codesto sistema, e dall'altra con la loro possibilità, nel costruire una critica interna a-posteriori, di trovare cioè le indicazioni per un modello alternativo di rapporto tra essere umano e natura, in cui l'essere umano non sia né dominato né dominatore. C'è quindi la possibilità che proprio attraverso la trasformazione interna del «sistema tecnologico», esso stesso si responsabilizzi attraverso la presa di coscienza dell'essere umano e trovi una diversa mediazione, una diversa «cultura.»

Tutto ciò mi sembra rafforzato dal fatto che, pure essendo i modelli globali indirettamente una risposta all'esigenza di interrelazioni tra le variabili indicate da Beltrão nella sua introduzione su «concetto e problematica dell'ecologia umana», vale a dire ambiente (fisico, vegetale ed animale), tecnologia (ed economia), popolazione (dinamica demografica, insediamento umano, attività funzionali dei gruppi umani) ed organizzazione sociale (valori, scelte ideologiche, istituzioni politico-amministrative), di fatto i modelli globali in generale (specie quelli matematici) considerano questa ultima variabile solo a parole e non la inseriscono nel modello formale, rendendo così il discorso incompleto. Questo fa sì che i modelli globali restino in prevalenza una risposta delle scienze naturali e delle scienze esatte piuttosto che anche delle scienze umane; che essi sentano cioè una risposta prevalentemente quantitativa che minaccia di comutarsi in qualitativa (vedi ancora Henrici).

L'unica possibilità che possiamo intravedere nel modello alternativo di rapporto tra essere umano e natura emerge dal prevalere del qualitativo in senso completo. Se questo è vero cercherò di dimostrare sia attraverso l'analisi dei modelli globali che attraverso le indicazioni dei vari contributi a questa opera collettiva ed interdisciplinare di «ecologia umana.»

1. *Il modello globale in generale*

Il modello è la descrizione semplificata di un sistema complesso. Nei modelli globali il sistema rapprensentato è il mondo. Si tratta cioè di una rappresentazione operativa, non valida per se stessa cioè, ma finalizzata alla scelta, all'azione. Le interrelazioni sono importanti e non tendono alla completezza della descrizione; la completezza della realtà peraltro non può mai essere assoluta. Quindi il modello è globale perché mondiale, oltre che globale perché analizza la complessità delle interrelazioni.

Data questa premessa, i modelli globali si possono considerare la risposta da parte della scienza degli anni '70 a tre ordini di problemi:

1) la complessità dei problemi mondiali e le loro reciproche interrelazioni;

2) l'alto livello di dinamica sociale provocata dallo sviluppo scientifico e tecnologico;

3) l'esigenza di rigore metodologico per affrontare i primi due ordini di problemi.

A questi tre ordini di problemi, la scienza risponde nel seguente modo:

1) con la teoria dei sistemi, o meglio, l'approccio sistemico;
2) con l'approccio previsionale;
3) con l'approccio matematico e l'uso del *computer*.

Naturalmente questi approcci non sono tra loro equilibrati, o l'uno o l'altro prende il sopravvento, dando così risposte diverse ai problemi.

La prevalenza del primo e del terzo approccio è sentita soprattutto nei primi modelli come «I limiti dello sviluppo»[3] e «Strategie per sopravvivere»[4], mentre il secondo approccio è prevalente nel modello Bariloche[5], e nel RIO[6]. La prevalenza del primo e del terzo approccio sembrano rafforzare la tesi esposta nella introduzione, a questo saggio, relativa alla cultura tecnologica quale mediatrice tra l'essere umano e la natura.

I modelli hanno una proiezione a lungo termine con tempi diversi tra il 2000 ed il 2100.

Le variabili considerate dai modelli sono diverse, ma non troppo. La gestione e la distribuzione delle risorse naturali e globali è sempre presente, mentre il problema ecologico — nel senso del rapporto tra essere umano e natura — viene considerato soprattutto da «I limiti dello sviluppo» (1972) e da «Strategie per sopravvivere» (1974), ed in maniera particolare, perché questo è il suo scopo fondamentale, da «Il futuro della economia mondiale»[7], anche se ne vedremo tra breve i limiti.

Nei termini più globali (nel senso di complessità) di «ecologia umana» come intesa nel presente libro, direi che è sempre presente il problema delle tecniche mediatrici tra essere umano e natura. Manca quasi sempre l'aspetto «organizzazione sociale» — specie in termini di «valori» — e questo è indicativo della tesi sostenuta nell'introduzione al presente saggio.

Volendo fare una distinzione all'interno dei modelli, potremmo dire che i modelli globali sono descrittivi, di allarme e prescrittivi; il rapporto tra essere umano e natura è centrale solo in questi ultimi due ed è presente, per altro, in termini di ecologia umana come definita da Beltrão (con i limiti indicati).

Iniziamo, dopo questi termini generali, un'analisi, per quanto possibile dettagliata, di alcuni modelli globali per individuare sotto quale forma si presenta la componente ecologica.

2. *I limiti dello sviluppo* (*Limits to Growth*: sarebbe stato più esatto tradurre con «i limiti della *crescita*»), di D. Meadows, primo rapporto al Club di Roma (1972), è stato preceduto da *World Dynamics* (Dinamica Mondiale) di J. Forrester[8], di cui segue molte indicazioni.

Si nota in ambedue questi rapporti la centralità del problema di alcuni fattori: risorse non rinnovabili che raggiungono il loro limite entro gli anni 2000-2100; la capacità di assorbimento dell'inquinamento da parte del pianeta; la mancanza di terreno per la produzione agricola, per le abitazioni, fattori che uniti ad alcuni processi a crescita esponenziale — industrializzazione crescente, rapida crescita della popolazione, accumulazione di capitale, consumo della ricerca ed inquinamento — producono la caduta improvvisa e senza controllo della popolazione e dell'industrializzazione stessa.

Il modello sostiene, però, che si può raggiungere, o tentare di raggiungere un equilibrio economico ed ecologico tra i precedenti elementi rallentando la crescita esponenziale delle variabili considerate, fino alla «crescita zero», ossia la stabilizzazione. Come si vede il rapporto tra essere umano e natura è centrale a questo modello, ma non tiene conto del «sistema tecnologico», come ambiente dell'essere umano, mediatore tra questo ultimo e la natura. Quindi l'equilibrio a cui il modello allude, non è raggiungibile fino a quando sarà il sistema tecnologico l'ambiente naturale dell'essere umano e non verranno perciò introdotti dei concetti derivanti dalla presenza di altri valori che non gli siano propri o che non s'inseriscano nella situazione di «non-valori», tipica di questo sistema, secondo il pensiero di Henrici.

A rafforzamento di ciò, il modello risponde *quasi* completamente alle componenti dei modelli di ecologia umana. L'ambiente fisico è presente, le variabili teconologiche e quelle demografiche sono presenti, ma sono assenti le variabili rispondenti all'organizzazione sociale (valori, scelte ideologiche, istituzioni).

Il significato quindi di allarmare dei «limiti dello svilupo» è importante, ma sfalsato rispetto alle effettive possibilità di azione concreta e non è quindi un modello prescrittivo. È questo, a nostro parere, l'elemento di fondo che offre il fianco alla critica del modello, più che le critiche metodologiche o basate sui dati, ad opera di molti studiosi. Ciò non toglie, però, nulla al valore che ha questo modello di aver posto in discussione il discorso della creatività, che solo da quel momento è uscito dall'ambito degli studiosi per entrare tra coloro che debbono decidere, e addirittura a livello di opinione pubblica. La discussione socio-politica quindi è stata stimolata, anche se il modello non l'ha affrontata direttamente.

3. *Strategie per sopravvivere* (1974), di Mesarovic e Pestel, come è dichiarato dagli stessi autori, è un modello di diagnosi e di terapeutica, non ha lo scopo di predire il futuro, ma solo di analizzare questo mondo e vedere come può andare meglio.

Il suo carattere è globale, come negli altri due modelli (Meadows e Forrester), ma disaggregato in dieci regioni, che oggi sono 17 (il modello infatti continua a svilupparsi). Il mondo è quindi rappresnentato come un sistema di regioni interdipendenti. All'interno di codeste regioni è considerata una serie di submodelli. Ma la possibilità di sopravvivenza del mondo non è legata alle limitazioni della crescita, bensì alla crescita *organica* delle varie componenti insieme.

Una delle considerazioni importanti del progetto è che le crisi non sono temporanee e che, se le crisi nascono come regionali, non possono che trovare soluzioni globali, basate sulla collaborazione e sulla solidarietà piuttosto che sul confronto. Nasce in questo secondo rapporto al Club di Roma il concetto non più solo di limite alla crescita, ma di limiti *interni*. Anche in questo modello, le risorse naturali hanno una grande importanza, ed esso parla testualmente di crisi-limite come fattore tra essere umano e natura, ma ancora una volta, a mio avviso, non considera che l'essere umano è parte dell'ambiente che ha creato, e che se bisogna tendere verso un'armonia, anziché verso la conquista della natura, come rapporto tipico nel sistema tecnologico, è necessario sviluppare all'interno dello stesso sistema una responsabilità capace d'influire sulla «organizzazione sociale.»

In questi termini il modello Mesarovic/Pestel risponde al modello di ecologia umana soggiacente a questo libro, perché considera, anche se non può analizzare i valori individuali, i fattori socio-politici e le loro concretizzazioni istituzionali altre che gli elementi di popolazione, di economia, di agrotecnologia e di ecologia in senso stretto (sono queste le variabili considerate dal modello). Purtroppo, negli scenari alternativi regionali questa ultima componente non è presente se non come indicazione la cui realizzazione è evidentemente lasciata alle decisioni locali. È un inizio di progetto prescrittivo o di indicazioni di come giungere alle decisioni, ma ancora rimane prevalentemente un progetto descrittivo e di allarme. In conclusione, il progetto Mesarovic/Pestel ha la presenza centrale non solo nel rapporto tra essere umano e natura, ma ha anche una impostazione di ecologia umana generale, pur non sviluppandola in termini concreti. Tende cioè anch'esso a considerare il sistema tecnologico non come mediatore del rapporto tra essere umano e natura in quanto, anche se accennata, non tiene conto della possibilità effettiva di valori puramente qualitativi, estranei, «trascendenti» il sistema tecnologico stesso.

4. Il modello Bariloche «*Catastrophe or New Society*» (Catastrofe o Nuova Società) sostiene che le previsioni basate sulle estrapolazioni delle presenti situazioni nel mondo del suo sistema globale, partono dalla base dei valori attuali, mentre ciò che importa, è il mutare dei valori e quindi delle istituzioni, e solo partendo da qui si può parlare di situazioni nuove o diverse. Le visioni di crisi globali, di conseguenza, riflettono la prospettiva del mondo sviluppato, i cui valori sono i dominanti. Le po-

litiche indirizzate ad uno stato di equilibrio nel prossimo futuro, non faranno altro, secondo questo modello, che assicurare e rafforzare le presenti inequità e disparità nel sistema globale.

Le regioni che il Bariloche considera sono quattro ed i settori sono: agricoltura, nutrizione, educazione, abitazione, capitale ed altri beni di consumo. Non è direttamente considerato il rapporto tra essere umano e natura se non nella parte agricola, ma è trattato indirettamente nel rifiutare i limiti esterni, affermando che le risorse naturali non rinnovabili non possono essere considerate in termini assoluti, ma solo in relazione ai fattori tecnologici. Il modello sostiene che la confusione nasce tra le risorse finite o non rinnovabili. Per cui il modello assume che, non avendo noi mai sufficienti informazioni sulle riserve in quanto esse sono basate sulle zone *già* mineralizzate o almeno esplorate e quindi legate al costo di riproduzione, non possiamo non considerare le molte possibilità tuttora esistenti inesplorate o non utilizzate o utilizzate parzialmente. Assume, inoltre, che l'inquinamento può essere controllato se adeguate misure politiche, sociali ed economiche sono intraprese a tempo debito.

Si può dire che, in termini concreti di rapporto tra essere umano e natura, il progetto Bariloche considera scarsamente il problema, ma che lo considera più degli altri in termini di rapporto tra essere umano e cultura (sistema tecnologico) — natura e che quindi, in termini generali, va nel senso di «ecologia umana» come sopra definita. Infatti le variabili ambientali e tecnologiche vengono considerate, ma non abbastanza approfondite, mentre le variabili popolazione ed organizzazione sociale sono piuttosto appofondite, quest'ultima certo assai più che nei modelli precedentemente discussi. La variabile insediamenti umani ed urbanizzazione sono molto trattate e quelle relative all'educazione considerate, anche se non a sufficienza, inquanto assai difficili da inserire in un modello matematico.

5. *Il futuro dell'economia mondiale*, di W. Leontief, tratta il modello globale dell'ONU di natura prevalentemente economica. Esso fu costituito apparentemente in modo da offrire uno

strumento di analisi per l'impatto dei problemi economici e politici sulla strategia di sviluppo internazionale. In questo modello il mondo è diviso in 15 regioni e 45 settori estremamente dettagliati. Ad esempio, 8 sono i tipi d'inquinamento analizzati e 5 i processi di disinquinamento. Il modello è stato costruito in primo luogo per dare indicazioni strategiche allo sviluppo in relazione a queste regioni. Le principali politiche ambientali sono state quelle relative all'inquinamento, alle difficoltà di estrazione delle risorse naturali e alla produzione alimentare. Vari sono gli scenari previsti prendendo come punto di partenza la proposta di obiettivi di crescita definiti dalle strategie di sviluppo internazionale dell'ONU per i paesi in via di sviluppo. Tale crescita è calcolata al 6 % annuo del Prodotto Nazionale Lordo, 3,5 % come prodotto lordo pro capite, assumendo che la crescita demografica media annua sia del 2,5 %. (Tutto ciò nel modello descritto.).

Pur non considerando gli obiettivi di crescita per i paesi sviluppati e assumendo che questi rimangono estrapolativi come al presente (cioè, crescita annua del 4,5% sul Prodotto Nazionale Lordo e del 3,5% sul prodotto lordo pro capite), il divario tra paesi sviluppati e quelli in via di sviluppo, di 12 a 1 nel 1970, non comincerebbe a diminuire neppure nell'anno 2000, inquanto, se è vero che il prodotto lordo nei paesi in via di sviluppo aumenterebbe in maniera più rapida che nei paesi sviluppati e quindi la loro quota nel prodotto lordo mondiale verrebbe aumentata, ma aumentando contemporaneamente la popolazione dei paesi in via di sviluppo assai più che in quegli sviluppati, la rapidità non sarebbe sufficiente rispetto al mondo preso globalmente.

Il Leontief allora, a seguito dell'indicazione dell'ONU, per cui è necessario accelerare la crescita dei paesi in via di sviluppo a partire dalla seconda metà del decennio 1970-80, ha costruito vari scenari alternativi con l'obiettivo di colmare o almeno diminuire il divario — mèta del processo di sviluppo. (Tra essi la diminuizione del divario da 12 a 1 ad un divario di 7 a 1 nel 2000).

L'aspetto interessante del modello piuttosto dogmatico dal

punto di vista metodologico, è proprio l'inserimento dei fattori ecologici, perché questo era lo scopo principale del modello stesso: considerare i fattori ecologici dello sviluppo. Vengono, infatti, esaminate le conseguenze economiche delle scelte strategiche di esportazione convenzionale e d'inquinamento intenso. In realtà, l'approccio, relativo alle industrie ad inquinamento intenso è più costoso in termini di capitali e richiede maggiori importazioni, quindi le strategie di sviluppo che si basano su industrie ad alto inquinamento, devono essere considerate non solo dal punto di vista ecologico, ma anche da quello economico. Il punto centrale del modello è che il raggiungimento degli obiettivi di sviluppo secondo l'ONU dipendono dalle opportunità di esportazione. Se i modelli di esportazione presenti oggi continueranno come sono, anziché diminuire il costo ecologico ed economico, la situazione non cambierà. Quindi, molto dipende dalle trasformazioni in campo di esportazioni. Questo è anche il risultato del modello FUJI, giapponese[9].

I singoli aspetti interessanti del modello per il nostro tema, sono visti piuttosto ottimisticamente:

1) il raddoppio o la triplicazione della produttività della terra è possibile sul piano organizzativo tecnologico e di politica agraria;

2) la dotazione delle risorse minerarie è generalmente adeguata, ma l'estrazione diventerà più cara;

3) l'inquinamento che accompagna lo sviluppo delle industrie, è evitabile ed il costo non troppo elevato: raggiungerebbe nelle regioni in cui sono applicati globalmente, gli standards di diminuzione d'inquinamento lo 0,7% del prodotto lordo; poiché lo studio considera solo la metà dell'eliminazione totale, secondo gli standards statunitensi correnti (al tempo del progetto), il costo totale di disinquinamento dovrebbe essere intorno a 1,4 - 1,9% del prodotto. Per una piena copertura di tutte le spese connesse ai procedimenti di disinquinamento si aggira una quota di capitali investiti tra il 2,5% ed il 4%. Per i paesi in via di sviluppo una stima relativa dovrebbe essere, per cifre dirottate da altri campi, intorno al 2,4% del prodotto lordo.

Il modello Leontief si presenta prevalentemente come economico, pur presentando il problema ecologico in maniera più dettagliata degli altri, lo considera in modo del tutto quantitativo, quindi rispondente soprattutto alla logica del sistema tecnologico e non considerando, se non in modo collaterale, gli elementi di tipo qualitativo, i quali sono assenti dal modello nel suo complesso. Tratta quindi la cultura creata dall'essere umano — il sistema tecnologico —, ma non, di nuovo, i valori ad esso estranei, cioè valori in quanto qualitativi.

6. *RIO - Ristrutturazione del Nuovo Ordine Internazionale* è un modello non matematico, ma che risponde, da un lato, alle esigenze dell'approccio sistemico e, dall'altro, a quello previsionale.

È, inoltre, un modello prescrittivo rispondente al nostro modello di «ecologia umana», in cui tutti gli elementi sono presenti. Sono citati addirittura i termini «ambiente umano», «insediamenti umani», e viene sottolineata l'interdipendenza tra paesi su questi argomenti. L'ambiente è considerato come «dimensione» dello sviluppo e si sottolinea come il problema ambientale sia importante in termini di lungo periodo.

L'*ecosviluppo* è un concetto che il RIO tratta ampiamente ed è inteso come strategia di sviluppo capace di fare un uso ecologicamente sano delle risorse nell'ambito di uno specifico ecosistema in modo da soddisfare i bisogni fondamentali della popolazione locale. Esso è centrale al progetto. L'ecosistema, come dice Erbrich nel suo saggio in questo libro, è un reparto della biosfera, relativamente chiuso. Molti sono gli ecosistemi dallo stagno alla prateria. Qui si tratta anche dell'ecosistema Pianeta, e cioè della biosfera.

I concetti fondamentali citati dal progetto RIO a questo proposito sono:

1) varietà di situazioni ecologiche e culturali, quindi proposte di relazioni di diverse strategie a seconda delle esigenze locali;

2) partecipazione dei cittadini nella identificazione dei bisogni locali e delle risorse locali, nonché ricerca delle tecnologie appropriate (naturalmente questo termine «locale» è legato alla scelta dell'ecosistema e quindi dell'ecosviluppo).

Le proposte a lungo termine emergenti sono basate sulla necessità d'interazione tra ambiente e sistemi sociali. Si sottolinea nel RIO che la considerazione della natura e l'*accounting* di essa, per seguire le mutazioni apportate, vanno considerate come indicatori di qualità di vita e l'*accounting* economico dei costi delle strategie di sviluppo sono essenziali alle scelte relative all'intero sistema.

Si tratta qui indubbiamente di un modello di ecologia umana che tiene conto di tutte le componenti, anche di quelle relative alle organizzazioni sociali, in cui il rapporto tra essere umano e natura è mediato dal sistema tecnologico come conosciuto, e quindi tendente ad un mutamento radicale dei rapporti tra essere umano e natura e del sistema culturale nel suo complesso.

Conclusioni

Dopo questo excursus attraverso i modelli globali, alcuni formalmente tali perché matematici, ed altri emergenti da indicazioni di azioni come il RIO, possiamo dire che nei primi vi è una presenza dell'approccio sistemico e matematico prevalente con solo indicazioni verso quello previsionale, inteso come ricerca della dinamica sociale in atto, mentre nel secondo è presente l'approccio sistemico e previsionale, ma non quello matematico.

Una seconda considerazione legata alla prima, è che nei primi la componente natura è presa a sé come ambiente naturale, ponendo indirettamente in risalto la teoria esposta da Henrici, per cui l'ambiente dell'essere umano è il «sistema tecnologico», che media il rapporto tra essere umano e natura. Non solo, ma l'elemento tecnologico è preso in senso assai ristretto in quasi tutti i modelli, e non nel senso di sistema con una sua logica, pur dimostrandone, come si diceva, la sua presenza. Per cui i modelli globali in questo sembrano rafforzare i problemi ai quali essi vogliono porre rimedio, perché utilizzano la logica del sistema tecnologico (quantitativa): inquanto tali, non riuscendo a dare delle soluzioni, riescono a costituire una indiretta critica del sistema stesso. Sembra, infatti, che proprio questa critica indiretta richieda un approccio alternativo al sistema tecnologico unico ed indichi (vedi il Bariloche o il RIO e, parzialmente, il Mesarovich/Pestel), l'esigenza di aspetti qualitativi, quindi diversi dal reale, alla ricerca di valori diversi da quelli dell'essere umano dominato dalla natura e dell'essere umano dominatore della natura. Si tratta forse dell'indicazione di un rapporto che il RIO definisce «sinergetico», tra essere umano e natura.

Dunque, qui rimane la domanda: è lo stesso ambiente umano = sistema tecnologico che media i rapporti tra essere umano e natura, sicché è impossibile con i modelli globali, frutto dello stesso sistema, cogliere il rapporto tra essere umano e natura in modo diretto come questi sistemi vorrebbero, o è impossibile proprio a causa del fatto che il sistema tecnologico che, come si diceva, rifiuta i mutamenti qualitativi, ovvero — ultima ipotesi — è possibile e necessario responsabilizzarsi entro il sistema tecnologico stesso, ma allora considerato in tutti i suoi aspetti che derivano dal modello proposto da Beltrão: ambiente, tecnologia e modelli di sviluppo, popolazione ed organizzazione sociale in cui i valori sono dominanti?

Si potrebbe ipotizzare una trasformazione dello stesso sistema tecnologico — ambiente umano — con i valori dell'ecosviluppo come indicati da Erbrich o quelli indicati da Dhavamony nella sacralità offerta alla natura della concezione induista o, differentemente, dal buddismo con la centralità della fratellanza che è gioia e benevolenza tra essere umano e natura? Ancora più potremmo vedere i valori nella visione africana presentata da Goetz, in cui la religione è un'alleanza cosmica, in cui il cosmos è l'ambiente quotidiano della vita umana? O ancora, trovare risposta nella globalità tra l'essere umano e l'habitat concepita dall'Islam?

Oppure nella teologia dell'Antico Testamento che situa il rapporto tra essere umano e natura dentro una teologia comprensiva del rapporto tra la natura ed il creato, una teologia della creazione? A seguito di codesta visione, il cristiano vede la natura come buona, da gestire con responsabilità, ma, come dice

Faricy, con il Nuovo Testamento il mondo (quindi la natura) si comprende in modo personalistico, come personalizzato in Cristo ed è, quindi, la totalità della creazione che è oggetto di salvezza nel disegno di Dio. Da qui i due modelli proponibili di San Francesco d'Assisi e di San Benedetto possono dare una risposta?

In questi termini alternativi, ma estremamente ricchi, possiamo vedere la trasformazione dell'ambiente umano in base a valori diversi. Si tratterebbe di creare, quindi, un ambiente artificiale basato su diversi valori da quelli che informano l'ambiente tecnologico, prevalentemente qualitativi. Un ambiente culturale capace di mediare meglio del sistema tecnologico stesso e trasformare questo verso la responsabilizzazione.

Potremo forse portare questo sistema ad una componente culturale specifica e quindi aprire la stessa ad altre componenti culturali, come abbiamo cercato d'indicare sulla base del pensiero dei contributori a questo volume?

La domanda conclusiva è: come con i mezzi conosciuti ed indicati dal sistema tecnologico mediatore riusciamo ad affrontare il problema, forse con modifiche del sistema in funzione di valori diversi, valori culturali che si potranno inserire nel sistema stesso. Le religioni ci hanno indicato alcune vie che potremmo considerare come elemento di svolta e di contraddizione proprio del sistema tecnologico — «ambiente artificiale» dell'essere umano, che i problemi ecologici pongono in crisi.

Potremmo forse in questi termini arrivare ad una contrapposizione alla neutralità assiologica di cui parla Henrici, del fattibile e non fattibile, e proprio alle istanze di «*feedback*» estremo trascendente, capaci di correggere il sistema globale descritto dai modelli globali e addirittura correggere il processo alle sue origini. Ed è a questo punto che il terzo modello di rapporto tra essere umano e natura può emergere in cui emerge anche l'essere umano non condizionato, non dominatore, ma responsabile, regolatore ed autoregolatore sulla base dei valori che non sono quantitativi, misurabili, ma qualitativi rispetto alla qualità della vita, della cultura ambiente.

Tale qualità della vita sarebbe basata su proprietà di valori diversi della cultura tecnologica, all'ambiente umano-tecnologico. Tutto ciò che è valido dei due grandi campi di applicazione dell'ecologia umana trattati da Steidl-Meyer e da Schasching, dell'ambiente rurale e di quello urbano; ed è a questo punto che concretamente si può pensare ad una vera impostazione dei due settori che di fatto dividono il mondo di domani: il mondo rurale ed il mondo urbano. Ambienti culturali in cui l'essere umano vive e si adatterà secondo i valori qualitativi, trascendenti, esterni al sistema tecnologico quale lo conosciamo come mediatore tra l'essere umano e la natura. I due grandi campi verrebbero ad essere vivificati e trasformati in termini di una «diversa» qualità della vita.

NOTE

[1] «Una specie particolare di astrazione che si concentra sull'aspetto quantitativo, misurabile, del dato, rinunciando alla conoscenza qualitativa della essenza delle cose.»

[2] J. ELLUL, *The Technological Society*, New York: Random House, 1967, 449 pp.; orig.: *La Technique on l'enjeu du siècle*: Paris: Colin, 1954, 401 pp.

[3] MEADOWS D., MEADOWS D., RANDERS J., BEHRENS W., *Limiti dello Sviluppo*, Milano: Mondadori (coll. EST), 1973; orig. del 1972: *Limits to growth* — A Report for the Club of Rome's project on the predicament of Mankind, New York: New Amer. Liberary 1972, 207 pp.

[4] MESAROVICH/PESTEL, *Strategie per sopravvivere*, Milano: Mondadori (coll. EST), 1975; orig.: *Mankind at the Turning Point* — The Second Report to the Club of Rome, New York: New Amer, 1974, 210 pp.

[5] Fundación Bariloche, *Catastrophe or New Society* — A Latin American World Model, Ottawa: Institute for Research Development Center, 1976, 108 pp.

[6] TINBERGEN J., coordinatore, *RIO — Ristrutturazione del nuovo ordine internazionale*, Milano: Mondadori (coll. EST), 1976. Orig.: *Reshaping the International Order* — A Report to the Club of Rome, New York: Dutton, 1976, 325 pp.

[7] LEONTIEFF W., *Il futuro dell'economia mondiale*, Milano: Mondadori (coll. EST), 1977. Orig.: *The Future of the World Economy* — A UN Study, New York: Oxford Univ. Press. 1977, 110 pp.

[8] FORRESTER Jay W., *World Dynamics*, Cambridge Mass.: Wright-Allen Press, 1971, 142 pp.

[9] KAYA Y., ONISHI A. and KOHNO A., *North-South Relations and Industry Transfer*, Paper presented to the Club of Rome Meeting, Berlin, 1974.

INDICE ANALITICO

Acqua 222-226
Agricoltura 22, 230-236
Alghe 126
Antico Testamento: natura desacralizzata 304-307
Armonia con le stagioni nelle religioni africane 261-264
Artha = bene materiale nell'Induismo 274ss
Atmosfera 119
Bariloche (modello) 330ss
Biocenosi 126
Biosfera 120ss
Biotopo 126
«Capi della terra» nelle religioni africane 258-261
Cina 13, 109-112
Città:
— giardino 244s
— Corbusier 245s
— nuova 246ss
— tessuto sociale urbano 247ss
Clima 131, 220-222
Club di Roma 5, 15s, 18s, 328ss
Competizione 153s
Consumatori di primo e secondo grado 125
Corano 291ss
Crescita Zero 43
Crisi:
— ecologica 7s
— alimentare 22
Cultura 73ss
Decompositori 125
Dharma = rettitudine morale nell'Induismo 274ss
Dio nelle religioni africane 245-267
Diritto ecologico 55s
Ecologismo 53, 56
Ecosistema 123ss

Ecosviluppo 334
«Effetto serra» 133
Energia 37s, 47
— fonti alternative 57ss
— nucleare 37s
— flusso energetico 131ss, 169ss
Entropia 129
Eutrofizzazione 168
Fotosintesi 135
Gandhi 276
Genesi:
— 1,28 («Crescete e moltiplicatevi», ecc.) 17s
— 1,1 - 2,3 304-307
Geografia umana nella cultura islamica 289ss
Ibn Khaldūn 290s
Idrosfera 120
Inquinamento 49ss
— urbano 241-244
Insediamento umano:
— configurazioni 183-195
— fattori 196-208
— politiche di ridistribuzione 208-214
Kāma = piacere, nell'induismo 274ss
Khalifa = Vicario di Dio 298ss
Leontief 331ss
Limiti 130ss
Linn White Jr 10ss, 315ss
Litosfera 49
Lode 318ss
Mare 126-129
Marea rossa 150
Marxismo 95ss
Max Weber 9s
Moksha = liberazione dello spirito, nell'Induismo 274ss
Nicchia ecologica 178
Noosfera 58-61
Nuovo Testamento: la natura personalizzata in Cristo 308-314
Nutrienti 160ss
Omeostasi 152ss
Ozono 133
Parassitismo 155ss
pH 179
Pianificazione familiare 42, 54
Plancton:
— fitoplancton 126
— zooplancton 128

Precipitazioni 138ss
Produttori primari 125
Proprietà nelle religioni africane 264ss
Protestantesimo 316ss
RIO (progetto) 334s
Sacralità della natura 20s
— nell'Induismo 271ss
— nel Buddismo 280ss
— nella tradizione ebraico-cristiana 307
San Benedetto 370
San Francesco d'Assisi 370
Simbiosi 154s
Socialismo reale 103ss
Sole: radiazione solare 131ss
Sovrappopolazione 22
Spazio cosmico 213s
Suolo 143ss
Sviluppo 42ss
— sviluppo e religione in Africa 167-169
Tabù nelle religioni africane 260
Tagore 277
Tecnologia 46ss
— era tecnologica 77-91
— sistema tecnologico 87-91
Termodinamica 129
Terra 226-230
Troposfera 149
Valori:
— etico-sociali 52ss
— etico-religiosi 56
Variabili dell'ecologia umana:
— variabile ecologica 33, 35-39
— variabile demografica 33s, 39-46
— variabile tecnologico-economica 34, 46-52
— variabile etico-sociale 34, 52ss.

INDICE

                                                                                    Pag.

Prologo (*Pedro C. Beltrão, S.I.*)   7

Scheda bio-bibliografica dei Collaboratori (*Pedro C. Beltrão, S.I.*) .   27

Introduzione – Concetto e problematica dell'ecologia umana (*Pedro C. Beltrão, S.I.*)   31

Parte prima: SPUNTI FILOSOFICI

Capitolo I – Essere umano e natura nell'èra tecnologica (*Peter Henrici, S.I.*)   71

Capitolo II – Essere umano e natura nella teoria e prassi marxiste (*Josef Macha, S.I.*)   95

Parte seconda: TEMI ECOLOGICI

Capitolo III – La biosfera: i suoi ecosistemi ed i suoi fattori limitanti (*Paul Erbrich, S.I.*).   119

Capitolo IV – Le funzioni e l'equilibrio degli ecosistemi (*Paul Erbrich, S.I.*)   152

Capitolo V – Configurazioni e fattori dell'insediamento umano (*Pedro C. Beltrão, S.I.*)   181

Capitolo VI – Economia rurale e problemi ecologici (*Paul Steidl-Meier, S.I.*)   218

Capitolo VII – Problematica socio-ecologica dell'insediamento urbano (*Johannes N. Schasching, S.I.*)   239

Parte terza: VALORI ETICO-RELIGIOSI

Pag.

Capitolo VIII – Essere umano e natura nelle religioni africane (*Joseph Goetz, S.I.*) 255

Capitolo IX – Essere umano e natura nell'Induismo e nel Buddismo (*Mariasusai Dhavamony, S.I.*) 270

Capitolo X – Essere umano e natura secondo il Corano (*Ary A. Roest Crollius, S.I.*) 289

Capitolo XI – Essere umano e natura nella tradizione ebraico-cristiana (*Robert Faricy, S.I.*) 304

Conclusione: La componente ecologica dei modelli globali prospettivi (*Eleonora Barbieri Masini*) 324

Indice analitico 339